Gustav Adolf Sonnenhol
Untergang oder Übergang?

Gustav Adolf Sonnenhol
Untergang oder Übergang?
Wider die deutsche Angst

Seewald Verlag Stuttgart · Herford

Alle Rechte vorbehalten
Seewald Verlag
Dr. Heinrich Seewald GmbH & Co.
Stuttgart · Herford 1984
Schutzumschlag: Herbert C. Traue, Schwaig
Gesamtherstellung: F. L. Wagener, Lemgo
Printed in Germany
ISBN 3 512 00709 0

Inhaltsverzeichnis

Eine Vorbemerkung 11

I. Von Krieg zu Krieg

Jugendzeit – Krieg und Weimar 17

    Untergang oder Übergang? 17 · Die Welt 1931 – der Geist der Zeit 28
Die Universität 1931 bis 1935 33 · Studentische Auslandsarbeit im
Dritten Reich 41 · Eindrücke in Paris (1936) und London (1938) 46
Der Eintritt ins Auswärtige Amt 51

Meine Generation im Dritten Reich 53

    Wie konntet ihr? 58 · Totaler Staat? 59 · Sozialdarwinismus und
19. Jahrhundert 63 · Der Lebensraum 64 · Modernität 66 · Außenpolitische Erfolge und enttäuschte Hoffnungen 71 · Verratener
Idealismus – vertane Chancen 75

Der Krieg 79

Frankreich im Zweiten Weltkrieg 97

    Die Legitimität 100 · Die nationale Revolution – oder die Erneuerung
Frankreichs 102

Anmerkungen zum 20. Juli 1944 106

Das Ende 113

II. Die Bundesrepublik – Erfolg und Scheitern

Staatsdienst 119

   Konrad Adenauer 124 · Franz Blücher 129 · Thomas Dehler 132
   Ludwig Erhard 134

Der Marshall-Plan: Sternstunde Amerikas, Rettung Europas 138

   Das »mögliche« Europa 142 · Der gemeinsame Markt – Erfolg und
   Grenzen 146 · Eine atlantische Wirtschaftsgemeinschaft 149

Das »Wendejahr« 1961 151

   Amerika, Europa, Deutschland 152

Frankreich – de Gaulle – Europa – Deutschland 167

   Das Scheitern der EVG 176 · De Gaulle – Europa – Deutschland 185

Die deutsche Frage zwischen Hoffnung und Verzicht (1952–1975)... 198

   Das Ende der Illusionen 218 · Die falsche Politik 221

Die Wiederkehr des Nationalen (1975–1984) 228

   Mitteleuropa und die deutsche Zukunft 240 · Europäisches Gleichgewicht? 243 · Die Interessenlage der Mächte 249 · Was können, was
   sollten wir tun? 256

III. Untergang oder Übergang?

Der Geist der Zeit (1960) 266

   Sündenbock Staat? 267

Der Jugendprotest 277

Der Haß auf den Staat 285

Verantwortung oder Gesinnung? 291
    Die intellektuelle Unredlichkeit 299

Ideologie und Utopie 314

Der verwesende Gott 321
    Furcht und Angst 329

Der Jugendwahn 331

Die Zeit des Übergangs 336
    Wege aus der Angst 341 · Hoffnung gegen Angst 349 · Mut zum Verzicht 350 · Konservativ-liberale Erneuerung? 352

Anhang 361

Auswahlbibliographie 368

Personenregister 374

*»Der ist der glücklichste Mensch,
der das Ende seines Lebens
mit dem Anfang in Verbindung setzen kann.«
Goethe*

*Meinen Eltern und Geschwistern
in Dankbarkeit gewidmet.*

Eine Vorbemerkung

»*Wie schön, o Mensch, mit Deinem Palmenzweige
Stehst Du an des Jahrhunderts Neige
In edler, stolzer Männlichkeit.*«

Friedrich Schiller

»*Was ich erzähle ist die Geschichte der nächsten zwei Jahrhunderte. Ich beschreibe, was kommt und nicht mehr anders kommen kann, die Heraufkunft des Nihilismus. Diese Geschichte kann schon jetzt erzählt werden; denn die Notwendigkeit selbst ist am Werke! Die Zukunft redet schon in hundert Zeichen. Dieses Schicksal kündigt sich überall an. Für die Musik der Zukunft sind alle Ohren bereits gespitzt. Unsere ganze europäische Kultur bewegt sich seit langem schon mit einer Tortur der Spannung, die von Jahrzehnt zu Jahrzehnt wächst, wie auf eine Katastrophe los, unruhig, gewaltsam, überstürzt, einem Strome ähnlich, der ans Ende will, der sich nicht mehr besinnt, der Furcht davor hat, sich zu besinnen.*«

Friedrich Nietzsche

»Endzeit und Zeitenwende«, »das Ende der Geschichte« weissagt die Untergangskassandra Günther Anders mit der Aufforderung zur »furchtlosen Angst« in unserer atomaren Selbstmordzeit. »Ängstige Deinen Nächsten wie Dich selbst!« ist seine von der Friedensbewegung aufgenommene Verhaltensanweisung. Untergangsmythen überlagern oder ersetzen die Fortschrittsmythen. Apokalypsevisionen wetteifern mit Erlösungsutopien.

Wendezeit? Zeitenwende?

Agonie und Euphorie liegen nicht zum erstenmal nahe beieinander. Die Titanic-Metapher verdrängt die Schlaraffenland-Utopie.

Nur der Weltschmerz des technischen Zeitalters? Nur eine deutsche Angst; der Rückfall der Deutschen in Romantik, Irrationalität und Todessehnsucht?

Der Verfasser – Jahrgang 1912 – wurde in ein Doppelgesicht von Glanz und Untergang geboren. Seine letzten Jahre stehen in denselben Zeichen. Nur mit einem Unterschied: Der atomare Selbstmord ist möglich. Katastrophen und Heilserwartungen begleiteten sein Leben. Das Jahr 1914 war eine Urkatastrophe; für Deutschland und Europa anders als für die übrige Welt. Ein mehr als dreißigjähriger, noch nicht abgeschlossener Krieg, überlagert von einer Wunder-, Glücks- und Friedensperiode in der zweiten Jahrhunderthälfte. Waren es nach Ranke nur »halkyonische Tage«? Überschattet das Scheitern das Wunder? Wie sollen sich die Deutschen einrichten in einer Zeit, die sich – bei möglichem Untergang – eher darstellt als eine lange, verworrene, ungewisse Übergangszeit? Wie könnten Überlebensstrategien aussehen, mit denen der Mut die Angst überwindet? Und wie das Schicksal Deutschlands, von dem es heißt, es habe »sein volles Maß an Unglück noch nicht erreicht«? Und wie die Zukunft Europas, des NATO-Bündnisses und der freien Welt?

In diesen Rahmen stellt der Verfasser den Deutungsversuch der von ihm erlebten und erlittenen Zeit.

Dieses Buch will keine Biographie sein – auch wenn es biographische Züge beinhaltet. Sonst müßte der Titel heißen: »Spuren im Sand«. Mehr bleibt nicht übrig. Wenn das Einmalige, Exemplarische, Beispielhafte fehlt, ist die Person uninteressant; auch dort, wo die Fülle des Erlebten in mehr als einem halben Jahrhundert nicht gerade gering ist. Das Erfahrene, Erlebte, Beobachtete kann dennoch ein Beitrag zur Erhellung einer verworrenen und vielschichtigen Zeit sein. Der Verfasser hat zum Nutzen seiner Kinder die Erlebnisse seiner Jugend, seiner Studienzeit und der ersten Tätigkeit in der Weimarer Republik und unter Hitler, von einer Katastrophe zur anderen, niedergeschrieben. Dies auch als Versuch einer Antwort auf die Frage: »Wie konntet ihr?« Einiges davon soll hier dem Deutungsversuch dieser Jahre Leben und Überzeugungskraft verleihen. Später tritt die Person nur noch hervor, wo Beobachtungen, Eindrücke und Tätigkeiten für die Wertung der Zeitgeschichte vielleicht nützlich sein könnten.

Ist oder wird Bonn Weimar? Manche Parallelen erschrecken. Gerade hier mag das Persönliche in der Zeit nützlich sein. Das Verhalten von Menschen unter Hitler ist späteren Generationen schwer verständlich zu machen. Man muß diese Zeit erlebt haben. Mein erstes Schuljahr war das letzte des Ersten Weltkrieges. 1933 wurde ich 21 Jahre. Eine Darstellung aus der Sicht des Teiles meiner Generation, der idealistisch, enttäuscht, anständig, aber ohne Widerstand durch die dunkle Zeit ging, gibt es bisher nicht. Für sie gilt, was Jean Améry 1968 schrieb: »Er gehört einer miserablen, einer verlorenen Generation an. Jahrgang 1912. Bei Ausbruch des Nazismus noch viel zu jung, als daß er auch nur zu bescheidenem Ansehen hätte gelangt sein können, war er, als der Alptraum sich verzog und er aus dem Stupor erwachte, schon nicht mehr im Alter eines Debütanten.« Ich würde für mich sagen: 1933 noch zu jung, um im Guten oder Bösen wesentlich wirken zu können, 1945 aber schon zu alt, um unschuldig zu sein.

Die Bundesrepublik stellt sich dem Verfasser, der ihr von 1949 bis 1977 volle 28 Jahre auf zahlreichen Posten im In- und Ausland mit Überzeugung und Hingabe diente, als Erfolg und Verfehlung dar. Ihre Deutschland- und Europa-Hoffnungen scheiterten. Ihre glücklich gewonnene freiheitliche Ordnung ist bedroht. Seine pessimistisch-realistische Grundstimmung hat den Autor aber nicht hindern können, sich immer wieder Gedanken zu machen um sein Vaterland, um Deutschland; und um Europa, dem ein Teil seiner Lebensarbeit gewidmet war. Wie eine Friedensordnung in Europa aussehen müßte, die Deutschland die Einheit, Europa eine Zukunft und der Welt den Frieden geben könnte. Lebenslange Erfahrungen mit Frankreich und Amerika halfen bei der Urteilsbildung. Beide Länder sind daher in ihrer schicksalhaften Bedeutung für Deutschland, Europa und die freie Welt eingehender behandelt.
»Was ist mit den Deutschen los?« fragt man im Westen mit zunehmender Sorge. Sehen sie sich wirklich vor der Wahl: »Lieber rot als tot«? Kommt die deutsche Frage früher als erwartet aus der Tiefkühltruhe der Geschichte, in die die Deutschen selbst sie verbannt zu haben schienen? In den Fragen ist ein Erschrecken zu spüren vor der Tatsache, daß die Deutschen einen guten Teil des Gleichgewichts der geteilten Welt in ihren Händen halten. In vielleicht unsicheren Händen? Selbstmord aus Angst vor dem Tode – oder nur vor der deutschen Angst, die man weder versteht noch teilt?
Oder ist es nicht vielleicht doch schon zu spät für Deutschland und Europa, wie einige Pessimisten meinen. Der Verfasser hält den Untergang für abwendbar. Er sieht Wege aus der deutschen Angst; Hoffnungen für Deutschland. Keine leichten Wege. Keine Flucht aus der harten Wirklichkeit einer wahrscheinlich langen, dunklen Übergangszeit. Nüchternheit und Mut müssen Angst überwinden. Ermutige Deinen Nächsten wie Dich selbst! Es ist mehr Grund zur Hoffnung als zur Verzweiflung: Weder tot noch rot!

Der Verfasser dankt allen, die bei dieser Arbeit geholfen haben; insbesondere Herrn Dr. Günther Deschner, der sie mit Rat und Tat gefördert hat, und dem Seewald Verlag für sein Vertrauen.

Bücher, Zeitschriften und Zeitungen waren Nahrung und Rückgrat seines Denkens. Ihnen gilt das Wort G. C. Lichtenbergs: »Lesen heißt borgen, daraus finden, abtragen.«

I. Von Krieg zu Krieg

Jugendzeit – Krieg und Weimar

Am 25. Januar 1912, meinem Geburtstag, wurde der letzte Reichstag vor dem Ersten Weltkrieg gewählt. Die Sozialdemokraten wurden die stärkste Partei. Eine neue Historikerschule glaubt in diesem Tag einen der Gründe für die Katastrophe sehen zu müssen: die Flucht der alten Oberschicht in den Krieg. In diesem Jahr ging die Titanic auf ihrer Jungfernfahrt von Amerika nach Europa durch eine Kollision mit einem Eisberg unter. Sie war ein Wunderwerk der Technik und galt als unsinkbar. An Bord war die Creme der reichen Leute. In diesen Jahren schrieb Spengler den »Untergang des Abendlandes«. Wenig später versammelte sich auf dem Hohen Meißner die deutsche Jugendbewegung zu einem machtvollen Protest gegen »Glanz und Gloria« einer Zeit, die mit Überzeugung und wohl auch mit Recht von sich sagte, sie habe es herrlich weit gebracht. Kurz danach gingen in Europa »die Lichter aus«. Das Leben des Jahrgangs 1912 begann in einem Zwielicht von Goldenem Zeitalter und Untergangsstimmung, in das der Krieg als Urkatastrophe hereinbrach. Gegen Ende des Jahrhunderts sieht die Welt, wenn auch verändert und tödlicher bedroht, wenig anders aus. Euphorie, Utopie und Agonie – im Zeitalter des Wassermanns.

Untergang oder Übergang?

Ich wurde als das jüngste von zehn Kindern in ein Elternhaus der westfälisch-preußischen »Mark« geboren, das Bauernhaus und Pfarrhaus zugleich war. Die Vorfahren waren seit Generationen »Reidemeister«: bäuerliche Hersteller, Verarbeiter und Händler von Eisen. Die industrielle Revolution ließ nur die kargen Früchte eines steinigen Bodens des rauhen Sauerlandes.

Das Pfarrhaus war das des Vorstehers und Predigers der Freien Evangelischen Gemeinde, die die Großeltern im Zuge der Erweckungsbewegungen in der zweiten Hälfte des vorigen Jahrhunderts nach einem nicht einfachen Bruch mit der evangelischen Landeskirche mit einigen Gleichgesinnten gegründet hatten. Natur, »Reich-Gottes-Arbeit« und innerweltliche Askese prägten den Charakter des einsamen Bauernhofes. Er war zugleich eine Stätte der Begegnung, den religiösen, politischen und geistigen Einflüssen der Zeit offen. Die Generationen umfassende, über Stadt und Land verstreute kinderreiche Großfamilie mit festem, vor allem religiösem Zusammenhalt war Familienverband und Umschlagsort von Informationen, Anregungen, Ideen und Bildung zugleich. Das konservative, königstreue Elternhaus empfand den Zusammenbruch der »guten alten Zeit« als Katastrophe. Der Vater, ein »Theologe im Bauernrock« und fortschrittlicher Landwirt, wählte trotzdem demokratisch. Zur besseren Bibelauslegung hatte er Griechisch gelernt. Sein älterer Bruder, Leiter einer Mädchenoberschule in Godesberg, wurde Sozialdemokrat.

Mein erstes Schuljahr war das letzte Jahr des Krieges. Er prägte die frühen Erinnerungen. Die Einquartierung von Soldaten des sich auflösenden Heeres, die Aufnahme von Flüchtlingen aus Posen und später einer durch die französische Ruhrbesetzung wegen Widerstand verfolgten Eisenbahnerfamilie brachten unmittelbare Berührung mit den Zeitereignissen. Die Abwehrkämpfe gegen die Separatisten am Rhein, Bürgerkriegsunruhen im nahen Kohlenpott, die Erschießung Schlageters durch die Franzosen hinterließen Spuren. Im Kriegserlebnis, seinem Ende, in der Inflation, der späteren Massenarbeitslosigkeit und der Selbstaufgabe der Weimarer Republik liegen nicht alle, aber doch wesentliche Ursachen des Dritten Reiches. Sie waren die ersten prägenden Eindrücke meiner Jugend.

Die Schule, das Realgymnasium Lüdenscheid, vermittelte eine solide Allgemeinbildung. Deutsch und Geschichte wurden gründlich betrieben. Der Deutschunterricht förderte das Verständnis auch der naturalistischen und expressionistischen Gegenwartsliteratur. Wir kannten unseren Lessing gut, aber auch über Hauptmann und Hamsun hinaus Toller und Kaiser. Zu dem mich früh beschäftigenden Thema »Mensch und Technik« gab es Anschauungsunterricht in Fabriken, die gerade anfingen, das Fließband (damals Taylor-System genannt) einzuführen. Es war daher nicht überraschend, unter den Themen für die Abiturhausarbeit Georg Kaisers »Gas« zu finden. Daß Kaiser und Toller (Maschinenstürmer) den Kommunisten nahestanden, störte uns wenig. Dazu war, trotz aller Ablehnung der Linken, das soziale Interesse zu groß. Der Geschichtsunterricht ging mehrfach durch die Weltgeschichte mit einem soliden Datengerüst. Die Problematik der frühen deutschen Reichsentwicklung wurde gründlich unter

Darlegung der verschiedenen Lehrmeinungen behandelt. Daß bei der Zeitgeschichte Versailles im Vordergrund stand, versteht sich von selbst. Wir wurden nicht auf die Weimarer Demokratie hin erzogen. Es gab Loyalität, aber kein Engagement.

Die geistige Atmosphäre des Elternhauses und die durch asketische Lebensführung und Einsamkeit bedingte geringe Ablenkung erlaubten trotz des weiten, oft beschwerlichen Schulweges und der Mitarbeit in der Landwirtschaft eine umfangreiche zusätzliche Lektüre. Mit Heißhunger wurden die großen Russen, Hamsun, aber auch die Amerikaner wie Sinclair Lewis und Upton Sinclair verschlungen. Und selbstverständlich Spengler! Dazu kamen andere zeitkritische und populär-wissenschaftliche Lektüren. Ich entsinne mich an einsame Abendstunden, in denen ich versuchte, laienhaft in die Geheimnisse der gerade beginnenden Atomphysik einzudringen.

In der Natur aufgewachsen, hatten ihre Geheimnisse von früh an eine große Anziehungskraft. Eine der tiefsten, bis heute noch nicht geheilten Verwundungen, an die ich mich auch zeitlich noch ziemlich genau erinnere, war die für mich erschütternde Entdeckung, daß die wirkliche Natur ganz anders sein sollte als die meiner Sinne, daß mein Weltbild auf Täuschungen beruhte, daß die Farbe, die ich sah, keine eigene Existenz hatte, sondern nur ein Reiz auf meiner Netzhaut war. Ich habe erst später gesehen, daß ich mich in guter Gesellschaft befand: Schiller warf Goethe sein übertriebenes »Attachement an die Natur und seine Resignation in die fünf Sinne vor«!

Aufgewachsen in der Vorstellung, daß die Natur Gottes Schöpfung sei, wenn auch in den Sündenfall einbezogen und deshalb erlösungsbedürftig, sah ich Gott mehr und mehr in der Natur offenbart. Ihr Abstand zum Menschen wurde damit kleiner. Nicht nur die Tiere, auch Bäume, Pflanzen und Blumen wurden zu Lebewesen mit einer einmaligen göttlichen Natur.

Ich war in Wäldern geboren, wurde ein Waldmensch und bin es bis heute geblieben. Die Natur hat mich als Kind oft geängstigt, aber sie blieb mir immer vertraut. Mit alten Bäumen kann man sprechen, wenn sie auch nicht antworten können wie ein Pferd oder ein Hund. Der Naturmythos der Alten erschien mir deshalb ganz natürlich. Die strengen religiösen Vorstellungen des Elternhauses konnte ich bei aller Hochachtung immer weniger nachvollziehen. Religion ja, Theologie nein! Auch begann ich unter der Allgegenwart des Religiösen zu leiden – zumal der sinnliche Mensch dabei wenig angesprochen und die »sündige« Natur zu sehr abgewertet wurde. Später habe ich die katholische Kirche im stillen beneidet. Sie hat bekanntlich sonderbare Liebhaber wie Goethe und Thomas Mann. Die Verbindung des Wahren mit dem Schönen oder das Schauen des Wahren im Mythos erschien mir zunehmend erstrebenswerter. Und so ist es bis heute geblieben. Christus ja – aber als Mythos; wahrscheinlich der schönste, tiefste und ergreifendste, den es gibt; mit Kreuz, Auferstehung und Wiederkunft – ohne die es kein Christentum gibt. Die Entmythologisierung des Christentums ist ein grandioser Irrtum. Aber als Dogma konnte ich es nicht nachvollziehen. Zu streng religiös erzogen und Religion zu ernst nehmend, konnte und kann ich mich nicht als Christ im Sinne meines Elternhauses bekennen. Und nur als Ritual der Identifizierung mit einer Gemeinde oder als Nothelfer im Sinne des landläufigen Kirchenchristentums – dafür war die Sache zu ernst.

Man sagt, daß denkende Menschen als Platoniker oder Aristoteliker geboren werden. Dann bin ich von Natur aus ein Platoniker. Das Gesetz, nach dem man angetreten und dem man nicht entfliehen kann, hat viel Beweiskraft. Jede Art von Determinismus blieb mir fremd. Bei meiner bis heute noch wachsenden Vorliebe für Platon habe ich gegenüber dem Empiriker Aristoteles und vor allem seiner Entelechie immer ein schlechtes Gewissen gehabt. Wie ich auch dem großen Kant den von mir viel zu spät wiederentdeckten und mir immer größer werdenden Goethe vorziehen mußte. Begriffe ohne Anschauungen sind sicher blind, Anschauung ohne Begriffe ist aber keineswegs immer leer. Der verengte Vernunftbegriff Descartes' erscheint mir als abendländisches Verhängnis. Mein Vorzug galt stets Pascal, den Frankreich leider verleugnet hat.

Wenn auch kein gläubiger, bekehrter Christ, blieben doch die religiöse Unruhe, das angeborene und eingepflanzte metaphysische Bedürfnis, der gesetzte Lebensrahmen, das »konservative« Gefühl für das, was man nicht tut, die Hochachtung vor jeder ernsthaften Religion. Ich kann es mir deshalb nicht verzeihen, daß ich beim Anblick der brennenden Synagogen im Jahre 1938 keine bessere Reaktion hatte, wenn auch in Berlin bei der Fahrt mit der Stadtbahn ins Auswärtige Amt mir der Anblick einer Ruine der Synagoge in der Kantstraße immer einen Stich versetzte. Das war eine große Entfernung vom Geiste meiner Vorfahren.

Viel verdanke ich dem lebhaften geistigen Leben des Elternhauses und der Großfamilie. Ältere oder gleichaltrige Vettern verbrachten die Ferien bei uns und auf den Höfen in der Nähe. Entsprechend lebhafter wurden die Diskussionen: über Gott und die Welt, Nietzsche, die Relativitätstheorie,

Spengler, Karl Barth, die Jugendbewegung, Marx und Kommunismus und die vielfach angebotenen Reformen und Heilsideen. Auch die moderne Kunst und die neuen, von uns einhellig als unmenschlich abgelehnten Bauideen des Bauhauses wurden mit Leidenschaft erörtert. Daß dabei die völkischen Ideen nicht zu kurz kamen, ist sicher.

Unsere Generation ohne Frieden stand auch später noch ganz im Banne des Krieges. Die Nachkriegswirren hatten wir miterlebt, den permanenten Bürgerkrieg vor Augen. Dazu in der Nähe der Industrie die soziale Not, in die die Inflation neben der Arbeiterschaft auch einen großen Teil des Bürgertums gestürzt hatte. Die langen Kolonnen armselig gekleideter Holzsammler, die für etwas Brennholz mit ihren Leiterwagen oft stundenweit fuhren, und die Beerensammler gehören zu den Erinnerungen an meinen langen Schulweg – ähnlich wie die Schlangen von Arbeitslosen vor den Stempelstellen der Industriestadt. Das Kriegserlebnis, das eine heute nicht mehr einzuschätzende Wirkung auf die Zeit vor 1933 gehabt hat, wurde uns durch Väter und Brüder vermittelt. Der Einbruch der Technik in den Bereich des Todes, die kalte Rationalität der Massenvernichtung, in der der einzelne sich einsam und verlassen behaupten muß; an Stelle der nationalen Begeisterung und der Emotionen der Arbeitscharakter des modernen Krieges; alles das deutete einen geschichtlichen Umbruch an. Viel spricht dafür, daß nicht 1933 der große Einschnitt in Europa ist, sondern 1914, als der deutsche Botschafter Schoen bei der Übergabe der Kriegserklärung in Paris gesagt haben soll: »Jetzt gehen in Europa die Lichter aus.«

Wir hatten die Zeit vor 1914 nicht mehr bewußt erlebt. Die »gute alte Zeit«, das Kaiserhaus, die Sicherheit, das große nationale Pathos waren uns unbekannt. Und wir mißtrauten ihm instinktiv. Wir fühlten, daß irgend etwas nicht stimmte und daß die berechtigte Ablehnung von Versailles nicht die ganze Wahrheit war. Aber der Krieg hatte eines bewirkt: Die Deutschen waren auf den Schlachtfeldern eine Nation geworden – wenn auch eine verspätete, wie Plessner sie genannt hat –, und sie wollten eine Nation bleiben. Sie hatten die Volksgemeinschaft entdeckt, das viel beschworene und später mißbrauchte Fronterlebnis, die Zusammengehörigkeit jenseits aller Klassenschranken. Die Möglichkeit der Überwindung der Klassengegensätze in einer neuen sozialen und staatlichen Ordnung, die Weimar – nach einer unvollendeten Revolution – nicht hatte bringen können, war nicht mehr aus den Köpfen und Herzen zu verbannen. Die zeitlich vorausgegangene russische Revolution, die zu Angstreaktionen nicht nur im Bürgertum, sondern auch bei der Mehrheit der Sozialdemokraten führte, und die erklärte und geförderte Erwartung des kommunistischen Umsturzes in Deutschland, mit dem die Revolution im rückständigen agrarischen Rußland erst einen Sinn bekommen sollte, verfälschte die häufig undurchsichtigen Bürgerkriegsfronten, deren sich das Strandgut des Krieges, die Desperados und die Abgestiegenen des Adels und des Bürgertums, bemächtigten.

Dies alles wirkte auf uns ein. Die Demokratie konnte sich uns Jungen nicht überzeugend darstellen; sie hatte bei uns keine Chance. Die Demütigung durch den Versailler Vertrag und die drückende Last seiner Bestimmungen sowie die damalige Unversöhnlichkeit Frankreichs trugen dazu bei, die Demokratie auch um den letzten Kredit zu bringen, der bei uns ohnehin nicht groß war. Sie galt uns als Produkt eines dekadenten, uns Deutschen feindlich gesonnenen Westens. Das junge, bolschewistisch gewordene Rußland hingegen besaß eine nicht geringe Faszination, sosehr wir auch den Kommunismus als Gesellschaftsform ablehnten. Das große Experiment in Rußland, einem Lande, dem wir uns durch geheimnisvolle Bande mehr verbunden fühlten als dem Westen, fand unser ständiges Interesse.

Den Liberalismus hielten wir für tot, der uns Deutschen – vom jungen Thomas Mann bis Jaspers – ohnehin fremd zu sein schien. Den Kapitalismus verstanden wir auch ohne oder gegen Marx als Ausbeutung – das spätere Wort Gregor Strassers von der »antikapitalistischen Sehnsucht« fiel auf gut vorbereiteten Boden. Die Gegenüberstellung von Gemeinschaft und Gesellschaft, wie sie der Soziologe Tönnies vorgenommen hatte, und der Gegensatz von Kultur und Zivilisation waren mir nach meiner Herkunft ebenso einleuchtend wie die Auffassung, der Geist sei der Widersacher der Seele – zumal der Geist sich uns als wertfreier, zweckrationaler, technikbeherrschender Amerikanismus zeigte. Ludwig Klages warnte schon vor dem Kriege in einem Beitrag zur Festschrift für die Meißner Tagung der Freideutschen Jugend vor Naturentfremdung und Zerstörung.

Thomas Mann – die Schule ging an ihm vorüber – hatte uns wenig zu sagen. Ganz anders Hesse. Er war unser Mann. Er wurde fleißig gelesen, hier wurden unsere mystischen und romantischen Sehnsüchte gestillt. Spenglers Sicht vom Sterben der Kultur in der Zivilisation als Lebensprozeß war eine Offenbarung und auch Grimms Buch mit dem irreführenden Titel: »Volk ohne Raum«. Vor allem aber waren wir von einem Gedanken erfüllt: der Versöhnung des Nationalen mit dem Sozialen – der Jahrhundertidee. Die Bücher des konservativen Sozialdemokraten August Winnig »Vom Proletariat zum Arbeitertum« und »Frührot« hatten eine prägende

Wirkung. Eugen Gerstenmaier schildert in seinen Erinnerungen dasselbe Erlebnis.

Im Elternhaus stand der Oberhofprediger Stöcker in Ehren – nicht wegen seiner Nähe zum Gottesgnadentum und seinem Antisemitismus, sondern wegen der sozialen Komponente seines Christentums. Die protestantische Kirche hatte vor den Problemen des Industriezeitalters zu lange versagend geschwiegen, während der katholische Bischof Ketteler der volksnäheren katholischen schon früh den richtigen Weg gewiesen hatte. Von Stöcker war der Weg zu Friedrich Naumann nicht weit, zumal man sich im Nationalen mit ihm leicht einigen konnte. In der Verbindung des Nationalen mit dem Sozialen – hier besser Sozialistischen – lag auch die Faszination von Moeller van den Bruck, der als erster vom »Dritten Reich« sprach, und von Spengler, der in »Preußentum und Sozialismus« Preußen als eine Vor- und Prägeform sozialistischer Gestaltung sah.

Und der Faschismus? Er übte eine unbestreitbare Attraktion aus, da er den antiliberalen Affekt befriedigte – mehr aber auch nicht. Mich beeindruckte im Gegenteil Sinclair Lewis' Schilderung des Schicksals der Kommunisten Sacco und Vanzetti. Einen großen geistigen Einfluß hat der Faschismus nicht gehabt, zumal ich zu seinen geistigen Vätern Pareto und Sorel noch nicht vorgedrungen war.

Dann gab es das große Angebot von Heilslehrern und Aposteln, die man die Väter der heutigen Grünen nennen könnte, wie zum Beispiel A. Damaschke mit seiner Bodenreform, Silvio Gesells Geldtheorien (Schwundgeld), Gottfried Feders »Brechung der Zinsknechtschaft«, die Anhänger der biologisch dynamischen Anbaumethoden (von Rudolf Heß gefördert), die Anthroposophen, die Artamanen, bei denen Heinrich Himmler war, die Vegetarier, denen Hitler anhing, und die übrigen, meist der Jugendbewegung entsprossenen Blut- und Bodenromantiker. Das einigende Band waren die Abkehr von der Industriegesellschaft und eine vage romantische Hoffnung auf neue Lebensformen. Vieles davon endete im Nationalsozialismus, um, wie sich erst später herausstellte, im unehrlichen Pathos der Blut- und Bodenmystik zu erstarren.

Daß vieles davon nach 50 Jahren Wiedergeburt feiert, zeigt nur, daß Hitler nahezu alles mit in den Untergang hineinriß, daß die Probleme aber unverändert, wenn auch noch ernster, vor uns stehen.

Unter den verschiedenen »Heilsarmeen« trat für mich erst ab 1928 der Nationalsozialismus in Erscheinung, und zwar in seiner norddeutschen Spielart. Wir hatten von Hitler und dem Putsch in München gehört, konnten uns darunter aber nur wenig vorstellen. Viele unserer Sehnsüchte schienen sich dort zu verwirklichen, und zwar, das war das Entscheidende, im Bekenntnis, im Mut, im Opfer, in der Aktion. Was halfen all die vagen guten Ideen und die schönen Lagerfeuer und Gesänge der bündischen Jugend – entweder fatalistische Hinnahme und Anpassung oder Aktion! Und die »Arbeiterpartei« sprach uns an. Zur Aktion brauchte man Arbeiter und nicht Intellektuelle, Bürger, Kriegervereine oder den »Stahlhelm«, die im Ernstfall kniffen. Denn die Kommunisten beherrschten die Straßen der Großstädte und Industriegebiete. Wer sich durchsetzen wollte, mußte auf die Straße gehen und die Opfer nicht scheuen. Nur mit Märtyrern wächst die Kirche! Was geschah, schien uns letztlich mit 18 Jahren nicht so maßgebend: wichtig war nur, daß etwas geschah. Und die Figur des Arbeiters, der keine Angst hatte, gelegentlich das Lager wechselte, aber im Ernstfall zuverlässig war, beeindruckte uns. Bei einer Denkmalseinweihung sah ich 1929 zum ersten Mal SA-Leute einen Kranz niederlegen und hörte meinen Bruder sagen: »Das sind doch wohl unsere.«

»Mein Kampf« hatte niemand gelesen – ich selbst las das Buch erst viele Jahre später. Man hatte nur eine allgemeine Vorstellung von der Richtung. Einen gemäßigten Antisemitismus war man bereit hinzunehmen. Die nach 1918 eingewanderten Juden sollten nur unter Fremdenrecht und Numerus clausus gestellt werden. Hätte man Auschwitz auch nur ahnen können, wäre damals Hitler mit ein paar Streichers allein geblieben trotz des unbestreitbar vorhandenen latenten oder offenen Antisemitismus!

Als eine ernstzunehmende politische Kraft trat die NSDAP erst nach der Wahl 1930 und dem Volksbegehren gegen den Young-Plan in mein Bewußtsein, und ich schloß mich dem NS-Schülerbund an.

Die Schule achtete streng auf politische Neutralität. Kultusminister Becker im roten Preußen hielt auf Ordnung. Selbst schwarz-weiß-rote Stecknadeln am Anzug mußten abgelegt werden, und zwar auf Verlangen rechts eingestellter Lehrer! 1930 nahm ich an einer Diskussion der Volkshochschule Lüdenscheid teil über das Thema: Tolstoi – Lenin – Gandhi. Es kam zu Auseinandersetzungen mit den Kommunisten, die den Abend zu einer Diskussion über den ersten russischen Fünfjahresplan benutzen wollten. Ich machte einen kleinen Bericht für den Lüdenscheider Generalanzeiger – mein erster Presseartikel – und ließ harmlos den Halbsatz einfließen, daß ich als Anhänger einer nationalsozialistischen Weltanschauung bei aller Bewunderung für die Helden des Abends mit ihnen in unserer Situation nicht viel anfangen könnte.

Groß war mein Erstaunen, als mein zum »Stahlhelm« gehörender Klassen- und Geschichtslehrer nach Erscheinen des Beitrags mich vor der Klasse rügte, mir mit einer schweren Strafe drohte und mich zum Direktor der Schule schickte: »Man wird doch fragen, wer war denn sein Geschichtslehrer!« Der Direktor, ein weiser Mann, war anderer Meinung. Er tadelte mich pflichtgemäß, wies mich auf das Ungeschickte meines Bekenntnisses hin, und im übrigen fand er meinen Beitrag nicht schlecht. Er prüfte mich ein Jahr später im Abitur auf Herz und Nieren in meinem Wahlfach Geschichte. Bei der Behandlung der sozialistischen Bewegung in Deutschland im 19. Jahrhundert stellte er die Frage: »Wer würde nach Ihrer Meinung heute den Vorstellungen Lasalles am meisten entsprechen?« »Die Nationalsozialisten«, war meine Antwort. Ich bekam eine Eins in Geschichte.

Welch weiter Weg von dort nach 1945!

Auf diesem Hintergrund und geistigen Nährboden ist es nicht verwunderlich, daß ich unter den drei Auswahlthemen für die Hausarbeit in Deutsch wählte: »Welchen Weg zur Überwindung des Amerikanismus im modernen Wirtschaftsleben zeigt Georg Kaiser in seinem Drama ›Gas‹ und was ist von seinem Streben zu halten?« Wir waren für dieses Thema durch Besichtigung von Industriebetrieben vorbereitet, die uns die Entfremdung – der Begriff war damals noch nicht Mode – der Arbeiter durch die modernen Produktionsmethoden zeigen sollten. Da bei Kaiser die Fragestellung: Kultur oder Zivilisation? im Zentrum der Überlegungen stand, war bei mir der Weg zu Oswald Spengler nicht weit, mit dessen »Untergang« ich meine Arbeit einleitete. Kaiser, der bedeutendste Vertreter des deutschen Expressionismus, war von einer Begegnung mit Gustav Landauer bleibend beeinflußt worden. Dessen Buch »Aufruf zum Sozialismus« (1911) könnte man als die Bibel der vielfältigen »Grünen« vor und nach 1914 bezeichnen: »Keinerlei Technik, keinerlei Virtuosität wird uns Heil und Segen bringen; nur aus dem Geiste, nur aus der Tiefe unserer inneren Not und unseres inneren Reichtums wird die große Wende kommen, die wir heute Sozialismus nennen.«

Die »Gas«-Trilogie erscheint mir heute aktueller als 1917, auch wenn es noch kürzlich hieß, Kaiser sei nach allgemeinem Einvernehmen »töter als tot«. Für »Gas« kann man heute »Kernenergie« setzen, was die Dramatik nur steigert. In dem Drama errichtet bekanntlich ein Milliardärssohn mit seinem fragwürdig zustande gekommenen Reichtum einen fortschrittlichen Betrieb für den Weltbetriebsstoff Gas unter Gewinnbeteiligung der Arbeiter. Obgleich die Formel stimmt, explodiert die Fabrik durch Fahrlässigkeit und pures Gewinnstreben der Arbeiter. Der Milliardärssohn will den Betrieb nicht wieder errichten, sondern die Arbeiter zu »ganzen Menschen« in fortschrittlichen Agrarsiedlungen machen. Die Arbeiter, von einem Ingenieur auf ihre Interessen hingewiesen, verweigern die Gefolgschaft (falsches Bewußtsein, Anpassung, Systemzwang, eindimensionaler Mensch, Marcuse 1968!). Der »neue Mensch« – Kaisers zentrales Anliegen in seinem gesamten Werk – muß vertagt werden. Die Tochter des Milliardärs verspricht, ihn zu gebären. Die Fabrik wird unter dem Druck des wissenschaftlich-technisch-militärisch-politisch-sozialen Komplexes wieder errichtet mit den Arbeitern als Anteilseignern. »Blaufiguren« und »Gelbfiguren« bekämpfen sich in einem Weltkrieg. Die Arbeiter, von dem fortschrittlichen Enkel des Milliardärs angetrieben, streiken. Gelbfiguren besetzen das Werk. Unter Fortfall der Sozialleistungen und der Gewinnbeteiligung müssen die Arbeiter an ihren Platz zurück. Der Großingenieur erfindet das Giftgas. Es soll den Arbeitern die alte Stellung und Macht wiedergeben. Der Enkel ruft ihnen zu: Baut das Reich! Ohne allerdings sagen zu können, wie es aussehen soll. Aus dem ausweglosen Dialog mit dem Großingenieur gibt es nur einen Ausweg: den nihilistischen. Der Enkel zerbricht die Giftgaskugel, die totale Vernichtung wird eingeleitet.

Der linke Wilhelm Steffens schrieb darüber 1974: »Die soziologische Politik Kaisers im technischen Zeitalter und einer Massengesellschaft ist emotional, pathetisch und in keiner Weise fundiert und konstruktiv. Mit der Revolution der Seele werden wir unsere Probleme nicht lösen können.«

Der Abiturient von 1931 sah das anders. Er war nicht bereit, Spenglers Fatalismus zu folgen und sich stoisch eisern gewappnet dem Schicksal der Zivilisation zu stellen, noch auch den Maschinensturm als letzten Ausweg zu sehen. Er stimmte, als damals überzeugter »Grüner«, Kaisers Idealvorstellung der Schaffung des neuen Menschen durch Rückkehr zu natürlichen Verhältnissen zu – die Massenarbeitslosigkeit ließ ohnehin keine Hoffnung mehr auf die Industrie.

Aber ich hatte eine andere Kritik: »Wenn ich mit dem Wege, den Kaiser zeigt, auch vollständig einverstanden bin, so vermisse ich doch einen wichtigen Punkt bei ihm: die Religion. Wir können alles mit dem Menschen machen, seine äußeren Verhältnisse noch so glänzend gestalten, geben wir ihm die Religion nicht wieder, so bleibt er bei allem Wohlergehen ein armer Mensch. Kaiser schließt zwar mit einem positiven Ergebnis. Aber das Wort der Tochter ›Ich will ihn gebären‹ klingt mir wie eine Anmaßung. Das Wort Platons besteht noch zu Recht: ›Ein Volk ohne Religion ist wie eine Stadt in den Wolken.‹«

Dieser Auffassung bin ich bis heute treu geblieben, dem »Schrebergartensozialismus« habe ich aber bald abgeschworen. Ernst Jüngers »Das abenteuerliche Herz« und noch mehr »Der Arbeiter« und später Ernst Niekisch taten das Ihre.

Und so wurden wir 1931 ins Leben entlassen; für mich eine große Veränderung von dem einsamen, wenn auch weltoffenen Bauernhof in eine aus allen Fugen geratene Welt, die wir noch glaubten heilen zu können. Wir waren wie jede Jugend vorher und nachher. Der Freiheit waren wir bereit – in einem gewissen Maße – zu entsagen. Was hatte sie eingebracht, und was bedeutete sie für uns? Über den möglichen Grad von Unfreiheit in einem kommenden Regime konnten wir uns keine Vorstellungen machen.

Auf der einen Seite erhoben wir Anklage gegen die Vätergeneration, die uns ohne zwingenden Grund in diese verzweifelte Lage gebracht hatte; gegen den Kapitalismus und insbesondere gegen die alte Oberschicht und das Bürgertum als Hort egoistischer Anpassung und Feigheit. Und auf der anderen Seite das Identifikationsbedürfnis: Da alles andere entwertet schien und das religiöse Gefühl keine Handlungsanweisung geben konnte, erschien dem nicht verzagen wollenden Idealisten der »dritte Weg« des Nationalsozialismus noch als das Beste. Auf jeden Fall mußte etwas geschehen. Die Aktion an sich schien uns schon gut, ganz gleich, was dabei in Trümmer gehen konnte. Ich habe deshalb für die Ereignisse des Jahres 1968 und für die irregeleiteten Terroristen zunächst ein gewisses Verständnis aufbringen können, wenn auch ihr blinder Aktionismus sich gegen einen von linken Intellektuellen errichteten Popanz wandte.

Aber mein Engagement sollte nicht von langer Dauer sein. Auch konnte ich mich von Natur aus nie einer Sache, Idee oder Person ganz verschreiben. So weit reichte das Identifikationsbedürfnis nicht. Ohnehin im späteren Leben zwischen Aktion und Kontemplation nur mühsam eine Balance haltend und in keiner von beiden ganz zu Hause und zufrieden, war ich wohl von Natur aus zu pessimistisch, um mich ganz zu verschreiben. Ich war, wohl als Ahnenerbe, meist mehr auf der Seite der Opposition als der etablierten Macht, unter der ich aber leben und arbeiten mußte. So wurde ich nie ein Parteimensch, nicht im Dritten Reich und auch später nicht, als ich unter Thomas Dehler 1956 der FDP beitrat, entgegen der seit 1945 gehegten Auffassung, mich nie mehr politisch zu engagieren. Mir lag mehr der Abstand; Distanz jenseits von eilfertiger Verdammung oder blinder Zustimmung. Ich hielt es mein Leben lang, wie mein Vater und Großvater, mit Konfuzius: »Wo alle zustimmen, da mußt du prüfen, wo alle tadeln, da mußt du prüfen!«

Man hat mir das oft als Opportunismus ausgelegt. Es war eher fröhlicher Pessimismus. Leben mußte man, und werden wollte man auch etwas.

Ich entsinne mich, daß Freunde der jungen Jahre nach dem Kriege sagten: »Wenn man die Dinge immer so schwarz sah wie du, dann konnte man gut voraussagen!« Günter Diehl hat es aus Anlaß meines 70. Geburtstags wohlwollend als »Blick nach vorn« bezeichnet.

Auf mich trifft das Wort zu: »Qui n'a pas l'esprit de son âge, souffre de son âge.« Der Preis mußte bezahlt werden. Und so zog ich denn mit Hermann Hesse zur »Morgenlandfahrt«:

»Zu jener Zeit, der ich dem Bunde beizutreten das Glück hatte, nämlich unmittelbar nach dem Ende des großen Krieges, war unser Land voll von Heilern, Propheten und Jüngerschaften, von Ahnungen des Weltendes und Hoffnungen auf den Anbruch des Dritten Reiches. Erschüttert vom Kriege, verzweifelt durch Not und Hunger, tief enttäuscht durch die anscheinende Nutzlosigkeit all der geleisteten Opfer an Blut und Tod war unser Volk damals manchen Hirngespinsten, aber auch manchen Erhebungen der Seele zugänglich; es gab bacchantische Tanzgemeinden und wiedertäuferische Kampfgruppen, es gab dieses und jenes, was nach dem Jenseits und dem Wunder hinzuweisen schien.«

Die Welt 1931 – der Geist der Zeit

Wie sah die Welt aus, in die der junge Student eintrat? Die parlamentarische Demokratie Weimars wurde nicht durch Hitler zerstört. Sie war bereits im März 1930, als die Nationalsozialisten im Reichstag noch unbedeutend waren, mangels Konsensfähigkeit der die Demokratie tragenden Parteien aufgegeben worden. Brüning regierte, nur auf den Reichspräsidenten gestützt, mit dem Ausnahmezustand des Artikels 48. Trotz seiner Bemühungen versagte sich ihm die SPD. Sie hatte ihre Kräfte im Kampf für den Staat verbraucht. So stellt der Historiker Karl Dietrich Bracher richtig fest: »Weimar ging an der Resignation der demokratischen Parteien, an dem Hochtreiben plebiszitärer, antiparlamentarischer und antikapitalistischer Wellen, an der Selbstentleibung des Liberalismus und der bürgerlichen Freiheit zugrunde.«

Die Weltwirtschaftskrise traf das Reich besonders hart. Die vorübergehende Blüte war mit meist kurzfristigen ausländischen Krediten erkauft, deren Abzug die Katastrophe beschleunigte. Das für kurze Zeit wiedererstandene liberale Welthandelssystem auf der Basis des Goldstandards brach zusammen und damit auch die Hoffnung, Deutschland könne die noch immer astronomischen Reparationsleistungen mit amerikanischer Hilfe erfüllen. Das Pfund stürzte, der freie Welthandel wich dem »Rette sich, wer kann«. Autarkie und Planwirtschaft sollten den diskreditierten Kapitalismus ablösen, von dem der überzeugte Liberale Walter Eucken bereits 1926 gesagt hatte, daß es zwar keine bessere Wirtschaftsordnung gäbe, der Kapitalismus in der gegenwärtigen Form aber überholt sei. Vier Millionen Arbeitslose (1931), aus denen in kurzer Zeit sechs Millionen werden sollten, förderten die allgemein verbreitete antikapitalistische Sehnsucht (Gregor Strasser) und den Ruf nach »totaler Mobilmachung« (Ernst Jünger).

Mit der Wirtschaftsordnung brach auch das internationale politische System zusammen, das den prekären Frieden garantieren sollte. Zwar setzte Brüning – unbeirrbar von innenpolitischen und wirtschaftlichen Sachzwängen – die Politik Stresemanns fort in der trügerischen Hoffnung, durch Erkämpfung außenpolitischer Freiheit und Gleichberechtigung die innere Krise überspielen zu können. Er bekam zu wenig zu spät: Die großen Geschenke wurden später Hitler gemacht! Das Scheitern des bescheidenen Planes einer deutsch-österreichischen Zollunion spricht für sich.

Der Völkerbund – eine flüchtige Hoffnung auf den Weltfrieden – offenbarte seine Ohnmacht, als Japan 1931 die Mandschurei besetzte, damit die Serie von Aggressionsakten einleitend, die zum Zweiten Weltkrieg führten, von dessen Möglichkeit besorgte Denker wie Toynbee und Jaspers schon 1931 sprachen, noch bevor Hitler an die Macht kam.

Die deutsche Scheinblüte, das damalige deutsche Wunder, brach in sich zusammen und machte einer Katastrophenlandschaft Platz, in der die staatliche Macht auf der Straße lag, wartend auf den, der sie aufnehmen würde.

Am längsten hielt sich noch das täuschende Kulturwunder der »roaring twenties«, dessen letzten Glanz der junge Student noch 1932 in Berlin am Rande des Abgrunds erlebte. Es war nie mehr gewesen als ein Tanz auf dem Vulkan, in dem Teile der Intelligenz, der Kunst und des Kulturbetriebes sich einem wirklichkeitsfremden Rausch hingaben, der zwar ästhetisch schön sein mochte, aber die Faszination des Untergangs hatte. Elias Canetti hat in »Fackel im Ohr« die Begegnung mit dem »Todeshauch« dieses Berlin dramatisch dargestellt.

Die tödliche Gefahr, die ins Hoffnungslose oder Heroische gesteigerte Krisensituation, war der Topos der Jahre 1930 bis 1932. Der seit Herder, Goethe und der Romantik schwelende und sich zyklisch steigernde Aufstand gegen die Herrschaft eines verengten Vernunftbegriffes und eine unmenschliche Technik, das Gefühl, in einer ausweglosen Sackgasse zu sein, die weniger Übergang als Untergang zu sein schien, führten zu einem gesteigerten Krisenbewußtsein, das mehr war als nur der »Weltschmerz des technischen Zeitalters«. Es war im übrigen nicht auf das sich in Nachkriegskrämpfen windende Deutschland beschränkt noch als »präfaschistisches Syndrom« zu erfassen, mit dem Adorno wohl die Spengler, Jung, Klages, Jünger, Heidegger, Ortega y Gasset, Pareto, Schmitt, Niekisch, um nur die wichtigsten zu nennen, gemeint haben dürfte. Aldous Huxley zeichnete in »The Brave New World« die Horrorvision des kommenden entmenschten Zeitalters, von der er nach Hiroshima nichts zurücknehmen mußte als die zeitliche Distanz. Zur gleichen Zeit drückte der alte Sigmund Freud sein unwohles Zeitgefühl in dem »Unbehagen in der Kultur« aus, frühere optimistischere Annahmen zurücknehmend.

Und noch im Vorwort zur englischen Ausgabe seines 1935 geschriebenen Buches »Mensch und Gesellschaft im Zeitalter des Umbaus« schrieb der Emigrant Karl Mannheim 1940:

»Beim Schreiben standen wir völlig unter dem Einfluß von Erfahrungen, die ihren Ursprung in den Zerfallstendenzen der liberal-demokratischen Gesellschaft hatten. In erster Linie hatten wir vor Augen, wie der Mechanismus der liberalen Demokratie in der Weimarer Republik versagte. Wir hatten selbst erlebt, daß sie unfähig war, die Probleme der modernen Massengesellschaft zu lösen. Wir sahen, wie sich die Planlosigkeit der liberalen Ordnung unter bestimmten sozialen Bedingungen in Anarchie verwandelte und wie das ›laissez-faire‹-Prinzip, das die soziale Entwicklung früher im Gleichgewicht gehalten hatte, auf dem inzwischen erreichten Entwicklungsstadium sowohl im politischen wie im kulturellen Bereich in Chaos überging.« Und: »Wir hatten jedoch damals wenig Hoffnung, etwas von den liberalen und demokratischen Ländern lernen zu können, denn ohne es zu wollen, teilten wir das in Mitteleuropa vorherrschende Gefühl, daß das Zeitalter der Demokratie vorbei war.«

Die umfassendste und tiefste Zeitanalyse brachte gleichzeitig mit seiner »Existenzphilosophie« Karl Jaspers in: »Die geistige Situation der Zeit« (1931). Der kleine Band ist von unheimlicher Aktualität. Jaspers hat recht daran getan, nach dem Kriege nichts zurückgenommen oder hinzugefügt zu haben. Beim Lesen hat man das Gefühl, als sei die Welt nur blutige Um- und Irrwege gegangen, bloß um wieder dort zu stehen, wo Jaspers sie 1931 sah. Nicht auf einer höheren Stufe – außer einer offenbar kaum verwertbaren Erfahrung –, aber in einer noch größeren Gefährdung.

Hier einige seiner Schlüsselmetaphern: Bruch mit der bisherigen Geschichte; Untergangsstimmung allgemein; rationale Welt zu Ende; Bewußtsein, in einem Augenblick der Weltwende zu leben und Bewußtsein der radikalen Krise; wahrscheinlich das Ende an den Grenzen der Technik durch Katastrophen; barbarisch von vorn anfangen; Treiben im Dasein wie im Meere; Jugendwahn; Würdelosigkeit des Alters; noch nie dagewesene Lebensangst; Kunst keine Chiffre der Transzendenz, sondern des Chaos; sprachloses Dunkel; Masse; Majorität; Nivellierung; Daseinsfürsorgestaat; leere Intellektualität; unersetzlicher Substanzverlust, physiognomisch sichtbar; Einsamkeit; Elite; der ungeborene Mensch, in beliebiger Zahl hingemordet, weil er nichts ist; der Mensch als Marionette des Unbewußten; Aufraffen am Rande des Untergangs; Geschichte des Menschen: vergeblicher Versuch frei zu sein; ich muß, worauf es ankommt, wollen, auch wenn das Ende von allem bevorsteht; Aushalten in der Grenzsituation; heute ist kein Held sichtbar.

Bei alldem konnte der spätere Faschismusvorwurf nicht ausbleiben. Allein schon die Sprache, aber mehr noch das elitäre Bewußtsein, die Abwertung der Masse, der großen Zahl, kurz das Antiliberale, Antidemokratische, das auf einen charismatischen Führer Hoffende sind zu verräterisch. Und doch ist gerade auch da Jaspers ein getreuer Spiegel der Zeit. Habermas hat 1979 den wegen des einseitigen Denkansatzes insgesamt untauglichen Versuch unternommen, mit 32 Gehilfen eine entsprechende Analyse unserer Zeit vorzunehmen mit Rückblenden auf Jaspers; kein Wunder, daß Jaspers aus diesem Wettbewerb als Sieger hervorgeht.

Der Grundzug des Zeitgefühls – sich bis heute verstärkend – ist die Angst: die Lebensangst, die Zukunftsangst. Sie war damals nur teilweise zu erklären aus dem materiellen Zusammenbruch der so sicher erscheinenden bürgerlichen Ordnung der Welt vor 1914, der sozialen Degradierung durch Krieg und Inflation, der säkularen Existenzangst des Kleinbürgertums. Sie hatte irrationale Züge: das Ausgeliefertsein an geheimnisvolle, »überstaatliche Mächte«, die eine geschickte Propaganda als den Monopolkapitalismus, die Plutokratie, die Freimaurerei und besonders die angebliche Verschwörung des Weltjudentums identifizieren wollte. Aber wichtiger noch als die materielle Existenzangst war in allen Schichten das Gefühl, in einer nicht mehr verständlichen Welt zu leben, die das menschliche Maß gesprengt hatte. Das alte physikalische Weltbild wich der Relativitätstheorie, wobei für den Laien nur der dunkle Eindruck der »Relativität« jeder Ordnung blieb, den ohnehin schon lange sichtbaren religiösen Substanzverlust beziehungsweise die Suche nach einer »zweiten« Religiosität beschleunigend. Die abstrakte Kunst, die atonale Musik und die »unmenschliche« funktionelle Architektur waren echter Ausdruck der Zeit, für den Laien aber mehr beängstigend als verständlich. Sie verstärkten das Gefühl der Heimatlosigkeit, des »Unbehaustseins«, der Gottverlassenheit in einer sinnlosen Welt. Spengler, einer der ersten großen »Grünen«, kündete 1931 in »Mensch und die Technik« bereits den Aufstand gegen die Technik an: »Das Erschlaffen des Willens zur Technik – die Meuterei der Hände gegen den Kopf – die Flucht der geborenen Führer vor der Maschine beginnt.«

Faßt man die Zeitkritik der verschiedenen Quellen zusammen, mußte für den Studenten von 1931 bleiben: Die Demokratie war gescheitert, der Liberalismus als Wurzel allen Übels erkannt, die Vernunft fragwürdig, die Technik ein Verderben, die Massenwelt unvermeidbar. Als Lösungsmöglichkeiten blieben das elitäre Sichaufraffen des einzelnen am Rande des Abgrundes, die Überwindung der Technik durch ihre geistige Verarbeitung und Perfektion in der Gestalt des »Arbeiters«, die heroische Behauptung im Nichts.

Alles das war interessant zu lesen: Aber anfangen konnte der junge Mensch von 19 Jahren, dessen materielle Mittel zum Studium kaum reichten, dessen Berufsaussichten praktisch gleich Null waren, damit nur wenig. Aber er konnte auch nichts anfangen mit der Stimme des Rufers in der Wüste des wie Stresemann zur Demokratie konvertierten Thomas Mann, der nach den Herbstwahlen 1930, die den überraschenden Durchbruch der Nationalsozialisten brachten, in seiner Ansprache »Ein Appell an die Vernunft« beschwörend warnte vor den Geistern der Tiefe, der Irrationalität, des Blutes, der Kultur – kurz vor alldem, das er 1918 in den »Betrachtungen eines Unpolitischen« der westlichen Zivilisation selbst entgegengehalten hatte.

Lag es für einen jungen Menschen nicht näher, es mit denen zu versuchen, die alldem ein Ende machen wollten, seien sie rechts oder links und sei es ein Ende mit Schrecken – aber in Hoffnung? Trotz der Faszination des großen russischen Versuches bot der platte, sich idealistisch gebende Materialismus des deutschen »Heil-Moskau«-Kommunismus keine Alternative. Der Gedanke der Aussöhnung des Nationalen mit dem Sozialen, des dritten Weges, war dann schon anziehender.

Und so schlimm schien es mit diesem Hitler doch nicht zu sein. Hatte nicht der angesehene Reichstagsabgeordnete der Demokratischen Partei, der Lehrer an der Berliner Hochschule für Politik, Theodor Heuss, 1931 in

»Hitlers Weg – Eine historisch-politische Studie über den Nationalsozialismus« geschrieben, man solle diesem Mann eine Chance geben? Er gab sie ihm 1933 im Reichstag durch Zustimmung zum Ermächtigungsgesetz. Nur schade, daß er sich als erster Präsident der Bundesrepublik weigerte, demokratiewillige ehemalige Hitlerjugendführer zu empfangen. Auch das ein Zeichen des Geistes der Zeit!

Wenn man die apokalyptische Untergangsstimmung und Hoffnungslosigkeit der Jahre 1930 bis 1933 und die Kapitulation der demokratischen Kräfte betrachtet, lange bevor es zur Entscheidung kam (Spengler: Dies war kein Sieg, denn es fehlten die Gegner!), werden zwei Dinge klar: Ein Zurück zu Weimar gab es nicht. Die Nationalsozialisten hatten zwar bei der letzten freien Wahl 1932 nur 33 Prozent der Stimmen erhalten, zusammen mit den Kommunisten hatten sie aber rund 50 Prozent! Und ferner: Der Umbruch erschien auch vielen Nichtnationalsozialisten als eine Erlösung, als der ersehnte kraftvolle Aufschwung, als das Sichaufraffen am Rande des Abgrundes, was die allgemeine Zustimmung und Begeisterung, ja die kritiklose Euphorie verständlich macht.

Die Universität 1931 bis 1935

An vier Universitäten studierte ich Jura, Volkswirtschaft und Politische Wissenschaften. Paris und London kamen später hinzu. Der Eintritt in eine Universität war damals nicht ein Anspruch, sondern ein Privileg, dessen man sich bewußt war. Er war auch nicht wie heute gleichsam als Strafe für den höheren Bildungsanspruch mit einer abschreckenden, unverständlichen Papier- und Computerbürokratie verbunden. Das galt selbst für eine große Universität wie Leipzig, für die ich mich entschied, weil ich dort bei einem Onkel wohnen konnte, was den Anfang erleichterte. Gebührenerlaß und andere Vergünstigungen gab es erst unter Vorlage von Fleißzeugnissen nach dem dritten Semester. Bis dahin mußte man sich selbst helfen. Ein vernünftiges Förderungssystem, das später durch Darlehen des Deutschen Studentenwerks die Durchführung des Studiums unter bescheidenen Ansprüchen, etwas eigenen Mitteln oder Werkstudentenarbeit ermöglichte. Eigenanstrengung und Hilfe waren in einer vernünftigen Weise verbunden. Die feierliche Immatrikulation gab noch die Vorstellung, in »höhere Weihen« aufgenommen zu sein. Und für den jungen Juristen war das erste Semester an einer Universität wie Leipzig mit einem großen Lehrergebot ein unvergeßliches Studium generale. Ich habe bei fünfmaligem Universitätswechsel keine ganz ungewöhnlichen Lehrer gehabt, aber eine Fülle von interessanten Persönlichkeiten, die den trockenen Stoff gelegentlich brillant oder praktisch vermitteln konnten.

Die große Freiheit des Studiums erforderte Disziplin, der Kontakt mit den Professoren war vor allem bei den jüngeren Semestern gering. Die Lehre war trotz des draußen tobenden politischen Kampfes weitgehend wertfrei. Für den Weimarer Staat wurde dabei nicht gerade geworben, er kam aber auch nicht zu kurz. Als besondere Attraktion kam in Leipzig das Reichsgericht hinzu, zu dessen olympischer Höhe der junge Student respektvoll aufsah, nicht ahnend, wieviel Schweiß und Not ihm später seine Entscheidungen bereiten sollten. Unter dem Vorsitz des damaligen Reichsgerichtspräsidenten Bumke fungierte der Staatsgerichtshof, ein Verfassungsgericht mit beschränkten Kompetenzen. Eine Klage der NSDAP gegen das Land Preußen gab Gelegenheit, die großen forensischen Fähigkeiten eines jungen, erst vor kurzem vom Kommunismus bekehrten Anwalts zu bewundern: Roland Freisler. Er wurde eine der dunkelsten Figuren des Dritten Reiches!

Die blutigen Auseinandersetzungen der Radikalen in den roten Stadtvierteln nahmen in diesem Sommer 1931 beängstigend zu. Ich trat dem NS-Studentenbund bei, ohne mich jedoch sonderlich zu engagieren, zumal ich noch neu und fremd war. Einmal, es war am Abend des 30. Juni 1931, nahm ich mit ein paar Freunden an einer Veranstaltung des ASTA in Auerbachs Keller teil. Als ich nach der Veranstaltung auf die noch belebte Straße hinaustrat, sah ich eine Gruppe mit Latten und Stöcken bewaffneter Männer wortlos auf uns zulaufen und einschlagen. Ich verspürte plötzlich einen harten Schlag im Rücken, der mich zu Boden warf. Als ich blutend aufstand, war der Spuk verschwunden. Außer mir war ein Pedell der Universität durch einen Lattenschlag auf den Kopf verletzt worden. Auf dem nahen Polizeirevier wurde bei mir ein Messerstich in den rechten Lungenflügel festgestellt mit der Gefahr einer größeren inneren Blutung. Als ich am nächsten Morgen in dem für Studenten reservierten Zimmer des Krankenhauses erwachte, begrüßte mich mein Bettnachbar für einige Tage mit den Worten: »Na, Sie hat es wohl gestern abend erwischt!« Ich hörte erst später, daß er der Leiter des kommunistischen Studentenverbandes war. Die Presse berichtete über den Überfall, der wahrscheinlich einem anderen gegolten hatte, zumal ich in Leipzig völlig unbekannt war. Der Strafantrag gegen Unbekannt blieb ohne Ergebnis, ja sogar ohne bürokratische Erledigung. Gott sei Dank war ich gesund, und die innere Blutung konnte nach einigen Wochen resorbiert werden.

Ich war nun ein »Opfer der Bewegung«, habe aber nach 1933 keinen Antrag auf Verfolgung gestellt, noch auch eine Entschädigung oder sonstigen Vorteil erhalten, aber den etwas größeren Freiheitsraum in späteren kritischen Situationen für mich und andere genutzt. Während ich im Krankenhaus lag, brach auch in Deutschland, nicht zuletzt als Schneeballwirkung von Vorgängen im Ausland, die Wirtschaftskrise offen aus. Die Zahlungsunfähigkeit der bedeutenden Danat-Bank und die vorübergehende Schließung der Banken leiteten den nur notdürftig bewältigten Zusammenbruch des ganzen Geld-, Kredit- und Währungssystems ein mit verhängnisvollen politischen Wirkungen.

Das erste Semester hatte so ein schlechtes Ende genommen. Für mich stand nun fest, daß nur eine Radikalkur Hilfe bringen würde und daß ich mich aktiv beteiligen müsse. Ich trat in Marburg, wo ich meine Studien fortsetzte und wohin ich auch später zum Examen zurückkehrte, der SA bei, die dort im wesentlichen aus Studenten bestand. Mein Studium wurde dabei nicht vernachlässigt, wenn die Vorlesungen auch gelegentlich in uniformähnlicher Aufmachung besucht wurden (in Preußen herrschte damals Uniformverbot). Der SA-Dienst war harmlos, da es in Marburg und Umgebung kaum politische Gegner zu bekämpfen gab.

Die nach der Verwundung neu entfachte Begeisterung sollte bald gedämpft werden. Im Oktober 1931 fanden sich in Bad Harzburg Hitler, die Führer der um die Deutschnationale Volkspartei Hugenbergs gruppierten Rechtsparteien und des »Stahlhelms« unter Beteiligung einiger bekannter Industrieller und pensionierter Generäle zur so bezeichneten Harzburger Front zusammen. Das entsprach natürlich in keiner Weise meinen Vorstellungen, die zunehmend von der antikapitalistischen Sehnsucht Gregor Strassers geprägt waren (sein späterer Sturz war ein schwerer Schock!). Als ich Anfang 1932 in einem Vortrag diese Politik kritisierte und unter anderem auch noch unter Hinweis auf die Notlage in Deutschland das studentische Corporationswesen als unzeitgemäß bezeichnete, bekam ich ein Redeverbot. Der Kreisleiter, wie so viele ein verkrachter Akademiker, bezeichnete mich als einen krankhaften Sozialisten. Das setzte meiner Betätigung in der SA und der Partei, für die ich einen Aufnahmeantrag gestellt hatte, ein frühzeitiges Ende. Die politischen Ereignisse des Sommers 1932 erlebte ich aus einer inneren Distanz, da ich nicht mehr an die Übernahme der Macht durch Hitler glaubte und anfing, das Heil eher weiter links zu sehen. Ernst Jünger (»Der Arbeiter«), der Tatkreis und Ernst Niekisch rückten noch mehr als bisher ins Blickfeld. Ich gewann Freunde in anderen Fakultäten, so im Kreise des den Demokraten nahestehenden Historikers Mommsen und des den Kommunisten zuneigenden Kunsthistorikers Hamann. Ein Diskussionsabend ist mir noch in lebhafter Erinnerung: freie oder geplante Wirtschaft. Ich unterstützte energisch Hamann gegen den jungen Privatdozenten Röpke, dessen orthodoxer Liberalismus mir 1932 die letzte aller möglichen Lösungen zu sein schien. Wer hätte gedacht, daß er mir später zu einem geistigen Führer werden sollte – aber auch der Röpke von »Jenseits von Angebot und Nachfrage« war nicht mehr ganz derselbe wie der rigide Privatdozent in Marburg, wenn er auch im Kern stets seiner Auffassung treu blieb.

In den Semesterferien half ich einem Bruder beim Aufbau seiner Siedlerstelle in Niederschlesien nahe der polnischen Grenze. Von dort ging es im Herbst 1932 nach Berlin. Das Wintersemester 1932/33 gehört zu den erinnerungs- und erfahrungsreichsten Abschnitten meiner jungen Jahre. Berlin, wo ich später noch oft für kürzere oder längere Zeit sein sollte, wurde, später in Konkurrenz zu Paris, eine zweite Heimat. Dabei hat wohl auch die Faszination dieser auch in der von Not gezeichneten Krisenzeit noch von Leben überschäumenden Stadt auf den jungen, aufnahmebegierigen Provinzler eine nicht geringe Rolle gespielt. Man denke allein an die Lage der Humboldt-Universität unter den Linden! Unsere heutigen Studenten können sich wohl kaum vorstellen, was es hieß, dort zu studieren. Preußisch-deutsche Geschichte rings herum in Bauten und Denkmälern, große Kulturstätten in Sichtweite, die Museumsinsel mit dem kurz vorher eröffneten Pergamon-Museum nebenan für eine stille Betrachtung zwischen den Vorlesungen, das Museum für moderne Kunst im Kronprinzenpalais gegenüber unterhalb des juristischen Seminars. Wenn man die Etage verwechselte, konnte man gleich am Eingang Klees »Zwitschermaschine« bewundern, die mir damals, wie die moderne Kunst überhaupt, wenig sagte, mehr Kuriosität als Kunstwerk. Das noch lange anhaltende »unglückliche« Verhältnis zur modernen Kunst lag aber wohl auch an der mangelnden ästhetischen Bildung, ohne die sie nur schwer zugänglich ist, und der noch fehlenden Erkenntnis, daß sie getreuer Ausdruck der Zeit ist. Eine »Eingeweideschau«, wo sie ernst und echt ist; aber wo ist der Zeichendeuter?

Eins blieb dem Studenten nicht verborgen: das Auseinanderfallen von Kulturproduktion und Kulturbetrieb auf der einen und der politischen und sozialen Wirklichkeit auf der anderen Seite. Die »roaring twenties«

hatten einen Januskopf. An überzeugender Kritik der sozialen Not fehlte es nicht: Döblins »Alexanderplatz« mag hier für manches stehen. Aber die Anklage war nicht neu: Gerhart Hauptmann, Käthe Kollwitz und viele andere waren vorangegangen. Hier war sie nur ein negatives Pathos, nur destruktiv; kein Hinweis, wie in Freiheit es hätte besser werden können. Tucholsky begeisterte auch uns, aber es war nur gekonnter blanker Zynismus; der alte George Grosz hat den Christus am Kreuz mit der Gasmaske wohl bereut. (Heute würde er auf dem Kirchentag bei der pazifistischen Linken begeisterte Zustimmung finden!)

Wie man nicht alles machen soll, was man machen kann, so soll man auch nicht alles malen oder schreiben, was man kann, vielleicht sehr gut kann um den Preis seelischer Verletzung anderer Menschen – vielleicht sogar nur zum Spaß, als Pointe, als Witz, als individualistische Selbstbefriedigung. Verantwortungslose Freiheit sollte sich über die Folgen nicht wundern! Das sei gesagt, ohne eine irgendwie geartete gesellschaftliche Verpflichtung der Kunst oder gar eine Zensur zu befürworten. Auch ist das keine Gegenaufklärung, sondern Sinn für das, was man nicht tut. Jaspers hat in seiner Zeitkritik auch dazu das Notwendige und Treffende gesagt. Die noch so berechtigte Gesellschaftskritik muß haltmachen vor der Würde dessen, der überzeugt eine andere Meinung hat. Es sei denn, man will den Umsturz – nur der Sieg rechtfertigt dann die Mittel.

Entsprechend groß war die Polarisierung: hemmungslose Freiheit die einen, Dekadenz die anderen; die Schlamm- und Schmutzzeit der Goebbels und Hitler. Todesgeruch lag in der noch prickelnden Luft dieses Berliner Herbstes 1932, auch dem uneingeweihten Studenten deutlich spürbar. Kein Wunder, daß der Student ein bedeutendes Ereignis nicht zur Kenntnis nahm: die Rede Thomas Manns in der Universität zum hundertsten Todestag Goethes. Nichts hätte ihn weniger interessieren können!

Ich wohnte eine Zeitlang in der Nähe des Halleschen Tores, bei Juden, wie sich später herausstellte. Meine nächtlichen Streifzüge führten mich oft in die untere Friedrichstraße und das Zeitungsviertel. Es war während des großen BVG-Streiks im November 1932: Die Berliner Nationalsozialisten gingen in den Betrieben mit den Kommunisten zusammen. Ich stand eines Abends mit mir unbekannten Streikhelfern vor dem »Angriff«-Gebäude. »Wir sind doch verrückt, daß wir uns für die Kapitalisten die Köpfe einschlagen!« hieß es. Das meinte ich auch. Einen Hoffnungsschimmer gab es, als es für einen kurzen Moment so aussah, als könne es zu einem Bündnis zwischen Gregor Strasser, den Gewerkschaften und möglicherweise Brüning kommen. Strasser hat nicht zuletzt dafür 1934 durch die

Hand derer sterben müssen, die er großgemacht hatte – insbesondere Himmler. An die Machtübernahme Hitlers dachte kaum jemand. Er schien den Zug verpaßt zu haben. Die Novemberwahlen deuteten es an. Der Student ging seinen breitangelegten Studien nach. Nicolai Hartmann war eine gute Ergänzung zu Juristerei und Betriebswirtschaft. Dann kam das Unglaubliche: Extrablätter berichteten an diesem düsteren Winterabend des 30. Januars 1933 von der Beauftragung Hitlers und dem Fackelzug in der Nacht. Der Student sah ihn sich aus der Ferne an. Es war ein eigenartiges Gefühl. Nun war es doch so weit gekommen, und er war nicht dabei! Aber allein schon die Zusammensetzung des Kabinetts mit dem für seinen Geschmack zu konservativen Charakter ließ ihn seine Distanz begrüßen, und er ging in seiner kleinen Stammkneipe am Zoo keinen guten Vorahnungen nach. Das war nicht die Machtergreifung, von der er geträumt hatte!

Und da war noch das andere große Ereignis: Der Student sah am 28. Februar in der Komödie auf dem Kurfürstendamm ein Ibsen-Stück mit dem unvergeßlichen Paul Wegener. Beim Verlassen des Theaters leuchtete es über dem Tiergarten blutrot. Der Reichstag brannte! Das Gefühl war nicht weniger ungut als an jedem anderen Abend, wenn man auch die Hintergründe des Brandes noch nicht kannte – und nie kennen sollte.

Auf das Universitätsstudium hatten die Ereignisse zunächst kaum Einfluß. Das Semester ging ruhig zu Ende und damit die erste Berliner Zeit. Die nächste Station sollte – zusammen mit einem Freunde – Heidelberg sein, ganz dem Privaten gewidmet und fern von den Zeitereignissen. Ein Zwischenspiel gab es noch: Der Student verdiente sich in den Ferien etwas Geld durch das Schreiben von Werbeadressen. Als er einen lange ersehnten, billigen Flanellanzug aus der kleinen Maßkonfektion abholen wollte, standen zwei SA-Leute als Posten vor dem Geschäft – es war jüdisch. Aber es gelang, sie zu überzeugen, daß man einen armen Studenten nicht um den Lohn seiner Arbeit bringen dürfe.

In Heidelberg konnte Walter Jellinek noch Verwaltungsrecht lesen. Der Studentenführer Gustav Adolf Scheel, später Reichsstudentenführer und Gauleiter von Salzburg, war kein Radikaler. Die Vorgänge in anderen Fakultäten konnte man natürlich nicht übersehen. Und noch stand alles im Banne und Rausche der großen Erhebung, die ebenso echte Hoffnung wie Konjunktur war. Wer hätte gedacht, daß es plötzlich so viele Nationalsozialisten gab! Aber wer will heute die Heidegger und Benn schelten? Eine Grundwelle, die die Fernsicht trübte, überspülte das Land. Die Wende der Not schien gekommen.

Einer aber blieb unerbittlich: Oswald Spengler. Im Juli 1933 sagte er mit großem Mut und ebenso großer Hellsicht in der Einleitung zu »Jahre der Entscheidung«: »Und wenn niemand den Mut hat zu sehen und zu sagen was er sieht, will ich es tun – der nationale Umsturz von 1933 war etwas Gewaltiges. – Die deutschen Träumer erhoben sich, ruhig, mit imponierender Selbstverständlichkeit, und öffneten der Zukunft einen Weg. Aber eben deshalb müssen sich die Mithandelnden darüber klar sein: das war kein Sieg, denn es fehlten die Gegner. – Es ist eine Aufgabe voll ungeheurer Gefahren, und sie liegt nicht im Innern Deutschlands, sondern draußen. – Es ist keine Zeit und kein Anlaß zu Rausch- und Triumphgefühl. – Die Gefahr der Begeisterten ist es, die Lage zu einfach zu sehen. – Diese Machtergreifung hat sich in einem Wirbel von Stärke und Schwäche vollzogen. Ich sehe mit Bedenken, daß sie täglich mit soviel Lärm gefeiert wird. – Es gelangten Elemente zur Macht, welche den Genuß der Macht als Ergebnis betrachten und den Zustand verewigen möchten, der nur für Augenblicke tragbar ist. Richtige Gedanken werden von Fanatikern bis zur Selbstaufhebung übersteigert. Was als Anfang Großes versprach, endet in Tragödie oder Komödie. – Aber wer das Schicksal von Staaten und Nationen an sein privates Schicksal geknüpft hat, muß den Gefahren sehend begegnen. – Meine Angst um Deutschland ist nicht kleiner geworden. – Wir stehen vielleicht schon dicht vor dem Zweiten Weltkrieg mit unbekannter Verteilung der Mächte und nicht vorauszusehenden militärischen, wirtschaftlichen, revolutionären Mitteln und Zielen.«

Das habe ich – wie viele andere meiner Generation – damals begierig aufgenommen. Das nur bedingte Ja deckte sich mit meiner Seelenlage. Der Völkerbundaustritt im Herbst, zu dem Martin Niemöller Hitler telegrafisch beglückwünschte, war eine erste Warnung über den vermutlichen Weg, der durch die große Kunst des Verschleierns dem Volk noch lange verborgen blieb.

Ganz glücklich war ich mit meiner Flucht aus der sich jeden Tag stärker aufdrängenden politischen Wirklichkeit nicht. Dazu war auch das politische Temperament zu stark. Sollte man nicht doch irgendwie sachlich mitarbeiten, auch wenn manches nicht gefiel? Ich fand zunächst einen Ausweg. Die alte Deutsche Studentenschaft, schon seit 1931 nationalsozialistisch, hatte vor 1933 den Studentischen Arbeitsdienst ins Leben gerufen. Ich meldete mich für die Semesterferien. Das Unglück wollte es, daß ein versoffener SA-Führer, wie häufig eine gescheiterte Existenz des Mittelstandes, das Lager leitete. Neben einigen Studenten bestand das Gros der Freiwilligen aus jungen Arbeitslosen aus Mannheim, die ziemlich links zu

Hause waren; der Ärger war vorprogrammiert. Wir opponierten gegen den überflüssigen Kommißbetrieb. Ich wurde vor Ablauf der Zeit in ein anderes Lager versetzt, weil ich angeblich mit Kommunisten gemeinsame Sache gemacht hätte.

Ich ging für die Schlußsemester nach Marburg zurück und traf dort meine alten Freunde der Jahre 1931/32 in führenden Stellen der SA und der Studentenschaft. Ihrer Einladung, nicht länger abseits zu stehen, wollte und konnte ich mich nicht gut entziehen, zumal die Berufsaussichten für einen jungen Juristen noch immer ziemlich düster waren. Ich nahm deshalb das Angebot an, als Vertreter der Studentenschaft – neben dem der Professoren – in die Leitung des Studentenwerks einzutreten.

Mit der Übernahme des Amtes stellte ich auch einen neuen Antrag auf Mitgliedschaft in der Partei – allerdings in meiner Heimatstadt Lüdenscheid, was mich außer der Beitragszahlung bis zum Ende jeder Tätigkeit enthob. Kaum hatte ich aber meinen Frieden mit dem System gemacht, als der 30. Juni 1934 eine neue schwere Krise brachte, zumal als ich später von der Ermordung Gregor Strassers erfuhr. Man kann sich die tiefe Niedergeschlagenheit der alten SA-Leute heute kaum noch vorstellen. Der revolutionäre, sozialistische Kern der nationalsozialistischen Bewegung schien damit erledigt, ohne daß klar war, zu wessen Nutzen. Die offiziellen Erklärungen glaubten damals nicht einmal die sonst gutgläubigen und unkritischen unter den alten Freunden. Letztlich siegte aber doch die verhängnisvolle Wunderformel: Das ist zwar unverständlich, aber der Führer muß seine Gründe haben! Und das Kriminelle des Vorgangs glaubte man noch mit dem revolutionären Notstand entschuldigen zu können. Es ist nie richtig gewürdigt worden, daß nach den ersten Opfern unter den Gegnern des Nationalsozialismus dessen alte Kämpfer einen hohen Blutpreis der Revolution zu zahlen hatten, die erfahrungsgemäß ihre Kinder frißt.

Mich brachte der 30. Juni um meine erste Auslandsreise. Ich sollte als Mitglied der deutschen Delegation an der Jahrestagung des Weltstudentenwerks in Paris teilnehmen, in dem Deutschland noch mitarbeitete. Wir wurden ausgeladen.

Nach Referendar- und Doktorexamen stellte sich 1935 die Frage der Berufswahl. Ein rein juristischer Beruf kam nicht in Frage. Angeregt durch einen tüchtigen Verwaltungsrechtspraktiker, Professor Bredt – vorübergehend Reichsjustizminister –, erschien die Verwaltungslaufbahn mit dem Ziel, einmal preußischer Landrat zu werden, erstrebenswert, wenn auch nicht erkennbar war, wie die drei damals unbesoldeten Referendarjahre finanziert werden sollten. Während der Zeit der Doktorarbeit machte ich beim Regierungspräsidenten in Köln, dem früheren ersten preußischen Gestapochef, Diels, die Aufnahmeprüfung mit der Bestallung zum Regierungsreferendar. Als Diels bei der Schlußbesprechung nach meinem Berufsziel fragte, antwortete ich: »Das Schönste wäre natürlich Landrat, aber inzwischen haben die Kreisleiter die Attraktion stark gemindert.« Diels' Antwort: »Um so bessere Landräte brauchen wir.« Ich wurde für meine spätere Tätigkeit in der Studentenschaft und für mein Auslandsstudium bis zu meinem Eintritt ins Auswärtige Amt im März 1939 als Regierungsreferendar beurlaubt.

Studentische Auslandsarbeit im Dritten Reich

Ein Stipendium für ein Auslandsstudium führte mich auf einem Umweg in die Auslandsarbeit der Deutschen Studentenschaft in Berlin. Diese, nach dem Kriege als Selbsthilfe- und Selbstverwaltungsorganisation von der studentischen Kriegsgeneration geschaffen, wurde nach 1933 eine dem Reichskultusministerium unterstehende Körperschaft des öffentlichen Rechts mit umfangreichen eigenen Aufgaben und Mitwirkungsbefugnissen im Hochschulbereich. Es mag heute noch interessieren, daß in ihr nicht nur selbstverständlich Danzig (TH), sondern auch noch Riga mitarbeiten, wie natürlich die österreichischen »Illegalen«, die verbotenen und verfolgten Nationalsozialisten. Außen- und Volkstumsarbeit gehörten neben dem Landdienst im Osten zu den wichtigsten Aufgaben. An die umfangreiche und mit großem Idealismus betriebene Volkstumsarbeit kann man heute nur noch mit Trauer denken. In jedem Sommer zogen Studentengruppen in die Volkstumsgebiete Rumäniens und Jugoslawiens zum Arbeitsdienst und zur Volksgruppenbetreuung – in gewissem Sinn Vorgänger des heutigen Entwicklungsdienstes.

Die Außenarbeit der deutschen Studentenschaften war dezentralisiert mit Außenstellen in Königsberg (Osten), München (Donauraum), Frankfurt und Köln (Westen). Die Außenstellen konnten weitgehend nach eigenen Initiativen arbeiten. Aus dieser Arbeit sind eine Reihe von Fachleuten hervorgegangen, die nach Übergangsschwierigkeiten auch nach dem Kriege ihre Kenntnisse beruflich in führenden Positionen verwerten konnten.

Der damalige Leiter der Deutschen Studentenschaft, Arbeitsdienstführer A. Feikert, ermöglichte eine unbürokratische, großzügige Arbeit mit wenig ideologischem Zwang. Mitgliedschaft in der Partei war nicht Voraussetzung, wenn in etwa die Gewähr gegeben war, daß die Politik des Reiches unterstützt wurde, die 1935 noch ganz auf Frieden gerichtet schien. Die Aufsicht des Reichskultusministeriums war praktisch Null – so aber leider auch die Unterstützung durch den schwachen Minister Rust, als es zunehmend zu Konflikten mit dem NS-Studentenbund kam. Auf das Weltanschauliche beschränkt, war ihm die Deutsche Studentenschaft ein Dorn im Auge, obgleich sie schon seit 1931 von alten Nationalsozialisten geleitet wurde. Der erbitterte Formen annehmende Streit – hinter der anderen Seite stand die Partei mit Rudolf Heß – ist ein Musterbeispiel für den Totalitätsanspruch der NSDAP. Rust und die Deutsche Studentenschaft mußten schließlich nachgeben, und es kam zur Bildung der Reichsstudentenführung in München unter dem bereits erwähnten G. A. Scheel. Eine stärkere parteipolitische Ausrichtung auf allen Gebieten war die Folge – in der Außenarbeit führte sie 1938 zum Abbruch der mühsam gehaltenen oder aufgebauten internationalen Beziehungen.

Ich arbeitete ein Jahr in Berlin. 1936 ging ich nach Paris, wo ich unter anderem Vorlesungen an der Hochschule für politische Wissenschaften hörte. Gleichzeitig vertrat ich die Deutsche Studentenschaft bei ihrer französischen Schwesterorganisation und dem Internationalen Studentenverband. 1938 studierte ich ein Semester in London, wo der Deutsche Akademische Austauschdienst mir die Arbeit in der Bibliothek von Chatham-House ermöglichte.

Wie sah die studentische Außenarbeit in den Jahren 1935 bis 1937 aus? Einmal die laufenden Routinearbeiten: Betreuung von ausländischen Studenten und Studentengruppen vornehmlich aus dem Südosten und aus Italien; Kontakt mit den Austauschstudenten und Humboldtstipendiaten; Betreuung und Beratung der wegen der Devisenrestriktionen leider sehr geringen Zahl deutscher Studenten, die im Ausland studieren konnten, Mitwirkung bei der Auswahl der wenigen Austauschstudenten des DAAD, von denen eine Reihe später in der Bundesrepublik führende diplomatische Aufgaben und Botschafterposten übernehmen sollten.

Ich bemühte mich von Anfang an, die abgerissenen oder vernachlässigten internationalen Beziehungen wieder zu aktivieren. Dazu bot der Studentensport, in dem das Reich eine führende Rolle spielte, eine gute Gelegenheit. Der Internationale Studentenverband (CIE) veranstaltete alle zwei Jahre eine Studentenolympiade, bei der wir durch den hohen Stand des deutschen Hochschulsports gut abschnitten. Die deutschen Mannschaften wurden zunächst mit argwöhnischem Interesse, aber dann meist mit Zustimmung begrüßt, wozu der unpolitische sportliche Geist und die gute Haltung beitrugen. Für mich war der Sport unter anderem ein Mittel, auch politisch unsere Mitarbeit in der CIE zu verstärken und Verbindungen mit den Studentenorganisationen der westlichen Länder, insbesondere Frankreichs, Englands und Belgiens, anzuknüpfen. Hierbei kam es zu einer guten Zusammenarbeit mit den Franzosen, die ein wachsendes Interesse für das junge Deutschland und die Entwicklung im Reich zeigten. Das galt aber auch für eine Reihe anderer Länder. 1937 nahm ich mit einer Delegation zum ersten Mal nach dem Kriege an dem Studententag der belgischen Studentenschaft teil. Der damals noch junge belgische Außenminister Spaak kritisierte bei einem Schlußbankett mit zynischen Worten die Arbeit des Völkerbundes und forderte eine neue Politik.

Auch die Beziehungen zum Internationalen Studentenwerk wurden wieder aufgenommen. Ein weiteres wirksames Kontakt- und Annäherungsmittel waren Studentenlager im In- und Ausland. Für Frankreich war hier die Unterstützung der französischen Botschaft unter François Poncet, seinen Mitarbeitern und insbesondere dem Kulturattaché Professor Jourdan hilfreich. Zu einem Ferienlager in Usedom erschien der Botschafter persönlich. Die deutsch-französische Gesellschaft, deren Seele Otto Abetz war, förderte unsere Bemühungen. Der Gipfel der Arbeit waren zwei deutsch-französische Studentenlager in Avallon/Burgund und auf der Winkelmoosalm (1937/38). Freundschaftsbeziehungen bis auf den heutigen Tag sind aus ihnen hervorgegangen.

Auf der französischen Seite war der Motor dieser Beziehungen der junge Kabinettschef des jüdischen Postministers Mandel (später Kolonial- und 1940 Innenminister; im Verlauf des Krieges ermordet), Max Brusset, und seine großartige Frau Marie, eine begeisterte Führerin der katholischen Pfadfinder. Beide stammten aus bekannten französischen Familien, die von Hause aus nicht gerade deutschfreundlich waren. Sie waren an dem Phänomen des neuen Deutschland und vor allem an seiner Jugend interessiert. Max Brusset nahm 1936 diese Beziehungen zu mir und meinen Freunden mit ausdrücklicher Billigung seines Ministers auf, und das Ministerium Mandels war in den nächsten Jahren ein häufiger Treffpunkt. Die französischen Teilnehmer der Lager kamen aus bekannten Familien, aus den großen Schulen und aus Kreisen junger Künstler. Wir sorgten auf deutscher Seite für eine gute Partnergruppe, die wohl deutsche Anliegen und Interessen, aber keine NS-Propaganda vertrat. So kam es zu einem lebendigen Gedankenaustausch. Der Motor auf deutscher Seite war der damals noch junge Mitarbeiter der Außenstelle Köln und Austauschstudent in Bordeaux, Günter Diehl. Er trat 1939 kurz nach mir in das Auswärtige

Amt ein, war nach dem Kriege Journalist, kam über das Bundespresseamt in den Auswärtigen Dienst zurück, wurde Staatssekretär und Regierungssprecher der großen Koalition und langjähriger Botschafter in Indien und Japan.

Lebenslange, alle Fährnisse der Zeit überdauernde Freundschaften waren die Frucht dieser Arbeit. Als ich nach der »Kristallnacht« 1938 zum letzten Mal vor dem Krieg nach Paris kam, sagte Brusset, nun sei wohl die Toleranzgrenze überschritten und eine weitere Zusammenarbeit sinnlos, wovon aber unser persönliches Verhältnis nicht berührt werden solle. Wir hatten beide das Gefühl, daß der Krieg wohl unvermeidlich sei. Brusset blieb bis zur Kapitulation Frankreichs engster Mitarbeiter von Mandel, sein schöner Besitz bei Paris wurde beschlagnahmt. Es gelang mir nach meiner Versetzung an die Botschaft Paris im Juli 1940, ihn weiteren Verfolgungen zu entziehen.

Brusset schloß sich einer Widerstandsbewegung an und wurde zum Tode verurteilt, kurz bevor ich im Frühsommer 1944 nach Berlin zurückkam. Freunde aus Paris verständigten mich über die Lage. Es gelang mir, einen Aufschub zu erreichen, lang genug für die Befreiung durch die vorrückenden amerikanischen Truppen. Brusset schloß sich später den Gaullisten an, deren langjähriger Kammerabgeordneter er war. Trotz großer eigener Schwierigkeiten – sein Schwiegervater, der katholische Schriftsteller Valéry-Radot, wurde wegen seines guten Verhältnisses zu Pétain verfolgt und starb als Trappist – kümmerte er sich bald um seine deutschen Freunde – treu wie Franzosen sind. Sein unendlich gastfreies Haus öffnete er den ersten deutsch-französischen Kontakten nach dem Kriege insbesondere mit den führenden Gaullisten, worüber noch zu sprechen sein wird.

Daß uns in unserer Außenarbeit der Anschluß Österreichs vornehmlich am Herzen lag, ist wohl auch heute noch selbstverständlich. Der Anschluß bedeutete deshalb für mich die größte Annäherung an Hitlers Politik, die ich bis dahin in ihren Zielen, soweit sie erkennbar waren, zwar für richtig, aber für zu risikoreich erachtet hatte. Der frühere Staatssekretär im Auswärtigen Amt, Rolf Lahr, hat in seinem ebenso ehrlichen wie mutigen Buch »Zeuge von Fall und Aufstieg« die Begeisterung über den Anschluß sowohl im Reich und besonders in Österreich treffend wiedergegeben.

Ein Land vernachlässigte unsere Außenarbeit – abgesehen von unvermeidlichen Kontakten – zu meiner Zeit nahezu völlig: das faschistische Italien. Wir hatten freundschaftliche Beziehungen, aber nicht mehr. Österreich und Südtirol waren Barrieren, aber auch der uns trotz aller äußeren Ähnlichkeit wesensfremde Faschismus. Ich ließ Botschafter von Hassel in Rom fragen, ob wir die Kontakte mit dem Westen weiter denen mit Italien vorziehen sollten. Wie nicht anders zu erwarten, bejahte er die Frage. Er wurde nach dem 20. Juli 1944 hingerichtet.

Zu erwähnen wären auch die Pflege der Verbindungen zu den bedrängten Volksgruppen und Minderheiten – wir nahmen den Volkstumsgedanken ernst – von Mazedonien bis zur polnischen Ukraine, dem Elsaß, der Bretagne und Irland. (Die Basken rührten sich damals noch wenig.) Das Schicksal der in Unkenntnis seiner Absichten auf Hitler setzenden ukrainischen Freunde ist mir später stets schmerzlich gewesen. Daß wir zu Arabern, Persern und Indern gute Beziehungen pflegten, versteht sich von selbst. Lawrence und Ibn Saud waren für uns legendäre Figuren, die Befreiung dieser Völker vom kolonialen Joch im Zuge des Sieges der »jungen Völker« und der »have-nots« – zu beiden zählten wir uns – ein erstrebenswertes Ziel. Mit einem aus unserer Arbeit hervorgegangenen jungen Arabisten, der ins Auswärtige Amt eingetreten war, besuchte ich im Frühjahr 1937 über Griechenland, wo wir an der Hundertjahrfeier der Universität Athen teilnahmen, Ägypten zu Austauschverhandlungen für Studenten. Wir wohnten in einer ägyptischen Professorenfamilie. Bei unserer Abfahrt aus Kairo trat plötzlich ein junger Offizier in Uniform in unser Abteil und überreichte uns, ohne sich vorzustellen, wortlos ein grünes Buch: Es war »Mein Kampf« auf arabisch. Es hätte Nasser oder Sadat sein können!

Höhepunkte dieser Jahre waren für mich die Olympischen Spiele 1936, die ich als Betreuer der französischen Besucher erlebte. Der tiefe Eindruck auf die Ausländer und die Hoffnung aller auf eine friedliche Entwicklung waren unbestreitbar. Als Frucht meiner Bemühungen fand im Frühjahr 1937 zum ersten Mal die Jahrestagung des Internationalen Studentenverbandes (CIE) in Heidelberg statt, und an der Studentenolympiade in Paris zur Zeit der Weltausstellung nahm eine erfolgreiche deutsche Mannschaft teil, die von den Franzosen herzlich begrüßt wurde.

Welche Hoffnungen – welche Enttäuschungen! Die Ablösung Neuraths durch Ribbentrop und die Übernahme des Oberkommandos der Wehrmacht durch Hitler Anfang 1938 waren auch für den Uneingeweihten ein Signal. Es konnte nur Krieg bedeuten.

Eindrücke in Paris (1936) und London (1938)

Hier erscheint es angebracht, etwas über meine Eindrücke während der Studienzeiten in Paris und London wiederzugeben. Ich kam im Mai 1936 nach Paris, kurz nach dem Einmarsch deutscher Truppen in das bis dahin entmilitarisierte Rheinland – sechs Jahre nach dem vorzeitigen Abzug der Franzosen. Das magere Stipendium, das zudem noch durch Transferschwierigkeiten häufig ausblieb, ermöglichte nur einen beschränkten Lebensraum, der über das Quartier Latin selten hinausging, aber im Büro des DAAD unter Dr. Epting einen guten Stützpunkt hatte. Häufig reichte es kaum zu einem Glas im Café du Dôme auf dem Montparnasse, wo ich Seite an Seite mit den noch mittelloseren deutschen Emigranten saß. Aber Paris konnte man damals noch ohne große Mittel kennen- und liebenlernen. Außerdem hatte ich von Berlin her ein paar gute Einführungen, zum Beispiel bei dem Schriftsteller André Germain, Enkel und Erbe des Gründers des Crédit Lyonnais. Ich hatte ihn in Berlin kennengelernt, wo er häufig hofhielt, um ein Buch über die SA zu schreiben. Er war so klug, sich im Krieg von den Deutschen fernzuhalten, und ich sah ihn zuletzt 1959 in Paris. Er bewohnte damals ein prächtiges »hôtel particulier« hinter dem Hôtel de Ville mit Blick auf Notre-Dame, in das er von Zeit zu Zeit prominente Gäste einlud. Ich verdanke ihm eine Reihe interessanter Pariser Bekanntschaften. Anläßlich eines Vortrages über Gabriele d'Annunzio, den André Germain gut gekannt hatte, lernte ich Sarah Churchill kennen, die es nicht ablehnte, mit dem jungen Deutschen anschließend in der »Coupole« ein Glas zu trinken.

Und durch die Olympiade kamen neue Bekannte hinzu. Im übrigen war der Kontakt mit den jungen Diplomaten der Botschaft und den Pressevertretern von großem Wert. Hier lernte ich auch den für uns »großen« Friedrich Sieburg kennen, dem wir viel Einsicht in die Probleme Frankreichs verdanken. Unsere Wege sollten sich später noch einmal kreuzen. In ein echt französisches Milieu kam ich als Mieter bei der Witwe eines früheren Redakteurs der Action Française von Charles Maurras in der Rue de Grenelle und als Gast in ihrem kleinen Landhaus in Saint Pair unweit des Mont St. Michel an der normannischen Küste. Hier traf ich auf ein Deutschland gegenüber noch sehr reserviertes, ultrarechtes Milieu.

Die Dauerkrise der Dritten Republik, die innenpolitischen Vorgänge seit den schweren Unruhen 1934 (Zusammenstoß der Rechtsverbände mit der Polizei vor der Abgeordnetenkammer), die Annäherung an Rußland

(1935), der Ausbruch des Spanischen Bürgerkrieges (Juli 1936), die Wahl Léon Blums zum Regierungschef, die Bildung der Volksfront, die Fabrikbesetzungen, der bezahlte Urlaub für die Arbeiter – ein ganzes Syndrom von Ängsten – lösten eine Panik im Lager der französischen Rechten aus. Der Tag des Ausbruchs des Spanischen Bürgerkrieges und seine Wirkung in Paris, die Frankreich tief spaltete, ist mir unvergeßlich.

Mussolinis Abenteuer in Abessinien (1935), das erst die Wiederbesetzung des Rheinlandes und später den Anschluß Österreichs ermöglichte, und der Spanische Bürgerkrieg waren die großen Glückskarten, die Hitler allerdings auch genial zu nutzen wußte. Die Stresa-Front mit Italien – eine schwache Antwort auf die deutsche Wiederbewaffnung (1935) – war vergessen, Italien an unsere Seite gezwungen. Frankreich und England drifteten immer weiter auseinander. Wir Jungen waren sowohl auf der Seite des Negus wie auf der Seite der Linken in Spanien. Frankreich wurde durch diese innen- und außenpolitischen Vorgänge paralysiert und die Hinnahme des Anschlusses (noch 1930 hatte es geheißen: »L'Anschluß, c'est la guerre!«), die Preisgabe seiner osteuropäischen Verbündeten und die Nicht-Kriegführung bzw. schnelle Kapitulation im Kriege psychologisch vorbereitet.

Noch habe ich in den Ohren: »Il vaut mieux Hitler à Paris que Léon Blum au pouvoir.« »Besser Hitler in Paris als Léon Blum an der Macht! Ihr Deutschen könnt froh sein. Ihr habt wenigstens Hitler, was man auch über ihn sagen mag.« Die französische Rechte liebte Hitler, aber nicht Deutschland – die Linke suchte Verständigung mit Deutschland, aber nicht mit Hitler! Die »200 Familien« und die »Mauer von Geld«, an denen Léon Blum scheiterte, sollten 45 Jahre später 1981 durch Mitterrand beschworen werden, als Frankreich aus Notwendigkeit wegen der kaum veränderten sozialen Verhältnisse, aber mehr noch aus Langeweile und Lust an Veränderungen, es wieder einmal mit der linken Variante seines konservativen Wesens versuchen wollte.

Von diesem Jahr 1936 datiert die steigende Faszination, die Hitler auf viele Franzosen und nicht nur auf die Rechten ausübte. Sie war ein Pendant zu der immer sichtbareren französischen politischen Dekadenz und der Abdankung und Auflösung der Dritten Republik, der »Genossen-Republik«. Kein Wunder, daß die französischen Besucher der Olympiade in Berlin beeindruckt durch die deutsche Gesundheit und Stärke und besorgt zugleich zurückkehrten. Hitler tat im übrigen alles, um französische Besorgnisse zu beschwichtigen. Von dem Journalisten Bertrand de Jouvenel Anfang 1936 nach den nichtgeänderten antifranzösischen Stellen in

»Mein Kampf« gefragt, sagte er: »Meine Korrekturen nehme ich in der Außenpolitik vor, die auf Verständigung mit Frankreich abgestellt ist; meine Korrekturen trage ich in das große Buch der Geschichte ein.« Ähnlich lauteten oft wiederholte Appelle an die ehemaligen französischen Frontsoldaten: Nie wieder Krieg zwischen den beiden Völkern!

Hier ist ein Wort angebracht über die politische Rolle der deutschen Emigranten in Frankreich. Emigranten waren zu allen Zeiten schlechte Ratgeber über ihr eigenes Land. Die deutsche Emigration in Paris sah auch zu diesem Zeitpunkt Hitler noch als ein vorübergehendes, machtpolitisch und militärisch nicht ernstzunehmendes Phänomen. Sie förderte so die Fehlbeurteilung mancher Franzosen in Schlüsselpositionen und die Verwirrung der Geister.

Ich kam im November 1936 nach Berlin zurück. Der Präsident des Deutschen Akademischen Austauschdienstes, der alte General a. D. von Massow, fragte mich nach meinen Eindrücken. Ich beendete meinen Bericht mit dem Ausdruck meiner Sorge, daß trotz unserer Friedensabsicht, die ich damals noch als selbstverständlich unterstellte, es doch zum Kriege kommen könnte. Trotz der sichtbaren Zersetzungserscheinungen in Frankreich und in geringerem Maße in England unterschätzte ich – bei jedem weiteren Coup Hitlers – die Kompromißbereitschaft, um nicht zu sagen den Defätismus. Dieses Fehlurteil teilte ich mit den meisten Diplomaten und Generälen, gegen die Hitler zu unserem späteren Unglück stets recht behielt.

Die Sorge um den Frieden verstärkte sich während meiner vorübergehenden Arbeit in der Reichsstudentenführung in München. Ich gab ihr in einem Referat auf dem Deutschen Studententag in Heidelberg im Juni 1937 – natürlich in der notwendigen Verpackung – wie folgt Ausdruck: »Fragen wir uns nun nach der Stellung des deutschen Menschen in der Welt, so ist dies mit einem Satz klar und eindeutig zu umreißen: Deutschland befindet sich inmitten einer absolut feindlichen Umwelt. – Ich bin nicht der optimistischen Auffassung, daß die Welt sich an uns gewöhnen wird, daß wir schon über den Berg sind. Man wird noch einmal gegen uns ins Feld ziehen mit dem Ruf: Freiheit und Demokratie gegen Barbarei. Nur wenn wir einen besseren Kampfruf haben, werden wir die seelische Stärke besitzen, den Angriff zu überstehen. Unser Kampfruf muß sein: Der Sieg der völkischen Idee in Europa im Zeichen der Freiheit der Völker. – Wir Deutsche haben die Vorstellung vom ›Reich‹. Reich ist für uns nicht Gewalt, nicht Herrschaft, sondern höhere Ordnung auf der Basis des Rechts. Unseres Reiches Idee und Aufgabe deckt sich heute inhaltlich mit der völkischen Idee. Reichsaufgabe gemäß unserer Bestimmung in der Geschichte ist insonderheit die Auseinandersetzung der germanischen mit der slawischen Welt. Hier gewinnen unsere Volksgruppen die Stellung, die ihnen zukommt: Vorposten des Reiches zu sein in einer Welt, die nicht durch Gewalt, sondern nur durch höhere Ordnung zu befriedigen ist, in der die völkischen Lebensinteressen nebeneinander existieren können. Das ist unsere Vorstellung vom Reich als Ordnungsidee.« (Ich kannte die Hoßbach-Protokolle vom Februar 1937 nicht!!) Erstaunlicherweise wurde der Vortrag gut aufgenommen. In diese Zeit fiel auch eine Kundgebung der Reichsstudentenführung mit Hitler. Es war das einzige Mal, daß er vor Studenten auftrat und ich ihn als Redner erlebte. Er sprach mit Bewunderung über das britische Weltreich, die Notwendigkeit seiner Erhaltung und die Hoffnung auf einen Ausgleich mit England.

Die Sorge wurde nicht kleiner während meines Englandaufenthaltes. Das Wochenende des Anschlusses Österreichs verbrachte ich auf einem Landsitz englischer Freunde in der Nähe Londons. Sie nahmen das Ereignis als erwartet und als moralisch und politisch gerechtfertigt mit Ruhe auf. Als ich am Montagmorgen in London ein Taxi nahm, sagte der Fahrer: »This man Hitler is an extraordinary fellow – if we only knew where to stop him.« Er gab damit den Schlüssel für die Haltung der damaligen englischen Führung und der öffentlichen Meinung.

Die roten Schlipse der linken Oxfordstudenten und ihre Grabreden auf das Empire konnten zwar ausländische Beobachter täuschen – unter anderem auch Ribbentrop –, aber London war nicht Paris. Die konservative Gruppe um Chamberlain wollte ernsthaft einen Ausgleich mit Deutschland und war bei gleichzeitiger militärischer Wiedererstarkung bereit, dafür noch weitere Konzessionen zu machen. Man sah in Deutschland ein Bollwerk gegen den Bolschewismus, das erlaubte, sich mit freiem Rücken in Europa den großen weltpolitischen Sorgen zuzuwenden. Aber unter einer Bedingung: daß Hitler das Spiel ehrlich spielte und saturiert in das friedliche Konzert der Mächte zurückkehrte. Dafür wollte man manches Unschöne in Kauf nehmen. Die öffentliche Meinung – soweit ich das feststellen konnte – war durchaus offen für eine engere Zusammenarbeit mit diesem eigenartigen, gleichzeitig faszinierenden und besorgniserregenden Hitlerdeutschland. Waren nicht Simon und Eden 1935 von den Flottenverhandlungen beeindruckt von Hitler zurückgekommen; hatte nicht Lloyd George nahezu mit Begeisterung von seinem Besuch bei Hitler gesprochen und Churchill nicht in seinem Buch »The Great Contemporaries« Hitler einen beachtenswerten Platz eingeräumt? Selbst ein überzeugter Liberaler wie A. Toynbee war von Hitlers Friedenswillen überzeugt. Wenn man Chamberlain einen Vorwurf machen kann, dann den, daß er sich in der Person und den Absichten Hitlers – allerdings nur vorübergehend – täuschte. Es wurde ihm zu spät klar, daß er es mit einem »double crosser« zu tun hatte, der in völliger Verkennung des englischen Charakters zwar sein Leben lang ein Bündnis mit England anstrebte, gleichzeitig aber glaubte, wahnsinnige Ambitionen verfolgen zu können. »Where to stop him«, das war die Frage. Ich befaßte mich in meinen Studien in »Chatham House« mit den Umständen des Ausbruchs des Ersten Weltkrieges und der umstrittenen Rolle Sir Edward Greys. Aber sie war wohl nur für Deutsche undurchsichtig, die englische »understatements« nur schwer verstehen können. Edward Grey wäre für deutsche Ohren besser deutlicher geworden.

Die Sudetenkrise näherte sich dem Höhepunkt. Eine Londoner Bekanntschaft nutzend, machte ich für den späteren Verbindungsmann zwischen Ribbentrop und Hitler, Walter Hewel – einer der vielen von Hitler blind begeisterten Auslandsdeutschen –, der damals noch im Büro Ribbentrop arbeitete, einen Bericht über meine Eindrücke. Ich kann sie in drei Sätzen zusammenfassen: daß es zwischen den zwei Ländern einen »point of no return« gab, daß England sich mit einer großen militärischen Anstrengung auf einen möglichen Krieg vorbereite und daß im Ernstfall Amerika rückhaltlos hinter ihm stehen würde. Ob der Bericht irgendeinen Eindruck hinterließ, weiß ich nicht. Gegen meine Erwartungen war der kritische Punkt im Sommer 1938 noch nicht erreicht.

Am Tage des Abflugs Chamberlains, Daladiers und Mussolinis aus München aß ich mit meiner späteren Frau zu Mittag in der »Osteria bavaria«, einem Stammlokal Hitlers. Er erschien nach diesem großen Ereignis begleitet nur von Pressechef Dietrich und drei oder vier anderen Personen an einem freigehaltenen Tisch ganz in unserer Nähe. Ein Attentäter hätte ihn mühelos beseitigen können!

Im Juli 1938 übersandte ich Fritz Klein, dem Chefredakteur der halboppositionellen und später verbotenen »Deutschen Zukunft« eine Besprechung des gerade erschienenen Buches des britischen Historikers Sir Charles Petrie »The Chamberlain Tradition«. Mein Anliegen war, klarzumachen, daß man diesmal die Warnung ernstnehmen müßte, zumal sie viel deutlicher war als 1914. Ich schrieb: »Noch klingen seine Worte im Unterhaus vom 24. März 1938 in unseren Ohren; die so sehr denen Greys gleichen: ›Die unerbittliche Macht der Tatsachen könnte sich stärker erweisen, als formelle Versicherungen. In diesem Augenblick würde es durchaus im Rahmen der Möglichkeiten liegen, daß über die in den ursprünglichen Streit verwickelten Länder hinaus andere in ihn hineingezogen würden.‹« Grey zu Paul Cambon 1914: »Ich wäre sicher, daß auf seiten der englischen Öffentlichkeit ein starkes Gefühl von Sympathie vorhanden wäre, – ich könnte nicht sagen was England tun würde, es würde viel von der Art des Kriegsausbruchs abhängen.«

Der Eintritt ins Auswärtige Amt

Nach meiner Rückkehr aus England hatte ich mich für den Eintritt in den Auswärtigen Dienst beworben, wozu ich mir durch meine Arbeit in den letzten Jahren eine gute Chance ausrechnete. Anfang 1939 kam die Aufforderung, mich am 15. März vorzustellen. Ich rechnete mit dem üblichen Attachéexamen, auf das ich gut vorbereitet war. Der damalige Attachévater, H. von Etzdorf, überraschte die sechs Kandidaten mit der Mitteilung, der Reichsaußenminister wolle die Prüfung selbst vornehmen. Ich wurde nach meiner Tätigkeit in den letzten Jahren und nach meinen Eindrücken in England gefragt, die ich so freimütig wie möglich gab. Aus den grauen Augen des Ministers war keine Reaktion zu erkennen. Das Ergebnis war positiv.

Mein Aufnahmeexamen fand statt am Tage des deutschen Einmarsches in Prag, das heißt praktisch des Kriegsbeginns. Noch mußte allerdings die Partei, das Büro Heß, ihre Zustimmung geben. Sie ließ einige Zeit auf sich warten, da ich bei der Partei in Berlin unbekannt war und der Hausmeister meiner Wohnung wohl berichtet hatte, daß ich nicht den Völkischen Beobachter, sondern die Frankfurter Zeitung abonniert hatte. Eine positive Stellungnahme des Reichsstudentenführers G. A. Scheel dürfte hilfreich gewesen sein. Die Prüfung der parteipolitischen Zuverlässigkeit war damit aber noch nicht beendet. Nach meinem Eintritt als Attaché in das Wissenschaftsreferat der Kulturabteilung, die damals von Twardowski leitete (später eine Zeitlang Bundespressechef unter Adenauer), mußte ich in das für Beamtenanwärter obligatorische Beamtenlager Tölz. Dem Vernehmen nach schnitt ich nicht sonderlich gut ab, da ich in einem Referat über meine Englandeindrücke die Sorge geäußert hatte, es könne zu einem Krieg mit England kommen, das Amerika hinter sich habe. Aber auch hier dürfte wohl mitgesprochen haben, daß ich vor 1933 für die »Bewegung« einmal verwundet worden war.

Wieder im Amt, stellte ich mir aber trotzdem die Frage, ob es nicht angebracht sei, mich irgendwo anzuschließen. Die SS lag nahe, weil die Spitzen des Amtes durch Ribbentrop SS-Ehrenränge erhalten hatten. (Er wollte dem zunächst personell fast unveränderten AA den reaktionären Ruf nehmen!) Der Zufall wollte es, daß frühere Bekannte aus der studentischen Arbeit inzwischen im Rahmen der SS an einer Reihe von Universitäten »Mannschaftshäuser« gegründet hatten mit einem kleinen Büro in Berlin. Sie fragten mich, ob ich mich diesem Stabe nicht mit einem meiner Beamtenstellung entsprechenden Ehrenrang anschließen wolle. Das löste mein Problem. Ich habe bis zum Kriegsende nur an einer Veranstaltung teilgenommen: einer Nikolausfeier 1939 mit Rezitationen von Mathias Wiemann. Weit über die Hälfte der Angehörigen dieser Mannschaftshäuser sind übrigens im Kriege gefallen und der Leiter, Kurt Ellersiek, den ich wegen seiner Anständigkeit schätzte, nahm sich hinterher das Leben.

Ich kann meinen Eintritt heute nicht als Opportunismus oder falsche Kameraderie abtun, die natürlich eine Rolle gespielt haben. Der Elitegedanke, die Vorstellung, in kleinen, ausgesuchten Kreisen, in denen man freier denken und reden konnte, die Dinge weiter entwickeln, lag nahe. Und ich habe dabei einfach nicht gesehen, daß ich mich mit einer Organisation identifizierte, die auch Prätorianergarde, Gestapo und Repressionsapparat war. Natürlich war das damals nicht so klar wie heute; war doch die SS geradezu bemüht, Persönlichkeiten der alten Oberschicht in ihre Reihen zu ziehen, auch wenn sie alles andere waren als überzeugte Nationalsozialisten.

Aber der Vorwurf bleibt, daß ich meiner Linie – aus welchen Gründen auch immer – untreu geworden war, zumal ich nach den Röhm-Morden auf die SS nicht gut zu sprechen war und der wahre Charakter des Systems nach der Kristallnacht und dem Einmarsch in Prag kaum noch verborgen war.

Im Auswärtigen Amt übernahm ich die Betreuung der kleinen Sportgruppe, zu der unter anderen von Hentig und van Scherpenberg gehörten. Hentig war der sportlich weitaus Beste unter uns, obschon bereits im vorgerückten Alter. Wir trafen uns jede Woche einmal auf einer Sportanlage im Tiergarten unter der aufmunternden Leitung eines jungen Sportlehrers. Wir trieben aber nicht nur Sport, sondern sprachen auch offen über die Verhältnisse. Der noble Hentig gab darüber später einen Bericht zu meinen Entnazifizierungsakten. Ich konnte ihm nach dem 20. Juli 1944 in einer für ihn gefährlichen Lage helfen.

Meine Generation im Dritten Reich

Hier erscheint es angebracht, den biographischen Faden vorübergehend zu verlassen – später wird er noch stärker hinter Ereignissen, Beobachtungen und Erkenntnissen zurücktreten.

Die unvermeidliche Frage ist zu stellen, wieso jemand, der zwar ursprünglich jugendlich begeistert, aber schon vor 1933 und mehr noch danach die Ereignisse aus kritischer Distanz betrachtet hatte, dann doch mitmachte, indem er dieses Reich – wenn auch auf bescheidener Ebene – gegenüber dem Ausland vertrat und später in das Auswärtige Amt Ribbentrops eintrat. Auch wäre zu fragen, wieweit die eigene Haltung typisch war für diese Zwischengeneration, die nicht mehr vom Kaiserreich geprägt wurde, deren erster Eindruck jedoch die Niederlage von 1918 war und die den größten Teil ihrer Ausbildung noch in der Weimarer Republik durchlaufen hatte. Es war eine skeptische Generation, der aber weder die Idealisten noch die Gläubigen fehlten. Man hat ihr nie ganz getraut und später lieber auf die gebaut, die schon völlig durch das Dritte Reich geprägt waren und nichts anderes kannten.

Man sollte nicht die große idealistische Grundwelle unterschätzen, die 1933 ganz Deutschland erfaßte. Wie hätte sich ihr eine Jugend entziehen können, die von Haus aus – trotz Skepsis – nicht auf Widerstand, sondern auf Identifikation eingestellt war, wenn nicht mit einem Glauben oder Regime, so doch mit Volk, Vaterland, Deutschland? In einer Zeit fast totalen nationalen Wertverlustes können wir heute kaum noch begreifen, was das damals bedeutete. Hitler war eine Sache – Deutschland eine andere, etwas viel Größeres. Und hatte dieser Mann nicht schrittweise die nationalen Hoffnungen unserer Jugend erfüllt? Trotz des Paktierens mit den reaktionären Kräften schien – wenn auch nach Auffassung mancher zu langsam – die Jahrhundertidee der Aussöhnung des Nationalen mit dem Sozialen Wirklichkeit zu werden. Ging nicht eine soziale Revolution vor sich, die den Proletarier in die Volksgemeinschaft eingliederte und Chancengleichheit anbahnte? Wurde nicht die durch den Krieg beschleunigte »Nationwerdung« nun Wirklichkeit? Und das alles im Frieden! Und der sollte unter allen Umständen gewahrt werden, so wurde uns gesagt. Lange Zeit, zumindest bis März 1939, war wenig Grund, es nicht zu glauben.

Wer von dieser Generation aus »postkatastrophaler Klugheit« eine andere Haltung oder gar Widerstand erwartet hatte, der verkennt die Menschen, die Zeit und die Lebensbedingungen in einem totalitären Regime. Da wir heute, nicht zuletzt nach den Vorgängen in Polen, noch immer bei der Beurteilung kommunistischer oder ähnlicher totalitärer Regime vor der Frage stehen, warum bisher keines von innen her gestürzt worden ist, lohnt es sich, auf einige hiermit zusammenhängende Fragen näher einzugehen.

Unsere Freiheits- und Menschenrechtsvorstellungen verleiten uns häufig zu der Annahme, alle Menschen – mit Ausnahme der Nutznießer und Gläubigen – müßten unter einem totalitären Regime leiden. Die Erfahrung beweist das Gegenteil. Dabei wird allerdings unterstellt, daß der idealistische Schwung noch ungebrochen ist, die materiellen Zustände erträglich sind, vielleicht sogar mit einer Chance der Besserung und mit Aufstiegsmöglichkeiten für den einzelnen wie in der Sowjetunion nach 1917.

Zu den großen Freiheiten gehört bekanntlich die Freiheit von Verantwortung. Das Freiheitsbedürfnis ist – abgesehen von extremen Situationen wie bei den Aufständen in Ost-Berlin, Ungarn und Polen und den jüngsten Vorgängen in diesem Lande – ungleich verteilt und oft dünn gesät; ein Häuptlingszeichen, wie Ernst Jünger einmal gesagt hat. Das Konformitäts- und Sicherheitsbedürfnis hat meist den Vorrang auch dort, wo es sich mit einem Freiheitspathos drapiert. Und die Konfliktmöglichkeiten des einzelnen mit dem Regime – solange es sich einigermaßen rational verhält – sind auf begrenzte Gruppen beschränkt: der Klassenfeind, die Opfer, die erkannten oder vermuteten Gegner, ein Teil der Intellektuellen, religiöse Gruppen, soweit sie betroffen sind – insbesondere im Konfliktbereich der Jugenderziehung, ein Teil der Künstler und Randgruppen, deren Selbstverwirklichung gefährdet ist. Aber die große Masse ist nur wenig betroffen, solange sie materiell nicht leidet oder es ihr sogar besser geht, zumal wenn man vorher tabula rasa gemacht hat – wie in den kommunistischen Ländern. Und im übrigen gilt das Wort des Abbé Sieyès, als er nach dem Sturz Napoleons zur allgemeinen Überraschung wieder auftauchte: »J'ai vécu!«

Der technische Lebensbereich im weitesten Sinne ist nicht nur nicht betroffen, sondern erfreut sich meist besonderer Förderung und großer Aufgaben. Albert Speer ist das typische Beispiel.

Und die Jugend ist begeisterungsfähig. Dauert das Regime länger, kennt sie keine Alternative mehr – es sei denn, sie ist wie in Polen noch starken anderen, vom Regime aus zwingenden Gründen tolerierten Einflüssen ausgesetzt. Und sie will leben, vorankommen, eine Familie gründen. Das heißt, sie muß sich in dem gesetzten Rahmen einrichten, den sie ohnehin nicht ändern kann. Das gilt nicht für den, der von vornherein in eine oppositionelle Situation hereingeboren oder -gewachsen ist, wie zum Beispiel im Dritten Reich Heinrich Böll nach seiner Darstellung. Aber selbst hier ist der häufige Konflikt Kinder – Eltern in totalitären Regimen nicht zu übersehen. Die Zeit der Jugend ist nicht die der Negation; Willy Brandt ist eine situationsbedingte Ausnahme. Auch er hätte sich durch Anpassung durchaus mit dem Regime arrangieren können, wenn er gewollt hätte.

In fast allen Betrachtungen totalitärer Regime auf plebiszitärer Massenbasis wird ein wesentlicher Aspekt vernachlässigt. Diese Regime sind nicht nur nach ihren eigenen Vorstellungen in einem gewissen Sinne demokratischer als westliche Demokratien, wenn man einmal nicht den Maßstab »Herrschaft über Menschen ohne deren Zustimmung«, sondern den der »Partizipation« anlegt. Wer nur einmal alle vier Jahre zur Wahl geht, hat mit Demokratie heute herzlich wenig zu tun, was Bürgerinitiativen und Unlust am demokratischen System hinreichend beweisen. Ein totalitäres Regime auf Einparteienbasis erfaßt den Menschen in ganz anderer Weise und gibt ihm neben Lasten und Ärgernissen auch zahlreiche Möglichkeiten der Selbstverwirklichung, Selbstbestätigung, Aufopferung, des Aufsteigens, des Gehorsams, aber auch des Befehlens – das heißt des sich Unterscheidens von der Anonymität der Masse, gleichzeitig aber auch des Aufgehens, des Untertauchens unter Gleiche zum Beispiel in Uniform. Zudem muß man das ambivalente Verhältnis von Masse und Freiheit sehen: Befreiung und Enthemmung. Hier spielt sich ein Partizipations- und, wenn auch meist eingebildet, Machtteilhabeprozeß ab, dessen pseudodemokratischen Charakter man nicht übersehen kann, zumal, wenn er mit Aufstiegschancen bis zu den höchsten Ämtern verbunden ist. (Deshalb sind die sich aus sich selbst ergänzende »Nomenklatura«, der Klassencharakter der erstarrten kommunistischen Systeme und der damit verbundene Schwund der ideologischen Überzeugungskraft gefährliche Entartungserscheinungen.) Man kann die Integrationskraft des Dritten Reiches ohne diesen egalitären Partizipations- und Aufstiegsprozeß, der die alten gesellschaftlichen Strukturen beiseiteschob, nicht verstehen.

Dazu kommt die Teilnahme an den die Banalität des Alltags überhöhenden Ereignissen wie Aufmärschen, Festveranstaltungen, Parteitagen.

Die Regie des Dritten Reiches war hier unübertrefflich. Die Überhöhung des einzelnen als Glied einer sichtbaren, gewaltigen Masse und Kraft im Auftrage einer Idee oder einer säkularen Kirche gewinnt religionsähnlichen Charakter; sie kann entsprechend manipuliert und für vieles mißbraucht werden. Welche Rolle die Musik gespielt hat, ist inzwischen ebenso bekannt wie die Wirkung der von Hitler selbst bis ins einzelne gesteuerten, an Wagner orientierten großen Inszenierungen, in denen unter anderem die den Deutschen zugeschriebene Todessehnsucht ihre Verklärung fand. Der französische Schriftsteller und Dichter Drieu la Rochelle schrieb nach dem Parteitag in Nürnberg 1935: »Ich sah nichts Vergleichbares an artistischer Emotion seit den russischen Balletten. Dies Volk ist trunken von Musik und Tanz!« – Hier manifestierte sich eine äußerst wirksame Form der Ersatzreligiosität, in der die Figur des Bösen, des Teufels, von dem die Welt erlöst werden muß, eine zentrale Rolle spielte: die Juden. Der Sündenbock mußte geopfert werden.

Das ganze Erziehungssystem war von Musik und Rhythmus durchdrungen – vom Sprechchor und Kanon zum Lied in jeder Form bis zum großen Chorgesang. Durch alles das wurde der vereinsamte, heute würde man sagen entfremdete Mensch in vielfacher Weise in eine Gemeinschaft integriert, die ihn die Fremdbestimmung vergessen, ja sogar als Wohltat empfinden ließ – Gesundung durch Irrationalität.

Von nicht zu unterschätzender Bedeutung ist hier auch die permanente Beschäftigungstherapie. Eines der Hauptprobleme der Menschheit – mit mehr Freizeit noch wachsend –, die Langeweile, wird ebenso reduziert wie die ungelöste Frage der Geschlechterrollen: Mann und Frau können sich und der Familie aus dem Wege gehen! Die Partei, das Volk, der Führer rufen!

Das so gezüchtete »falsche Bewußtsein« war der Boden für den langsamen Abbau der alten moralischen Substanz und des Unrechtsbewußtseins bei einem hinreichend großen Teil der Bevölkerung. Hitler hütete sich jedoch, dieser zuviel zuzumuten, ihr die idealistischen Illusionen zu nehmen und die großen Verbrechen offenbar werden zu lassen. Die SED hat im anderen Deutschland alles das mit anderen Vorzeichen mehr oder weniger gekonnt fortgesetzt. Dazu gehört auch der Mißbrauch der Sprache für dem ursprünglichen Wortsinn entgegengesetzte Zwecke, in dem der Kommunismus Meister ist.

Sosehr Hitler ein Abfallprodukt des späten 19. Jahrhunderts war (wenn man ihn überhaupt einordnen kann), »ein Fremder«, »nicht einmal ein Deutscher«, wie Beobachter ihn empfanden; in einem war er sogar eher dem 21. als dem 20. Jahrhundert zuzuordnen: im Einsatz der Technik zur

Manipulation der Massen. Ohne Lautsprecher und Radio hätte es wahrscheinlich keinen erfolgreichen Hitler gegeben. (Im übrigen wäre ein Erfolg zweifelhaft gewesen, wäre es bei dem Namen Schicklgruber geblieben – Heil Schicklgruber?) Hitler war in seinen krankhaften Wachträumen nicht arm an Zukunftsutopien. Man stelle sich vor, er hätte die Mittel auch nur der heutigen computergesteuerten Informationsgesellschaft gehabt und die Möglichkeit der Gen-Manipulation in greifbarer Nähe! Bis zur »Brave New World« Aldous Huxleys wäre dann nur ein Schritt. Wir haben heute diese Horror-Vision auch ohne Hitler als Untergangsvorstellung vor uns. Deshalb wird Hitlers Aktualität eher zu- als abnehmen. Die Gaskammern Hitlers sind die Guillotinen der Französischen Revolution im Industriemaßstab, allerdings mit einem Unterschied: dort war es öffentliches Schauspiel – hier strenges Staatsgeheimnis; der Unterschied zwischen Revolution und Verbrechen.

Es kann hier nicht die Aufgabe sein, Untersuchungen über Hitler anzustellen. Sie füllen bereits heute Bibliotheken. Bei uns haben unter anderem Joachim Fest und Sebastian Haffner das Wesentliche gesagt. Die zahllosen Hitlerinterpretationen und -psychoanalysen werden voraussichtlich fortgesetzt werden, solange es Geschichtsschreibung gibt. Noch nie hat ein Mann in so kurzer Zeit soviel Böses angerichtet und so radikal die Welt verändert. Weder die »terribles simplificateurs«, zu denen er in besonderem Maße gehört, noch die »Banalität des Bösen«, die er auch verkörpert, und welche anderen Einordnungen man leicht finden kann, geben nur annähernd die wohl nur als dämonisch zu verstehende Kategorie wieder, mit der ihr verliehenen Macht über Menschen, kleine und große, Frauen und Männer, Deutsche und Ausländer. »Macht mir den Teufel nicht klein!« (Goethe) Historische Größe auf jeden Fall, ein großer Zerstörer – aber auch Katalysator; nach Burckhardt »die in einzelnen Individuen konzentrierte Weltbewegung«.

Wie problematisch bereits heute seine geschichtliche Einordnung ist, mag folgendes Gespräch beleuchten. 1963 begleitete der Verfasser Walter Scheel – Minister für Wirtschaftliche Zusammenarbeit – bei einem Indienbesuch zu dem damaligen indischen Staatspräsidenten Radakrishnan, einem angesehenen Philosophen und Kommentator der Bhagavadgita. Scheel brachte das Gespräch auf die Belastung Deutschlands durch Hitlers Verbrechen. Radakrishnan unterbrach ihn: »Das mag für Sie wichtig sein und diese Haltung ehrt Sie; für uns hat Hitler eine andere Dimension. Er hat die Entkolonialisierung um mindestens fünfzig Jahre vorverlegt, ihm verdanken wir, daß wir jetzt frei sind.« Und mancher deutsche Diplomat weiß nicht nur aus der moslemischen oder der arabischen Sache zuneigenden Ländern über die äußerst peinliche Situation zu berichten, wenn das Gespräch auf Hitler und Deutschlands Schuld kam. Möge Gott verhüten, daß die Geschichte unserer Zeit zu radikal neu geschrieben wird. Mit abendländischen Denkkategorien ist es dann auf jeden Fall zu Ende. (Klaus Hildebrand, »Das Dritte Reich«: »Relativiert werden könnte dieser Befund über das Dritte Reich – horribile dictu – indes auch durch Entwicklungen und Vorgänge in einer für uns noch ungewissen Zukunft.«)

Wie konntet ihr?

Der Exkurs muß zwangsläufig zur Frage unserer Kinder und all derer führen, die aus postkatastrophaler Sicht heute glauben, den von den Eltern angeblichen versäumten Widerstand nachholen zu müssen. Wie konntet ihr?

Wie stellte sich Hitler bis zur Jahreswende 1938/39 für junge, in unserem Falle an der Außenpolitik interessierte Menschen dar, die ihm weder gläubig verfallen noch aber aus vielfachen Gründen von vornherein feindlich gesonnen waren? Ich umschreibe damit meine Position und die meines damaligen Lebens- und Freundeskreises. Ich habe Hitler natürlich vielmals am Radio, aber nur einmal 1936 in der bereits erwähnten Studentenveranstaltung unmittelbar gehört. Seine unheimliche Wirkung auf die Massen habe ich nie verstanden. Die abstoßende Stimme und das theatralische, sich zur Hysterie steigernde Pathos wirkten auf einen nüchternen Westfalen befremdend. Die schablonenhaft wiederkehrenden Tiraden langweilten. Wir nannten den Nationalsozialismus gelegentlich eine »kleinbürgerliche Tragödie«; wohl aus enttäuschten sozialistischen Hoffnungen und aus einer elitären Überheblichkeit über das kleinbürgerliche Gesicht der Zeit. Seine »Leistungen und Erfolge«, um mit der ausgezeichneten Analyse Sebastian Haffners zu sprechen, waren zu augenfällig, um nicht gesehen, und seine Friedensbeteuerungen trotz der mit steigender Sorge betrachteten Coups zu überzeugend, um nicht geglaubt zu werden, zumal sie zunächst nur das bare deutsche Interesse ausdrückten. Wir waren nicht – obgleich durch die Auslandsarbeit besser unterrichtet als die große Masse der Bevölkerung – im Geheimnis der Götter. Es wurde, wie man erst heute sieht, trotz der Geschwätzigkeit der Deutschen erstaunlich gut gehütet. Wir hielten das 25-Punkte-Programm der Partei wie auch

»Mein Kampf« für obsolete Produkte der täglich glorifizierten, aber überholten Kampfzeit. Die unbestreitbaren Missetaten und auch noch den 30. Juni 1934 zählten wir zu den insgesamt geringen Opfern einer kleinbürgerlichen Revolution, die sich einst als die »Nacht der langen Messer« angekündigt hatte. Unser Antisemitismusverständnis hatte mit den Nürnberger Gesetzen eine Toleranzschwelle erreicht, aber auch nicht überschritten. Das galt auch für den Kirchenkampf. Alfred Rosenbergs Feldzug gegen »Karl den Sachsenschlächter«, Heinrich Himmlers Deutschtümelei (wir nannten ihn den »Reichsheini«) und Streichers »Stürmer« wurden eher als von Hitler tolerierte Marotten und als Beschäftigungstherapie angesehen, aber nicht als ernsthafte Politik.

Die Anti-Hitler-Kampagne im Ausland erschien zu sehr als eine andere Version der traditionellen Deutschfeindlichkeit, um glaubhaft zu sein. Ich hatte bereits in Paris Konrad Heiden und Hermann Rauschning gelesen. Der kritische Sinn war zwar geschärft, aber weder die Dimension der Person Hitlers noch ihre Ziele, noch ihre Gefahr wurden aufgenommen oder gar erkannt. Die Auseinandersetzungen mit kritischen oder feindlichen Ausländern, zumal, wenn das Antideutsche sich mit dem Antihitlerischen zu deutlich vermischte, führte zu der apologetischen Identifikationshandlung: »Right or wrong – my country«, die später zu lange eigene Zweifel beschwichtigte – und den Opportunismus förderte.

Totaler Staat?

Wer das Dritte Reich aus persönlichem Erleben nur aus der Sicht seiner Konzentrationslager oder von der Emigration her betrachtet, sieht es zwangsläufig mit anderen Kategorien als der aus welchem Grunde auch immer weniger oder nicht Betroffene. Kogons »SS-Staat« ist nur für einen Teilaspekt richtig. Das Unternehmen Hitlers hat nur zwölf Jahre gedauert. Davon waren sechs Jahre Krieg, die, vor allem nach 1941, zwar die wahren Absichten offenbarten, aber dennoch eigenen Gesetzen unterlagen.

Das Dritte Reich ist nie aus dem Übergangsstadium herausgekommen. Vieles war noch lange im Fluß, noch offen, absichtlich oder aus Opportunität – im übrigen wohl als eine Revolution in Permanenz gedacht. Außerdem sind totalitäre Regime camouflierte pluralistische Systeme, in denen der Kampf um die Macht mit anderen als demokratischen Mitteln ausgetragen wird. Die Parteiungen sind nicht kleiner, sondern eher größer, der Machtkampf verdeckter, aber härter.

Die Besonderheit des Dritten Reiches war, daß das System während seiner kurzen Lebensdauer keine klaren Konturen gewinnen konnte. Die Wahnsinns- und Vernichtungsprojektionen Hitlers wurden erst unter strenger Geheimhaltung in der zweiten Phase des Krieges verwirklicht. Verschwommen blieben letztlich auch die weltpolitischen Ziele.

Wenn auch, wie noch zu zeigen sein wird, ein wichtiger Teilaspekt der »Modernität« des Dritten Reiches die Zerstörung der alten gesellschaftlichen Ordnung war, so lebte doch noch genug gesellschaftliche, privatwirtschaftliche und staatliche Substanz mit großen parteifreien Räumen. Die Armee, die militärische Abwehr, weitgehend die katholische Kirche und viele andere Bereiche waren vorläufig ausgespart oder nur oberflächlich gleichgeschaltet wie die Wirtschaft. So schnell krempelt man einen Staat oder ein ganzes Volk nicht um, vor allem, wenn man nur eins im Auge hat: Krieg zu führen.

Heute ist es fast schon eine Platitüde, daß das Dritte Reich alles andere war als ein monolithisches System, sondern eher ein gewolltes, nach Konkurrenz- und Divide-et-impera-Gesichtspunkten geordnetes Chaos, das dennoch und deshalb bis in seine letzten Stunden einem Willen gehorchte. Ministerialdirektor Bergemann – nach 1949 Staatssekretär im Bundesverkehrsministerium – sagte 1938 im Reichswirtschaftsministerium zu einem sich zum Dienst meldenden Assessor: »Eins müssen Sie wissen, junger Mann: hier herrscht das Chaos!« Es war eine balkanische Art der Staatsführung. Aber es gab noch genug, wenn auch häufig konkurrierende, Teilbereiche, die zweckrational arbeiteten. Sonst wären die großen Leistungen nicht möglich gewesen und alles viel früher zusammengebrochen. Auch darf man die freigesetzten oder angestachelten Energien nicht übersehen, die Teil des Konkurrenz- und Überwachungssystems waren. Hinter allem aber stand ein heute nicht mehr vorstellbarer idealistischer Schwung, gepaart mit Arbeits- und Opferbereitschaft. Sie mußten und haben lange Zeit die Schwächen dieses Systems ausgeglichen. Eine nach begrenzten, aber klaren Vorstellungen geordnete Kraftanstrengung hätte mit geringeren Verlusten noch weitaus mehr erreichen können: siehe Speer!

Wir hatten alle Nachteile eines totalitären Regimes ohne seine Vorteile. Die Vorteile hatte Hitler, und darauf war alles angelegt. Jedes Denken in staatlichen Kategorien war ihm fremd. Er haßte den Staat, die Beamten, die Diplomaten, die Richter und zum Schluß auch – und wohl immer – die Offiziere. Er regierte mit einer Horde, die sich die Beute teilte. Aber er hatte in den für seine Ziele wichtigen Bereichen klare Befehlsstränge mit blindem Gehorsam. Die Vorstellung einer Fremdbestimmung zum Beispiel durch den ominösen Monopolkapitalismus ist schlicht absurd. Hitler verhinderte mit sicherem Instinkt jede mögliche gegen ihn gerichtete Opposition. Die Beseitigung der Brüder Strasser, die Zerstörung der SA und die Kaltstellung von selbständig denkenden Gauleitern dienten allen als Warnung. Das Dritte Reich hatte vielfach den Aspekt des Kampfes aller gegen alle, »der Selbstreinigung der Flüsse«, wie Hitler das nannte (Verwaltungsdarwinismus). Aber so erbittert die Machtkämpfe untereinander ausgetragen wurden – es kam nie auch nur zu einer vorübergehenden Koalition gegen Hitler oder zu einer echten Opposition in lebenswichtigen Sachfragen, wie zum Beispiel über die Opportunität des Rußlandkrieges oder eines Kompromißfriedens mit Stalin, zu dem Tokio und Rom rieten und dem wohl auch Ribbentrop eine Zeitlang zuneigte.

Es ist deshalb ungewiß, wie die Machtverhältnisse im Falle eines deutschen Sieges ausgesehen hätten. Ich entsinne mich an ein nächtliches Gespräch mit dem jungen Ritterkreuzträger Baumbach in Paris 1941: »Unsere Lage ist verzweifelt. Verlieren wir den Krieg, hat ihn die Armee verloren. Gewinnen wir ihn, hat die Partei ihn gewonnen.« (Daraus wurde die zynische Parole: Genießt den Krieg, der Friede wird fürchterlich!) Es ist deshalb nicht sicher, ob Himmler und seine SS nicht letztlich das Schicksal aller früheren Prätorianergarden erlitten hätten, wenn einmal der größte Teil der schmutzigen Arbeit erledigt war. Zum Schluß blieb nicht Himmler, sondern Bormann übrig. Allerdings war Himmler eine zu ideologisch verrannte, kleinbürgerlich-subalterne Figur, um die Rolle eines Fouchet spielen zu können. Bis zum Kriege, den Hitler wohl auch haben wollte, um alle Brücken hinter sich abzubrechen, war noch manches möglich. Die Vorstellung eines von der Gestapo bis in die letzten Ecken kontrollierten Landes ist wegen der technischen und menschlichen Begrenztheit der Mittel eine Legende, häufig zur Vortäuschung oder Glorifizierung eines nicht vorhandenen Widerstandes. Sie trifft zu für das von vornherein klare oder sich später ergebende »Feindbild«, für potentielle Gegner oder Einzelpersönlichkeiten mit Ausstrahlungskraft, die offen Position bezogen; Menschen in der Kleinstadt waren gefährdeter als in der anonymen Großstadt. Der Zellenwart oder Hausmeister war häufig gefährlicher als der alte SA-Führer. Und es gab außerhalb des klaren Feindbereiches bei einigem Geschick Tarnungsmöglichkeiten und Narrenfreiheiten. Die innere Emigration war nur so möglich – und erfolgreich.

Unser Freundeskreis nannte seine sich über Jahre hinziehenden Gespräche gelegentlich scherzhaft »Kleine Zersetzungsstunde«, ohne dabei die Vorstellung des Widerstandes zu haben; zumal die Masse des zu Bejahenden in den ersten Jahren größer schien als das des Abzulehnenden. Auch in späteren kritischen Zeiten und Situationen wurde nie jemand »angezeigt«. Andreas Feikert und G. A. Scheel in der Studentenschaft und später im Auswärtigen Amt G. Rühle als Leiter der Rundfunkabteilung – und vor allem letzterer – regierten einen häufig wilden, unbotmäßigen und unkontrollierbaren Haufen. Mir ist kein Fall bekannt, daß jemand ans Messer geliefert wurde. Jeder deckte soweit als möglich seine Leute (zum Beispiel der Fall Gerstenmaier in der Informationsabteilung des Auswärtigen Amtes). Und man ließ sie arbeiten, solange die Richtung einigermaßen stimmte. Wie hätten sonst in der Rundfunkabteilung des Auswärtigen Amtes ein späterer Bundeskanzler, Kiesinger, und eine ganze Reihe späterer Botschafter und Diplomaten diese Zeit unbehelligt überstanden! Gegen die lückenlose Überwachung spricht allein schon die Tatsache des sich über Jahre erstreckenden, häufig erschreckend sorglosen und dilettantischen Widerstandes mit vielen Auslandsreisen bis 1944. Man stelle sich das in der heutigen DDR vor! Von Haeften wurde im Auswärtigen Amt noch kurz vor dem 20. Juli zum Vertreter des sonst nicht zimperlichen SS-Standartenführers Six (Leiter der Kulturabteilung) befördert, und von Trott zu Solz kam 1940 auf Empfehlung von SS-Gruppenführer Lorenz ins Auswärtige Amt. Die Armee bot bis zum 20. Juli vielen Zuflucht und Deckung, wie zum Beispiel Ernst Jünger, nachdem er, vielen von uns zur Freude, mit den »Marmorklippen« die Toleranzgrenze überschritten hatte. Allerdings hat hier – nach Jüngers späteren Angaben – Hitler persönlich Schlimmeres verhütet.

Das soll keine Beschönigung oder Verharmlosung eines von uns zu spät als verbrecherisch erkannten Regimes sein. Das Dritte Reich war ein Gemisch von Ideologie und Opportunismus, von äußerster Effizienz und Chaos, von nahezu leichtsinniger Liberalität und sinnloser Grausamkeit, von kleinbürgerlicher Bürokratengründlichkeit und Genialität, von Freiheit und Kadavergehorsam und von einem alles überhöhenden Idealismus und Opfersinn, der lange getäuscht, schließlich auch im Verbrechen endete. Es gibt noch immer keine bessere Analyse als die Rede Thomas Manns aus dem Jahre 1945 »Deutschland und die Deutschen«: »Eins mag diese Geschichte uns zu Gemüte führen: daß es nicht zwei Deutschland gibt, ein böses und ein gutes, sondern nur eines, dem sein Bestes durch

Teufels List zum Bösen ausschlug. Das böse Deutschland, das ist das fehlgegangene gute, das gute im Unglück, in Schuld und Untergang. Darum ist es für einen deutschgeborenen Geist auch so unmöglich, das böse schuldbeladene Deutschland ganz zu verleugnen und zu erklären: ›Ich bin das gute, das edle, das gerechte Deutschland im weißen Kleid, das böse überlasse ich Euch zur Ausrottung.‹ Nichts von dem, was ich Ihnen über Deutschland zu sagen oder flüchtig anzudeuten versuchte, kam aus fremdem, kühlem, unbeteiligtem Wissen; ich habe es auch in mir, ich habe es alles an meinem eigenen Leibe erfahren.«

Hitler war sich des unsicheren Bodens, auf dem er stand, wohl immer bewußt. Er hat dem Volk nie getraut, auch da, wo es noch blind hinter ihm stand. Seine »Divide-et-impera«-Herrschaftsformel ging zuletzt nicht auf. Zu spät bereute er, nicht wie Stalin in den großen Säuberungen der dreißiger Jahre reinen Tisch gemacht zu haben. Aber dann hätte er seine Karten viel früher aufdecken und eine ganz andere Politik machen müssen!

Sozialdarwinismus und 19. Jahrhundert

Geht man von Rassenideologie, Judenvernichtung und Gewinnung von Lebensraum – wenn auch ohne klares Endziel – aus als Hauptmotive der Politik Hitlers, bleibt die Frage nach den Wurzeln und wie es möglich war, für ihre Durchführung Helfer zu finden. Wenn wir Jungen von einem »kleinbürgerlichen Trauerspiel« sprachen, dachten wir in die richtige Richtung. Wie Hitlers Nationalismus ein Spätprodukt des 19. Jahrhunderts war (der völkische Gedanke war fortschrittlicher und hätte ein neues Ordnungsprinzip abgeben können, wenn man auf den Rassenwahn verzichtet hätte; er wurde im März 1939 aufgegeben!), so auch seine Rassenideologie. Durch eine tragische Phasenverschiebung der Geschichte kam der Darwinismus, das heißt die biologische Weltbetrachtung – der andere große Motor des Jahrhunderts, dem auch Nietzsche verfiel – als abgesunkenes Bildungsgut in den kleinbürgerlichen Schichten Deutschlands erst voll zur Wirkung, als er wissenschaftlich bereits in seiner Einseitigkeit überholt war. Haeckels Welträtsel, das »Leben-und-Tod«-Erlebnis des Ersten Weltkrieges und seine enthumanisierende Wirkung waren das Schlüsselerlebnis. Der Sozialdarwinismus wurde zum Religionsersatz vor allem für die Aufsteiger der Unter- und Mittelschicht.

Karl Mannheim hat in »Mensch und Gesellschaft im Zeitalter des Umbaus« auch zu diesem Vorgang gültige Betrachtungen beigesteuert. Sie beantworten wenigstens teilweise die Frage, wie es möglich war, daß das, was andere nur dachten (zum Beispiel Gobineau), bei uns in die Tat umgesetzt werden konnte. Nach Mannheim gab es im Denken und Handeln der alten Oberschicht hemmende Faktoren (religiöse, moralische und andere), die ein extremes Handeln verhinderten oder auf Ausnahmesituationen beschränkten. Bei den nach oben gekommenen Unterschichten fielen diese nicht nur vielfach fort, sondern man gefiel sich darin, macchiavellistischer, amoralischer, radikaler zu sein als die alte Oberschicht. Die Bremsen zwischen Denken und Handeln fielen fort. Mannheim schreibt: »Während bisher die Raubmoral bewußt nur in Grenzsituationen und nur für herrschende Gruppen anerkannt wurde, nimmt mit der Demokratisierung der Gesellschaft – ganz im Gegensatz zu den an sie geknüpften Erwartungen – dieses Gewaltelement nicht nur nicht ab, sondern es wird geradezu zur öffentlichen Weisheit der ganzen Gesellschaft. Es ist gar nicht abzusehen, was aus der öffentlichen Moral werden wird, wenn sich die großen Massen des Geheimnisses bemächtigen, mit dem früher schon die kleinen hochgezüchteten Führungsschichten kaum fertig werden konnten.«

Dieser soziologisch einleuchtende Vorgang traf zusammen mit der späten Breitenwirkung des Sozialdarwinismus als Weltanschauungsersatz und ermöglichte so eine verbrecherische Rassenideologie, deren Radikalität bei einem im Vergleich zu anderen Völkern von Haus aus eher milden Antisemitismus sonst unerklärlich bleibt.

Der Lebensraum

Der zu enge Lebensraum war – neben Sozialdarwinismus und Biologismus – die Zwangsvorstellung Hitlers. Die 140 Menschen pro Quadratkilometer kehren immer wieder. Wir müssen zugeben, daß er hier nicht nur nicht allein war, sondern in guter Gesellschaft. Die rasche Bevölkerungszunahme Deutschlands im 19. Jahrhundert, deren Druck vorübergehend durch Auswanderung gemildert worden war, der neidvolle Blick auf großräumige Kontinental- bzw. Kolonialreiche wie Rußland und Amerika oder die überseeischen Gebiete Englands und Frankreichs, die Erfahrungen eines starken, zu spät gekommenen Landes, überall die Welt verteilt zu finden, und die militärischen Autarkieforderungen hatten zu einem »Have-not«-Komplex und zu einer physischen Lebensangst geführt. Die Hungererfahrung des Krieges und die Menschenopfer der nachfolgenden Blockade steigerten sie dramatisch. Hans Grimms »Volk ohne Raum« gab ein Stichwort auch für unsere Generation. Dazu kam die Idealisierung des ländlichen Lebens und die Abkehr von der Großstadt. Daß wir fünfzig Jahre später in der kleinen Bundesrepublik der Selbstversorgung nahekommen würden bei einem hohen Agrarexport, war einfach unvorstellbar. Der von Friedrich Naumann stammende Begriff »Mitteleuropa« deutete die Richtung an, als die ohnehin abwegigen Kolonialträume vorüber waren. Der Blick des Österreichers Hitler war durch Ostsiedlung und Wehrgrenze stärker vorbelastet als der des Reichsdeutschen. Das sein ganzes Leben beherrschende Schlüsselerlebnis waren der Erste Weltkrieg und die Umstände seines Endes. Das ständige Zurückkommen auf die sich nicht wiederholende Kapitulation scheint ein Zwangsmotiv seines Handelns gewesen zu sein.

Eine Rolle spielten die geopolitischen Vorstellungen Professor Haushofers sowohl bei Hitler wie beim Generalstab. Dieser hat – und Hitler mit ihm – traditionsgemäß fast ausschließlich in kontinentalen Vorstellungen gedacht, was ihm den Widerstand gegen den Rußlandkrieg schwierig machte und wie bereits im Ersten Weltkrieg den Blick für eine Kriegführung gegen maritime Mächte trübte. Und was bisher oft übersehen wird: In der NS-Bewegung und verwandten Gruppen spielten die Auslandsdeutschen eine führende Rolle – mit dem österreichischen Hitler an der Spitze und im Drang nach »Osten« besonders mit manchen vertriebenen Baltendeutschen. Wir Jungen hatten in den dreißiger Jahren den Spruch geprägt: »Allen Balten zum Trotz sich erhalten.« Wir hatten mit ihnen ständig Schwierigkeiten. Sie haben viel Schuld an dem falschen Rußlandbild und an der Wahnsinnsvorstellung, man könne aus einem großen, christlich-imperialen Volk mit einer bedeutenden Kultur- und Kolonialleistung, dem »Dritten Rom«, ein analphabetisches Helotenvolk machen!

Zur Ehre der Vertreter einer gemäßigten Lebensraumidee muß gesagt werden, daß es ihnen nicht in den Sinn kam, sie durch Krieg zu verwirklichen. Unsere wirtschaftliche Expansion in diesem Raum – einschließlich der Sowjetunion – war ohnehin zwangsläufig und voll im Gange im Donauraum. Der Lebensraum wäre uns bei vernünftiger Politik friedlich zugewachsen – und Menschen zur Siedlung hatten wir ohnehin nicht. Wir hatten im deutschen Osten mehr freies Land als Siedlungsbewerber und im Sommer polnische Wanderarbeiter. Meine Generation hat den Irrtum der Lebensraumidee geteilt. Aber sie hat es für unvorstellbar gehalten, sie durch Eroberung zu verwirklichen, auch nicht durch einen antibolschewistischen Kreuzzug. Den letzteren hielten wir weitgehend für eine nützliche, aber nicht ernst gemeinte Propaganda. Die geheime Zuneigung zu Rußland war im übrigen zu groß, um auch nur den Gedanken eines Landerwerbs auf seine Kosten in Erwägung zu ziehen.

Modernität

Über die Frage der Modernität des Dritten Reiches, der behaupteten sozialen Revolution, ob Hitler rechts oder links einzuordnen sei, ist, seit Dahrendorf zuerst die Frage ansprach, die Diskussion noch im vollen Fluß. Der simplifizierende, abwegige Faschismusbegriff tritt allmählich in den Hintergrund. Es mag widerspruchsvoll erscheinen, auf der einen Seite das Dritte Reich als ein gewolltes Chaos zu bezeichnen und auf der anderen Seite seine Modernität zu bejahen. Aber beides schließt sich nicht aus. Wie schon berichtet, funktionierten die meisten sachbezogenen Bereiche rational, wenn auch oft nur durch erhöhten menschlichen Einsatz.

Wer das Dritte Reich nur unter der Perspektive: »Auschwitz, aber auch Autobahn« sieht, geht an dem Problem der Modernität vorbei. Auch hier muß die Analyse von der Tatsache ausgehen, daß 1933 kein radikaler, das Alte mit einem revolutionären Akt beseitigender Umsturz stattfand, sondern ein sich beschleunigender revolutionärer Prozeß eingeleitet wurde. Da er nur von kurzer Dauer war, gilt für ihn der marxistische Satz über eine von Mischformen durchsetzte Übergangszeit. Der Krieg beschleunigte den sozialen Einebnungs- und sein Ende den gesellschaftlichen Zerstörungs- und Gleichheitsprozeß. Erst mit der Währungsreform 1948 wurden die Sachwertbesitzer begünstigt aus richtiger wirtschaftlicher Erwägung, wenn auch mit negativen gesellschaftlichen Auswirkungen.

Für den Abbau alter Strukturen und Werte durch den Nationalsozialismus gilt zunächst das, was Marx und Engels über die Rolle des Kapitalismus sagten: »Alle festen, eingerosteten Verhältnisse mit ihrem Gefolge von altehrwürdigen Vorstellungen und Anschauungen werden aufgelöst, alle neugebildeten veralten, ehe sie verknöchern können. Alles Ständische und Stehende verdampft, alles Heilige wird entweiht, und die Menschen sind endlich gezwungen, ihre Lebensstellung, ihre gegenseitigen Beziehungen mit nüchternen Augen anzusehen.«

Was der Machtwechsel von 1918 nicht fertiggebracht hatte, vollzog der Nationalsozialismus; auch wenn viele alte Strukturen äußerlich zunächst bestehen blieben. Der »Doppelstaat« und die auf Permanenz angelegte Revolution besorgten die Transformation, die der Krieg beschleunigte. Wie schon erwähnt, erhielt der Nationalsozialismus seine große Stoßkraft durch die Verwirklichung der Jahrhundertidee: die Versöhnung des Nationalen mit dem Sozialen. Wenn sein Sozialismus auch nicht die Expropriation der Produktionsmittel – nach irriger marxistischer Auffassung das einzig richtige sozialistische Kriterium – beinhaltete und wenn er auch vielen meiner Generation durch das vorübergehende Bündnis mit den alten Mächten nicht weit genug ging, so kann man sowohl im ideellen Ansatz wie in der Wirkung eine starke gesellschaftsverändernde Kraft nicht übersehen. »Gemeinnutz vor Eigennutz« – wenn auch als Wort, wie vieles andere Richtige, noch tabuisiert – hat heute wieder einen guten, fast nostalgischen Klang. »Arbeiter der Stirn und Faust« und »Arbeit und Brot« waren alte linke Parolen. Die Bewußtseinsveränderung des Proletariers zum Arbeiter, von der wir heute noch zehren, erfolgte im Dritten Reich nicht nur durch die Beseitigung der Arbeitslosigkeit, sondern durch einen politisch-gesellschaftlichen Wandlungsprozeß. Er war durch die zwar hierarchischen, aber von der Basis her egalitären Grundstrukturen der NSDAP und ihrer Gliederungen vor 1933 vorbereitet. Nachher wurde er schrittweise auf alle Sektoren der Gesellschaft ausgedehnt, auch wenn numerisch die Beteiligung der Arbeiterschaft im Vergleich zu dem Kleinbürgertum und den Absteigern der Oberschicht zunächst gering war.

Die »Gesellschaftsunfähigkeit« der Arbeiter, ihr Ghetto, ihre Zweitklassigkeit waren gebrochen. Die Usurpation von linken Liedern und Symbolen, die Feier des 1. Mai und die zwangsweise Zusammenführung von Unternehmern und Arbeitern in einer Organisation, der Arbeitsfront, waren der Beginn eines tiefgehenden Wandlungsprozesses. Ein Teil der Opposition der alten Schichten kann auf die Formel gebracht werden: Sie konnten es nicht ertragen, daß das Dienstmädchen vor der Arbeitsfront im Zweifel gegen die Herrschaft recht bekam! Die egalitäre Wirkung des Arbeitsdienstes und des weiblichen Landdienstes, die Einheitsküche des Heeres (die Franzosen hatten drei Kantinen) taten das Ihre. Wichtiger aber war der Zwang zur Zusammenarbeit im Betrieb, die Anerkennung des Arbeiters als Sozialpartner, die Aufgabe des primitiven »Herr-im-Hause«-Standpunktes, der französische und englische Unternehmer vielfach noch heute von ihren Arbeitern trennt. Alles das wurde nicht nur durch Massenbeeinflussung ständig eingetrichtert, sondern in der Praxis exerziert insbesondere dort, wo neue Betriebs- und Produktionsmethoden notwendig wurden. Diese Unternehmer-Arbeiter-Betriebszusammenarbeit erreichte im Kriege einen bisher nie gekannten Höhepunkt. Der Krieg erzwang Improvisation und Innovation, eine hohe Mobilität mit Verlagerungen bis ins Ausland und eine Produktion unter schwierigsten Verhältnissen. Das setzte einen Grad von Zusammenarbeit voraus, der nicht erzwungen werden konnte. Sie setzte sich in der Wiederaufbauphase der Nachkriegszeit fort und war einer der Gründe für das angebliche deutsche Wirtschaftswunder. Unternehmer und Facharbeiter, weil nicht eingezogen, überlebten zudem weitgehend den Krieg, so daß die erfolgsentscheidenden menschlichen Strukturen vorhanden waren.

Zugespitzt kann man sagen, daß es ohne die Arbeitsfront nach dem Kriege nicht so leicht eine Einheitsgewerkschaft, ohne die Überwindung der Klassenkampfideologie durch die Praxis nicht den Grad von sozialem Frieden gegeben hätte, der die Bundesrepublik bis heute ausgezeichnet hat. Sie wäre kaum der fortschrittlichste, modernste und sozialste Industriestaat ohne diese Vorgeschichte. Die Feststellung schmälert in keiner Weise die gewaltige Aufbauleistung nach dem Kriege und das Verdienst der Wirtschaftspolitik der Bundesrepublik. Ein menschlicher Faktor des Wirtschaftswunders wird meist auch übersehen: Entnazifizierung und Berufsverbote drängten ehemalige aktive Nationalsozialisten und tüchtige junge Offiziere in die Wirtschaft ab, wo sie oft überraschend gut reüssierten!

Völlig abwegig ist die marxistische Auffassung, die reaktionären Monopolkapitalisten hätten einen entscheidenden Einfluß auf das politische Geschehen gehabt. Das Schicksal eines der ersten Hitlerförderer, Fritz Thyssen, spricht für sich. Sie haben bei der Machtübernahme mitgewirkt; damit war ihre Rolle in der großen Politik zu Ende. Anders im Wirtschaftsgeschehen – hier aber in einer intelligenten Zusammenarbeit mit Partei und Staat. Das Dritte Reich kann als bisher einzige geglückte Form eines gemischten Wirtschaftssystems angesehen werden, in dem das private Wettbewerbssystem sich einfügte in eine staatliche Rahmen- und Investitionsplanung bei rigoroser Außenhandels- und Devisenkontrolle unter gleichzeitiger wirksamer Förderung der privaten Landwirtschaft, die durch das Erbhofgesetz abgesichert wurde. Deutschland verfolgte unter der Leitung von Schacht, im Ausland »financial wizzard« genannt, konsequent und erfolgreich Keynes Empfehlungen, die für diese Situation zugeschnitten waren. Natürlich hatten nach Brünings Deflationspolitik auch andere daran gedacht. Hitler aber erst schuf die Voraussetzungen. Sebastian Haffner hat mit Recht die Wirtschaftspolitik Hitlers zu den Leistungen gerechnet und treffend hinzugefügt, daß der Aufschwung nicht nur rüstungsbedingt war. (Bereits 1936 war die Produktion von 1929 wieder erreicht.) Schacht ging, als hier zuviel verlangt wurde. Wir wissen heute besonders am Beispiel Japans, aber auch der Bundesrepublik, daß Verzicht auf Rüstungsproduktion, das heißt Produktion nutzloser Güter, wirtschaftlich der bessere und gewinnbringendere Weg ist.

Über die verschiedenen Formen dieses gemischten Wirtschaftssystems und sein erfolgreiches Funktionieren in der Kriegswirtschaft gibt es wenig Literatur. Viele »Wehrwirtschaftsführer« hatten nach den Erfahrungen in Nürnberg wenig Lust zu schreiben; auch waren sie später zu sehr mit dem Aufbau ihrer zerstörten oder demontierten Betriebe beschäftigt. Interessant ist, daß Ludwig Erhards Ideen in der Industrie zunächst nicht mit Begeisterung aufgenommen wurden.

Wie stand Hitler zur privaten Wettbewerbswirtschaft? Eine offene Frage. Jürgen Eick hat vor einiger Zeit in der »Frankfurter Allgemeinen Zeitung« eine wenig bekannte Feststellung gemacht: Bis zum Ende konnten – bei entsprechender Vorsicht – bekannte liberale Professoren ungehindert lesen, was der Freiburger Schule das Leben leichter machte. Ludwig Erhard konnte seine Denkschriften ziemlich sorglos verbreiten. Die Ideologiewächter sahen hier offenbar noch keine Bedrohung, während schon bald nach 1933 Othmar Spann und sein Ständestaat, der unter den jungen Nationalsozialisten manche Anhänger hatte, geächtet wurden. Dort fürchtete man weltanschauliche Konkurrenz.

Das Dritte Reich der »Blut- und Bodenromantik« hatte auch hier ein Doppelgesicht. Die Ideologie folgte dem Antizivilisationstrend und der Zurück-zur-Natur-Welle, die besonders die Jugend seit Anfang des Jahrhunderts bewegt hatte. Die Praxis forcierte und nationalisierte die Industrialisierung und die Modernisierung der Landwirtschaft. Den »Grünen« blieb nur eine sektiererhafte Randexistenz oder die Flucht in das Ahnenerbe Himmlers. Hitler machte sich oft über diese Deutschtümelei und den Schrebergartensozialismus lustig. Er sah in der Technik das Mittel zur Verwirklichung seiner Pläne, zur Massenbeherrschung und zur Kriegführung: der Volksempfänger und der Volkswagen. Er hatte die Motorisierung als den Triebfaktor unserer Zeit und als Instrument der Kriegführung früher erkannt als die meisten seiner europäischen Zeitgenossen. Er konnte deshalb die Welt mit dem modernsten Heer und der modernsten Strategie der Zeit überraschen. Die technische Innovationskraft blieb auch in der Niedergangsphase ungebrochen, wenn auch nicht mehr rational genutzt.

Die Modernität des Dritten Reiches zeigt sich auch deutlich in der angestrebten Verwirklichung der Chancengleichheit. Zwar blieben die Führungspositionen in Staat und Heer zunächst noch weitgehend in den Händen der alten Schichten. In der Staat und Gesellschaft beherrschenden Partei und ihren Organisationen, in SA und SS aber wurde mit dem alten Bildungsmonopol gebrochen und Chancengleichheit zunehmend verwirklicht. Das vielfach gefächerte neue Nachwuchs- und Ausbildungssystem war darauf angelegt, die alten Schichten abzulösen. Untergrabung oder Mißbrauch fast aller ihrer Wertvorstellungen förderten den Prozeß. Die »Arbeiter«-Partei stand nicht nur auf dem Papier. Das Dritte Reich war die größte freiwillige soziale Anstrengung der modernen Zeit, verkörpert in NSV und Winterhilfe, »Kraft durch Freude«, Arbeitsfront, Freizeitgestaltung, Kulturkreisen für Theater und Musik, Schönheit der Arbeit usw. – wohl auch ein Grund, daß die Basis bis zum Schluß treu blieb.

Ein Aspekt darf wegen seiner beängstigenden Aktualität nicht vernachlässigt werden: der zum Jugendwahn ausgeartete Jugendkult, die Abwertung des Alters, der Bruch mit den überlieferten Werten, die systematische Radikalisierung des normalen Generationskonflikts, die Verherrlichung der Möglichkeiten der Transformation und des Machbaren aller Dinge und der Menschen, der Bruch mit allen konservativen Vorstellungen und Erfahrungen – bei gleichzeitiger äußerer Verherrlichung derselben.

Der Nationalsozialismus war eine Jugendbewegung – man sehe die Lebensläufe der führenden Personen. Und außerdem wollte Hitler ganz ungeschichtlich alles in seine als kurz vermutete Lebensdauer pressen. Der rasante Schwung, aber auch die Bedenkenlosigkeit hatten ihre Wurzel vielfach in der Jugendlichkeit. Man konnte in jungen Jahren etwas werden, Macht ausüben, unbürokratisch arbeiten, sich entfalten ohne Rücksicht auf die sachlichen und menschlichen Kosten – auch hier ist Speer ein Prototyp. Der Wahn des menschlich und technisch Machbaren – die Grundsorge unserer Zeit – bei gleichzeitiger romantischer Natur- und Vergangenheitsverklärung war das Stigma des Dritten Reiches und mit ein Grund für seinen raschen Untergang.

Man hat gefragt, ob der Nationalsozialismus eine Art deutscher Version der Französischen Revolution gewesen sei. Nicht zu Unrecht: Die geistigen Wurzeln waren dieselben: die einer entchristlichten Welt, nur daß die Göttin der Vernunft ein bio-soziologisches Gewand trug und die Judenverfolgung irrationalen Charakter hatte. Tocqueville hat als das Hauptproblem der jakobinischen Demokratie bezeichnet: gleich und dennoch frei zu sein. Das Problem des Nationalsozialismus war: ungleich und trotzdem frei zu sein. Es hat es nicht nur nicht gelöst, sondern verbrecherisch verdorben.

Überspitzt könnte man sagen: Hitler war Rousseau, Robespierre und der Marquis de Sade in einer Person, mit dem »mauvais génie« Goebbels als mephistofelischem Einpeitscher und Himmler als Henker. Ein emigrierter jüdischer Arzt deutete die Judenvernichtung als »monstruösen Ritualmord«.

Außenpolitische Erfolge und enttäuschte Hoffnungen

Der Hitler-Biograph Joachim Fest hat gesagt, wäre Hitler 1938 gestorben oder ermordet worden, wäre er trotz seiner dunklen Flecken als der größte deutsche Staatsmann in die Geschichte eingegangen, größer als Bismarck. Hatte er doch in fünf Jahren einer feindlichen Welt alles das abgerungen oder abgelistet, was die größten nationalen Hoffnungen sich nicht hätten träumen lassen! Und das Wichtigte: ohne Krieg, wenn auch mit großem Risiko. Mit traumwandlerischer Sicherheit beurteilte er wie ein Meistererpresser seine Chancen und die Schwächen seiner Gegner. Aber – Haffner spricht mit Recht von Erfolgen und nicht von Leistungen – es fehlten die Gegner, wie 1933. Man braucht nur das Buch eines führenden französischen Historikers, L. B. Duroselle, »La décadence 1932 – 1939«, oder die Erinnerungen Raymond Arons zu lesen, um das am Niedergang Frankreichs bestätigt zu sehen.

Hitler war auch der größte Täuscher und Falschspieler, den man bis dahin unter den »eingleisigen« Deutschen nicht für möglich gehalten hatte. Alle seine erfolgreichen Coups bis München 1938 waren verbal eingepackt in eine betonte Friedenspolitik; einmal dem Versprechen, in den Völkerbund zurückzukehren, dann der Versicherung, daß Deutschland keinerlei weitere Ansprüche habe; daß er als Frontsoldat die Friedenssehnsucht der Menschheit zu gut kenne.

In Berlin kursierte nach einer der großen Friedensreden im Herbst 1933 der Witz, Hindenburg habe gefragt, seit wann der Stresemann schwarze Haare habe! Den Polen wurde zur Überraschung der ganzen Welt bereits 1934 das gegeben, was Weimar immer abgelehnt hatte: ein Ost-Locarno. Und noch im Dezember 1938 wurde der zerrissene Locarno-Vertrag durch ein Abkommen mit Frankreich erneuert. Dem Erbfeind Frankreich wurde die Revision von »Mein Kampf« durch die Geschichte in Aussicht gestellt. Ribbentrop nahm den aus der linken Jugendbewegung stammenden Otto Abetz samt seinen »Solberg-Kreis« der Reichsjugendführung weg, um die deutsch-französische Versöhnungsarbeit auf eine breitere Basis zu stellen. Und die Garantie des für Hitler vorbildlichen britischen Weltreichs war schon eine Selbstverständlichkeit.

Für einen nicht eingeweihten Studenten der Außenpolitik – geschweige denn für den Mann auf der Straße, der das große Risiko nicht sehen konnte und nach allen Erfolgen zur blinden Gläubigkeit neigte – war nicht zu erkennen, daß das alles nur Vordergrund war für eine viel größere Bühne und ein größeres Schauspiel. Wir müssen aus heutiger Sicht wohl annehmen, daß Hitler seine eigentlichen Ziele nie aus dem Auge verlor. Aber es bleibt doch die Frage, ob die Leichtigkeit seiner Erfolge ihn nicht verleitete, jeweils mit höherem Einsatz zu spielen und erst recht nach dem Zusammenbruch Frankreichs (in sechs Wochen!), das als größte Militärmacht der Zeit galt. Die Hybris, das Gottversuchen, kann bei allem als durchgängiges Motiv nicht übersehen werden. Nach Daladier glaubte er im Augenblick, was er sagte, und konnte deshalb auch überzeugend wirken, bis er bei nächster Gelegenheit völlig anders dachte und handelte. Und er konnte, um ein Wort de Gaulles abzuwandeln, »in Übereinstimmung mit seinen Hintergedanken leben« – was den Deutschen völlig fremd ist. Er erschien auch aus diesem Grunde kritischen deutschen Betrachtern als ein Fremder, nicht als ein Deutscher.

Aber das Spiel war so geschickt getarnt, daß nicht nur die Masse der Deutschen, sondern auch kritische und gewichtige Persönlichkeiten des Auslandes von Hitler tief beeindruckt waren, darunter sein größter späterer Gegner, Winston Churchill.

Die Erkenntnis der Endabsichten war auch erschwert durch den pluralistischen außenpolitischen Apparat, der ganz der Herrschaftsmethode Hitlers entsprach. Da war einmal das bis zum 4. Februar 1938 noch intakte konservative Auswärtige Amt, das eine Garantie für eine vernünftige Politik zu geben schien. Daneben gab es – in seiner Bedeutung allerdings abnehmend – das Amt Rosenberg mit einem außenpolitischen Schulungshaus; ferner die auf Heß gestützte Auslandsorganisation der NSDAP unter Bohle mit einer eigenen ambitiösen Politik. Und es gab, zunächst mit dem deutsch-britischen Flottenabkommen erfolgreich, später verhängnisvoll, den Sonderbeauftragten Ribbentrop und sein der Partei angegliedertes Büro. Daneben arbeiteten noch eine Reihe anderer Stellen, wie zum Beispiel das kolonialpolitische Amt des Ritters von Epp. Und es gab auf große Apparate gestützte außenpolitische Ambitionen von Göring, Goebbels und Himmler sowie häufig auf eigene Faust arbeitende Gauleiter.

Alles das war nicht auf einen Nenner gebracht, bekämpfte sich vielfach bis aufs Messer, ließ viele Möglichkeiten offen und kein klares Endziel erkennen. Mit der Ernennung Ribbentrops zum Außenminister änderte sich das nur wenig – außer daß der Konkurrenzkampf härter wurde. Im Kriege kamen noch die für die Frankreichpolitik – falls es eine solche überhaupt gegeben hat – verhängnisvollen Gauleiter Bürckel (Lothringen) und Sauckel (Arbeiterbeschaffung) hinzu, von Franck und Genossen im Osten ganz abgesehen. Bis 1938 war aus all dem nicht zu erkennen, wohin die Reise ging. Außer der Sorge, daß die zu große Risikobereitschaft und die zunehmende Deutschfeindlichkeit in wichtigen Kreisen des westlichen Auslandes, und besonders in Amerika, doch noch zum Kriege führen könnte, gab es für mich und meine Freunde aus der studentischen Außenarbeit keinen Grund, die deutsche Außenpolitik nicht zu unterstützen. Das wurde erst anders mit der Kristallnacht und der Besetzung Prags im März 1939, dem entscheidenden Bruch mit der bisherigen als richtig geglaubten »völkischen Politik«. Und erst recht mit dem mutwillig herbeigeführten Krieg, einer der am leichtesten vermeidbaren, wie Churchill einmal gesagt hat. Neben Hitler haben ihn – wenn auch anders – nur Stalin und wohl auch Roosevelt gewollt. Für mich wurde der Bruch endgültig mit der verhängnisvollen Frankreichpolitik 1940/41 und besonders natürlich mit dem Überfall auf Rußland. Hatte ich doch den deutsch-russischen Pakt als Schritt in die richtige Richtung und irrigerweise als Friedenssicherung begrüßt.

Es ist oft gefragt worden, wieso man trotz der ab 1939 wachsenden Zweifel – wenn auch als kleines Rädchen – weiter mitmachen konnte. Die letztlich unbefriedigende Antwort ist relativ einfach: Das zu Bejahende war noch lange mit dem Besorgniserregenden oder Abzulehnenden in so teuflischer Weise gemischt und das Verbrecherische in seinem späteren Ausmaß noch so wenig zu erkennen, daß es schwer war, einen Trennungsstrich zu ziehen. Außerdem hatte der Krieg, in dem es um das Vaterland ging, trotz seiner Ablehnung, eine integrierende Funktion. Das war auch das Dilemma der Offiziere im Widerstand.

Hinzu kommen zwei Gesichtspunkte, die meist übersehen werden: der Westen, die »Plutokratien«, schienen keine bessere Alternative zu bieten. Man konnte Hitler ablehnen oder bekämpfen, ohne damit zum Liberalen oder Demokraten zu werden – was einem Teil der Widerstandsbewegung zum Vorwurf gemacht wird. Dazu war der Geist der Zeit, den Jaspers und Mannheim geschildert hatten, zu stark. Selbst Thomas Mann hat ihn nie ganz verleugnet.

So brachte ich von meinen Aufenthalten in Frankreich und England neben anderem den Eindruck mit, daß selbst nach fünfzig Jahren Indoktrinierung durch Goebbels die Deutschen nicht so chauvinistisch wie die Franzosen und so gefügig wie die zum Dienen erzogenen englischen Unterschichten sein würden. Und daß in beiden Ländern zwar formal das Parlament herrschte, letztlich aber alles den Reichen diente. Der Mangel an Überzeugungskraft des Westens und das Festhalten an antidemokratischen Wertvorstellungen waren Gründe, weshalb mancher die innere Emigration und nicht den offenen Widerstand wählte. Die Nichtbeachtung des Widerstandes durch den Westen und die Forderung der bedingungslosen Kapitulation vergrößerten später noch diese Ausweglosigkeit.

Aber einen Vorwurf kann ich uns und vor allem mir selbst nicht ersparen: In der Bereitschaft, wegen der größeren nationalen Ziele über manches hinwegzusehen (revolutionäre Übergangszeit usw.), hat es, auch als das Verbrechen in seiner ganzen Größe noch nicht erkennbar war, an einem gefehlt: Wir waren nicht empfindlich genug, wir haben nicht genug gefragt, wir waren zu abgestumpft gegen menschliches Leiden, das hinter den scheinbar noch gerade vertretbaren Nürnberger Gesetzen stand. Was wußten wir über die Juden – unsere Juden? Wir kannten oberflächlich die Geschichte von Moses Mendelsohn bis Albert Einstein. Aber was wußten wir von der tiefen Dramatik des deutsch-jüdischen Verhältnisses; von den die Assimilation begünstigenden Affinitäten; von der Heimat, die wir geworden waren selbst für zwiespältige verstoßene Söhne wie Heinrich Heine; was von Judentum und deutscher Sprache? Die Nobelpreisrede Elias Canettis (1981) in deutscher Sprache oder die Erinnerungen Nahum Goldmanns und die Friedenspreisrede Manès Sperbers (1983) zeigen das Ausmaß des Verlustes und unserer Verarmung. Wir haben nur die nach 1918 zugewanderten Ostjuden gesehen und teilten unkritisch die Ängste des Kleinbürgertums. Wir waren zwar erschüttert über die Kristallnacht und die Synagogenfeuer, aber wir haben unsere Gewissen zum Schweigen gebracht aus Opportunismus oder in der irrigen Hoffnung, daß sich letztlich doch noch alles zum Guten wenden würde. Von dieser Schuld können selbst wir damals noch Jungen uns nicht freisprechen. Gilt hier nicht doch der Selbstvorwurf Sartres in seinem Kriegstagebuch 1939/40: »Entweder man ist Märtyrer oder schuldig«?

Das ist kein spätes Bekenntnis zu einer Kollektivschuld. Diese kann es weder für Zeitgenossen noch für Völker, noch gar für spätere Generationen geben. Auch kann daraus nicht der Anspruch abgeleitet werden, Unrecht zu billigen, das der Staat Israel tut. Kollektivscham, von der Theodor Heuss gesprochen hat, ist etwas anderes. Das Maß des Schuldgefühls muß jeder mit sich selbst ausmachen. Ich werde es, noch wachsend, mit ins Grab nehmen. Nur mit tiefer Scham kann ich die Tagebucheintragung Elias Canettis aus dem Jahre 1944 lesen: »Die Sprache meines Geistes wird die deutsche bleiben, und zwar weil ich Jude bin. Was von dem auf jede Weise verderbten Land übrigbleibt, will ich als Jude in mir behüten. Auch ihr Schicksal ist meines. Aber ich bringe noch ein allgemeines menschliches Erbteil mit. Ich will ihrer Sprache zurückgeben, was ich ihr schulde. Ich will dazu beitragen, daß man ihnen für etwas Dank hat.«

Verratener Idealismus – vertane Chancen

Wer das Ausmaß des Verbrechens Hitlers an Deutschland ganz ermessen will, muß die Größe des Idealismus und der Opferbereitschaft und vor allem auch unsere Chancen gekannt haben, die vertan wurden. Wir Jungen glaubten nicht mehr an die gestaltende Kraft der Ideen, die das alte Europa des 19. Jahrhunderts getragen hatten. Auch der Staat war für uns nicht die Ultima ratio, sondern das Volk. Wir glaubten, daß die völkische Idee, die – ernst genommen – selbstverständlich Gleichwertigkeit und Gleichberechtigung voraussetzte, das Agens einer Neuordnung Europas sein müßte. Daß wir in diesem Europa Deutschland eine zentrale Rolle zudachten, versteht sich aus seiner Geschichte, seiner Größe und seiner Mittellage; zumal die Ordnung vom Rande her, durch Frankreich, gescheitert war. Aber wir wollten keine deutsche Hegemonie, sondern Europa. Wir hatten erkannt, daß dafür das deutsch-französische Verhältnis eine zentrale Bedeutung hatte. Und wir hatten unbeschadet von antibolschewistischen Vorstellungen das Gefühl, daß zu diesem Europa auch das »slawische Abendland« gehören müsse.

Deutschland, Frankreich, Europa: diese drei Grundpfeiler meines damaligen außenpolitischen Denkens haben mich unter unterschiedlichen Ausprägungen und Regimen ein ganzes Leben begleitet – eine tröstliche Konstanz im Wandel der Zeit.

Hitler hat die einmalige Chance Deutschlands und damit Europas verdorben. Anders als Bismarck brauchten wir 1938 trotz des französisch-russischen Vertrages von 1935 den »cauchemar des coalitions« nicht zu fürchten. Auch kleinere deutsche Politiker wären in der Lage gewesen, das Spiel zu meistern. Wir hätten nur nach Erfüllung der berechtigten nationalen Forderungen, wozu leicht auch die Regelung der Korridorfrage gehört hätte, saturiert in den Kreis der westlichen Nationen und den Völkerbund zurückkehren brauchen, die Auswüchse des Regimes vor allem in der Rassenfrage beseitigen, uns gemäßigt und kooperativ verhalten müssen, alles wäre uns von selbst ohne Krieg zugewachsen – auch der Lebensraum. Fast jeder außer Hitler hätte das wahrscheinlich gekonnt; es gehörte nicht viel dazu. Die Situation war einmalig. Hatte doch schon Tocqueville in der Mitte des 19. Jahrhunderts angesichts der aufsteigenden Randmächte Rußland und Amerika gegen die traditionelle französische Politik die Einigung Deutschlands als das geringere Übel befürwortet, Foch 1919 Zweifel gehabt, ob die Schwächung Deutschlands richtig sei, und Gamelin 1939 gesagt: »Besser noch Hitler als die Kosaken an der Seine!« Und England hatte seine Gleichgewichtspolitik ersetzt durch eine antibolschewistische – eine völlig veränderte Lage in Europa.

Der Hegemonialversuch Frankreichs von 1919 war gescheitert. Die Auflösung der Doppelmonarchie hinterließ nur nationalistische Trümmer, mit denen keine Politik zu machen war. Sie mußten früher oder später ein Opfer Deutschlands werden, das trotz der Amputation die größte europäische Macht blieb. Rußland war im Spiel der Kräfte nicht ausgefallen, sondern negativ besetzt. Die Furcht vor dem Bolschewismus der Sowjetunion machte diese für den Westen bündnisunfähig, was die Vorgänge vor Kriegsausbruch 1939 bewiesen haben. Die Dekadenz und Abdankung Frankreichs, die Empire-Sorgen Englands und das Fehlen eines bündnisfähigen Partners im Osten kombiniert mit der Bolschewismusangst hatten eine einmalige Lage herbeigeführt. Der Westen fürchtete zum ersten Mal in der Geschichte ein großes, starkes Deutschland weniger als das sonst mögliche Chaos. Und außerdem hatte man keine Mittel, um dieses Deutschland, solange es seine Rolle spielte und sich vernünftig verhielt, mit Aussicht auf Erfolg zu bekämpfen. Europa konnte und wollte zum ersten Mal ein starkes Deutschland ertragen, das im Osten für eine friedliche wirtschaftliche Ausdehnung freie Hand hatte und Frankreich und England half, ihre überseeischen Gebiete zu sichern.

Hitler war weder ein Deutscher noch ein Europäer, sondern ein »homo sui generis«. Er hat die Chance nicht gesehen, nicht sehen wollen oder können. Andreas Hillgruber schrieb am 30. Januar 1982 zu Recht: »Hitler jedoch verspielte während der ›apeasement-phase‹ diese Chance, die angesichts des permanenten Gegensatzes zwischen der Sowjetunion und den Westmächten größer war als je zuvor in der Geschichte des 19. und 20. Jahrhunderts.« Sie hätte Mäßigung, Einordnung, Geduld und stille Führung erfordert; alles das war ihm nicht eigen. Er wäre nicht mehr Hitler gewesen. Wie Fest richtig feststellt, hatte er mit Ausbruch seines Krieges 1939 die Politik, die er so lange meisterhaft betrieben hatte, abgeschafft zugunsten seines zerstörerischen Dämons, der der eigentliche Hitler war. So zerstörte er Deutschland und lieferte Europa der Herrschaft der von ihm erst recht großgemachten raumfremden Mächte Amerika und Rußland aus. Wen die Götter vernichten wollen, den schlagen sie mit Blindheit und Wahnsinn! Abetz berichtet in seinen Erinnerungen von einer Nachttischlektüre Hitlers im Feldquartier während des Krieges: eine umfangreiche Darstellung der Feldzüge Dschingis-Khans. Und Paul Reynaud warnte im Juni 1940 in Bordeaux in den dramatischen Auseinandersetzungen über die Frage Kapitulation oder Fortsetzung des Krieges die französischen Generäle: »Sie haben es nicht mit Wilhelm I. zu tun, wo hinterher alles seinen normalen Gang geht, sondern mit Dschingis-Khan; mit dem werden sie nicht zurechtkommen.«

Die Geschichte schien noch eine Chance zu geben: die schnelle Kapitulation Frankreichs unter seinem angesehensten Soldaten, Marschall Pétain, das kurzsichtige Verhalten Churchills gegenüber Frankreich, aber auch starke innere französische Antriebsmomente boten zwischen Juni und November 1940 noch einmal unerwartet eine europäische Option durch ein »renversement des alliances«, das einen späteren Kompromiß mit England – auf den Hitler bis zum Schluß vergeblich setzte – vielleicht sogar erleichtert hätte. Das zwar geschlagene Frankreich, aber mit fast intaktem Kolonialreich, einer großen Flotte, einem großen Prestige vor allem in den angelsächsischen Ländern und seinem politischen Talent wäre ein nicht zu unterschätzender Partner gewesen. Diese Möglichkeit wurde Hitler wiederholt dargelegt. Er hat sie in hybrider Überheblichkeit und antiquiertem Frankreichhaß (ganz 1919!) verworfen. Dafür setzte er auf das notorisch unzuverlässige Italien, das im Zweifel immer dem zufällt, der das Mittelmeer beherrscht; und auf das ferne Japan, welches allerdings rechtzeitig wissen ließ, daß es für keine kontinentalen Abenteuer zu haben sei.

Und noch einmal, allerdings unter viel schlechteren Umständen, bot sich eine Chance: Man hätte Europa im Bunde mit Frankreich auch noch 1941 einigen können, wenn der unsinnige Krieg im Osten nicht als verbrecherischer Kolonialkrieg, sondern als antikommunistischer Befreiungskampf unter Respektierung des Lebensrechtes der slawischen Völker geführt worden wäre. Auch diese letzte Chance wurde mutwillig vertan.

Der Krieg

Der Zufall wollte es, daß ich als Attaché für den 3. September 1939 zum Nachtdienst in der politischen Abteilung des Auswärtigen Amtes eingeteilt war. Nicht, daß dort viel los gewesen wäre. Die Entscheidungen waren durch die Kriegserklärungen Englands und Frankreichs – letztere mit sechs Stunden Verspätung – im Laufe des Tages gefallen. Der auch heute noch bleibende Eindruck war die unheimliche Stille – schon auf dem Weg zum Amt. Das Volk war niedergeschlagen. Die Straßen leer. Auf dem Wilhelmsplatz kaum ein Mensch. Eine bedrückende, bleierne Atmosphäre, in allem das Gegenteil von 1914. Hatte nicht Hitler seit Jahr und Tag Frieden versprochen? Es war eine lange, nur durch Routinearbeiten unterbrochene unheimliche Nacht in dem alten Haus Wilhelmstraße 75. »Denk ich an Deutschland in der Nacht...« Die Rede Hitlers vor dem Reichstag hatte mir nicht gefallen. Wenn er schon diesen leicht vermeidbaren Krieg mutwillig – das war schon damals mein Eindruck – angefangen hatte, warum dann mit der Versicherung, er werde nicht kapitulieren, warum das mangelnde Vertrauen: »Ein November 1918 wird sich niemals mehr in der deutschen Geschichte wiederholen!...Verräter haben nichts zu erwarten als den Tod!«?

Ich wurde in den folgenden Tagen in das Rundfunkreferat versetzt, aus dem dann unter der Leitung von G. Rühle sich die spätere Rundfunkabteilung entwickelte. Ribbentrop wollte dem Propagandaministerium nicht die Auslandssendungen des Rundfunks allein überlassen. Da die hohen Herren, wie immer, den Streit nicht selbst austrugen oder durch Hitler entscheiden ließen – was dieser wahrscheinlich vermieden hätte –, mußte er an der Basis geführt werden. Solange ich in Berlin und Paris bis Ende 1941 in diesem Bereich arbeitete, war *das* der große Krieg; der wirkliche nur der kleine. Allerdings muß gerechterweise gesagt werden, daß der Anspruch des Auswärtigen Amtes berechtigt war: Mit der Inlandspropaganda war nach außen wenig anzufangen. Wir hatten bald die besseren Leute und Ideen; ihre Durchsetzung war ein täglicher Kleinkrieg, zumal die andere Seite über den technischen Apparat verfügte. Diese Rundfunkabteilung, ähnlich wie die gleichzeitig aufgebaute Informationsabteilung, in der Gerstenmaier einige Zeit arbeitete, war ein Sammelbecken von meist noch jungen Auslandskennern, die damals sehr dünn gesät waren. Das Handwerk lernten wir schnell. Ich war eine Art Mädchen für alles, interessierte mich natürlich besonders für die Frankreichredaktion, in die bald Günter Diehl eintreten sollte. Andere Freunde und Bekannte aus der studentischen Auslandsarbeit und ehemalige Austauschlehrer und -studenten verstärkten den buntscheckigen, nicht immer parteikonformen Haufen, zu dem später auch Kurt Georg Kiesinger stieß.

Politisch hatte ich nach dem Polenfeldzug auf einen überzeugenden Friedensvorschlag gehofft. Als er ausblieb und die ersten Nachrichten über die Vorgänge in Polen durchsickerten, kam mir bei meinem täglichen Weg an der Reichskanzlei vorbei erstmals der Gedanke: »Jetzt müßte man sie eigentlich umbringen und dann eine vernünftige Politik machen!« Über die Absichten und Pläne der Regierung sickerte nichts bis zu uns in die Rundfunkabteilung durch. Mit den Tagesparolen des Propagandaministeriums konnte man wenig anfangen. Weder auf die Norwegenaktion noch den Westfeldzug wurden wir vorbereitet. So konnte ich in aller Naivität Otto Abetz, als er nach dem Fall von Dünkirchen aus dem Führerhauptquartier kam, fragen, ob wir jetzt unsere Frankreichsendungen ganz auf den Krieg mit England umstellen sollten. Nein, hieß es, es geht weiter wie bisher. Wir ahnten nicht, daß Hitler nicht ernsthaft Krieg gegen England führen wollte und die eingekesselten englischen Divisionen entweichen ließ. (Hitler zu Walter Hewel am Abend des Entschlusses: »Er habe es nicht über sich gebracht, eine Armee von so guter, blutsverwandter Rasse zu vernichten.«)

Mit Beginn des Westfeldzuges wurde ich zusätzlich in der Zensur der amerikanischen Rundfunkkorrespondenten eingesetzt, die wir zusammen mit einem OKW-Offizier – einem netten alten österreichischen Korvettenkapitän – großzügig handhabten. Dieser Auftrag hatte große Folgen. Als Paris gefallen war, wollten die amerikanischen Reporter, deren bedeutendster, wenn auch nicht angenehmster William Shirer war, von dort aus eine Reportage machen. Ich begleitete die Gruppe. In Paris überraschte uns der Waffenstillstand. Das OKW ermöglichte die Berichterstattung aus Compiègne. Der nach dem 20. Juli 1944 hingerichtete General Fellgiebel (Befehlshaber der Nachrichtentruppen) ermöglichte »Live«-Berichte nach Amerika. Der Eindruck ist noch heute unvergeßlich. Wir standen am Rande der Rundlichtung und schauten auf den alten Wagon-lit-Salonwagen, in dem General Weygand 1918 an derselben Stelle die alliierten Waffenstillstandsbedingungen bekanntgegeben hatte. Er hatte jetzt als Oberbefehlshaber des französischen Heeres zusammen mit dem Sieger von Verdun, Marschall Pétain, die Waffenruhe beantragt.

Man konnte die Personen im Innern des Wagens erkennen. Außer bei den An- und Abfahrten herrschte die lautlose Stille eines schönen Sommertages. Gelegentlich grasten Schafe auf dem Rasen vor dem Waggon. Man hatte den Eindruck eines würdevollen, die Franzosen nicht unnötig demütigenden Vorgangs.

Als wir nachts ins Hotel Scribe an der Oper zurückkehrten, läuteten die Glocken den Waffenstillstand ein. Am nächsten Tage sahen wir die Parade der 30. Division (von Briesen) auf den noch ziemlich menschenleeren Champs Elysées, die die Franzosen schweigend, aber sichtlich beeindruckt betrachteten.

Ich besuchte Otto Abetz, der sich mit Ernst Achenbach gerade im Palais Beauharnais, unserer alten Botschaft in der Rue de Lille, zunächst als Berater des Militärbefehlshabers von Paris niedergelassen hatte. Er bot mir das Rundfunkreferat an. Ich sagte freudig zu in dem Glauben, der deutschfranzösischen Verständigung dienen zu können. Berlin war einverstanden. Ich trat meinen Dienst am 1. Juli 1940 an. Zu den ersten Mitarbeitern gehörte auch Friedrich Sieburg, der seit Kriegsausbruch bei der Botschaft Brüssel politische Redaktionsdienste getan hatte, was dem Stil der Berichterstattung zugute kam. In Paris war er unglücklich, ambivalent, wie schon in seinem meisterhaften Buch »Gott in Frankreich«, das die einen als pro-, die anderen als antifranzösisch ausgelegt hatten. Ein intimer Frankreichkenner und -liebhaber konnte auch wohl nicht anders urteilen. Aber er litt doch so sehr unter der Niederlage, über die er gleichzeitig seine Genugtuung nicht verbergen konnte, daß er uns bald verließ. Wir hatten viel Freude an ihm. Sein Pariser Intermezzo ist ihm zu Unrecht verübelt worden! Noch 1979 schreibt Duroselle über »Gott in Frankreich«: »Sieburg – ce futur nazi.«

Otto Abetz hat in seinem 1950 im Pariser Gefängnis Fresnes geschriebenen Erinnerungen: »Das offene Problem« die politischen Vorstellungen und die Arbeit seiner Botschaft dargestellt. Er wurde unter kommunistischem Druck zu zwanzig Jahren Zwangsarbeit verurteilt, aber angesichts dieses eindeutigen Fehlurteils nach kurzer Zeit wieder in Freiheit gesetzt. Dieses Buch fand erstaunlicherweise, obgleich eine bedeutende Informationsquelle auch über Hitler und Ribbentrop, in Deutschland bisher wenig Beachtung; um so mehr aber heute in Frankreich durch die beginnende Auseinandersetzung mit der bisher weitgehend tabuisierten »Vichy«-Zeit.

Abetz und seine Mitarbeiter gingen von der Vorstellung aus, daß der Krieg noch lange dauern würde und daß er ohne die Hilfe Frankreichs kaum gewonnen werden könne. Laval drückte später in einem Gespräch mit Hitler auch unsere Auffassung aus: »Herr Hitler, Sie wollen den Krieg gewinnen, um Europa zu machen. Sie müssen Europa machen, um den Krieg zu gewinnen!« Ich ging damals noch weiter und sagte im August 1940 einem zutiefst erschrockenen Mitglied der Botschaft, der Krieg gegen die Seemächte England und Amerika könne überhaupt nicht gewonnen werden!

Wir hofften deshalb, vor allem nach der Bombardierung der französischen Flotte im Hafen von Mers-el-Kébir (Algerien) durch die Briten am 3. Juli 1940 (2 000 Tote) und dem englisch-gaullistischen Angriff auf Dakar (23. September 1940), auf ein »renversement des alliances«, für das auf französischer Seite der Boden vorbereitet war. Aber was nach dem Scheitern der Luftoffensive gegen England bei einem Treffen Pétain – Hitler in Montoire (24. Oktober 1940) einen Moment so aussah, war nur eines der vielen Täuschungsmanöver Hitlers. Er sagte im übrigen deutlich: Wenn es zu einem Kompromißfrieden mit England komme – was seine Hoffnung war –, müsse einer die Kosten des Krieges bezahlen, und das könne nur Frankreich sein. Die Politik von Zuckerbrot und Peitsche, je nach Lage, bestimmte Hitlers Verhältnis zu Frankreich. Als Geiseln und Druckmittel dienten zwei Millionen Kriegsgefangene in Deutschland. Schon wenige Tage nach Montoire (1. November 1940) vertrieb Gauleiter Bürckel Lothringer brutal aus ihrer Heimat. Er legte damit den ersten Grundstock für die Widerstandsbewegung, ohne daß die späteren Anti-Hitler-Generäle von Witzleben (Oberbefehlshaber West, seit kurzem Feldmarschall) und von Stülpnagel (Präsident der Waffenstillstandskommission in Wiesbaden) sich rührten. Hier muß eine bittere Wahrheit ausgesprochen werden: Zu der starken antifranzösischen Partei gehörten leider viele Generäle und auch Beamte des alten Auswärtigen Amtes. Sie waren zwar gegen Hitler, aber für eine harte Behandlung Frankreichs. So langlebig waren Versailles und der »Erbfeind« und so beschränkt der politisch-militärische Horizont. Überhaupt sollte man bei der Bewertung des Widerstandes stets fragen: »Wo standest Du nach dem Sieg über Frankreich?« Abetz' größte Enttäuschung war, daß Ribbentrop sich immer auf die gegnerische Seite schlug – was später zu langer Ungnade und Entfernung von Paris führte. Er hätte nicht auf seinen Posten zurückkehren sollen, als er klarsah. Aber wie so viele andere wollte auch er das Schlimmste verhüten: den Gauleiter, die »Polonisierung Frankreichs«. Und das ging nicht, ohne sich gelegentlich die Hände zu beschmutzen. Ernst Achenbach mußte Paris 1943 verlassen; er wurde nach dem 20. Juli wegen seiner amerikanischen Frau aus dem Auswärtigen Dienst entfernt.

Montoire hatte keine Folgen. Dafür sorgten neben den deutschen Frankreichgegnern die Italiener mit ihren Forderungen auf Savoyen, Nizza, Korsika und Tunesien, die sie seit dem Dezember 1938 jeweils dann lautstark erhoben, wenn es nach einer deutsch-französischen Annäherung aussah. Der Überfall auf Griechenland kam hinzu. Hitler hatte Italien im übrigen zunächst das ganze Mittelmeer von Syrien bis Marokko als Interessensphäre überlassen. Erst nach deren Niederlage in Nordafrika 1941 wurde dies zu spät und nur teilweise korrigiert. Er wollte »einen unsicheren Bundesgenossen (Frankreich) nicht einem sicheren (Italien) vorziehen«!

Abetz und seine Mitarbeiter haben sich in ihrer Arbeit, solange überhaupt noch ein Funken Hoffnung war, von dem Gedanken der Notwendigkeit einer deutsch-französischen Zusammenarbeit leiten lassen. Diese Politik hat trotz allem viel von Frankreich abgehalten und langfristig Früchte getragen.

Im Zusammenhang mit Hitlers Frankreichpolitik ein Wort über Ribbentrop: Dieser nicht dumme, auslandserfahrene Mann war nie ein Außenminister, sondern eher ein ehrgeiziger Hasardeur. Und vor allem war er ein Opportunist, dem es im Ernstfall nur um die Behauptung seiner Stellung ging. Im Zweifel schlug er sich auf die Seite der Scharfmacher, in jedem Fall auf die Hitlers. Weizsäcker berichtete am Tag des Einmarsches in Prag einem Mitarbeiter: Nachdem alles vorüber war und man nachts in der Reichskanzlei zusammensaß, fragte Hitler: »Nun, Ribbentrop, was werden die Engländer tun?« Ohne auch nur eine Sekunde zu warten antwortete dieser: »Nichts werden sie tun, mein Führer!«

Ich hatte 1940/41 an der Botschaft ein nicht immer dankbares, aber selbständiges Arbeitsgebiet, das mich in täglichem Kontakt mit der Politik hielt. Der ständige Streit mit der von Goebbels ferngesteuerten Propagandaabteilung des OKW beim Militärbefehlshaber um die Ausrichtung unserer Informationsarbeit flaute allmählich – wenn auch nicht ganz – ab, weil zunehmend gute Journalisten und Rundfunkexperten nach Paris kamen, die für mehr Objektivität sorgten. Die andere Seite meiner Arbeit war einfacher: die Beobachtungen der Rundfunksendungen der Vichy-Regierung nach Übersee und vor allem nach Afrika. Ich habe in den anderthalb Jahren nie gegen eine Sendung protestiert. Es kam zu einer loyalen und später freundschaftlichen Zusammenarbeit, zumal, als ein väterlicher Freund der Vorkriegszeit, der bekannte Afrika-Schriftsteller André

Demaison, für die Mitarbeit in Vichy gewonnen werden konnte. Der großartige Mann hat dafür büßen müssen, was seine Einstellung aber nicht änderte. Er hatte uns bereits 1938 gesagt, Afrika müsse der »gâteau de concorde« der deutsch-französischen Verständigung werden.

Eins konnte Abetz durch erfolgreiche Interventionen bei Hitler durchsetzen: Die Pläne von Goebbels und Ley, Frankreich kulturell zu »kastrieren« und Wien zum europäischen Modezentrum zu machen, wurden aufgegeben. Im Gegenteil: Mit der Rückkehr eines großen Teils der intellektuellen Oberschicht nach Paris – wohin sollte sie auch sonst gehen, war doch ein Leben fern von dieser Metropole fast unvorstellbar –, der Wiedereröffnung der Universitäten und der Wiederbelebung des Pariser »Kulturbetriebes« kam ein intensives kulturelles Leben in Gang, das die Welt bis heute erstaunt hat. Picasso konnte weiterarbeiten, Sartre und Camus Stücke schreiben, die aufgeführt wurden, die französische Filmproduktion erreichte wieder ihren alten Rang, und Frankreich produzierte im Kriege mehr Bücher als jedes andere Land. Ein reger deutsch-französischer Geistesaustausch fand statt. Er war häufig alles andere als parteikonform. Ernst Jüngers Erinnerungen an seine Pariser Zeit sprechen davon. Gerhard Heller, zunächst Zensuroffizier für Literatur und später Mitglied des der Botschaft angegliederten Kulturinstituts, vor einigen Jahren mit einer hohen Auszeichnung der Académie Française geehrt, hat 1981 seine Erinnerungen an diese Zeit veröffentlicht. Er schildert das Doppelgesicht der Kulturszene dieser Jahre zutreffend.

Hier muß auf einen bis heute übersehenen Vorgang hingewiesen werden: Bis zum Kriege kannten sich Deutsche und Franzosen kaum, es sei denn durch Zerrbilder. In den Kriegsjahren änderte sich das total: Noch nie waren so viele Franzosen in Deutschland, sei es auch als Kriegsgefangene oder Arbeitsverpflichtete. Und noch nie waren so viele Deutsche in Armee, Verwaltung, Industrie, Finanz, Kultur – und leider auch Polizei – in Frankreich, und zwar nicht nur in Paris, sondern bis ins letzte Dorf. Das kam für Frankreich einer Revolution gleich. Lebte es doch bis dahin von allen westeuropäischen Völkern das isolierteste, selbstgenügsamste und deshalb nicht selten überhebliche Leben seines exemplarischen »Sonderweges«, wie man heute wohl sagen müßte. Es war ohne Neugier für das, was jenseits des Hexagons vor sich ging; in sich abgeschlossen, ohne Reiselust, immer ein wenig xenophob, archaisch; Gott in Frankreich. Und die Deutschen lernten ein ganz anderes Frankreich kennen, als das Bild des tapferen Soldaten des Ersten Weltkrieges, im übrigen aber dekadent, morbid, verkommen; vernegert, wie Hitler behauptete.

Zu dem veränderten Bild, das beide Völker sich jetzt voneinander machen konnten, trugen das gute Benehmen der deutschen Soldaten von 1940 – selbst kleine Vergehen wurden mit drakonischen Strafen geahndet – und die korrekte, später großzügige Behandlung der französischen Kriegsgefangenen bei. Die Menschen gewannen das Gefühl, daß beide Völker einem gemeinsamen Schicksal unterworfen waren, das sie sich nicht selbst gewählt hatten.

Ein anderes kommt hinzu: Dieses Deutschland war weitaus moderner als Frankreich – ein Grund für die Niederlage. In dem Maße, in dem die französische Industrie in die Kriegsproduktion einbezogen wurde, kam es zu einer industriellen Zusammenarbeit, bei der Frankreich viel lernte, vor allem moderne Produktions- und Managementmethoden. Der Inhaber des großen Automobilunternehmens, Louis Renault, mußte dafür nach der Befreiung 1944 mit dem Tode bezahlen und seine Firma mit der Verstaatlichung. In Vichy kamen als Minister Pétains junge Technokraten an die Macht (die »Synarchie«, wie man sie nannte). Sie betrieben unter dem Deckmantel einer rückwärts gewandten Staats- und Gesellschaftsdoktrin die Modernisierung des Landes und lernten von den Deutschen.

Damit kein Irrtum entsteht: Es gab ein »Nachtgesicht« der deutsch-französischen Beziehungen. Es wurde mit dem eigentlichen Beginn der Widerstandsbewegung nach Hitlers Angriffskrieg im Osten immer düsterer. Terror- und Sabotageakte waren auf Repression angelegt. Eine blinde deutsche Politik förderte zum Beispiel durch die Zwangsrekrutierung von Arbeitern noch unnötig diesen Teufelsprozeß.

Aber die teils heldenhaften, teils dunklen Seiten des Widerstandes und die harten deutschen Gegenmaßnahmen, vor allem nach der Besetzung ganz Frankreichs nach der amerikanischen Landung in Nordafrika am 8. November 1942 sowie die Deportation der Juden, haben insgesamt bei den nicht unmittelbar Betroffenen das neue Deutschlandbild nicht völlig trüben können. Man kannte sich im guten wie im bösen besser. Das hat nach dem Krieg geholfen, trotz alles Bösen und großer Leiden keinen mit der Zeit nach 1918 vergleichbaren Deutschenhaß aufkommen zu lassen. Die spätere Zusammenarbeit unter Schuman, Adenauer und de Gaulle fand so überraschend einen guten Boden. Der deutsch-französische Bruderkrieg war endgültig zu Ende.

Mit der unmittelbaren Politik war ich in Paris nicht befaßt. Aber einige Male war ich Zeuge des Geschehens. Bei den ersten Nachrichten über den Angriff auf Dakar fuhr ich mit einem Berichterstatter-Team nach Vichy, dem Sitz der Regierung, in Absicht einer Reportage vor Ort. Laval ließ uns – mit Recht – aus dem startbereiten Flugzeug holen, um den Engländern keinen Anlaß zur Behauptung zu geben, in Dakar seien Deutsche. Ich hatte zum ersten Mal ein Gespräch mit dem eigenartigen, ungewöhnlichen Mann. Er schickte uns zum Trost auf eine Reise durch das unbesetzte Frankreich und an die Côte d'Azur, wo ich in Antibes meinen alten Freund Brusset wiederfand. Er konnte durch meine Vermittlung trotz seiner »Mandel-Vergangenheit« bald nach Paris zurückkommen.

Aufregender aber war ein anderes Ereignis kurz danach. Am 13. Dezember wurde Laval in Vichy durch eine Art Staatsstreich einer zwar antigaullistischen, aber ebenso deutschfeindlichen Gruppe um Pétain gestürzt und auf seinem Schloß in der Nähe gefangengesetzt, vermutlich mit der Absicht, ihn zu beseitigen. Die berechtigten Enttäuschungen nach Montoire ausnutzend, hatte man Pétain gehindert, zur Beisetzung der von Wien nach Paris überführten Gebeine des Herzogs von Reichstadt – Sohn Napoleons mit Marie-Louise von Österreich, einstmals »roi de Rome« – im Invalidendom teilzunehmen und so zum erstenmal in die besetzte Hauptstadt zu kommen. Die Beisetzungszeremonie hatte übrigens an diesem kalten, grauen Dezembertag einen eher makabren Beigeschmack, was der eigentlich noblen Geste jede Größe nahm. Der französische Volkswitz: »Wir wollen Kohle, aber keine Asche!«

Abetz fuhr – begleitet von Achenbach und mir – nach Vichy, um zu retten, was zu retten war. Laval wurde nach einem Gespräch mit Pétain freigelassen. Er fuhr in unserer Autokolonne, zur besseren Tarnung in meinem Wagen, mit uns nach Paris. Er erzählte von dem Besuch Briands in Berlin 1931. Briand habe die Demonstrationen der SA für Beifallskundgebungen gehalten (er starb bald danach). Ob Hitler ihm wohl noch den französisch-russischen Pakt von 1935 übelnähme? Er habe viele Neider; man mißgönne dem aus kleinen Verhältnissen kommenden ehemaligen Linken den erarbeiteten Reichtum, das Schloß in seinem Heimatdorf und den Grafen von Chambrun (Nachkomme La Fayettes) als Schwiegersohn. Ich sah Laval später noch einige Male, zuletzt im September 1943: »Sonnenhol, Sie sind ein alter Nazi, können Sie nicht Hitler sagen, daß ich für Deutschland eine Kugel unter dem Herzen trage (von einem Attentat im Herbst 1941)? Ich verdiene es nicht, daß man mich ständig in den Hintern tritt. Man sollte mich – ein halbes Jahr würde genügen – mit Ribbentrop austauschen. Ich würde Politik machen.« Er erkannte zu spät, daß man mit Hitler keine Politik machen konnte. Man hätte den französischen Patrioten und überzeugten Europäer nach seiner Ausbootung 1940 von der Re-

86

gierung fernhalten sollen. Aber es war sein eigener Wille. Spätestens ab 1942 hatte er dabei wohl das Scheitern und seinen möglichen Tod einkalkuliert.

Es war mein letzter Besuch in Vichy. Bei einem Spaziergang vor dem »Hôtel du Parc« sagte ein alter Freund, Jacques Coutan, Mitglied der »brigade mondaine« der Polizei: »Hitler est quit, mais il faut que ça saigne encore un petit peu!« »Hitler ist erledigt; aber es muß noch etwas Blut fließen.« Er zog 1944 mit einer kommunistischen Widerstandsgruppe in Vichy ein – was ihn später seinen Posten kosten sollte.

Es fehlt hier der Raum, den verhängnisvollen Gang der deutsch-französischen Beziehungen aufzuzeichnen. Von Politik kann man auf deutscher Seite nicht sprechen. Zwei Ereignisse waren für meinen weiteren Weg bedeutend: der Überfall auf Rußland und die erneute Ablehnung einer Zusammenarbeit mit Frankreich, die sich noch einmal anbot – nun nicht auf anti-englischer, sondern auf anti-bolschewistischer Basis.

Als ich kurz vor dem 22. Juni 1941 von dem bevorstehenden Angriff im Osten hörte, sagte ich zu Achenbach: »Wenn das wahr ist, haben zweihundert Jahre preußisch-deutscher Geschichte ihren Sinn verloren!« Nachdem ich in der Frühe dieses fatalen Sonntagmorgens meine Rundfunkgeschäfte erledigt hatte, sagte ich zu meiner Frau: »Laß uns noch einmal in Ruhe in das schöne Loire-Tal fahren, dies ist der Anfang vom Ende.« Eine Ostfrontreise, die das Auswärtige Amt Ende September 1941 für Presse- und Kulturreferenten durchführte, bestärkte mich in meiner Auffassung. Meine Gruppe fuhr über Danzig, Riga nach Pleskau. Dort hielt der Ic der Heeresgruppe Nord (von Leeb) einen Lagevortrag, in dem er in einem Nebensatz einfließen ließ: »Die Armee hat nur eine Sommerausrüstung; der Chef ist für die Vorbereitung sicherer Winterquartiere – aber es wird wohl anders in Richtung auf Moskau entschieden werden.« Über Witebsk, Minsk, Warschau fuhren wir zurück. Ich faßte in der Morgenbesprechung der Botschaft – wir sprachen immer ziemlich offen – meine Eindrücke zusammen: »Es wird sehr schwer sein, diesen Krieg zu gewinnen; wir kämpfen in Rußland gegen das Leben selbst.«

Das andere Ereignis war ein Gespräch zwischen Abetz und Admiral Darlan in der Botschaft um dieselbe Zeit. Deutsch-französische Militärgespräche hatten im Mai 1941 zu einem Abkommen geführt, das eine Verstärkung der französischen Verteidigungsmöglichkeiten in Nordafrika und die Unterstützung deutscher Operationen im Atlantik, in Nordafrika und im Vorderen Orient sicherstellen sollte gegen bescheidene deutsche Konzessionen, die unter dem blieben, was die Botschaft immer vergeblich gefordert hatte: Senkung der hohen Besatzungskosten (sie erfolgte später), Rückgliederung der abgetrennten Norddepartements, Entlassung von Kriegsgefangenen und Erleichterung des Zonenübergangs. Pétain lehnte unter dem Einfluß von Weygand das Abkommen als für Frankreich zu ungünstig ab.

Nach dem 22. Juni 1941 entstand für Frankreich eine neue Lage. Am 14. Juli 1941 machte Darlan in einer Note einen Vorschlag für eine weitergehende Zusammenarbeit kurz unterhalb des Kriegseintritts. Als Gegenleistung verlangte er nicht mehr als die eben zitierten berechtigten Forderungen und – das war das Schlimmste – eine Art Präliminarfrieden. Der Kampf im Osten gab Frankreich eine neue Chance. Außerdem waren die alten anti-bolschewistischen Ängste des Bürgertums mobilisiert, die bei Pétain bei allem Mißtrauen gegen die Deutschen und Hitler noch wachsen sollten in dem Maße des Vorrückens der Russen im Osten. Hier drängt sich eine historische Parallele auf. Auf der Flucht aus Rußland nach Paris sagte Napoleon zu Caulaincourt: »Nicht Frankreich, sondern die Russen müssen die Sorge Europas sein. Sie dürfen nicht über den Njemen kommen! Die Russen müssen allen Völkern als eine Geißel erscheinen. Der Krieg gegen Rußland ist ein Kampf um das wohlverstandene Interesse des alten Europa und der Zivilisation. – Man sollte nur noch einen Feind in Europa sehen: dieser Feind ist der russische Koloß!«

Frankreich beteiligte sich am Ostfeldzug mit einer Freiwilligenlegion und stellte mehr in Aussicht. Ribbentrop weigerte sich, Hitler die Darlan-Note vorzulegen. Nach Wochen vergeblichen Wartens erhielt Abetz die Weisung, den Franzosen eindeutig klarzumachen, daß sie keine Chance hätten, am Ende des Krieges auf der Siegerseite am Verhandlungstisch zu sitzen. Das französische Angebot sei abzulehnen, ohne jedoch den Faden abreißen zu lassen. Als Abetz Darlan die Ablehnung mitteilte, erwiderte dieser nach meiner Erinnerung: »Herr Botschafter, wenn das so ist, wird der Tag kommen, an dem ich die Politik, die ich bisher betrieben habe, meinem Volke gegenüber nicht mehr verantworten kann.« Und dieser Tag kam bald.

Ich zog für mich die Konsequenz: Ich sah keine Hoffnung mehr für »unsere« Frankreichpolitik und bat Abetz, mich ziehen zu lassen. Zum Jahresende 1941 wurde ich dem neu eingerichteten Generalkonsulat Casablanca als Vizekonsul zugeteilt. In den ersten Januartagen 1942 traf ich über Vichy, Marseille, Algier, wo sich gerade Peter Pfeiffer und Hans Schwarzmann installierten, bei Generalkonsul Theodor Auer in Casablanca ein. Einer der letzten Besucher in meiner Pariser Wohnung war Max

Klaus, der Chefredakteur der »Deutschen Allgemeinen Zeitung«. Als wir am Radio die Nachricht der unsinnigen Kriegserklärung an Amerika hörten, sagte er: »Jetzt sind die Brunnen der Tiefe aufgetan!« Die deutsche Niederlage vor Moskau – der große Wendepunkt des Krieges – und die bevorstehende Vertreibung der Italiener aus Libyen wirkten sich natürlich auch auf die Einstellung der französischen Militärs und Beamten in Nordafrika aus. Als Auer mich bei dem Generalresidenten General Noguès einführte, trafen wir in seinem Vorzimmer den uns gut bekannten Robert Murphy. Er war bis dahin Botschaftsrat in Vichy gewesen – »I hope we are friendly enemies«, sagte er. Er hatte einen Sonderauftrag für Französisch-Nordafrika. Amerika lieferte auf Grund des Weygand-Murphy-Abkommens Getreide und Öl. Murphy überwachte mit einer Reihe von in Algier und Casablanca stationierten »Vizekonsuln« angeblich die Verteilung. Der Auftrag war zu durchsichtig. Auch nach Ablösung Weygands auf deutschen Druck – man traute ihm nicht – blieben die Amerikaner. Roosevelt hatte einen seiner engsten Vertrauten, Admiral Leahy, als Botschafter nach Vichy entsandt; ein Beweis, wie hoch man die französische Karte bewertete.

Auer war bis zur Eröffnung des Konsulats der kleinen deutschen Militärdelegation beigeordnet, die die Italiener abgelöst hatte. Obgleich er vor dem Kriege mehrere Jahre in Paris gearbeitet hatte und eher frankophil war, hatte er mit den Behörden in Marokko Schwierigkeiten. Auer entstammte einer wohlhabenden Kölner Familie, war zwar 1933 in die NSDAP eingetreten, aber alles andere als ein Nazi. Wir waren uns politisch bald einig. Aber er gehörte zu jenem Typ des preußischen Beamten, der mehr als seine Pflicht tut; nicht für das Regime, das er ablehnte, sondern für Deutschland. Das brachte ihn in wiederholte Konflikte mit den nicht gerade deutschfreundlichen französischen Behörden, die unter Berufung auf die noch gültigen Bestimmungen des Versailler Vertrages (Verbot eines Konsulates und jeder wirtschaftlichen Tätigkeit) unsere Arbeit zu behindern suchten.

Ich hatte mich vor meiner Abreise in Paris gründlich auf Marokko vorbereitet. Es war meine erste längere Berührung mit der islamischen unterentwickelten Kolonialwelt, eines Teiles jener Dritten Welt, die das große Thema der zweiten Hälfte meines Berufslebens werden sollte. Die Beobachtungen in Marokko waren prägend. 1943 machte ich von Tanger aus eine Studie über das Problem der Eingeborenen und die Möglichkeit ihrer wirtschaftlichen Entwicklung. In Berlin setzte man, durch Nachrichtendienste gefördert, irrige Hoffnungen auf einen Aufstand der Marokkaner.

Mein nüchterner Bericht erhielt ein schriftliches Lob von Unterstaatssekretär Henke – das einzige in meiner Laufbahn.

Eine meiner Aufgaben war die Heimschaffung von rückkehrwilligen Fremdenlegionären, wozu sich Frankreich verpflichtet hatte. Die französische Nordafrika-Armee hatte aber verständlicherweise alles Interesse, das zu verhindern; zum Teil mit nicht gerade zarten Methoden. Die Rückkehrwilligen wurden oft in tief in der Wüste liegenden Posten oder Lagern versteckt. Der Besuch dieser Posten von Colomb-Béchar bis Tindouf in klapprigen französischen Militärmaschinen oder Autos auf endlosen Sandpisten, begleitet von zwei französischen Offizieren, gehört zu den erschütternden Eindrücken dieser Zeit. Die Lebensschicksale der wenigen nachweislich Rückkehrwilligen – andere durfte ich nicht sprechen – waren meist dramatisch. Soweit Straftaten in Deutschland vorlagen, war trotz Zusicherung von Straffreiheit die Sorge um die Zukunft groß. In einem Arbeitslager an der Trans-Sahara-Straße bei Colomb-Béchar stieß ich auf Rotspanier und auch vereinzelt auf deutsche Juden. Einem gelang es, zu mir vorzudringen. Er war aus Wien. Er wollte um jeden Preis nach Deutschland zurück, um dieser Hölle zu entrinnen. Es war Hochsommer mit gnadenloser Hitze am Tag und Kälte in der Nacht. Ich konnte ihm nicht helfen. Einer konnte sich später nach Casablanca durchschlagen. Er meldete sich im Konsulat. Ich konnte ihn mit Hilfe des spanischen Konsuls außer Landes schaffen.

Die Gespräche mit meinen französischen Begleitoffizieren auf diesen Fahrten waren nicht weniger interessant. Es war die Zeit der Siege Rommels und des Vormarsches auf Stalingrad. Die französischen Patrioten, Vichy-treue Offiziere, waren ratlos, was der rechte Weg sei – wie ich auch. Wenn Rommel Kairo nehmen und Hitler sich in Französisch-Nordafrika an der Seite der Franzosen engagieren würde, gäbe es eine Hoffnung. Sonst blieben nur die Amerikaner. Ich konnte ihnen nicht widersprechen. Wir kamen in diesem schwierigen Geschäft gut miteinander aus. Sie verrichteten ihren Dienst mit großer Loyalität und wußten, daß ich ihre Lage verstand.

Unsere Gedanken und Sorgen waren in diesem Sommer 1942 auf den Atlantik gerichtet, von wo wir die amerikanische Ladung erwarteten. Vergeblich versuchten wir – ähnlich wie Abetz von Paris aus –, Berlin zu alarmieren. Auer kam im September mutlos von dort zurück. Niemand interessierte sich. Der Krieg werde im Osten entschieden, Nordafrika sei (Rommel war bereits in großer Bedrängnis!) höchstens ein Nebenkriegsschauplatz.

Wir waren nicht sicher, ob die Franzosen – mit Ausnahme der Marine – sich verteidigen würden. Man hatte deutscherseits alles getan, um ihnen Kraft und Lust zu nehmen. Wenige Wochen vor der Landung erschien ein Beauftragter des Gauleiters Sauckel, um marokkanische Arbeiter für den Atlantikwall anzuwerben. Ich führte ihn vor der Besprechung in der Generalresidenz in Rabat an die Küste: »Hier erwarten wir demnächst die Landung, und Sie kommen und machen noch zusätzliche Schwierigkeiten!« Er wies, wie unsere Militärs, auf die späte Jahreszeit, die unruhige See, die zur Landung wenig geeignete Küste hin. Wenn überhaupt, dann vielleicht in Dakar – das war die Sprachregelung.

Am 8. November weckten uns im Hotel Plaza in Casablanca, nur wenige hundert Meter vom Hafen und dem dort liegenden Schlachtschiff »Jean Bart« entfernt, die Einschläge der schweren amerikanischen Schiffsartillerie. Das Meer war ruhig wie ein See; Fallschirmtruppen übersprangen die Steilküste. Die französischen Kriegsschiffe im Hafen und die Küstenartillerie verteidigten sich aus allen Rohren, bis die Munition zu Ende war. Wir stiegen auf die Dachterrasse unseres Hotels, um das tragische Schauspiel zu betrachten. Neben uns standen die amerikanischen Vizekonsuln, die ihr Werk gekrönt sahen.

Von Berlin konnten wir keine Weisung mehr bekommen. Wir mußten versuchen, in der kommenden Nacht das Landesinnere in Richtung der spanischen Zone im Norden zu erreichen. Vor der Abfahrt hörte ich durch Zufall den Sender Gustav Siegfried 1: »Nordafrika ist zwar verloren, aber das macht nichts. Deutschland wird jetzt am Brenner verteidigt.« Das dachten wir auch. In der nächsten Nacht fuhr ich mit einem Offizier unserer Militärdelegation aus dem Inneren des Landes noch einmal durch die noch dünnen amerikanischen Linien nach Rabat, um den Grenzübertritt unserer Militärs sicherzustellen und deutsche Verwundete in einem Militärkrankenhaus zu besuchen. Die Franzosen waren auch hier noch kooperativ. Und am nächsten, dem letzten Tage, dem 10. November – die Amerikaner rückten bereits vom Atlantik und vom Mittelmeer her in das Innere des Landes vor –, machten wir einen Abschiedsbesuch bei dem Generalresidenten in Fez. General Noguès hatte inzwischen den Widerstand eingestellt, wie Darlan in Algier bereits am ersten Tag. Der intellektuelle, linker Neigungen verdächtige General war nicht unser Freund gewesen, aber er war nobel. Er ließ uns sagen, seine Truppen hätten vor der erdrückenden Übermacht der Amerikaner kapitulieren müssen. Dies sei nicht zuletzt die Schuld der Reichsregierung, die Frankreich nicht die Mittel zur Verteidigung Nordafrikas gegeben hätte. Er gab uns ein »sauf-conduit« und einen

Begleitoffizier mit, der uns – nicht ohne dramatische Zwischenfälle – durch die Berge des Rif an die spanische Zonengrenze bei Melilla brachte, was uns die amerikanische Gefangenschaft ersparte.

Unsere Wege trennten sich. Auer übernahm in Berlin das Frankreichreferat, ich wurde dem Generalkonsulat Tanger zur Berichterstattung über Französisch-Nordafrika zugeteilt. Auer wollte mich entweder für das Kriegsverdienstkreuz oder eine Beförderung vorschlagen. Aus beidem wurde nichts, weder damals noch später.

Tanger war eine der großen Nachrichtenbörsen des Krieges. Diese strategisch wichtige Stadt hatte aufgrund der Marokko-Verträge ein internationales Statut. 1940 wurde sie von den Spaniern besetzt, was uns die Wiedereröffnung des alten Konsulates ermöglichte. Im Juni 1944 wurde es auf amerikanischen Druck geschlossen. Öl- und Weizenlieferungen waren für die Spanier wichtiger.

Ich muß leider der Versuchung widerstehen, über diese Zeit eingehender zu berichten. Über das Treiben der sich bekämpfenden Geheimdienste; über die zu teuer bezahlten Fehlinformationen; den Kontakt mit den marokkanischen Nationalisten; über den Brief des Sultans an Hitler; über den aus der Zentrumspartei kommenden deutschen Gesandten Rieth, der sich noch 1943 rühmte, als Gesandter in Wien 1934 den Dollfuß-Mördern Asyl gegeben zu haben, aber später als angeblich Verfolgter Wiedergutmachung beantragte und erhielt; über die Zusammenarbeit mit Hermann Poerzgen, der, bis 1941 Korrespondent der »Frankfurter Zeitung« in Moskau, als Presseattaché nach Tanger kam, und seiner Frau Gisela Bonn. Langen Gesprächen mit ihm verdanke ich manche Kenntnisse und Einsichten über Rußland. In dem von ihm betreuten Vichy-freundlichen »Écho de Tanger« schrieb ich gelegentlich Artikel über die Politik de Gaulles in Algier.

Wenige Tage nach meiner Ankunft wurde am 24. Dezember 1942 Darlan in Algier von dem jungen Bonnier de la Chapelle ermordet, ob mit Wissen de Gaulles, ist nie geklärt worden. Im Januar 1943 trafen sich Roosevelt und Churchill im Hotel Anfa bei Casablanca nicht nur, um die bedingungslose Kapitulation zu beschließen, sondern auch zu dem vergeblichen Versuch, die sich in Algier um die Macht streitenden Generäle Giraud und de Gaulle zu versöhnen. Churchill sprach von dem schwer zu tragenden Lothringer Kreuz; Roosevelt äußerte sich noch drastischer. Aber er war in der Folge nicht willens oder fähig, seinen Kandidaten, der ein Mann Pétains war, durchzusetzen. De Gaulle, der weit überragende

Kopf und ein großer Taktiker, setzte sich restlos durch. Er bildete in Algier eine provisorische Regierung, in der, den Widerstand in Frankreich widerspiegelnd, die Linken und besonders die Kommunisten starken Einfluß hatten. England erkannte das Algier-Komitee an und entsandte Mac Millan als Verbindungsmann. Die Vichy-treuen Nordafrikaner hatten kein leichtes Leben. Der aus dem besetzten Frankreich geflohene zeitweilige Innenminister Pétains, Pucheu, wurde hingerichtet; eine de Gaulle nicht zur Ehre gereichende Bluttat, ein Vorspiel für das, was sich später in Frankreich ereignen sollte.

Durch anderthalb Jahre konnte ich mich noch einmal gründlich mit Frankreich, wenn auch nun besonders mit seiner wahrscheinlichen Politik und Rolle nach dem Kriege, befassen. Der Konflikt Pétain – de Gaulle und jetzt besonders die Person des voraussichtlichen Siegers standen dabei neben den politischen und militärischen Tagesereignissen im Vordergrund. Kurz vor unserer Ausweisung durch die spanischen »Freunde« bekamen wir aus Berlin eine größere Goldsendung mit der Weisung, damit den Partisanenkrieg in Französisch-Nordafrika zu fördern. Nach Lage der Dinge eine absurde Vorstellung! Ich übergab die Kiste mit Gold dem Konsulat in Tetuan. Ihr weiteres Schicksal blieb auch nach dem Kriege ungeklärt. Nach der Flucht aus Casablanca mußten wir erneut unter Verlust unserer Habe den Rückzug antreten. Mein wiederholt geäußerter Wunsch, zu meiner Truppe eingezogen zu werden, wurde abgelehnt. Ich wurde in die Zentrale nach Berlin einberufen.

Als Abschluß dieser Zeit möge ein Brief aus Tanger vom 20. August 1943 an einen Bekannten aus der studentischen Außenarbeit, den alten Pg. Werner Hagert, der im Stabe des Reichsleiters Bouhler arbeitete, in der notwendigen »Verpackung« meine damalige geistige und moralische Verfassung beschreiben. Dort heißt es:

»Und trotz dieser unerschütterlichen Zuversicht muß man erkennen, daß wir in dem nun dreißig Jahre dauernden Kriege an einem Punkt angekommen sind, wo weitere Fehler nicht wieder Gutzumachendes nach sich ziehen können. Du weißt, daß ich in meiner Pariser Zeit unglücklich war über die Behandlung der französischen Frage, die ja nicht nur ein politisches, sondern in erster Linie ein militärisches Problem war: nämlich die Sicherung der afrikanischen Atlantikküste und des westlichen Mittelmeeres. Das italienische Problem, das niemandem ein Geheimnis war, hätte sich nie gestellt. Ich habe in meiner bescheidenen Stellung immer wieder versucht, diese Auffassung zu Gehör zu bringen. Vergebens! Ebenso verhallten alle unsere Alarmrufe aus Casablanca im Jahre 1942 ungehört. Als wir am 8. November nachts aus Casablanca flohen, war uns klar, daß der Feind nunmehr am Brenner zurückzuschlagen sei.

Aber alles dieses ist nun schon Geschichte! Wichtig ist allein was wird. Und dabei bedrückt uns hier draußen an der politischen Front die eine Sorge: das Fehlen einer klaren, zugkräftigen Parole. Unsere Feinde überschütten die Welt mit Zukunftsplänen, auch wenn sie sich über deren praktische Durchführung überhaupt nicht im klaren sind, was ja auch nicht nötig ist. Sie tun so, als ob der Krieg bereits gewonnen sei, teilen die Welt auf, strafen die Kriegsverbrecher, und wir sagen nur: ›Wir kapitulieren nicht, 1918 wird sich nicht wiederholen‹ oder im günstigsten Falle ›wir halten alle Faustpfänder des Sieges in der Hand‹.

Der Zusammenbruch des Faschismus in einer Nacht hat unsere Stellung selbst bei wohlwollenden neutralen Freunden tief erschüttert, und langsam aber sicher setzt sich der Glaube durch, daß die anderen den Krieg bereits gewonnen haben. Die Engländer führen diesen, wie alle Kriege, mit geringem Einsatz von militärischen aber um so größerem Einsatz von politischen Mitteln. Die Erfolge dieser Methode sind nicht zu verkennen. Bei uns haben militärische Gesichtspunkte offenbar stark die Vorhand über politische. Jedoch stehen wir jetzt an einem Punkt, wo der Einsatz aller unserer politischen Mittel dringend erforderlich wird für den Endsieg.

Seit wir 1939 die alte solide Basis unserer Außenpolitik auf völkischer Grundlage verlassen haben, haben wir keinen festen moralischen Boden mehr gefunden und deshalb keine überzeugende Parole entwickelt, um die sich die bereitwilligen Elemente der europäischen Völker hätten sammeln können. An die Stelle unserer völkischen Idee hätte logischerweise beim Heraustreten aus den deutschen Volksgrenzen der Sozialismus als Basis der Außenpolitik treten müssen. Warum wir darauf verzichtet haben, begreife ich nicht. Nach zweijährigen Beobachtungen im besetzten Frankreich kann ich nur sagen, daß wir uns dort als ausgesprochen kapitalistische Besatzungsarmee benommen haben mit dem Erfolg, die Arbeitermassen gegen uns und einige unsichere kapitalistische Profiteure für uns zu haben.

Die Idee des deutschen Lebensraumes ist eher ein Schrecken für die Völker, weil man nicht genau definieren kann, was das bedeutet. Die Verteidigung Europas und die europäische Idee wurde leider zu spät aufgegriffen, als daß sie hätte wirken können. Die Zwangslage war bereits zu sichtbar, als daß man uns noch geglaubt hätte.

Was bleibt? Wir haben Europa in der Tasche, aber nicht die Herzen der Menschen. Man sage nicht, bei unseren Feinden sähe es noch schlimmer aus. Erstens ist dies keine Entschuldigung, und zweitens stimmt es nicht. Die bürgerlich-kapitalistische Welt Westeuropas und vor allem die kleinen Völker und Amerika haben zu angenehme Zeiten hinter sich, als daß sie dieselben nicht wieder herbeisehnen würden. Dies allein ist schon ein sehr starker Antrieb, den angelsächsischen Sieg zu wünschen. Dabei ist es zusätzlich den Engländern noch weitgehend gelungen, unsere sozialistischen Prinzipien zur Anwendung zu bringen und die Arbeiter für sich einzuspannen. Der Bolschewismus ist ein Schreck, aber vorläufig in der breiten Masse noch nicht.

Wir können angesichts dieser Lage nicht länger schweigen. Der Führer müßte wieder einmal eine seiner großen außenpolitischen Reden halten wie vor dem Kriege, in der er darstellen müßte, wie das zukünftige Europa aussehen soll. Er müßte abrücken von allen imperialistischen deutschen Zielen. Vor allem den kleinen Völkern Europas dadurch Vertrauen einflößen, daß er erklärt, daß sie unter dem Schutz des Reiches ihre nationale Existenz und Entwicklung ungefährdet fortführen können. Die Völker wollen ein Mindestmaß von Sicherheitsgefühl – und eine klare sozialistische Basis unserer Außenpolitik. Zu sagen, der Nationalsozialismus sei keine Exportware, ist Unsinn! Die Welt verlangt nach einer universalen Lösung der sozialen Frage. Verzichten wir darauf, sie zu bringen, bringen sie andere, wenn nicht der Bolschewismus. Und eine solche Rede würde einen unerhörten Auftrieb geben und in den neutralen Ländern unseren Freunden den Rücken stärken.

Die Interessengegensätze im gegnerischen Lager werden mit jedem Tag größer, mit dem sie sich ihrem Siege näher glauben. Wir müssen endlich wieder Politik machen, um dieses voll auszunutzen. Ich weiß, daß Du verstehst, was ich sagen will.

Vielleicht hast Du, lieber Werner, über Deinen Chef Bouhler die Möglichkeit, einmal einen Vorstoß nach oben in dieser Richtung zu machen.«

Vier Jahre intensiven Befassens mit den Problemen Frankreichs im Zweiten Weltkrieg waren mit meiner Rückkehr aus Nordafrika abgeschlossen. Ein letztes Nachspiel sollte es noch von November 1944 bis zum 8. Mai 1945 geben. Ich wurde als Vizekonsul nach Genf entsandt, um von dort aus den Gang der Dinge im befreiten Frankreich zu beobachten und de Gaulles Innen- und Außenpolitik zu analysieren. Eine wesentliche Korrektur des früher gewonnenen Bildes fand aber nicht mehr statt. Dazu war alles noch zu sehr im Fluß und die Unterrichtungsmöglichkeiten zu gering. Mir schien damals, daß de Gaulle zwei Möglichkeiten hatte: Entweder zog er aus der Reduzierung Frankreichs auf eine Mittelmacht als Ergebnis der Niederlage den Schluß, sein Land zum Sprecher der anderen mittleren und kleinen Staaten des Kontinents einschließlich des am Boden liegenden Deutschlands zu machen. Oder aber er kehrte zur alten Großmachtpolitik zurück nach der Formel von Charles Maurras: »La France, la France seule«; eine Politik, die schon nach 1919 über die Kräfte Frankreichs gegangen war. De Gaulle wählte zunächst leider den zweiten Weg.

Frankreich im Zweiten Weltkrieg

Wer hat im Zweiten Weltkrieg Frankreich mehr gedient: Pétain oder de Gaulle? Kann man diese Frage überhaupt stellen – oder schon –, vierzig Jahre nach den Ereignissen? Hat der Gang der Geschichte sie nicht so beantwortet, daß sie eigentlich unzulässig ist? Das Vichy-Frankreich wurde als ein Verräter-Regime gebrandmarkt, der greise Marschall zum Tode verurteilt und nur aus Altersgründen begnadigt, Laval erschossen, Darlan bereits 1942 in Algier hingerichtet und schätzungsweise 80 000 Franzosen mit oder ohne Prozeß liquidiert, die Widerstandsbewegung einseitig verherrlicht und de Gaulle als Retter Frankreichs kanonisiert. Der Retter, sich in alter französischer Tradition bis zu seinem Ende mit Frankreich identifizierend, konnte in dieser Frage seit seiner Rundfunkansprache aus London am 18. Juni 1940 keinen Zweifel erlauben; weder sich noch anderen. Und die Geschichte schien ihm recht zu geben.

Aber die Franzosen sind ein geschichtlich denkendes Volk, stark in Erinnerungen. Sie können nicht vergessen, auch da, wo sie möchten. Karl Marx 1870: »Das Unglück der Franzosen, sogar der Arbeiter, sind die großen Erinnerungen.« Was lange verdrängt, mit einem Tabu belegt, kommt langsam an die Oberfläche. Die traumatische Verletzung durch die Niederlage von 1940 in sechs Wochen, ihre Gründe und ihre Folgen müssen noch aufgearbeitet werden, wenn das Land mit sich ins reine kommen, wenn es nicht weiter mit einer Lüge leben soll. Und Frankreich kann dabei nur gewinnen; es muß ohnehin von manchen Mythen Abschied nehmen, um seinen richtigen Platz in Europa und der Welt zu finden, der immer ein bedeutender sein wird.

Eine Reihe von Büchern und Filmen haben in den letzten Jahren vorsichtig begonnen, das Vichy-Tabu zu durchbrechen. Ein großer Schritt vorwärts ist die 1980 erschienene Arbeit des bekannten Schriftstellers und De-Gaulle-Experten Raymond Tournoux: »Pétain et la France – la seconde guerre mondiale«. In minutiöser Kleinarbeit ist aus allen zugänglichen Archiven, aus Erinnerungen, Vernehmungsprotokollen und zahllosen Gesprächen mit Zeitgenossen ein Werk entstanden, das den Ablauf der Dinge seit 1939 und die Personen der Hauptakteure, ihre Motive und

Handlungen mit großer Objektivität darstellt, ohne je das Moment des Tragischen zu übersehen, das über alldem, über den beiden Frankreichs und besonders über dem Vater-Sohn-Konflikt Pétain – de Gaulle waltet. Fast gleichzeitig erschienen von Bernard Henri Lévy: »L'idéologie française« und in der Veröffentlichungsreihe »Politique étrangère de la France 1871 – 1969« der bereits erwähnte Band: »La décadence 1932 – 1939« von dem Sorbonne-Historiker Professor J. B. Duroselle. Ohne diese Vorgeschichte, die sich allerdings bis zur Französischen Revolution erstreckt, sind die Ereignisse kaum zu verstehen.

Hitler hat kurz vor seinem Ende 1945 wohl in Zusammenhang mit seiner zu späten Einsicht in die verkehrte Italien-Politik erklärt, der Waffenstillstand mit Frankreich sei ein kapitaler Fehler gewesen. In Wirklichkeit war er mehr. Frankreichs Kapitulation nach sechs Wochen war der Anfang des Endes des Dritten Reiches, wenn auch Hitler diesen Verlauf des Westfeldzuges als einziger vorhergesehen und in sein Kalkül eingesetzt hatte. Ein längerer Krieg mit Frankreich, auf den Stalin und wohl auch alle anderen Beteiligten gesetzt hatten, hätte einen Ostfeldzug auf lange Zeit, wenn nicht überhaupt unmöglich gemacht. Das gilt aber auch für den Fall, daß Frankreich, wie de Gaulle, Reynaud und einige andere Politiker es wollten, mit seiner großen Flotte und den Kolonien den Widerstand in Nordafrika fortgesetzt hätte an der Seite Englands. Hitler wäre gezwungen gewesen, das Problem des Mittelmeeres zu lösen und England da anzugreifen, wo es verwundbar war. Kurz, er hätte – was er nicht wollte – gegen England Krieg führen müssen. Mit einer Chance, ihn zu gewinnen, falls Hitler überhaupt einen Krieg gewinnen konnte.

Pétain ist ihm in den Arm gefallen. Er hat das Rußlandabenteuer ermöglicht und den Seemächten, auf die de Gaulle und letztlich auch er setzten, die Zeit verschafft, die sie zum Siege benötigten. Er dachte nicht in maritimen Kategorien, er hatte nicht die Phantasie de Gaulles, der die Weltkarte und nicht die Generalstabskarte vor sich sah. Er war nur ein »terrien«, ein flämischer Bauer, der sich an seinen Boden festklammerte, um zu überdauern bis zur nächsten Runde, bis die Amerikaner kamen – »Sie kommen spät, aber sie kommen« –, was im übrigen trotz allem verbalen Antagonismus auch die lebenslange Leitlinie de Gaulles war. Aber Pétains Denken hatte einen anderen Tiefgang. Er ist immer wieder darauf zurückgekommen, daß Foch 1918 mit dem Waffenstillstand einen Fehler gemacht habe: Man hätte Deutschland auf seinem Boden militärisch eindeutig besiegen, zur Kapitulation zwingen müssen. Dann wäre die Nachkriegsgeschichte anders verlaufen. Er wollte Hitler zwingen, Fochs Fehler zu begehen. Das stimmt auch noch, wenn er in jenen chaotischen Tagen von Bordeaux mehr aus dem Unterbewußtsein als aus klarer Überlegung gehandelt hat. Und er wies später oft in Gesprächen auf die Politik Preußens nach Jena und Tilsit hin – das müsse die Leitlinie sein.

Außerdem wollten die Generäle, die 1939 nur widerstrebend in den Krieg gegangen waren, nicht mehr kämpfen. Für sie war der Krieg zu Ende. Sie dachten in alten kontinentalen Kategorien – wie die deutschen Generäle und Hitler.

Der Oberbefehlshaber der Armee, General M. Weygand, der 1918 im Auftrag Fochs in Compiègne die Waffenstillstandsbedingungen verlesen hatte, verlangte kategorisch die Waffenruhe. Der Verrat durch England – so sahen es trotz aller Beschwichtigungen Churchills fast alle Franzosen – spielte dabei eine große Rolle. (England hatte Frankreich um die Früchte des Sieges von 1918 gebracht, Frankreich in den Hitlerkrisen der dreißiger Jahre stets allein gelassen, es hatte Frankreich gegen dessen Willen in den Krieg gezogen und dann militärisch im Stich gelassen; bis zum letzten Franzosen gekämpft!) Nur einer sah es anders: de Gaulle. Nicht, daß er über England eine andere Meinung gehabt hätte. Er hat sie sein Leben lang nicht geändert. Aber er dachte nicht in den Kategorien des letzten, sondern des kommenden, modernen Krieges und in maritimen, das heißt weltweiten Zusammenhängen. Und er hatte – wie die wenigsten von uns – »Mein Kampf« richtig gelesen. Während des eigenartig stillen Winters 1939/40 sagte er zu englischen Besuchern seines Panzerregiments: »Dieser Krieg [er meinte die erste Runde] ist bereits verloren; der eigentliche Krieg wird lange dauern, und Rußland wird in ihn eintreten.« Auf die Frage, wie er das voraussehen könne, antwortete er: »Ich habe Hitlers ›Mein Kampf‹ gelesen.«

Pétains Leitmotiv war der Satz von Danton: »Man nimmt das Vaterland nicht an seinen Schuhsohlen mit.« Er wollte den Boden Frankreichs nicht verlassen, sich schützend vor sein Volk stellen. Dem ist er auch treu geblieben, als 1942 ganz Frankreich besetzt wurde. Man mußte ihn 1944 mit Gewalt nach Sigmaringen bringen. Er hat damit viel von seinem Lande abgehalten. Die Person des alten Marschall, den man oft mit Hindenburg verglichen hat, war für Hitler sicher nützlich – aber er kam auch nicht an ihm vorbei. Frankreich blieb ein Gauleiter erspart. Dafür war natürlich ein Preis zu zahlen, der nicht selten wie ein Verrat aussehen konnte. Die Schwächen des hohen Alters (86) kamen hinzu.

Pétain und de Gaulle hätten mit verteilten Rollen spielen können. In der Praxis taten sie es – die Mehrzahl der Franzosen hat es übrigens so gesehen.

Der eine stellte sich vor sein Land im Leiden. Seine Rolle war die schwierigere und undankbarere. Der andere hielt unter auch nicht leichten Umständen Frankreichs Fahne im Reich der Freiheit hoch. Dazwischen liegt die antike Tragödie eines Vater-Sohn-Konflikts, wie der bereits erwähnte Raymond Tournoux richtig bemerkt. Als man im August 1940 Pétain mitteilte, das Kriegsgericht, das übrigens keineswegs mit deutschfreundlichen Generälen besetzt war (sein Präsident war General de Lattre de Tassigny!), habe de Gaulle zum Tode verurteilt, erwiderte er: »Das ist doch nur der Form halber – wir werden uns wiederfinden.« Aber später hatte er ein härteres Urteil über seinen früheren Schüler: »Er hat große Gaben, aber er ist hochmütig und undankbar; er sieht nur sich, alle anderen haben Unrecht – ich habe eine Schlange an meinem Busen gezüchtet!« (Pétain war der Pate des einzigen Sohnes de Gaulles.) De Gaulle hätte ihm das Todesurteil gern erspart. Er hatte gehofft, der Marschall werde in der Schweiz bleiben, die ihm als einzigem das Asyl anbot. Dieser aber wollte sich seinem Lande und der Geschichte stellen.

Wo lag die tiefere Wurzel dieses Konflikts, der soviel Tod und Leiden über Frankreich gebracht hat? (Allein die militärischen Auseinandersetzungen zwischen den beiden Lagern haben Tausende von Toten gefordert.)

Die Legitimität

Pétain war im Spiel der verteilten Rollen bereit, viel hinzunehmen – nur eines verzieh er nicht: daß de Gaulle sich anmaßte, im Namen Frankreichs zu sprechen. Frankreich, das war er! Und formal hatte er recht. Hatte doch die französische Nationalversammlung in jenen Untergangstagen des Juli 1940 mit 569 Ja- und 80 Nein-Stimmen bei 17 Enthaltungen ihre Autorität auf Pétain übertragen mit dem Auftrag, dem Lande eine neue Verfassung zu geben. Die Deutschen konnten darauf keinen Einfluß nehmen, wie auch auf die spätere Ausführung dieses Auftrags. Ironie der Geschichte: Diese linke Kammer hatte 1936 die Volksfront an die Macht gebracht! Und die in Frankreich akkreditierten ausländischen Mächte haben an der Legitimität Vichys nie gezweifelt; kriegführende und neutrale. Amerika sandte noch 1941 einen bedeutenden Botschafter. Der Schweizer Stucki blieb mit anderen Neutralen bis zum Schluß. London unterhielt auch nach dem Abbruch der Beziehungen hinter dem Rücken de Gaulles noch lange Kontakte zu Pétain.

Die Frage der Legitimität hatte für Frankreich tragische Folgen. Im übrigen zeigt sie, wie verwandt deutsches und französisches staatliches und militärisches Denken ist. Anders England: Tournoux berichtet von einer Geheimsitzung des Unterhauses am 10. Dezember 1942, in der Churchill nach den Ereignissen in Nordafrika erklärte: »Der Allmächtige hat es in seiner großen Weisheit nicht für richtig gehalten, die Franzosen nach dem Bilde der Engländer zu schaffen.« Auf den Befehlsnotstand der französischen Offiziere eingehend, fuhr er fort: »Für französische Offiziere ist es deshalb sehr wichtig zu wissen, ob es eine ununterbrochene legale Hierarchie gibt. Viele Franzosen halten das für wichtiger als jede andere Überlegung moralischer, nationaler oder internationaler Art. Von diesem Standpunkt aus betrachten eine ganze Anzahl von ihnen, die General de Gaulle bewundern und um seine Rolle beneiden, diesen trotzdem als jemand, der sich gegen die Autorität des französischen Staates erhoben hat.« Andere Motive, die Churchill verschweigt, kamen hinzu: neben der großen moralischen Katastrophe der Niederlage das anti-englische Ressentiment – besonders stark bei der Marine und ihrem Chef Darlan –, die scheinbare Identifikation de Gaulles mit englischen Interessen, persönliche Animosität wie bei Weygand, aber entscheidend doch das Bewußtsein, der legalen Ordnung zu gehorchen und zu dienen. Frankreich hat die Frage des »Befehls im Widerstreit« bis zur Neige ausgekostet: von Dakar, Syrien, Nordafrika und der Selbstversenkung der französischen Flotte im Hafen von Toulon im November 1942 um des gegebenen Wortes willen, sie nicht in die Hände des Feindes, aber auch nicht der Engländer fallen zu lassen, bis zu dem ständigen Konflikt der inneren Verwaltung zwischen Gehorsam und Widerstand. Einen tragischen Höhepunkt erreichte dieser Konflikt, als die französische Levante-Armee (30 000 Mann unter General Dentz) 1941 von einer durch die Engländer ausgerüsteten und unterstützten gaullistischen Truppe in Syrien angegriffen wurde. Der 35-Tage-Feldzug kostete auf beiden Seiten zusammen mehr als 2 000 Tote. Nach der Kapitulation der Dentz-Armee entschieden sich 95 Prozent der Offiziere und 85 Prozent der Mannschaften gegen de Gaulle und für die Rückkehr nach Frankreich. (General Dentz starb, 1945 zum Tode verurteilt, aber begnadigt, mit Ketten an den Füßen im Gefängnis Fresnes.)

Aus diesem Grunde wurden bei der Landung der Amerikaner in Nordafrika keine gaullistischen Truppen beteiligt, und selbst der eher deutschfeindliche General Noguès hielt es bei der Landung der Amerikaner in Marokko für richtig, wenigstens »ehrenhaft« Widerstand zu leisten, um das gegebene Wort zu honorieren.

Die nationale Revolution – oder die Erneuerung Frankreichs

Zu dem »Befehl im Widerstreit« kamen andere Erwägungen. Am Anfang: Hitler habe den Krieg bereits gewonnen, später die Angst vor einem neuen englischen Verrat durch einen Kompromißfrieden zu Lasten Frankreichs, dann antibolschewistische Ängste und auch hier noch die Möglichkeit einer Verhandlungslösung (daß Hitler keine Politik machte, war für Franzosen unvorstellbar!). Aber eine entscheidende Rolle hat die antiparlamentarische Grundstimmung vor allem des Offizierkorps und die Überzeugung gespielt, die »verkommene« Dritte Republik sei der Grund der Katastrophe. Faschismustheorien sind auch hier wenig hilfreich. Auch kann man wohl nicht, wie Lévy, von einer »französischen Ideologie« sprechen. In Wahrheit sind die Dinge von einer viel komplexeren Natur. Es ist deshalb nötig, noch einmal die Katastrophenlandschaft vom Juni 1940 zu betrachten.

R. Tournoux zitiert einen eingehenden Lagebericht des amerikanischen Botschafters Bullit an Roosevelt vom 1. Juli 1940, also noch vor der Bombardierung der französischen Flotte durch die Engländer im Hafen von Mers-el-Kébir. Der zentrale Satz des Berichtes, der sich auf Gespräche mit den Hauptakteuren des Dramas stützt, lautet: »Die Franzosen sind so niedergeschlagen und ohne Zukunftshoffnung, daß sie bereit sind, alles nur Mögliche zu tun oder zu sagen.« Drei Vorstellungen werden in dem Bericht deutlich: England wird in Kürze geschlagen sein, Frankreich wird ein Teil von Hitlers neuer europäischer Ordnung, auf jeden Fall muß sein politisches System von Grund auf geändert werden.

Über den letzten Punkt hatte Pétain nie Zweifel gelassen. In dem Streit mit Reynaud über den Waffenstillstand hatte er die Regimeänderung als eine Voraussetzung für die Wiedergeburt Frankreichs genannt. »Die Erneuerung Frankreichs wird die Frucht dieser Leiden sein.« Wie diese Erneuerung aussehen sollte, legte General Weygand bald danach in einem Memorandum dar, das bereits die Grundzüge des späteren Vichystaates enthielt. Auch de Gaulle kam aus derselben geistigen Schule der »Action Française« und der katholischen Erneuerungsbewegung – aber er war, wie Roosevelt treffend gesagt hat, eine Mischung von Jeanne d'Arc und Clémenceau; das heißt, er hatte eine linke populistische Seite.

Aber in Wirklichkeit war das, was sich in diesem Sommer 1940 in den Köpfen und Herzen der Franzosen abspielte, noch dramatischer und tiefergehender als die Schilderung Bullits. Viele, und nicht die schlechtesten, sahen eine Zeitenwende, ein deutsches Jahrhundert, eine neue europäische Ordnung, in der Frankreich seinen Platz finden müsse. Die deutsche Macht und Kraft, seine Männlichkeit, die Disziplin und die technische Modernität wurden einfach als überwältigend empfunden angesichts der eigenen Schwäche und der Lügen der Vergangenheit. Hatte nicht der Oberbefehlshaber, General Gamelin, bei Kriegsbeginn gesagt: »Nous vainquerons parce que nous sommes les plus forts«? »Alle Miseren, die die Politik seit Jahren angehäuft hatte, sind weggefegt durch diese leuchtende Wirklichkeit: die französische Armee«, schrieb Vladimir d'Ormesson noch am 19. Mai 1940 im Figaro, »von einem bis zum anderen Ende der Welt hat der Name Frankreich wieder seinen heroischen Klang angenommen, wie von 1914 bis 1918.« Es war der Tag der Berufung Pétains zum stellvertretenden Ministerpräsidenten. Die Niederlage war bereits in Sicht.

Nicht, daß Frankreich abdanken sollte. Aber seine Rolle sollte anders sein – vielleicht die der Griechen bei den Römern, wie einige meinten. Andere wollten das Land an den nationalsozialistischen Ideen gesunden lassen und ein faschistisches Europa. Sie kamen selten von rechts, eher von links wie der ehemalige kommunistische Bürgermeister von St. Denis, J. Doriot, oder der Sozialist Marcel Déat (berühmt wegen seines Artikels vom Mai 1939 »Mourir pour Danzig?«) – oder der aus dem Briand-Lager kommende Luchaire. Bedeutende Intellektuelle wie Brasillach und Drieux La Rochelle kamen auch eher von der linken Seite zu einem Faschismus eigener Prägung.

Ein breites Spektrum führte in die sogenannte »collaboration«, die in Paris einen anderen Akzent hatte als in Vichy. Aber eins hatten alle gemeinsam: Fort mit dem dekadenten demokratischen System, das Frankreich ins Unglück gestürzt hatte. Von dieser Grundwelle wurden weite Teile der alten Oberschicht, des hohen Klerus, der Wirtschaft und des Mittelstandes erfaßt. Die Kommunisten hielten still bis zum Rußlandkrieg und somit auch die mit ihnen sympathisierenden linken Intellektuellen. Auf diesem Hintergrund muß auch das »Kulturwunder« Paris gesehen werden, das Gerhard Heller beschrieben hat. Alles das muß man zusammen mit dem radikalen anti-englischen Affekt im Auge haben, wenn man an die Möglichkeit eines »renversement des alliances« denkt.

Hier kommt Laval ins Spiel. Er war eigentlich ein Mann des korrupten »Systems«. Die Ultras in Paris mißtrauten ihm deshalb. Er war alles andere als ein Faschist, ursprünglich kam er von ganz links, den Blanquisten. Sein

Anliegen war nicht die innere Reform. Er setzte auf den Sieg Hitlers und wünschte, wie er öffentlich erklärte, die Niederlage Englands. Er wollte, viel zu lange, als schon keine Aussicht mehr war, als Patriot und Europäer die Rolle Talleyrands spielen – aus der Niederlage so viel wie möglich für Frankreich herausholen. Er hoffte, die dummen Deutschen zu »übertölpeln«. Man traute ihm in Berlin deshalb nicht. Eigenartigerweise hat dieser ungewöhnliche Mann nicht den geringsten Versuch gemacht, sich nach der anderen Seite rückzuversichern. War er ein ehrgeiziger Spieler, der den Tod nicht scheute? Es bleibt sein Geheimnis. Auf jeden Fall war er ein französischer Patriot.

Von der Pariser »collaboration« kann man zur Not sagen, sie sei von Deutschland beeinflußt und zumindest in Teilen faschistisch gewesen, was immer das auch bedeuten mag. Das Vichy-Frankreich Pétains hatte eine andere Natur. Hier kamen langfristige und bleibende Tendenzen zum Durchbruch. Hier wurde geschichtlich abgerechnet – von der Französischen Revolution über 1848, 1870 bis zur Volksfront von 1936 und mit den Juden und Freimaurern. Die alte Anti-Dreyfus-Liga kam wieder zum Vorschein – aber auch der royalistische Grundzug Frankreichs, das Mißtrauen gegen den Parlamentarismus, die Denkschule von Charles Maurras und die katholische Erneuerungsbewegung Péguys. Kurz: die jakobinisch-laizistische und die royalistisch-katholische Doppelnatur Frankreichs. Hier muß noch einmal festgestellt werden, daß auf alles das Deutschland keinen Einfluß nahm, auch gar nicht nehmen konnte, zumal alles andere als deutschfreundliche Kräfte der französischen Rechten am Werk waren. Die Niederlage gab ihnen Gelegenheit, ihre Rache zu nehmen und ihre Pläne für ein anderes Frankreich zu verwirklichen. Die Judengesetzgebung Vichys und die Verfolgung der Freimaurer kamen ohne deutschen Einfluß zustande, so wie auch der Riom-Prozeß gegen die für die Niederlage verantwortlichen Notablen der Dritten Republik und insbesondere der Volksfront. Natürlich gab es Parallelen. Aber der angestrebte katholische Ständestaat erinnert eher an Othmar Spann und das Österreich Dollfuß' als an den Nationalsozialismus. Darüber kann auch das verwandte Vokabular der Blut-und-Boden-Ideologie nicht hinwegtäuschen. Und es gab die bereits erwähnten Modernitätsbestrebungen. Hierher gehört auch die Wiederbelebung der alten Regionen, die Abkehr von dem Wasserkopf Paris. (Nicht zuletzt daran ist de Gaulle zum Schluß gescheitert, und wie weit Mitterand kommen wird, bleibt abzuwarten.)

Das Ende des Vichy-Staates war auch das vorläufige Ende dieses Erneuerungsversuches. Die Absage de Gaulles an die Vierte Republik, aber auch der Aufstand von Teilen der Armee gegen ihn im Algerienkrieg zeigen, daß Frankreich mit seiner Doppelnatur weiterlebt. Die Erneuerung des Volksfrontexperiments durch Mitterrand ist nur eine weitere Etappe dieses alten Streites. Frankreich ist im Kriege nicht nur durch seine Niederlage gegangen, sondern durch eine neue Phase seines alten inneren Streits, der nur beschränkt von Deutschland beeinflußt war.

Dadurch, daß es am Kriegsende nicht zu der von Pétain erhofften Wiedervereinigung der beiden Frankreichs, das des offenen und das des verdeckten Widerstandes, des Doppelspieles, kam, wurde durch Todesurteile und Verfolgungen eine einseitige Geschichte geschrieben, die keinen Bestand haben konnte. De Gaulle hat eine historische Rolle gespielt – seine eigentliche Größe hat er erst später als Staatsmann gezeigt.

Die Widerstandsbewegung war heroisch und meist ehrenhaft, wenn sie auch den Kriegsverlauf trotz der großen Opfer und Leiden nicht hat beeinflussen können. De Gaulle brachte Frankreich auf die Seite der Sieger. Auf die verhängnisvolle Gestaltung der Nachkriegswelt hat er nicht einwirken können. Frankreich war in Teheran, Jalta und Potsdam abwesend, und eine französische Besatzungszone in Deutschland war ursprünglich nicht vorgesehen. Frankreich hat seine Kriegsgeschichte zu schnell zu einseitig geschrieben und einen bedeutenden Teil verdrängt. Es gereicht zu seinen Ehren, daß es jetzt mit sich ins reine kommen will. Seine europäische Rolle und Aufgabe kann dabei nur gewinnen.

Anmerkungen zum 20. Juli 1944

Die fünf Monate in Berlin von Juni bis November 1944 gehören zu den bedrückendsten und traurigsten meines Lebens. Der Personalchef des Auswärtigen Amtes, Schröder, eröffnete mir nach der Ankunft, ich müßte in der Inlandabteilung das Polizeireferat (Verbindung zu allen deutschen Polizeistellen und insbesondere zum Reichssicherheitshauptamt) übernehmen. Auf meinen Einwand, ich habe in meinem Leben noch nie was mit der Polizei zu tun gehabt, erwiderte er in seiner stets menschlichen Art: »Mach das mal, mein Jung, ich sehe zu, daß es nicht zu lange dauert. Wir brauchen dort jemand, der keine Angst hat und mit den schwierigen Leuten umgehen kann.« Er hat Wort gehalten. Bei seinem Vertreter Bergmann erkundigte ich mich nach dem Stand des Falles Auer: »Um Gottes willen, lassen Sie die Finger davon, das kann Ihnen nur Ärger bringen.«

Auer war im August 1943 unter dem Vorwurf des fahrlässigen Landesverrats verhaftet worden und wartete in Plötzensee auf seinen Prozeß vor dem Volksgerichtshof. Der Zufall wollte es, daß kurze Zeit nach meinem Amtsantritt die Akte Auer von der Rechtsabteilung zu mir kam zur Mitzeichnung der Stellungnahme des Auswärtigen Amtes. Auer hatte als Frankreichreferent Kenntnis von der von Hitler angeordneten Nacht-und-Nebel-Aktion gegen führende französische Persönlichkeiten. Er hatte dem Staatssekretär im Vichy-Außenministerium, Benoit-Méchin, vorsichtig eine Andeutung über den Plan gemacht und sich von ihm distanziert. Dieser war so unvorsichtig – Absicht ist kaum zu unterstellen –, einen Gesprächspartner des SD-Paris nach dem Gerücht zu fragen und als Quelle Auer anzugeben. Das AA hatte sich mit der Stellungnahme fast ein Jahr Zeit genommen, und heraus kam mit der Unterschrift von Gaus – Rechtsberater der Weimarer und der Hitler-Zeit, im Wilhelmstraßenprozeß in Nürnberg Gehilfe der Anklage – ein Schriftstück, das dem Vorwurf des fahrlässigen Landesverrats beitrat und nur für mildernde Umstände plädierte. Niemand hatte Auer im Gefängnis besucht. Die Filbinger-Haltung mit späterer Widerstandsbehauptung – weil formal nicht betroffen – war auch unter den Rechtswahrern des Auswärtigen Amtes weit verbreitet.

Ein gründliches Studium der Akte gab Hinweise für eine günstigere Stellungnahme. Ich machte einen Gegenentwurf, der den fahrlässigen Landesverrat verneinte, und bot mich als Zeuge für den Volksgerichtshof an, zumal auch Vorgänge in Marokko, die wohl der französische Geheimdienst beigesteuert hatte, in die Anklage aufgenommen waren. Es gelang mir, den Abteilungsleiter Wagner und vor allem den in solchen Fällen stets hilfsbereiten Staatssekretär von Steengracht zu gewinnen. (Ich hatte Wagner 1940 kennengelernt, als er in Frankreich zum Ärger der französischen Armee für Ribbentrop Vollblutpferde aufkaufte. Entsprechend groß war mein Mißtrauen. Aber ich kann nicht über ihn klagen – bei allen hilfreichen Aktionen wirkte er mit.) Steengracht legte Ribbentrop meine Version zur Unterschrift vor. Der Sachbearbeiter des RSHA erklärte, daß nach dieser Stellungnahme, die man gleich hätte abgeben sollen, mit einem Verfahren nicht zu rechnen sei, Auer bleibe aber bis auf weiteres in Haft. (Die Anklage enthielt auch homosexuelle Vorwürfe!) Reichsanwalt Laux gab mir auf Antrag Besuchserlaubnis im Gefängnis. Kurz vor dem 20. Juli suchte ich Auer in Plötzensee auf. Ich werde den Tag nie vergessen. Schon während der Anfahrt mit der Straßenbahn kam Fliegeralarm. Kurz nachdem Auer von einem älteren Gefängnisbeamten ins Sprechzimmer geführt wurde – seine Überraschung, mich zu sehen, war groß –, ließ uns der zum Luftschutz eingeteilte Wachmann allein. Ich konnte Auer den Stand des Falles schildern und ihm Mut zusprechen. Er berichtete über die Hinrichtung von Generalkonsul Kiep, die er aus dem Fenster seiner Zelle gesehen habe. Nach einiger Zeit kam der Beamte zurück, um Auer wegen des einsetzenden Luftangriffs in die Zelle zurückzuführen. Mich sperrte der gute Mann zu meiner Sicherheit in eine Zelle im Keller, aus der er mich erst nach der Entwarnung herausholte. Auf diese Weise lernte ich das Gefängnis Plötzensee kennen!

Auer kam nicht vor Gericht, blieb aber in Haft bis zum Ende. Er wurde wenige Monate später aus nie ganz geklärten Gründen von den Russen verhaftet und in einem Scheinprozeß zu 25 Jahren verurteilt. 1952 wurde er von der Familie über den stellvertretenden DDR-Ministerpräsidenten Nuschke mit einer großen Summe aus dem Gefängnis Bautzen freigekauft. Auer hatte nie mit den Russen oder dem Osten das geringste zu tun gehabt.

Die vielen Gänge von der Wilhelmstraße zum Prinz-Albrecht-Palais und das Treppenhaus zu den Büros der Leitung in den oberen Etagen gehören zu den Alpträumen meines Lebens. Den harten Steiermärker Kaltenbrunner und den Berufskriminalbeamten Müller sah ich nur bei der

An- und Abmeldung. Meist handelte es sich um Fälle von Angehörigen des Auswärtigen Amtes oder des Diplomatischen Korps.

Der Zufall wollte es, daß mein Gesprächspartner ein Bekannter aus meiner Pariser Zeit wurde: SS-Standartenführer Dr. Kiesel, 1940/41 Verbindungsmann des Militärverwaltungschefs Paris zur Botschaft. Mit ihm konnte ich manches offen besprechen.

Zunächst gab es nichts Besonderes. Dann kam der 20. Juli, den ich teils im Auswärtigen Amt, teils im Hotel Adlon erlebte, ohne daß ich mir auch nur entfernt ein klares Bild über die Vorgänge machen konnte. Als sich in den nächsten Tagen herausstellte, daß auch Beamte des Auswärtigen Amtes an dem Putsch führend beteiligt waren, begann meine schwere Zeit. Ribbentrop und die Behörde wollten Näheres über die Belastung zum Beispiel von Hassels, von Haeftens und von Trott zu Solz' wissen; die Angehörigen kamen verständlicherweise mit demselben Anliegen. Ich sehe noch die Witwe des kurz vorher verstorbenen Botschafters von Moltke in Trauerkleidung bei mir, um für ihren Neffen zu intervenieren. In der Prinz-Albrecht-Straße bekam ich bei allen nur negative und hoffnungslose Antworten. Das Schicksal dieser Gruppe wurde mir klarer, als im Zuge des Verfahrens dem Auswärtigen Amt mitgeteilt wurde, die Betroffenen seien aus der Partei, der sie angehörten, ausgeschlossen worden – wie die Offiziere aus der Wehrmacht. In den Stand der Ermittlungen bekam das Auswärtige Amt keine Einsicht – außer später in dem Fall des alten Botschafters von Schulenburg. Meiner Erinnerung nach war sein Vernehmungsbeamter ein älterer Kommissar mit dem goldenen Parteiabzeichen. Er ließ mich kommen, um mir mitzuteilen, nach seiner Meinung läge die Beteiligung Schulenburgs so sehr am Rande, daß für ihn ein Gnadengesuch aussichtsreich sei. Ihm täte der alte Herr leid, der doch wohl nur das Beste gewollt habe. Man solle ihn einmal im Gefängnis besuchen, was Ministerialdirektor Schröder auf meine Bitte tat. Schulenburg war – vielleicht von von Trott zu Solz – gefragt worden, ob er gegebenenfalls bereit sei, im Falle der Niederlage mit Stalin über einen Kompromißfrieden zu sprechen.

Ich entwarf ein Gnadengesuch (es muß im Oktober 1944 gewesen sein). Ribbentrop lehnte die Weiterleitung ab mit der Begründung, Schulenburg habe ihm nicht die Wahrheit gesagt auf seine Frage, ob er mit dem Putsch etwas zu tun habe. (Schulenburg tat Dienst im Hauptquartier in Ostpreußen und wurde dort verhaftet.) Bei einer anderen Haltung Ribbentrops wäre er vielleicht zu retten gewesen. Für von Hassel intervenierte Mussolini vergeblich.

Ribbentrop beauftragte mich über Wagner, Erkundigungen über das Schicksal Graf Lehndorffs einzuziehen, mit dem er gut bekannt war. Ich sollte aber keinerlei Interesse bekunden, falls dieser belastet sei!

Ein Vorgang aus diesen schrecklichen Augustwochen ist auch heute noch von Bedeutung. Bei einem meiner Informationsbesuche in der Prinz-Albrecht-Straße gab Kiesel mir ein Memorandum von Trott zu Solz' für einen Tag zur streng persönlichen Einsicht. Da ich nicht weiß, ob es später bekanntgeworden ist, rekonstruiere ich den wesentlichen Inhalt aus dem Gedächtnis. (Außer mir sah es im Auswärtigen Amt nur der stellvertretende Personalchef Bergmann.)

Von Trott zu Solz schilderte die zahlreichen erfolglosen Versuche der Widerstandsbewegung und insbesondere seine eigenen, mit dem Westen und vor allem mit den Engländern ins Gespräch zu kommen. Er sähe nach den jahrelangen negativen Erfahrungen keine Hoffnung mehr für eine Lösung mit dem Westen, der die Zeichen der Zeit nicht begreife und ohnehin wohl keine Zukunft mehr vor sich habe. Es bleibe deshalb nur die Ostlösung, auf die die Widerstandsbewegung sich jetzt konzentrieren solle. Das Ende 1943, Anfang 1944 abgefaßte Memorandum scheint verschwunden zu sein.

An dem ersten Verfahren vor dem Volksgerichtshof, das auch von Haeften und von Trott zu Solz aburteilte, nahm ein Abteilungskollege teil. Er berichtete erschütternd über den Ablauf, den Zustand der Angeklagten und lobte die Haltung unserer Beamten. Abteilungsleiter Wagner ordnete an, daß die Referenten sich bei den Verfahren ablösen sollten. Ich wurde für den 10. September 1944 bestimmt – das Verfahren gegen Goerdeler, von Hassel, Leuschner, Wirmer, an dem auch Helmut Schmidt für das Reichsluftfahrtministerium als Beobachter teilnahm.

Freisler spielte seine Rolle als »rasender Roland« in der widerwärtigsten Weise. Zwei Beobachtungen sind nach fast vierzig Jahren lebendig – wenn auch ohne Aktenkenntnisse; das Gedächtnis kann täuschen. Goerdeler verteidigte sich mit viel Würde und Mut, was eigenartigerweise auch Freisler zu respektieren schien. Man sah vor sich einen tiefreligiösen Mann, der die Gründe seines Widerstandes darlegte, sich von dem Attentat aber aus religiösen Gründen distanzierte. Er war für die Verhaftung Hitlers mit nachfolgendem Prozeß. Goerdeler hinterließ bei mir einen nachhaltigen, überzeugenden Eindruck. Die Diskussion über ihn bis in die jüngste Zeit ist mir daher unverständlich. Das noch größere Erlebnis war aber Wirmer. Er war unbeugsam mutig. Als Freisler ihn anschrie – ich zitiere sinngemäß –: »Wir haben Mittel, Sie kleinzukriegen«, antwortete er: »Herr Freisler, mit mir können Sie gar nichts machen – ich stehe bald vor einem höheren Richter!« An späteren Verfahren brauchte ich nicht mehr teilzunehmen.

Meine Einstellung zum 20. Juli war damals zwiespältig, und sie ist es bis heute in einem gewissen Maße geblieben. Ein Freund berichtete vor kurzem über ein Gespräch mit mir Anfang Juli 1944: »Dies Blut kommt über uns und unsere Kinder. Jetzt bleibt nur noch eine Lösung: Diese Verbrecher müssen so schnell wie möglich beseitigt werden.«

Aber das Attentat kam zu spät. Zu sehr war die Niederlage in Sicht, um ganz überzeugend zu sein. Auch schienen die Gruppen, die hinter ihm standen, durch zu langes Paktieren mit Hitler nicht wirklich legitimiert. Das Versagen der alten Oberschicht und vor allem der Generalität hatte einen zu bitteren Beigeschmack, zumal bei jemandem, der wie ich von »links« kam.

Erst später, bei besserer Kenntnis der Widerstandsbewegung, ihrer Motive und ihrer Versuche, Hitler zu beseitigen, hat sich mein Bild gewandelt. Auch noch zu diesem späten Zeitpunkt bedeutete selbst das mißlungene Attentat einen Akt des moralischen Protests, der Selbstreinigung und der Aufopferung für ein besseres Deutschland. Es hat unser Schicksal nicht mehr wenden können, das wohl seinen dunklen Gang gehen mußte. Aber es hat ein wenig Licht in dieses Dunkel gebracht, und es war der Versuch einer späten Ehrenrettung Preußens. »Wählte Ungnade, wo Gehorsam nicht Ehre brachte« (Grabstein von der Marwitz).

Meine vielen bittern, erfolglosen Gänge in die Prinz-Albrecht-Straße hatten auch eine bescheidene positive Seite: Ich konnte mit Kiesel ziemlich offen sprechen, und er tat es auch. So sagte er mir eines Tages: »Der Hentig redet viel dummes Zeug. Er sollte vorsichtiger sein.« Ich erwiderte: »Wir alle kennen doch Hentig; er mag gelegentlich zu viel sagen, aber er ist ein deutscher Patriot«, was Kiesel nicht bestritt. Zurück im Auswärtigen Amt, rief ich sofort Hentig an und riet ihm unter Mitteilung meines Gespräches, vorsichtiger zu sein. Komplizierter war der Fall Weizsäcker. Im Herbst 1944 fragte mich Kiesel nach Weizsäcker. Unter Berufung auf Aussagen von Trott zu Solz' erklärte er, letzterer habe angegeben, daß die meisten führenden Beamten des Auswärtigen Amtes dem Widerstand zuzurechnen seien und daß an ihrer Spitze Weizsäcker stehe. Dies habe bei Hitler eine erneute Wut gegen das Auswärtige Amt ausgelöst. (Eine Folge war, daß alle mit ausländischen Frauen verheirateten Beamten aus dem Auswärtigen Amt ausscheiden mußten.)

Ich unterrichtete sofort den Personalchef Schröder mit der Bitte, Weizsäcker zu warnen. Einige Wochen später erzählte ich in Genf dem langjährigen Mitarbeiter Weizsäckers, Generalkonsul Siegfried, von der Warnung Kiesels. Das hatte für mich 1948 unerfreuliche Folgen. Siegfried entsann sich im Nürnberger Prozeß gegen Weizsäcker an meine Mitteilung. In der Absicht, seinem früheren Chef zu helfen, bat er mich um eine Zeugenaussage. Ich hatte 32 Monate Internierung und ein erfolgreiches Verfahren in zwei Instanzen wegen Mitgliedschaft in einer verbrecherischen Organisation hinter mir. Im eigenen Interesse hätte ich mich besser still verhalten. Trotzdem sagte ich zu. Mein schriftliches Affidavit genügte dem Ankläger Kempner nicht – ich wurde als Zeuge vorgeladen. In Nürnberg erfuhr ich durch Weizsäckers Verteidiger Helmut Becker – Sohn des früheren preußischen Kultusministers, in den sechziger und siebziger Jahren führend in der Bildungs- und Hochschulreform tätig –, daß einige ehemalige Angehörige des Auswärtigen Amtes mit hohen Rängen und Namen ärztliche Atteste beigebracht hatten, um der Ladung nicht Folge zu leisten! Das Häuflein der Getreuen war deshalb nicht groß – aber von Schröder, der der Verteidigung half, gut beraten und ermuntert. Kempner nahm mich ins Kreuzverhör. Er versuchte, meine Aussage zu entwerten durch Hinweis auf meine SS-Vergangenheit und die Tätigkeit im Inlandsreferat. Da ich mir nichts vorzuwerfen hatte und Kempner auch nichts vorbrachte, blieb ich ihm nichts schuldig. Auf meinen Einwand, ich habe nur einen SS-Ehrenrang gehabt, stellte er die Fangfrage: »Aber es war eine Ehre für Sie, in der SS zu sein!« Da ich nicht zu denen gehören wollte, die aus Opportunismus ihre Vergangenheit und Belastungen leugneten, erwiderte ich: »Damals ja, Herr Professor!« Kempner kam nach der Vernehmung auf mich zu: »Na, wir haben uns ja ganz gut verstanden.«

Das Vernehmungsprotokoll kam natürlich zu den allgemeinen Nürnberger-Prozeß-Akten und wurde mir oft in Publikationen in West und Ost und in Zeitungskampagnen gegen Nazis im Bundesdienst angekreidet. Hätte ich mich anders verhalten, wie viele andere auf Widerstand verweisen sollen? Ich hatte mehr als nötig auf mich genommen, wie später Vizekanzler Franz Blücher sagte, der sich bei den Angriffen gegen mich Anfang der fünfziger Jahre treu vor mich stellte. Ich meine aber auch heute noch, richtig gehandelt zu haben. Ich hatte dem NS-Regime lange kritisch gegenübergestanden, seine Kriegspolitik verurteilt, war nicht geringe Risiken eingegangen, hatte an meinem bescheidenen Platz versucht, Böses zu verhindern oder zu lindern – Widerstand war das nicht. Die Beseitigung des Regimes um den Preis der deutschen Niederlage hatte ich nicht ernsthaft gewollt, so falsch das aus heutiger Sicht auch sein mag. Außerdem hatte ich dem Staat bis zum Schluß als Beamter gedient. Aber eins ist sicher: Wäre ich wie andere nicht nach Nürnberg gegangen, hätte ich mir später viel erspart. Und doch war es besser, der Wahrheit zu dienen.

Einen besonders traurigen Vorgang aus dem Herbst 1944 muß ich berichten, weil auch er heute noch allgemeine Bedeutung hat. Nach der Besetzung Lublins durch die Russen erschienen in der westlichen Presse die ersten detaillierten Meldungen über Konzentrationslagergreuel und Judenvernichtung. Ich war vier Jahre nicht in Deutschland gewesen und konnte mir einfach nicht vorstellen, daß sie wahr sein könnten. Ich bat deshalb das RSHA, das Auswärtige Amt in Stand zu setzen, die Behauptungen glaubhaft zu dementieren. Der Brief blieb ohne Antwort. In diesen Tagen traf ich den Chef der SS-Mannschaftshäuser, Ellersiek, der schwer verwundet von der Front kam, und fragte ihn. »Genaues weiß ich auch nicht; ich habe nur gehört, daß Himmler vor kurzem Globocnik einen Orden verliehen hat mit der Bemerkung: ›Diese Auszeichnung vergebe ich nicht gern, aber die Aufgabe mußte gelöst werden.‹« Meine Antwort: »Kurt, wenn das wahr ist, dann Gnade uns Gott!«

Im Internierungslager Sandbostel traf ich 1946 Kiesel wieder. Er wurde von dort nach Jugoslawien ausgeliefert und wegen Zusammenarbeit mit General Mihailowic hingerichtet. Als er mich sah, war sein erster Satz: »Jetzt wissen Sie, warum ich damals Ihren Brief nicht beantwortet habe!«

Das Ende

Bereits im August 1944 bot sich die Möglichkeit einer anderen Verwendung, nach der ich natürlich ständig suchte. Mit der Befreiung Frankreichs stellte sich das Problem der Berichterstattung über die französische Politik. Ich legte der politischen Abteilung den Plan einer solchen von Genf aus dar in der Fortsetzung meiner Arbeit in Tanger. Peter Pfeiffer griff den Vorschlag auf, und die Personalabteilung unterstützte ihn. Bis zur Verwirklichung vergingen Wochen; mein Abteilungsleiter war in keiner Weise angetan und versprach mir bei weiterem Verbleiben eine Beförderung. Ribbentrop ließ durch ihn wissen, wenn ich die Arbeit in der Inlandsabteilung nicht mehr machen wolle, solle ich eingezogen werden. Eine aus Marokko mitgebrachte Amöbenruhr führte zu einem Untauglichkeitsbescheid. Die letzte Hürde war nicht die einfachste: die Stellung eines Ersatzmannes. Ich habe ihm gegenüber immer ein schlechtes Gewissen gehabt. Staatssekretär Steengracht half auch hier mit – ich ging Mitte November nach Genf, ohne daß Ribbentrop gefragt wurde.

Unvergeßlich ist der Abschiedsbesuch bei Kaltenbrunner. Beim Herausgehen sagte sein persönlicher Referent Barsikow: »Na, Herr Sonnenhol, die Ratten verlassen wohl das sinkende Schiff!« Meine Antwort: »Was auch immer Sie denken, zum Feind werde ich nicht übergehen.« (Das bezog sich auf den Absprung der Abwehrvizekonsuln Gisevius und Waetjen in der Schweiz.) Ich atmete auf, als ich den letzten Gang in dieses finstere Haus hinter mir hatte. Bei Schellenberg bat mich dessen Vertreter Steimle, den ich aus der Studentenarbeit kannte, in Genf die Augen nach Kompromißmöglichkeiten aufzuhalten, wozu ich nur sagen konnte: »Zwischen uns und dem Westen steht die Judenfrage, und die Chance des Ostens haben wir versäumt.« (Himmler soll mit der absurden Idee gespielt haben, ausgerechnet er könne mit dem Westen verhandeln!)

Die Möglichkeit eines Gespräches mit dem Westen stellte sich zu meiner großen Überraschung schneller als gedacht. Kurz vor Weihnachten 1944, in der ersten, erfolgreichen Phase der Ardennenoffensive, die eine Kriegsverlängerung vermuten ließ, besuchte mich überraschend der mir bis dahin unbekannte Waetjen. Er kam im Auftrage von Allen Dulles, der in Bern den amerikanischen Nachrichtendienst leitete. Der Krieg sei für Deutschland verloren. Alle müßten jetzt – unabhängig vom Standort des einzelnen – mitwirken, weiteren Substanzverlust zu verhindern, zumal eine Gefahr aus dem Osten in der Zukunft nicht ausgeschlossen werden könne.

Wohl in der Annahme, ich habe durch meine Tätigkeit in Berlin einen besonderen Draht zu Schellenberg, schlug Waetjen im Auftrage von Dulles ein Treffen mit Schellenberg in der Schweiz vor. In der Lagebeurteilung war ich mit Waetjen einig, wenn ich auch meine Skepsis über Möglichkeiten der letzten Stunde nicht verbarg; der Weg müsse wohl bis zum bitteren Ende gegangen werden. Waetjen erzählte von einem Gespräch mit dem früheren preußischen Ministerpräsidenten Braun, der verzweifelt über die Vorstellung des Verlustes von Ostpreußen sei. Ich versprach, sofort zu handeln. Nach einer schlaflosen Nacht kam ich zu dem Entschluß, mich nicht in eine zweideutige Situation zu begeben. Ich unterrichtete Generalkonsul Siegfried und anschließend in Bern den Gesandten Köcher, der dringend abriet. Es gelang mir aber trotzdem, eine Nachricht über Staatssekretär Steengracht an Schellenberg gelangen zu lassen. Die Antwort verzögerte sich aus unerklärlichen Gründen bis Anfang Januar 1945. Sie lautete, die Unterredung sei zu dem Zeitpunkt nicht sinnvoll, zumal ein entsprechender Kontakt über Stockholm (Graf Bernadotte) bereits bestehe. Schellenberg scheute sich offenbar vor einem Treffen in der Schweiz, das ihm auch noch zu diesem späten Zeitpunkt hätte gefährlich werden können. Dulles wurde entsprechend informiert. Er ließ wissen, auch er sei nicht mehr interessiert, zumal sich nach dem Scheitern der Ardennen-Offensive die Lage ohnehin geändert habe.

Das Generalkonsulat Genf war fast ausschließlich mit Rotkreuzarbeit beschäftigt. Durch Siegfried, der großes Ansehen genoß, lernte ich Carl Burckhardt kennen. Noch im Februar 1945 hielt der damals noch junge Atomphysiker C. F. von Weizsäcker im Hause des Generalkonsuls einen gut besuchten Vortrag. Furtwängler gab sein letztes öffentliches Konzert.

Nach dem 8. Mai 1945, den alle Genfer Kirchenglocken feierten, änderte sich meine Lage total, wie die der meisten deutschen Diplomaten in der Schweiz. Wir waren auszuweisende, gefährliche Ausländer. Meine Fingerabdrücke in den Akten des Polizeireviers am Bourg du Four zeugen davon. Einen Antrag auf Asylgewährung lehnte der Schweizer Bundesrat ab. Eine schwere Erkrankung schob die Ausweisung bis Juli 1945 auf. Die kommunistische Zeitung »La Voix Ouvrière« brachte einen von A bis Z erfundenen Schauerroman auch über meine Tätigkeit, der mir lange Jahre viel Ärger machen sollte; ferner völlig unberechtigte Angriffe gegen den Gesandten Köcher. Dieser war Halbschweizer, alles andere als ein Nazi, mit einer Baselerin verheiratet. Er hatte sich im Krieg große Verdienste für die Respektierung der Schweizer Neutralität erworben. Der Bundesrat hatte ihm deshalb einstimmig Asyl gewährt. Unter dem Druck der kommunistischen Propaganda wurde der Beschluß rückgängig gemacht. Köcher wurde ausgewiesen und beging in einem amerikanischen Internierungslager Selbstmord.

Zu Ehren der Schweizer Bundesanwaltschaft muß ich sagen, daß meine Ausweisung in korrekten Formen nach Italien in die Hände zunächst der Amerikaner und dann der Engländer vor sich ging. Meine Familie wurde interniert. Ich sah sie erst im Herbst 1948 wieder; über ein Jahr hatte ich keine Nachricht von ihr. Dieselbe Bundesanwaltschaft ließ 1955 auf meinen Antrag meine Ausweisung aufheben, weil diese 1945 unter falschen Voraussetzungen erfolgt sei.

Meine Internierung – als automatischer Arrest – dauerte 32 Monate über neun Stationen, die mit dem 100 Jahre alten Gefängnis San Vittore in Mailand anfingen und in Sandbostel im Teufelsmoor bei Stade endeten.

Es gäbe über die Erfahrungen dieser Zeit viel zu berichten – aber das wäre eine Geschichte für sich. Man mußte nun für das büßen, das man nicht gewollt, nicht verursacht und nicht hatte verhindern können. Die Einsicht in den tieferen Sinn dieses Bußweges war kein einfacher Prozeß. Aber die menschlichen Erfahrungen waren groß. Der Blick in die Tiefen der menschlichen Existenz, das Erlebnis ihrer Erniedrigung, aber auch das der Leidensfähigkeit, der Ausdauer und der Lebensbejahung, der Flucht in die Religion und in ihre Verneinung, das Hadern mit Gott waren teuer erkaufter, aber bleibender Gewinn. Die Zeit in Gefängniszellen und hinter Stacheldraht gab Gelegenheit, mit Volk, Nation, Geschichte und sich selbst ins Gericht zu gehen und nach den Gründen zu forschen, die dahin geführt hatten. Die Engländer verzichteten auf Umerziehungsversuche, ermöglichten aber ab 1946 in Sandbostel, wo viele junge Waffen-SS-Angehörige interniert waren, ein reges geistiges Leben durch Beschaffung von Büchern, Förderung einer Art Lagerhochschule, eines Theaters und vielseitiger Vortragsveranstaltungen sowie von Kontakten mit der neuen geistigen Umwelt. Landesbischof Lilje und Kultusminister Grimme in Hannover gebührt auch jetzt noch Dank.

Ende 1947 wurde ich von den französischen Besatzungsbehörden angefordert. Der Schreck war zunächst groß, da ich befürchtete, als Zeuge im Prozeß gegen Otto Abetz noch längere Zeit festgehalten zu werden. Um so größer war meine Freude, als der französische Vernehmungsoffizier in Wildbad zur Begrüßung sagte: »Herr Sonnenhol, Sie kennen mich doch aus Marokko. Ich weiß noch, welches Kleid Ihre Frau beim Pferderennen in Rabat 1942 trug. Sie haben eine schlechte Zeit hinter sich; erholen Sie sich zunächst ein wenig. Wir wollen nichts von Ihnen. Sie sollen nur Ihre Erfahrungen und Beobachtungen in Paris im Zusammenhang mit Otto Abetz niederschreiben.« Diesem Wunsch kam ich gern so objektiv wie möglich nach. Meine Bemühungen um eine verständnisvolle und hilfreiche Haltung gegenüber den Franzosen in ihrer schweren Leidenszeit zahlte sich nun aus. Bald nach meiner Entlassung (Februar 1948) konnte ich mich in Baden-Baden niederlassen. Mit Hilfe meiner französischen Freunde aus dem Widerstand fand ich eine Tätigkeit als Wirtschaftsredakteur in der Nachrichtenagentur Südena. Nebenher schrieb ich gelegentlich Artikel für das Hamburger Sonntagsblatt, vermittelt durch Conrad Ahlers, mit dem mich eine lebenslange Freundschaft verbinden sollte.

Ich habe mich stets um Frankreich bemüht; versucht, es zu verstehen, auch wo das schwierig war; oft mit ihm gehadert, aber nur Gutes von ihm erfahren. 1950 konnte ich mit Franz Blücher zum ersten Mal wieder nach Paris fahren.

II. Die Bundesrepublik – Erfolg und Scheitern

Staatsdienst

Wie das Jahr 1945 keine Stunde Null sein konnte – die Geschichte kennt keinen Neuanfang –, so konnte erst recht die Bundesrepublik 1949 keine Schöpfung aus dem Nichts sein. Sie mußte mit dem anfangen, was sie vorfand, und daraus das Beste machen, ohne die Lehre der Katastrophe und der Verbrechen zu vergessen. Das hat sie mit Erfolg getan. Die linken Kritiker haben ihr bis heute ihren angeblich »restaurativen« Charakter vorgeworfen, und noch 1983 bezeichnete sie ein bekannter Journalist als »nazistischer Sumpf«. Was war die Wirklichkeit?

Napoleon sagte 1814 in Fontainebleau zu seinem Vertrauten Coulaincourt: »Wenn sie klug sind, die Bourbonen, so wechseln sie nur die Laken meines Bettes und bedienen sich der Männer, die ich erzogen habe.« So einfach war es 1945 nicht. Die Deutschen waren unfähig gewesen, mit ihren Verbrechern selbst abzurechnen. Die Sieger wollten Gericht halten – nicht Politik machen. Das böse Deutschland – und das war in ihren Augen die Masse der Deutschen – sollte ein für allemal unschädlich gemacht und auf jeden Fall bestraft werden.

Das geschichtliche Urteil über Nürnberg und die Entnazifizierung steht heute fest. Der Internationale Gerichtshof brachte keine Gerechtigkeit und die Entnazifizierung keine Sauberkeit. Beide bedeuten nicht Katharsis, sondern Lüge. Das Urteil de Gaulles: »In Nürnberg hat man alles durcheinandergebracht.« Die formale Zugehörigkeit zu NS-Organisationen oder Ämtern war kein Kriterium für Schuld, wie die »weiße Weste« keine Sauberkeit garantierte. Zu vielschichtig und undurchsichtig war das Geschehen gewesen. So kam es, daß Militärrichter wie Filbinger, die noch in den letzten Wochen sinnlose Todesurteile fällten, zu den höchsten Ehren und Ämtern aufsteigen und ein Kriegsberichterstatter Hitlers wie Nannen sich bis zu »Hitlers Tagebüchern« zum »praeceptor germaniae« aufwerfen konnten, bloß weil sie formal nicht betroffen waren. Generäle, die bis zum Schluß den Durchhaltebefehlen folgten, gingen frei aus, während ein junger Freiwilliger der Waffen-SS mit einem lebenslangen Berufsverbot belegt wurde. Ein Abgrund von Lüge, Persilscheinen und Wetterfahnen tat sich auf. Er hat die politische Landschaft bis heute vergiftet. Noch immer kann der Hinweis auf einen angeblichen braunen Flecken genügen, um einen Gegner, Konkurrenten, Andersdenkenden oder sonst Mißliebigen zu erledigen oder um bequeme oder lukrative Monopolpositionen zu behaupten. Der Entnazifizierungsgeist der siebziger Jahre als nachgeholter Widerstand einer anderen Generation ist ein Kapitel für sich.

Nicht nur die Kommunisten der DDR – was selbstverständlich ist –, sondern unsere linken Intellektuellen werfen Adenauer eine »restaurative« Politik vor. Er habe sich auf die dunklen Kräfte der Vergangenheit gestützt. Globke muß noch heute herhalten. Man kann dieses Thema leider nicht übergehen, wenn man über die Bundesrepublik und ihre Diener sprechen will.

Die Problematik von Lebensläufen in schwieriger Zeit wird deutlich an unseren Bundespräsidenten. Deren erster, Theodor Heuss – seine großen Verdienste um die Bundesrepublik sind unbestritten –, empfahl 1931, es mit Hitler zu versuchen, stimmte 1933 im Reichstag für das Ermächtigungsgesetz und schrieb noch im Kriege für »Das Reich«. Als Präsident wollte er das Deutschlandlied nicht als Nationalhymne. Adenauer setzte sie durch. Lübke – ein Ehrenmann – mußte sein Brot in einem Unternehmen verdienen, das fragwürdige Bauaufträge erhalten haben soll. Heinemann – ein Tartuffe mit Bekennermut in guter Zeit – war bis 1945 und nachher Vorstandsmitglied einer der großen deutschen Rüstungsfirmen, der Rheinischen Stahlwerke. In einem Lebenslauf heißt es: »Er war zweifellos kein kleiner Mann an der Ruhr. Die Kohle- und Stahl-Kapitäne von damals gehörten zu seinem täglichen Umgang – aber auch nur das. Gesellschaftlichen oder privaten Umgang mit ihnen pflog er nicht.« Scheel und Carstens waren Parteigenossen – trotz ihrer jungen Jahre wohl kaum ganz gegen ihren Willen, beide gute Bundespräsidenten. Die Lebensläufe sind ein Spiegel Deutschlands in dieser Zeit. Wie hatte der Abbé Sieyès 1814 gesagt? »Ich habe gelebt.«

Adenauer war auch hier – wie in fast allem – eine Ausnahmeerscheinung. In der braunen Zeit züchtete er in Rhöndorf Rosen, in Ruhe seine Pension als Oberbürgermeister von Köln verzehrend. Diese Ruhe wurde erst nach dem 20. Juli 1944 gestört. Noch gegen Ende des Krieges sagte Hitler zu seinem Baumeister, Giesler, bei einer der gespenstischen nächtlichen Erörterungen zukünftiger Städtebaupläne: »Adenauer war zwar ein Separatist, aber ein großer Bürgermeister.«

Adenauer beurteilte die Menschen nicht nach sentimentalen, ideologischen, moralischen Kriterien, sondern nach ihrem Gebrauchswert. Da er einer vernünftigen, respektablen Sache – dem Aufbau eines neuen

Deutschland – diente, war das nicht der schlechteste Maßstab. Hier traf er sich mit den Vorstellungen von Berufsstaatsdienern, auch wenn sie formal braune Flecken hatten. Sie hatten ihr Leben und ihr Berufsethos dem Dienst am öffentlichen Wohl, der »res publica«, gewidmet – unabhängig von den jeweiligen Herren oder Zeitläuften. »Verfassungsrecht vergeht; Verwaltungsrecht besteht.« Widerstand war von Haus aus nicht ihre Sache, wohl aber das Recht. Hier waren sie nicht empfindlich und wachsam genug gewesen, auch wenn sie mit ihren jungen Jahren und bescheidenen Positionen den verhängnisvollen Gang der Dinge nicht ändern konnten. Globke hätte den Kommentar zu den Nürnberger Gesetzen nicht schreiben müssen. Viele haben das nach 1945 auch ohne Nürnberg und Entnazifizierung eingesehen und in Internierungs- und Gefangenenlagern darüber nachgedacht. Sie waren eine »skeptische Generation« geworden. Sie wollten in Zukunft, wenn überhaupt, einem besseren Staat dienen.

Die Bundesrepublik war ein solcher. In ihren Dienst zu treten lag nahe. Und ohne ihre Erfahrung und Dienstbereitschaft gegen geringes Entgelt war in einer komplizierten Industriegesellschaft schwerlich aus dem Nichts ein Staat zu machen. Sie haben diesem Staat mit Überzeugung und Treue gedient. Die Lebenserinnerungen Rolf Lahrs »Zeuge von Fall und Aufstieg«, vom Regierungsrat im Reichswirtschaftsministerium zum Staatssekretär und Botschafter im Auswärtigen Amt, sind ein hohes Lied dieses Dienstes. Die preußischen Tugenden: Hingabe an den Dienst, Treue, Unbestechlichkeit und ein geschärftes Gewissen (das im alten Preußen vorausgesetzt wurde!), formten wieder deutsche Beamte. Adenauer wußte, was er an ihnen hatte. Es gab trotz der spärlichen Lebenshaltung der ersten Jahre fast keine Korruption – im Unterschied zum politischen Klüngel. Und es gab keine Nazirestauration in irgendwelcher Form, nicht einmal einen einzigen Fall. Alle Befürchtungen oder Behauptungen dieser Art waren grundlos.

Ich war 1948 Wirtschaftsjournalist geworden. Ebensogut hätte ich auch eine Industrielaufbahn wählen können. Aber wie ich in jungen Jahren Landrat werden wollte, so wollte ich auch jetzt wieder an einer öffentlichen, einer Staatsaufgabe mitarbeiten – trotz allem. Und ich konnte und wollte nicht verstehen, daß meine »Vergangenheit« mich dazu untauglich gemacht haben sollte. Meine Haltung im Dritten Reich als Widerstand auszugeben ist mir allerdings nie in den Sinn gekommen.

Als mir kurz nach der Regierungsbildung 1949 angeboten wurde, Pressereferent des Marshall-Plan-Ministeriums unter dem Vizekanzler und FDP-Vorsitzenden Franz Blücher zu werden, griff ich freudig zu. Am

15. November 1949 begannen 28 Jahre Dienst für die Bundesrepublik, auf die ich mit Befriedigung zurückblicke, wenn auch nicht ganz ohne Bitterkeit. Wurde mir doch immer wieder einmal zu verstehen gegeben, daß ich das eigentlich nicht verdient hätte.

Nicht so Franz Blücher. Er war alles andere als ein Held, aber gemessen an anderen war er anständig. Er hat mich trotz heftiger Angriffe, die sich auf meine aus dem Weizsäcker-Prozeß in Nürnberg bekanntgewordene formale Belastung stützten, verteidigt und nicht fallen lassen. Uns trennten später andere Gründe. Er hat meine weitere Laufbahn trotzdem gefördert. Hier ist eine andere Dankesschuld abzutragen: Mir bis dahin unbekannte Politiker der SPD, und vor allem der unbestechliche Adolf Arndt, nahmen sich meines Falles an. Arndt gab 1950 nach Kenntnis meiner Akten der »Basler Zeitung« ein Interview und stellte sich im Bundestag vor mich. Die Bonner Journalisten, die mich aus der täglichen Zusammenarbeit offenbar schätzten, verhielten sich fair. Ich denke an diese Journalistengeneration – die damals schon alten und die ganz jungen – mit Anerkennung.

Überhaupt habe ich ein Leben lang mit guten Journalisten nur die besten Erfahrungen gemacht. Ich habe viel von ihnen gelernt und verdanke ihnen viel. Wir sprachen stets offen miteinander; einige wurden lebenslange Freunde. Ich bin nie enttäuscht worden, und zwar unabhängig von der politischen Orientierung, die mich als Beamter ohnehin nicht zu interessieren hatte und die ich als Liberaler, der ich geworden war, respektierte. Unter den helfenden guten Geistern sei besonders erwähnt der Herausgeber der »Allgemeinen Wochenzeitung der Juden in Deutschland«, Karl Marx, mit dem mich Rolf Vogel in Verbindung brachte. Und Franz Blücher brachte zu meiner Verteidigung ein positives Votum von Robert Kempner bei (Sonnenhol habe schon im Kriege Mut gezeigt).

Zwanzig Jahre später – ich war von Brandt vorgeschlagener und von Heinemann entsandter Botschafter in Südafrika – genügten ein paar Zeilen im »Spiegel« (Heinemann wolle angeblich diese Ernennung nicht unterschreiben), daß Walter Scheel, dem ich fünf Jahre als Ministerialdirektor und auch sonst gedient hatte, seine mir eröffnete Absicht, mich zum zweiten Staatssekretär im Auswärtigen Amt zu ernennen, wie eine heiße Kartoffel fallen ließ. Und weitere sieben Jahre, nach 42 Jahren Dienst für den Staat, wurde ich – wie die anderen Botschafter auch – durch Genscher mit der Übersendung der Entlassungsurkunde an meinen letzten Dienstort Ankara formlos verabschiedet. Durch seinen Vertrauten Kinkel ließ er mich fragen, ob ich das mir von der Behörde zugedachte und vom Bundespräsidenten genehmigte Bundesverdienstkreuz wirklich haben wolle. Der Bundespräsident zeigte sich erstaunt. Dabei blieb es. Entnazifizierung 1977!

Ich hatte das Glück, in meinem Dienst für die Bundesrepublik von 1949 bis 1977 an den ebenso großen wie interessanten Aufgaben der Zeit teilzunehmen: Aufbauphase der Bundesrepublik, Marshall-Plan, politische und wirtschaftliche europäische Einigung, internationale wirtschaftliche Zusammenarbeit, Dritte Welt. Durch die unmittelbare Nähe zu dem Vizekanzler und Vorsitzenden der FDP, Franz Blücher, konnte ich von Anfang an über meine beruflichen Aufgaben hinaus an der Meinungsbildung über die zentrale deutsche Frage mitwirken: die Wiedervereinigung. Sie sollte nach meiner Meinung Vorrang haben vor allen anderen Überlegungen. Nur unter dieser Bedingung hatte ich mich mit der Existenz eines westdeutschen Teilstaates abfinden können. Sein Entstehen hatte ich nicht ohne Mißtrauen betrachtet, die normative Kraft des Faktischen fürchtend. Bei der FDP schien mein Anliegen am besten aufgehoben. Durch die bald wieder aufgenommenen Beziehungen zu meinen alten französischen Freunden – neue kamen hinzu – konnte ich Erkenntnisse zum deutsch-französischen Verhältnis und seiner Bedeutung für die Europa-Politik und die deutsche Frage beisteuern.

Wenn auch mein eigentliches Arbeitsgebiet durch lange Jahre eher wirtschaftlicher Natur war, habe ich bis zu meiner Botschafterzeit in einer Art Doppelberuf stets den vitalen politischen Problemen viel Studium und Arbeitskraft gewidmet.

So konnte ich die »heroischen« ersten Jahre der Bundesrepublik aus unmittelbarer Nähe des Geschehens miterleben. Der Standort der FDP blieb nicht ohne Einfluß auf meine Meinungsbildung, wenn ich der Partei auch erst nach Blüchers Spaltungsversuch (1956) unter Thomas Dehler beitrat. Das geschah gegen meine ursprüngliche Absicht, mich nie wieder einer politischen Partei anzuschließen. Nachträglich bin ich angesichts der Politisierung des Beamtentums der Meinung, daß Beamte parteilos bleiben sollten.

Die Hauptakteure der Zeit lernte ich durch die Tagesarbeit oder durch Beobachtung kennen: Adenauer, Schumacher, Blücher, Erhard, Dehler und später Mende und Scheel. Von Adenauer hatte ich die vage Vorstellung einer separatistischen Vergangenheit und einer bedeutenden Bürgermeisterleistung mit einer großen Schuldenlast für Köln. Ich erlebte ihn zum ersten Male kurz nach meinem Eintreffen in Bonn in jener Nachtsitzung des Bundestages, als Kurt Schumacher in der erregten Debatte über das Petersbergabkommen ihn – sicher zu Unrecht, war er doch zweimal in seinem Leben von den Engländern als Oberbürgermeister von Köln abgesetzt worden – einen »Bundeskanzler der Alliierten« nannte. Meine Sympathien waren in diesem Fall deutlich auf Adenauers Seite. Der nationale Grundton Schumachers – überraschend für alle, die den SPD-Führer nicht kannten – gefiel mir trotzdem. Ich hatte bis zu seinem Tode 1952 oft Gelegenheit, diesen durch Leiden und Schmerzen gezeichneten, aber ungebeugten Mann in Pressekonferenzen zu erleben und zu bewundern – auch, wenn ihn seine Leidenschaft gelegentlich zu weit trug. Sein Bild, wenn er, gestützt auf Annemarie Renger, den Raum betrat, den er jedesmal mit seinem scharfen, schneidenden Verstand ausfüllte, ist eine unvergeßliche Erinnerung. Da die Außen-, Verteidigungs- und Deutschlandpolitik der SPD mir mehr zusagte als die Adenauers, lag es nahe, mit ihr Verbindung zu suchen, obgleich die sozialistischen Ideen meiner Jugend schrittweise liberalen Vorstellungen Platz machten – nicht zuletzt dank der liberalen Menschen, die ich kennenlernte. Eins war mir auf jeden Fall klar: Eine Verteufelung dieser nationalen SPD durfte es diesmal nicht geben. Das trennte mich von Konrad Adenauer – wenn ich auch seine politische Strategie bewundern lernte, die das »Freund-Feind«-Konzept Carl Schmitts klassisch verwirklichte.

Konrad Adenauer

Adenauer ist heute bereits mehr Legende als Wirklichkeit – auch bei seinen früheren Gegnern; so ungewöhnlich war dieser Mann. Das Bild, das Arnulf Baring in seinem klugen Buch »Außenpolitik in Adenauers Kanzlerdemokratie« nachgezeichnet hat, dürfte der Wirklichkeit recht nahe kommen. Nimmt man die liebevollen, aber nicht unkritischen Erinnerungen Felix von Eckardts (»Ein unordentliches Leben«) und Adenauers eigene Darstellung der Zeit hinzu – Herbert Blankenhorn, der den »Alten« gut kannte, bleibt in seinem Buch zu sehr im diplomatisch Unverbindlichen –, hat man ziemlich den ganzen Mann, soweit er überhaupt zu erfassen ist.

Meine Erkenntnisse wurden ergänzt durch Darstellungen Franz Blüchers, der Adenauer bewunderte, unter ihm litt und letztlich sein Opfer wurde. Blücher war der Auffassung, der Pressereferent des Vizekanzlers – und bald dessen Mädchen für alles – müsse gut unterrichtet sein. Das qualvolle, ungleiche Ringen mit Konrad Adenauer – mehr ein verbales als politisches –, bei dem er einen Gesprächspartner brauchte, nahm dabei einen großen Raum ein.

Mir erschien Adenauer allein schon von der äußeren Erscheinung her als etwas Fremdes, als ein Urgestein in der kleinbürgerlichen deutschen Welt. Als vielleicht sogar nicht deutsch, was ein gut Teil seiner Faszination ausmachen mag. Er war für mich eine Renaissance-Figur auf deutschem Boden mit großer Distanz zu diesem eigenartigen Volk, in dessen Tiefen und Untiefen er deshalb besser sah als andere. Die drei Voraussetzungen Machiavells für das Wirken eines Staatsmannes, *necessitas, virtu, fortuna*, waren in ihm glücklich vereint. Er war eine unzeitgemäße Erscheinung in einer Epoche falscher Gleichmacherei, seichter Sentimentalität und eines unehrlichen Humanitarismus. Er hatte nichts von dem Selbstmitleid und der Wehleidigkeit der Deutschen, aber auch nichts von ihrer falschen Überheblichkeit. Deshalb konnte er dieses geschlagene, verfluchte Volk mit solcher Würde vertreten.

Ein Christ? – Sicher, wenn auch kein klerikaler – auf dem festen Boden einer langen katholischen Tradition und einiger Grundwahrheiten stehend, auch wenn es für ihn in der Praxis verschiedene Grade der Wahrheit gab. Er gehörte zu den »terribles simplificateurs«: »Wenn wir in die Nato eintreten, werden wir wiedervereinigt; folgen wir der SPD, werden wir kommunistisch.« Das komplizierte Leben reduzierte sich auf einige wesentliche Dinge – so auch seine Sprache. Mehr Autokrat als Demokrat? Wahrscheinlich. Sinn für Macht? Ausgeprägt. Menschenverachtung als Vor- und Nachteil.

Der Aufbau eines modernen, leistungsfähigen Industriestaates aus den seelischen und materiellen Trümmern einer totalen Katastrophe mit mehr als zehn Millionen Vertriebenen und Flüchtlingen war kein Kinderspiel. Wer heute aus dem sicheren Hafen und dem Fett der Wohlstandsgesellschaft meint, die »restaurative« Politik Adenauers habe die Chancen der Schaffung eines besseren demokratischen Staates mit menschlichem Gesicht verhindert, war entweder nicht geboren und urteilt aus postkatastrophaler Sicht, oder er hat die Zeit verblendet im Schmollwinkel ästhetisierender Intellektueller und antistaatlicher Überheblichkeit erlebt. Kurt Sontheimer stellt in einer Besprechung eines Geschichtswerkes über die Adenauer-Epoche nach dreißig Jahren richtig fest, »daß die Bundesrepublik trotz aller Verstrickungen in Vergangenes eine Art Neuschöpfung war, kein Gebilde der Restauration, wie der noch heute gängige Vorwurf lautet«.

Adenauer teilte Bismarcks Auffassung, daß mit der Bergpredigt kein Staat zu machen sei. Er mußte die Bausteine nehmen, wo er sie fand. Er war nicht wählerisch in den Mitteln. Auf dem Bürgenstock schilderte er Heinrich Brüning, der wenige Jahre später die Bundesrepublik wieder verließ, wie er die Menschen und sein Kabinett regiere. Wie Brüning hinterher Franz Mariaux berichtete, ging der Besucher mit dem Gefühl, »er müsse sich die Hände waschen«. Adenauer war ein großer Herr – deshalb hatte er gute Diener –, wenn auch nicht immer ein feiner Herr. Er hatte etwas »Ruchloses«, schreibt Marion Dönhoff.

Bei dem Verfasser bildete sich später ein anderes Adenauer-Bild – wohl ein gerechteres. Der alte Mann kannte seine Deutschen besser. Er erkannte die Gunst der Stunde, nutzte den geringen Spielraum, weitete ihn zäh und hartnäckig weit über das für möglich gehaltene Maß hinaus aus und festigte ihn in Verträgen. Hier liegt auch das Verdienst seiner juristischen Gehilfen.

Nennen wir nun noch einige andere große Leistungen aus den ersten Jahren der Bundesrepublik: die menschliche und materielle Integration der Vertriebenen und Flüchtlinge; die Beendigung des jahrhundertealten Konfessionsstreits, die Versöhnung von Katholiken und Sozialisten mit dem Staat, die Mitbestimmung der Arbeiter (noch heute in keinem anderen Staat vergleichbar erreicht!) und der große Versuch der Wiedergutmachung an den Juden. Das Wirtschaftswunder ist dabei absichtlich ausgelassen.

Adenauer war unbestritten ein würdiger und überzeugender Repräsentant, der diesem geschlagenen Volk als unverdientes Himmelsgeschenk kam. Dafür mußte man manches in Kauf nehmen. Der Verfasser entsinnt sich an ein Gespräch mit Thomas Dehler, als aus dem gläubigen ein ungläubiger Thomas geworden war. Er sah nur noch die dunklen Seiten, nur den Irrweg. Er war sichtlich erleichtert, als ich ihn überzeugen konnte, daß Deutschland keinen besseren Vertreter in einer feindlichen Umwelt haben könnte, wenn dabei die deutsche Rechnung vielleicht auch nicht ganz aufgehe und der Preis hoch sei.

War der Preis zu hoch, war mehr im Spiel? Was wurde versäumt, falsch beurteilt? Wurden die Weichen falsch gestellt? Diese Fragen sind trotz der Behauptung, sie seien durch die Geschichte beantwortet, auch heute noch nicht überholt. Der Verfasser hat es damals mit den Kritikern der Opposition und bei den Liberalen so gesehen. Er gehörte bei aller Bewunderung zu den Gegnern des Alten. Und er kann sich auch heute zu dem »rundum Geglückten« nicht bekennen. Er freute sich auf jeden »Jens-Daniel« Rudolf Augsteins, der in der Auseinandersetzung mit Adenauer seine große, leider vergangene Zeit hatte.

Auch ich meinte, in Adenauer eine Gefahr für die junge Demokratie zu sehen. Zu sehr, mit nicht immer feinen Mitteln wurde jede andere Meinung verdammt, verächtlich gemacht, verdächtigt, sogar verfolgt. Brünings Vorlesungen in Köln wurden überwacht. Ein »gewisser Herr Brandt alias Frahm« und »ein Abgrund von Landesverrat« sind ebenso nicht vergessen, wie Blüchers häufige Schilderung des Verlaufs von Kabinettssitzungen oder der, wenn nicht wahre, so doch gut erfundene Bericht eines anderen Kabinettsmitgliedes: Blücher hätte sich wiederholt vergeblich zu einem wichtigen Tagesordnungspunkt gemeldet. Adenauer, um eine abweichende Meinung zu unterdrücken: »Herr Blücher, Sie brauchen nicht den Finger zu heben, wenn Sie austreten müssen.« Der Verfasser gehörte zu denen, die das Ende der Adenauerzeit herbeisehnten und den Aufstand der Düsseldorfer »Jungtürken« (1956) begrüßten.

Es war auch nicht so, daß nur Konrad Adenauer die Bundesrepublik fest in den Westen verankern wollte. Selbst die Befürworter einer Neutralitätspolitik wußten, daß diese nur mit dem Westen möglich war. Eine andere Politik hätte man uns außerdem schlicht nicht erlaubt! Zu welchem Zweck waren wir umerzogen worden? Im übrigen: Das *cuius regio eius religio* war uns zur zweiten Natur geworden. Aber vor allem: Diesmal wollten wir auf der »guten Seite« sein, der Seite der Freiheit, das heißt der Angelsachsen. Von den Kommunisten abgesehen, wollten das alle Deutschen. Die Russen – angesichts der Ereignisse des Zweiten Weltkrieges ein wohl unvermeidbarer historischer Fehler – hatten bis 1952 keine Alternative angeboten. Hätten sie sich versöhnlich gezeigt, frühzeitig eine für sie tragbare Wiedervereinigung in Aussicht gestellt, wäre vieles anders gewesen. Statt dessen haben sie den Kommunistenschreck geschürt, lange bevor Adenauer ihn zum Instrument seiner Politik machen konnte.

Die Deutschen waren durch die Macht der Umstände, aus Überzeugung oder aus Kommunismusangst für den Westen. Adenauer wollte diese Politik unbedingt, vorrangig vor jeder anderen Erwägung, selbst um den Preis der Teilung, die ihn nicht sonderlich zu schmerzen schien. Aber nicht bedingungslos; er wollte für den Rumpfstaat so viel herausholen wie möglich. Und dies Konzept hat er – *contre vent et marée* – verwirklicht.

Seine Größe bestand darin, genau zu wissen, was er wollte und was er nicht wollte. Das gab ihm einen Vorrang vor allen anderen: in schwankenden Zeiten nicht schwankend gesinnt zu sein. Adenauer hatte eine für

Deutsche, die meist der Politik des »to have the cake and eat it« huldigen, ungewöhnliche Tugend: Er wollte auch die Folgen seines Wollens.

Sein Charakterbild schwankt nicht mehr »von der Parteien Haß und Gunst verwirrt« in der Geschichte. Die Verklärung der Größe hat die Härten, Kanten und Ecken verhüllt. Aber schwankt dafür nicht sein Werk? Er hat in den letzten Jahren dunkle Vorahnungen gehabt. Die Geschichte der Bundesrepublik ist eine Erfolgsgeschichte. (Die des anderen Deutschland übrigens auch!) Aber ist sie nicht auch – wir können das wohl heute schon feststellen – eine Geschichte des Scheiterns? Die großen Ziele wurden nicht erreicht. Die europäische Utopie – ein einiges, supranationales Europa – ist ferner denn je, die Wiedervereinigung nach einer gescheiterten Ostpolitik *ad calendas graecas* vertagt. Der Friede ist weniger sicher denn je, und die Wohlstands- und Überflußgesellschaft, die alles vergessen lassen sollte, in ihren Wurzeln bedroht. Zwar stehen die Mauern noch, aber die Wände zeigen immer größere Risse. Und neue Generationen, die den großen alten Mann nur noch als Altarbild oder als Karikatur kennen, stellen sein Werk, nein: alles in Frage. Adenauer kannte seine Deutschen gut, und seinen Tacitus hatte er gelesen.

Er war ein deutscher Patriot. Seine Erinnerungen hat er »meinem Vaterland« gewidmet. Die Jahre des rastlosen, harten Ringens um deutsche Interessen hatten wohl auch sein Deutschlandbild zunehmend verändert; es aus der Enge des rheinischen Raumes in größere Zusammenhänge gestellt. Und der Machtmensch Adenauer hätte wohl auch über ein größeres Deutschland herrschen mögen, wenn die Wiedervereinigung ihm eine Mehrheit gebracht hätte. Zu Preußen, das er nicht kannte, hatte er kein Verhältnis. Aber war er nicht in seiner rigorosen Pflichtauffassung und seiner Bescheidenheit im Persönlichen – noch sein Grab in Rhöndorf zeugt davon – trotzdem ein Preuße? Als Nachruhm wünschte er sich nur die Feststellung, er habe seine Pflicht getan.

Meine letzte persönliche Berührung mit Adenauer: Erich Mende und Walter Scheel wollten mich 1961 als Staatssekretär im Entwicklungsministerium. Adenauer wollte – zu Recht – seinen Finanzexperten Vialon auf diesem Posten. Obschon meine Personalakte auf dem Tisch lag, behauptete er schlicht, ich sei in einer Ordensburg gewesen. Als Mende nachgegeben hatte, sagte er: »Machen wir den Herrn Sonnenhol doch zum Ministerialdirektor, Staatssekretär kann er ja immer noch werden.«

Franz Blücher

Der Ruhm Adenauers und Erhards hat die Leistungen der anderen Männer der ersten Stunde der Bundesrepublik etwas zu sehr in den Hintergrund treten lassen. Das trifft auch zu für den Nachfolger von Theodor Heuss im Vorsitz der Freien Demokratischen Partei und Vizekanzler der Koalitionsregierung Adenauers, Franz Blücher. Adenauer siegte über Schumacher mit einer Stimme, seiner eigenen. Das gab der FDP eine Schlüsselstellung. Franz Blücher, sein Name ist heute schon fast vergessen, nutzte sie in wichtigen Sachfragen und besonders der Wirtschaftspolitik – aber nicht zu einem Machtkampf mit Adenauer in der Außen- und Deutschlandpolitik. Dazu war der »Gummilöwe«, wie die Journalisten ihn nannten, nicht der Mann. Franz Blücher war der Regimentsadjutant des Ersten Weltkrieges und der Prokurist einer angesehenen Privatbank geblieben. Er war auch im besten Sinne der Prokurist der ersten beiden Kabinette Adenauers, und als solcher hatte er große Verdienste – unter anderem als Vorsitzender des Wirtschaftskabinetts. Er verhalf mit den Freien Demokraten der Wirtschaftspolitik Erhards zum Siege. Das war bei der mit dem Ahlener Programm angetretenen CDU nicht ohne weiteres sicher. Wenn er als Vizekanzler Adenauer vertrat, versuchte er manches zurechtzubiegen, was der Alte hinterher übelnahm. Er war um eine bessere Behandlung der Opposition bemüht, was ebenfalls mißfiel.

Blücher war ein Liberaler und deshalb allein schon kaum ein Gegenpol gegen den Machtmenschen Adenauer – wie auch Theodor Heuss nicht. Auf diesen hätte er sich auch kaum stützen können. Heuss repräsentierte den neuen Staat mit Würde, war aber im Grunde ein unpolitischer Literat, ein Mann des schönen Wortes, kein Gegengewicht gegen den starken Kanzler.

Blücher war von Natur aus ein guter, aber weicher Mensch, der aus Schwäche sündigte. Zu seinen Schwächen gehörte auch seine Eitelkeit, die man leicht ausbeuten konnte. Er war ein gebildeter Mann mit gesundem Wirtschaftsverstand. Bei der Presse war er beliebt, besonders, wenn Adenauer ihr den Brotkorb hoch hing. Er war ein Nationalliberaler alter Prägung. Das Vaterland bedeutete ihm noch etwas. Wie das damalige Programm seiner Partei war sein Denken von Haus aus ganz auf die Wiedervereinigung gerichtet und gegen alles, was sie verhindern konnte oder nach Rheinbundstaat aussah (»Man ziehe Preußen von Deutschland ab – was bleibt? – der Rheinbund, eine rheinische Republik« – J. Görres). Damit war der permanente Seelenkonflikt mit Adenauer vorprogrammiert. Zum äußeren Ausbruch ist es nie gekommen, zumal die Mehrheit der FDP, bestimmt aber der Fraktion, wohl mehr hinter dem Bundeskanzler stand als manche Teile der CDU. Adenauer verstand es meisterhaft, diese treue Hilfstruppe mit Versprechungen zu ködern – so den Hessen Euler mit dem Außenministerium. Welche Unterstützung Adenauer trotzdem durch die FDP hatte, zeigte sich beim Kampf um den Deutschland- und den EVG-Vertrag. Blücher stand mit Dehler in der vordersten Front, obgleich er zu diesem Zeitpunkt schon gut unterrichtet war, daß die Verträge in der französischen Kammer keine Chance haben würden.

Blücher war zunächst im Unterschied zur Mehrheit seiner Fraktion gegen eine übereilte Wiederbewaffnung. Er ahnte, daß sie die gesamtdeutschen Chancen verringern mußte. Aber als es im Herbst 1950 zum Schwur kam – er hatte in Gesprächen mit Journalisten kräftige Worte gebraucht –, trat nicht er zurück, sondern Heinemann! Seine Partei wäre ihm dabei auch nicht gefolgt. *Principiis obstat!* Die abschüssige Bahn der Unterwerfung unter den Willen Adenauers war damit beschritten. Er verteidigte 1952 Pfleiderer nicht und ließ 1954 aus demselben Anlaß erklären, ich habe mit der FDP nichts zu tun, was formal richtig war. Das soll nicht heißen, daß er nicht um eine Kurskorrektur der einseitigen Westpolitik Adenauers bemüht gewesen sei. Er hat den Kampf um die umstrittene Bindungsklausel des Deutschlandvertrages erfolgreich geführt und mußte sich in dem Brief des Bundeskanzlers vom 6. Mai 1952 sagen lassen, er habe leichtfertig die auswärtigen Interessen des Landes gefährdet. Vergeblich warnte er den Bundeskanzler vor dem zu erwartenden Scheitern des EVG-Vertrages, und erfolglos bemühte er sich um eine Kompromißlösung mit Mendès-France. Adenauer hat es ihm nicht gedankt. Als die FDP ihn 1955 zum Außenminister vorschlug, lehnte er dies mit einem Hinweis auf einen Brief von François-Poncet(!) ab, der angeblich einen Bordellbesuch Blüchers in Paris schilderte. Das mache ihn für das Ausland untragbar.

Franz Blücher vertrat ein vernünftiges Europa-Konzept, das an der Praxis des Marshall-Plans und der europäischen Zusammenarbeit in der OEEC orientiert war. Als deutscher Vertreter in der Ruhrbehörde lernte er Frankreichs Europavorstellungen rechtzeitig kennen. Gegen die deutsche »Europa-Theologie« und den Professoren-Perfektionismus fand man bei ihm immer offene Ohren.

Die domestizierte FDP wurde ein Problem, als Blücher auf Druck von Höpker-Aschoff, dem ersten Präsidenten des Bundesverfassungsgerichts, und Heuss 1953 Thomas Dehler fallen ließ und dieser von einem Paulus zu einem Saulus wurde. »Es fiel mir wie Schuppen von den Augen«, sagte er mir später. Adenauer bereute, ihn nicht mehr im Kabinett zu haben. Die Saarfrage gab den Rest. Adenauer war gegen die Rückkehr der Saar. Er glaubte, diesen Preis bezahlen zu müssen. Die Aufzeichnungen des Saarunterhändlers Lahr in »Zeuge von Fall und Aufstieg« lassen daran keinen Zweifel. Es kam zu schweren Zusammenstößen mit der FDP. Blücher verteidigte – wider besseres Wissen, hatte er doch jahrelang die Saar-FDP offen und geheim unterstützt – Adenauers falsche Politik. Seine Lage wurde unmöglich. Er war mit seinen Ministern und einer Minderheit der Fraktion zunehmend isoliert. Er hatte weder verstanden, sich die liberale Hochburg Baden-Württemberg zu sichern, wo Reinhold Maier allerdings einen entschlossenen Anti-Adenauer-Kurs steuerte, noch auch sich mit Middelhauve in Nordrhein-Westfalen zusammenzutun, und noch weniger fand er den Weg zu den »Jungtürken« Weyer, Döring, Mende und Scheel, die 1956 entschlossen waren, der »Adenauerknechtschaft« ein Ende zu machen. Zu seinem Nachfolger in der Parteiführung, Dehler, der die FDP ab 1955 auf einen anderen außenpolitischen Kurs führte, waren alle Brücken abgebrochen.

Adenauer hat in seinen Erinnerungen bestritten, mit der von Blücher betriebenen Spaltung der FDP etwas zu tun gehabt zu haben. Das mag formal richtig sein. Überzeugend ist es nicht. Sein Interesse war zu offensichtlich. Die Wahlrechtsfrage, immer das Damoklesschwert über der FDP, wurde nicht ohne Grund von der CDU hochgespielt. Die CDU ahnte nicht, daß sie 1957 die absolute Mehrheit bekommen würde. Viel deutet darauf hin, daß gewisse Industriekreise und der Bundesverband der Industrie (BDI) – sein Präsident Fritz Berg war ohne die notwendige geistige Ausrüstung zu lange im Amt – bei der Spaltung mitgewirkt haben. Die Vorstellung war, die liberale Partei müsse ein verlängerter Arm der Industrie sein. (Das war ebenso abwegig wie der Versuch der späteren FDP-Linken, die Masse der SPD links zu überholen!) Da das nicht durchzusetzen war, mußte die Partei gespalten werden. Blücher blieb mit dem Adenauer-Flügel (vier Minister, sechzehn Abgeordnete) allein. Die neue Partei (FVP) war von vornherein eine Fehlgeburt. Der alten FDP unter Dehler und dem Landesverband Nordrhein-Westfalen sperrte die Industrie eine Zeitlang die Mittel. Das war die Zeit, in der die FAZ sich wegen dessen anderer Deutschlandpolitik von Paul Sethe trennen mußte.

Ich hatte mich schon vor dieser Zeit von Blücher immer weiter entfernt. Er hatte andere, nicht immer glückliche Ratgeber. Ich war in die Handelspolitik übergewechselt. Mein Tätigkeitsfeld wurden das GATT in Genf und zu meiner großen Befriedigung die Verhandlungen über die EWG in Brüssel. Wenn auch politisch entfremdet, blieb Blücher menschlich treu: Er entsandte mich zum 1. Januar 1957 als Botschaftsrat an die OEEC-Vertretung nach Paris. Er selbst ging nach der Wahl 1957 an die Hohe Behörde nach Luxemburg und starb dort bald an gebrochenem Herzen.

Thomas Dehler

Als Adenauer im Oktober 1954 zur abschließenden Verhandlung und Zeichnung der Verträge nach Paris fuhr, lud er Vertreter der Koalitionsparteien ein, ihn zu begleiten. Die FDP schickte Dehler und mich als seine Berater. Der Aufenthalt in Paris gab Gelegenheit, den Mann noch näher kennenzulernen, der so unterschiedlich beurteilt wurde. Ich hatte ihn zum ersten Mal nach seiner Hamburger Sonntagsrede vom 22. Januar 1950 gesehen, die François-Poncet wegen der Kritik an Frankreich zu einem Protest und Adenauer zu einer Distanzierung veranlaßte. Seit dem Tage lebte Blücher in Angst um Dehlers Sonntagsreden!

Thomas Dehler war ein National-Liberaler alten Stils, ein Demokrat des deutschen Bildungsbürgertums, ein später Achtundvierziger, wenn auch ohne den penetranten Geruch eines besonderen demokratischen Salböls, den man bei Heinemann immer spürte. Er war ein mutiger Mann. Er hatte sich nicht wie andere bekannte Liberale von seiner jüdischen Frau scheiden lassen und sie, obgleich er bis 1933 ein führendes Mitglied des »Reichsbanners« gewesen war, unter großen Schwierigkeiten und Opfern durch die Zeit des Dritten Reiches gebracht. Und er war ein Mann des Rechts. Seine Rede zur Abschaffung der Todesstrafe gehört zu den Höhepunkten des Bundestages. Er war ein guter Justizminister. Und er war ein lauterer Charakter. Er hat später dem zu Unrecht verunglimpften Adolf Arndt Abbitte getan. Sein ungezügeltes Temperament spielte ihm schlimme Streiche. Als Arndt sich bei der befreundeten Frau Dehler über ihren Mann beschwerte, sagte sie: »Aber lieber Herr Arndt, Sie kennen ihn doch, wenn er ans Rednerpult geht, weiß er nicht, was er sagen wird, und wenn er herunterkommt, weiß er nicht, was er gesagt hat.«

Dehler war ein glühender deutscher Patriot. Die Frage der deutschen Zukunft, das heißt der Wiedervereinigung, war sein alleiniger Maßstab. Er hatte Adenauer aufs Wort geglaubt, daß die Verträge, und nur sie, dieses

Ziel erreichen würden. Er und mit ihm nahezu alle Freien Demokraten hatten geglaubt, daß es eine amerikanische Politik der Stärke gäbe und daß im Zuge des »roll back« die Russen eines Tages kapitulieren würden. Das mag sein Verhalten 1952 erklären.

Zwei Jahre später sagte er mir in Paris auf die Frage, wie er das alles habe glauben können: Er habe von Außenpolitik bis dahin wenig verstanden und wenig gewußt; auch Amerika und Frankreich nicht gekannt. Adenauer habe – wenn überhaupt – das Kabinett nicht richtig unterrichtet. Außerdem habe der Kanzler wohl selbst die Lage falsch beurteilt. Er sei Adenauer verfallen gewesen, habe ihn, trotz mancher Fehler, für einen großen Staatsmann gehalten. Deshalb habe er immer geglaubt, in der Frage der Verträge bis zum äußersten gehen zu müssen. Das erkläre seine Überreaktion gegen das Bundesverfassungsgericht und gegen seinen alten Freund Höpker-Aschoff, der ihm in Empörung über sein berühmtes »Justiz-Schelte-Telegramm« vom Dezember 1952 schrieb: »Ein preußischer Amtsrichter vor 1914 würde sich geschämt haben.« Außerdem habe er der Gefahr justizförmiger Entscheidungen von politischen Lebensfragen begegnen wollen. Hier sei er mit Adenauer, Heuss und Blücher einer Meinung gewesen. Und dann sei er im Stich gelassen worden. Erst habe man ihn vorgeschickt und nachher geopfert. »Es fiel mir wie Schuppen von den Augen.«

Blücher habe ihn 1953 bei der Kabinettsbildung fallen lassen, als Höpker-Aschoff und Heuss seinen Kopf verlangten. Dann habe er Zeit gehabt, sich näher mit der Außenpolitik zu befassen und sein früheres Bild zu korrigieren. Adenauer sei eben doch der Separatist geblieben und Frankreich hörig. Er fühlte sich später durch Adenauers Haltung in der Saarfrage in dieser Auffassung bestätigt. Er qualifizierte den Kanzler völlig ab. Der ganze Weg des Adenauer-Europas sei politisch falsch und führe zu nichts. Hallstein, »ein Mann ohne Herz und Hoden«, sei ein Unglück. Das war im übrigen auch Blüchers Meinung.

Nur mit Mühe konnte ich ihm – wie schon erwähnt – das Geständnis abringen, daß Adenauer ein guter Repräsentant Deutschlands im Ausland sei. Er hat seine Auffassung über Adenauer auch später nicht geändert, wie seine Äußerung gegenüber Günter Gaus beweist: »Er hat mich tief verletzt, weil der Glaube an ihn, der Glaube an seine Politik, der Glaube auch, daß das gesprochene Wort gilt und bindet, in schlimmer Weise erschüttert worden ist. Da war viel, viel Kränkung auch dabei; viel auch, wie Sie sagen, verletzte Liebe.«

Zu Heuss und Blücher waren die Brücken abgebrochen. Inzwischen wandte sich aber auch das Gros der FDP von Adenauer ab. Die Ablehnung der Verträge durch Frankreich führte die Adenauer-Dämmerung herauf. Blüchers Partei-Spaltung, hinter der Dehler Adenauer vermutete, gab den Rest. Dehler fand sich mit dem alten Adenauer-Gegner Reinhold Maier und den Düsseldorfer »Jungtürken« und besonders Döring. Er entdeckte Pfleiderer und billigte meine in dieselbe Richtung gehende Denkschrift von 1954. Konsequent kritisierte er Adenauers Moskaureise (1955) und ihre Ergebnisse. Er fiel nun in die ursprüngliche Haltung der SPD zurück, die den bedingungslosen Eintritt in den Europarat abgelehnt hatte. In der EWG sah er ein Hindernis für die Wiedervereinigung, und er trug dazu bei, daß die FDP sie mit einer Stimme ablehnte (durch eine Koalition von Agrarprotektionisten, Freihändlern, Englandfreunden und National-Liberalen, die für die Wiedervereinigung fürchteten!).

Die von mir vertretene und später von Walter Scheel übernommene These, die Wiedervereinigung könne von nun an nur in einem europäischen Rahmen und damit nicht ohne Frankreich erreicht werden und die EWG könne hier hilfreich sein, wollte er nicht gelten lassen. Über die Amerikaner kamen ihm immer größere Zweifel. Als ich Anfang 1964 in der Fraktion eine neue Version des sogenannten »dritten« Weges vortrug: Anerkennung der DDR auf Zeit, Stufenplan für die Wiedervereinigung, militärischer Sonderstatus des wiedervereinigten Deutschlands, fand ich bei dem mir inzwischen zum väterlichen Freunde gewordenen Mann keine Unterstützung. Die letzten Jahre Dehlers als Vizepräsident des Bundestages waren einsam. Seine Gedanken kreisten immer um die Möglichkeit der Wiedervereinigung.

Ludwig Erhard

»Der Ruhm ist die Summe der Mißverständnisse, die sich um eine Person bilden«, heißt es in einem mißtrauischen Kommentar über berühmte Männer. Hätte es kein deutsches Wirtschaftswunder gegeben, wenn Johannes Semmler, der Direktor der Wirtschaftsverwaltung der Bizone, 1948 die »Hühnerfutterrede« (die wohl auf einem Mißverständnis beruhende Kritik an Marshall-Plan-Lieferungen) nicht gehalten, das heißt Ludwig Erhard keine Chance bekommen hätte? »Wenn« und »hätte« sind zwar müßige geschichtliche Kriterien, hier aber angebracht, um Proportionen zurechtzurücken. Der deutsche wirtschaftliche Wiederaufstieg wäre auch gekommen, wenn auch vielleicht nicht in so dramatischen Formen. Erhard war nicht der Vater des deutschen Wunders – ein Wort, das er als liberaler Wirtschaftstheoretiker nicht lieben konnte und nicht liebte.

Es gab auch andere Verfechter der liberalen Wettbewerbswirtschaft – sogar in der CDU. Und sie war die Philosophie der amerikanischen Lehrmeister. Es gab Wirtschaftswunder in anderen Ländern mit anderen theoretischen Ansätzen, in Frankreich, Italien und besonders Japan – aber auch in der DDR.

Was war dann das Einmalige an Ludwig Erhard, seine historische Leistung? Wilhelm Röpke hat sie klassisch formuliert: »Es ging darum, die Theorie der Marktwirtschaft und des gesunden Geldes in die Sprache der politischen und sozialen Wirklichkeit zu übersetzen, in immer neuem Anlauf, mit immer frischen Kräften, in immer neuem Ringen mit den Problemen und Widersachern. Das hat Ludwig Erhard geleistet.«

Ludwig Erhard war ein Monomane – deshalb Adenauer immer wieder verdächtig. Er hatte nur einen Gedanken. Den hatte er radikal zu Ende gedacht. Und er hatte Mut, ungeheuren Mut, den auch die Gunst der Stunde nicht mindert. Es war einfach unglaublich, in einer völlig zerstörten Wirtschaft und einer dem liberalen Gedanken und der Praxis feindlichen Umwelt ganz auf die Kräfte des Marktes und die unternehmerische Initiative zu setzen.

Ludwig Erhard hatte gute Nerven. Er hatte es 1948 bewiesen. Und er bewies es noch einmal 1950, als es im Koreakrieg zu einer gefährlichen wirtschaftlichen Krise kam. Die Rohstoffbewirtschaftung drohte. Nur Ludwig Erhard verlor die Nerven nicht, und er behielt recht.

Der Verfasser – bis Anfang 1948 hinter Stacheldraht – gehörte nach dem Krieg zu denen, die es sich nicht vorstellen konnten, daß es je wieder zu einer größeren privaten Eigentumsbildung kommen könnte und sollte, und die deshalb nur eine gerechte Verteilung der Armut für möglich und erstrebenswert hielten. Er blieb auch einige Zeit lang noch ungläubig, bis die Wirklichkeit ihn überzeugte. Er ist aber bis heute skeptisch geblieben gegenüber der Aufforderung des Ministerpräsidenten des französischen Bürgerkönigs Louis Philippe, Guizot: »Enrichissez-vous par le commerce et par l'industrie.« Sie könnte von dem Ludwig Erhard des Jahres 1948 stammen. Und doch auch nicht. Die krasse Begünstigung der Sachwertbesitzer in der Währungsreform war eine amerikanische Korrektur der deutschen Vorschläge. Erhard war kein Manchester-Liberaler, wenn er sich auch häufig so anhörte. Er wußte, daß auch zum Markt wie zur Demokratie Tugend gehört und daß diese einen Ordnungsrahmen braucht, der Mißbrauch verhindert. Müller-Armack steuerte den »irenischen« Gedanken bei: die soziale Marktwirtschaft. Erhard geriet trotzdem in die Rolle des Zauberlehrlings. Bereits 1956, etwa der Zeitpunkt, zu dem man die wirtschaftlich bis dahin richtige Sachwertbegünstigung hätte einstellen sollen, verlangte er in einem Maßhalteappell eine neue Wirtschaftsgesinnung: »So billig können wir unsere Gewissen nicht freikaufen – wer nichts anderes zu bieten hat als besser leben oder weniger arbeiten –, eine neuere und reifere Gesinnung tut not!« Dramatische Aufrufe folgten: »Wer nicht hören will, muß fühlen – aus echter, ehrlicher Sorge um unser Schicksal« (1961). Die CDU aber – Ludwig Erhard trat ihr erst 1964 bei, nachdem er Kanzler geworden war – wollte die Wahlen gewinnen, und sie bekam 1957 die absolute Mehrheit. Der Julius-Turm (acht Milliarden D-Mark – so etwas gab es einmal!), wurde vergeudet und die dynamische Rente eingeführt. Der Tanz um das Goldene Kalb wurde ergänzt durch die Sozialpolitik des schlechten Gewissens. Auch hier liegen Quellen der Fehler und Miseren der siebziger und achtziger Jahre.

Erhard war ein Trommler, kein Macher. Seine Macht war seine Idee. Sein Verdienst ist, die CDU für die Marktwirtschaft gewonnen zu haben, was gar nicht so einfach war. Und diese Idee war so erfolgreich, daß sie zum deutschen Markenartikel schlechthin wurde, auf den später auch die Sozialdemokraten nicht mehr verzichten wollten.

Eigentlich war Erhard eine Erfindung der Freien Demokraten. Dehler hatte ihn ins Gespräch gebracht. Die FDP blieb seine treueste Stütze. Trotzdem gab es Ärger mit ihr: 1949 bei der Regierungsbildung, weil Blücher aus Koalitionsgründen das wichtige Marshall-Plan-Ministerium bekam und 1961 Scheel das Entwicklungsministerium. Verstimmungen und nicht endende Kompetenzstreitigkeiten waren die Folge. Erhard hatte wenig Sinn für Bürokratie: »Er habe noch nie gehört, daß auch Beamte zum Sozialprodukt beitrügen.« Die Beamten sind ihm trotzdem treu geblieben. Der Geist Ludwig Erhards lebt in der alten Kaserne in Duisdorf nun schon über Generationen – er ist in den Wänden!

Ludwig Erhard war für den, der nicht täglich mit ihm arbeitete, ein eigenartiger Mensch. Allein schon die Erscheinung: der dicke Kopf auf den Schultern eines plumpen Körpers. Er war kontaktarm, ein Mann des Monologs, nicht des Gesprächs. Bei Esseneinladungen unterhielt er sich kaum mit der Hausfrau. Monologe waren auch seine programmatischen Erklärungen im Ministerrat der OEEC in Paris. Ich sehe noch das ungläubige Erstaunen der Angelsachsen und Franzosen bei seinen ersten Auftritten. Er konnte mit dieser multilateralen Welt und sie mit ihm nicht viel anfangen. Die Sprachbarriere kam hinzu. Der Erfolg verwandelte das Staunen in Neugierde und Neid, kaum in Sympathie. Die Franzosen blieben Erhard zeitlebens fremd. Auf einer Fahrt vom Flugplatz Orly durch die trostlosen Vorstädte von Paris, wo die Trödler an den Straßen ihre billigen Waren feilboten, sagte er noch 1958 zu mir: »Herr Sonnenhol, daraus wird nie etwas.« Meinen Einwand, daß Frankreich sich rasch aus dem Mittelalter auf das 20. Jahrhundert zu bewege, überzeugte ihn nicht.

Erhard war ein unpolitischer Mensch. Nach Franz Blücher hat er sich im Kabinett Adenauer nie zu einer sein Ressort nicht betreffenden Frage zu Wort gemeldet. Man hat auch nie von einem ernsthaften Engagement für die Wiedervereinigung gehört. Die kleineuropäische Politik hielt er – wie sein Mentor Röpke – für wirtschaftlich ebenso falsch wie schädlich. Er kritisierte sie öffentlich im In- und Ausland.

Sein wirtschaftlicher Sachverstand konzentrierte und beschränkte sich wohl auch auf den Kern des Wirtschaftens. Die multilaterale Welt blieb ihm fremd und verdächtig. Als Vorsitzender des EWG-Ministerrates war er rat- und hilflos. Er konnte keine Diskussion zusammenfassen. Hilflos war er auch in der Nachtsitzung des OEEC, als de Gaulle durch Couve de Murville die Freihandelszone platzen ließ. Er kannte das Ausland nicht. Sein größter Irrtum waren die Engländer: Er hielt sie für Freihändler und bessere Europäer als die Franzosen. Ein Europa ohne sie wollte er nicht. Er warnte die Engländer, wo er sie traf, vor der EWG.

Es ist deshalb kein Wunder, daß er mit de Gaulle nichts anfangen konnte. Der Bericht Paul Franks, daß Bundeskanzler Erhard in den deutsch-französischen Konsultationen eine wichtige Anregung de Gaulles zur Deutschlandfrage einfach überhörte, ist nicht überraschend. Der Verfasser nahm 1966 an den deutsch-französischen Konsultationen in Paris teil. Es war eine mühsame, quälende Veranstaltung. Erhard, von Carstens unterstützt, verteidigte pflichtgemäß die amerikanische Vietnampolitik. Eine scharfe Replik des Generals war die Folge. Davon verstehe Frankreich nun wirklich mehr! Er könne uns natürlich nicht hindern, anders zu denken, aber dies Abenteuer werde für die Amerikaner schlecht ausgehen. Der General dürfte intellektuell und physisch gelitten haben. Er ließ sich aber nichts anmerken und war ein rührend besorgter Gastgeber. Seine Rache kam, Goethe zitierend, mit der Tischrede auf Ludwig Erhard: »Unermüdlich schafft er das Nützliche redlich.«

Der Marshall-Plan: Sternstunde Amerikas, Rettung Europas

Der seit langem unbefriedigende Zustand der europäisch-amerikanischen Beziehungen und insbesondere die gefährliche Trübung des deutsch-amerikanischen Verhältnisses empfiehlt eine Rückbesinnung auf die Quellen. Sie drohen trotz einer vagen Marshall-Plan- und NATO-Dankbarkeit in einem historischen Halbdunkel zu versinken. Völker wollen und können nicht auf die Dauer dankbar sein. Der italienische Ministerpräsident Graf Sforza schrieb 1948 an Präsident Truman: »Es wird beinahe unmöglich sein, daß wir Europäer Ihnen verzeihen, uns vom Hungertod errettet zu haben!« Staaten haben nach de Gaulle keine Freunde, sondern nur Interessen. Um so notwendiger ist Klarheit über die deutsch-amerikanischen Beziehungen in den vergangenen 35 Jahren.

Der Autor verdankt den deutsch-amerikanischen Beziehungen der ersten Jahre in der Bundesrepublik einen seiner befriedigendsten Abschnitte seines Berufslebens sowie seiner europäischen Hoffnungen und Enttäuschungen. Vielleicht ist er deshalb geneigt, dieser Zeit besondere Bedeutung beizumessen. Aber weder Vergangenheit, Gegenwart noch Zukunft sind ohne ihre Kenntnis verständlich.

Wie schon ausgeführt, war die Westeinbindung der Bundesrepublik nicht das Werk Adenauers – er fand sie vor. Auch Kurt Schumacher hätte sie nicht ändern können und wollen. Das Frühjahr 1947 brachte die Wende der Nachkriegsgeschichte – von der zu vertrauensvollen Kriegskooperation der USA mit der Sowjetunion zu deren Eindämmung und zur Konfrontation. Amerika begegnete der sowjetischen Expansionspolitik in Griechenland und der Türkei mit der Trumandoktrin. Die Außenministerkonferenz in Moskau im April 1947 zerstörte die letzte Hoffnung auf eine einvernehmliche Regelung der Nachkriegsprobleme. Am 5. Juni 1947 hielt der amerikanische Außenminister G. C. Marshall die berühmte Harvard-Rede, die als Marshall-Plan in die Geschichte einging. Diese Rede ist noch unverändert aktuell. »Unsere Politik richtet sich nicht gegen irgendein Land oder irgendeine Doktrin, sondern gegen Hunger, Armut, Verzweiflung und Chaos.« Die Sowjetunion und die osteuropäischen Länder wurden zur Teilnahme eingeladen. Am 27. Juni 1947 trafen sich die Außenminister der vier Mächte in Paris, um über die Durchführung zu beraten. Molotow reiste nach wenigen Tagen ab. Er wandte sich besonders gegen die Einbeziehung der westlichen Besatzungszonen Deutschlands, was die russischen Reparationsansprüche gefährde. Später verbot er der Tschechoslowakei die Teilnahme.

Die dann einsetzende Entwicklung der amerikanisch-europäischen Beziehungen – Marshall-Plan, Europäisches Wiederaufbauprogramm (ERP), Europäische Wirtschaftliche Zusammenarbeit (OEEC) und NATO – wartet noch auf ihre historische Gesamtwürdigung. Amerika, ein Neuling in der Außen- und Weltpolitik, das sich weder vorher noch nachher durch außenpolitische Begabung besonders auszeichnete, hatte eine Sternstunde, auf deren Höhe es sich seitdem nicht wieder erhoben hat. Ein glückliches Zusammentreffen von Umständen und ungewöhnlichen Menschen – der Name Marshall verdeckt zu viele andere, darunter Kennan, Averell Harriman, Paul Hoffmann, Christian Herter, John McCloy – brachte eine unerhört mutige, revolutionäre »Vision« hervor, die das Glück hatte, wenn auch mit Abstrichen, verwirklicht zu werden. Amerika sah sein Interesse darin, daß Europa, Quelle zweier Weltkriege, gesund, stark und einig werden sollte; fähig, sein Geschick selbst in die Hand zu nehmen. Natürlich war auch amerikanisches Eigeninteresse im Spiel: die weitgehende Abrüstung der amerikanischen Armee; das Gespenst einer neuen, großen Arbeitslosigkeit; die Hoffnung auf Märkte – aber vor allem die Sicherung der für Amerika wichtigen atlantischen Gegenküste und ihres Hinterlandes. Es war ein völlig neuer Gedanke – ein liberaler zudem –, das eigene Interesse im Interesse des Partners zu sehen, der Schutzbefohlener und Konkurrent zugleich war. (Gilt das heute noch?)

Auch in anderer Hinsicht war das »ERP« eine radikale Abkehr von geheiligten amerikanischen Vorstellungen. Roosevelt – Machtpolitiker und nostalgischer Jünger Wilsons zugleich – hatte noch in Jalta den Russen weitgehend freie Hand in ihrem Herrschaftsbereich zugestanden, wenn sie nur in den Vereinten Nationen mitarbeiten würden. Und er gab ihnen dafür drei Stimmen, statt der einen Amerikas. Diese universalistisch-utopische Politik, zum Glück real fundiert durch die Bretton-Woods-Institute, Weltbank und Weltwährungsfonds und die später vom Kongreß nicht ratifizierte Havanna-Charta, aus der das GATT hervorging, wurde zwar nicht aufgegeben, aber ergänzt durch das Konzept einer regionalen Zusammenarbeit mit Europa, der von nun an das Hauptinteresse galt.

Amerika hatte von 1945 bis zum Beginn des Marshall-Planes bereits zwölf Milliarden Dollar Anleihen und Schenkungen an Europa gegeben – ohne sichtbaren Erfolg. Auch der Marshall-Plan drohte in nationalstaatlichem Egoismus zu versanden, bis Paul Hoffmann 1949 in Paris mit der Faust auf den Tisch schlug und unter Androhung der Sperrung der Mittel den Zusammenarbeitsprozeß beschleunigte. Diese Politik war für ein im Grunde protektionistisches und wirtschaftlich autarkes Land wie Amerika in keiner Weise selbstverständlich. Bald nach der Verkündigung des Marshall-Planes tauchten in Europa die ersten Zollunions- und Teilintegrationspläne auf. Einer davon war Robert Schumans Montan-Union. Die kategorische Förderung der europäischen Verteidigungsanstrengungen in der 1954 gescheiterten Europäischen Verteidigungsgemeinschaft (EVG) und die wohlwollende Tolerierung des Gemeinsamen Marktes (EWG) wären ohne diese Entwicklung nicht möglich gewesen. Der Hähnchenkrieg kam erst viele Jahre später, ein offener Handelskrieg erst 1982.

Gerade im Lichte der sich heute wieder verstärkenden nationalen Egoismen und der Tendenzen, leichtfertig den mühsam erreichten Integrationsstand zu mindern, ist die Erinnerung daran wichtig, daß es ohne die wirtschaftliche Zusammenarbeit in der OEEC kaum eine NATO hätte geben können. Die wirtschaftliche Einigung Europas, die Stärkung seiner Wirtschaftskraft und seiner Verteidigung bildeten von Anfang an ein Ganzes; wenn es auch leider ein ungenügendes Ganzes geblieben ist. Nach 35 Jahren stehen wir noch immer nicht auf eigenen Füßen, rebellieren aber gegen die Amerikaner, ohne bereit zu sein, den Preis für unsere Freiheit zu zahlen. Nationalstaatliche Fehlentwicklungen – insbesondere in England und Frankreich, die den Löwenanteil der Hilfe erhielten – blieben nicht aus, mit Wirkungen bis auf den heutigen Tag. Aber ein irreversibler Prozeß war eingeleitet, aus dem langsam ein verändertes Europa hervorgehen sollte.

Ein Novum der Weltpolitik: Der verfemte, geschlagene Gegner von gestern, Deutschland, sollte von Anfang an in dieses Programm einbezogen werden. Kein Versailles und kein Morgenthau-Plan! Die Militärgouverneure der drei westlichen Besatzungszonen lieferten die Unterlagen und unterzeichneten am 16. Juni 1948 für Deutschland die OEEC-Konvention. Am 31. Oktober 1949 trat die Bundesrepublik in ihre Rechte ein und nahm – vertreten durch Vizekanzler Franz Blücher als Marshall-Plan-Minister – gleichberechtigt im Ministerrat Platz. Eine häufig übersehene paradoxe Situation trat ein: Während in den kommenden Jahren erst schrittweise das Besatzungsrecht durch Vertragsrecht abgelöst und die Bundesrepublik Deutschland erst 1955 souverän wurde, war sie in dem vitalen Bereich der Wirtschaft von Anfang an unabhängig im Rahmen der Verpflichtungen des Marshall-Plans und der OEEC-Konvention. Gleichzeitig gingen aber für einige Zeit noch die Demontagen weiter; Kohle und Stahl waren der Ruhrbehörde unterstellt. Man kann kaum ermessen, welcher Fortschritt die nicht problemlose Montanunion war. Sie wäre nie zustande gekommen, wenn der Marshall-Plan nicht vorher in Frankreich den Monnet-Plan zur Modernisierung der französischen Wirtschaft finanziert hätte.

Der erste Vertrag, den die junge Bundesrepublik abschloß, war das am 15. Dezember 1949 von McCloy und Adenauer im Bonner Museum König unterzeichnete ECA-(Marshall-Plan-)Abkommen. Es war für die ersten Jahre die Basis der deutsch-amerikanischen Beziehungen. Die Bundesrepublik erhielt bis 1952 zusammen mit früheren Hilfeleistungen rund drei Milliarden Dollar. Nach dem Londoner Schuldenabkommen von 1952 mußten davon eine Milliarde Dollar zurückgezahlt werden, was vorzeitig erfolgte. Aus den DM-Gegenwertmitteln entstand das ERP-Sondervermögen des Bundes, aus dem noch heute gezielte Investitionsprogramme und Beiträge zur Entwicklungshilfe finanziert werden.

Die Vertragsunterzeichnung vom 15. Dezember 1949 ist dem Verfasser noch gut in Erinnerung: Man kann sich heute die Umstände nicht mehr vorstellen. Es gab weder vernünftiges Vertragspapier noch ein Siegel. Auch mit den Formalitäten taten wir uns schwer, weil ohne »Vorgang«. Für den Referenten für Presse und Öffentlichkeitsarbeit war der Vertrag von besonderer Bedeutung, weil ein bestimmter Prozentsatz der Gegenwertmittel für Marshall-Plan-Öffentlichkeitsarbeit eingesetzt werden mußte. Das gab meiner Arbeit eine starke finanzielle Basis, die mir neben der Materie selbst ein Mitspracherecht bei der Informationspolitik der Bundesrepublik ermöglichte. Ein enges und stets gutes Verhältnis zum Bundespresseamt – von Böx bis Felix von Eckardt – war die Folge. Daß der Öffentlichkeitsauftrag Anlaß gab zu einer intensiven publizistischen Arbeit und zu einer ständigen Auseinandersetzung nicht nur mit den wirtschaftlichen, sondern noch mehr den europäischen Problemen führte, versteht sich von selbst. Eine Fülle von Vorträgen, Artikeln und die laufende Mitarbeit in Presseorganen waren die Frucht.

Ich hatte ein leichtes, befriedigendes Amt, weil ich die Sonnenseite des Neuaufbaus vertreten konnte und Amerika von seiner besten Seite kennen- und schätzenlernte. Die vertrauensvolle Zusammenarbeit mit McCloy und seinem Stabe sind mir stets in guter Erinnerung geblieben. Es mag noch heute interessieren, daß es deutsche Firmen gab, die Hilfe erhielten, aber ein Schild »Hier baut der Marshall-Plan« nur ungern aufstellten.

Man hat viel über die ersten diplomatischen Vertretungen der Bundesrepublik geschrieben. Aber bereits im Herbst 1949 wurde in Washington eine Marshall-Plan-Vertretung unter H. Podeyn eingerichtet. Der später bekannte Handelspolitiker und Staatssekretär im Auswärtigen Amt, Günter Harkort, sandte brillante wirtschaftliche und gesellschaftspolitische Analysen; die erste Berichterstattung über das unbekannte Amerika. Gleichzeitig begann unter der Leitung des Bankiers H. K. von Mangoldt die OEEC-Vertretung in Paris ihre Arbeit. Sie war von Anfang an mit guten Experten besetzt, aus denen ein Bundesbankpräsident (Emminger), hohe internationale Beamte, Professoren und eine Reihe von Botschaftern hervorgegangen sind. So schnell wuchs das Ansehen der Bundesrepublik und dieser Behörde, daß von Mangoldt bereits 1952 der Präsident der Europäischen Zahlungsunion (EZU) wurde und bis zu ihrem Ende 1959 blieb. Das Ministerium wurde nach Auslaufen des Marshall-Plans 1953 in sinnvoller Weise in Bundesministerium für Wirtschaftliche Zusammenarbeit umbenannt. Unter diesem Namen lebte es 1962 als Entwicklungsministerium wieder auf.

Das »mögliche« Europa

Die ständige Auseinandersetzung mit den wirtschaftlichen Realitäten Europas brachte frühzeitig einen unschätzbaren Gewinn: Für Illusionen war hier kein Platz. Das OEEC-Europa mit seinem gemäßigten Einstimmigkeitsprinzip war das »mögliche« Europa. Das Nationalstaats- und Großmachtbewußtsein Englands und Frankreichs, deren Kolonialreiche erst begannen abzubröckeln, war trotz europäischer Lippenbekenntnisse und einer überzeugten europäischen Politik einzelner, wie Schuman und Monnet, noch ungeschwächt. Neben der Bundesrepublik waren die kleinen Länder an einer Integration interessiert; die neutralen unter ihnen – Österreich, Schweiz und Schweden – nur mit Vorbehalten.

Eins ist mir in dieser Zeit klar geworden: Der klassische Souveränitätsbegriff hatte einen tiefen Wandel erfahren, und dabei ist es – eher noch verstärkt – bis heute geblieben. Nicht die Fähigkeit, sich selbst zu verteidigen, sich keinem fremden Willen zu unterwerfen oder einem anderen seinen Willen aufzwingen zu können ist Inhalt der Souveränität – in alldem ist man von den Supermächten abhängig. Weder die Narrenfreiheit der Länder der Dritten Welt, wo die neuen Herren noch scheinbar klassische Außen- und Machtpolitik machen, noch das Falkland-Abenteuer Großbritanniens oder die Expansionspolitik Israels sind ein Gegenbeweis. Es ist in jedem Falle geliehene Macht unter der atomaren Schwelle.

Aber selbst das kleinste Land – zumal ein demokratisch regiertes – wird auf ein Recht der Selbstbestimmung nicht verzichten: die Konjunkturautonomie. Sie ist heute der harte Kern der Souveränität. Hier finden bisher alle Integrationsbemühungen ihre Grenze; das ist das Existenzproblem der EG. Das alte Völkerrechtsthema der Souveränität muß neu durchdacht werden.

Die Entwicklungsproblematik der Länder, die man damals noch ehrlicher »unterentwickelt« nannte, drängte sich mit Macht auf. Mit der Türkei und Griechenland war sie in der OEEC von Anfang an gegenwärtig. Aber auch die unterentwickelten Gebiete Italiens – Mezzogiorno – beschäftigten uns. Und natürlich die abhängigen Gebiete südlich der Sahara, über die die Mutterländer berichten mußten. Zwangsläufig führte der Marshall-Plan zu weltweiten Hilfsprogrammen Amerikas, beginnend mit dem Punkt-IV-Programm von 1950. Den ersten großen Auftritt der Dritten Welt erlebte der Verfasser 1954/55 auf der GATT-Revisions-Konferenz in Genf unter dem bedeutenden indischen Präsidenten Iha. Es war die Zeit von Bandung.

Die Frage liegt nahe, warum dem Marshall-Plan gelang, was unweit größerer späterer Hilfe in den meisten Ländern der Dritten Welt versagt zu bleiben scheint. Der Kern der Antwort ist einfach. Im Zentrum allen Wirtschaftens und jeder Entwicklung steht der Mensch. Alle anderen, vor allem die quantitativen Input-Multiplikator- und »Take-off«-Vorstellungen, sind ein Irrtum. In Europa waren zwar die Produktionsstätten weitgehend und in Deutschland fast ganz zerstört. Aber nicht die Menschen. Man brauchte bloß ihre schöpferischen Kräfte freizusetzen, ihnen wieder Mut und Hoffnung und, wo nötig, Starthilfe zu geben. Alles andere besorgten sie selbst.

Hier liegt die Bedeutung des Marshall-Plans. Er war eine Hoffnungsbotschaft, die weit über das Materielle hinausging. Es ist oft gefragt worden, ob die Bundesrepublik auch ohne den Marshall-Plan auf die Beine gekommen wäre. Bei der Tüchtigkeit der Deutschen in der gegebenen Notsituation zweifellos – wir sehen es an der Ostzone, die nicht nur nichts erhielt, sondern Reparationen leisten mußte. Aber es wäre schwerer gewesen, hätte länger gedauert und hätte der Aufbruchstimmung der Liberalisierung des Wirtschaftslebens einen Teil der Initialzündung genommen.

Bedeutsamer als die Einfuhrhilfen und die Investitionsspritzen war für ein so auf Export angewiesenes und lange von der Welt abgeschnittenes Land wie die Bundesrepublik etwas anderes. Hier liegt die Bedeutung der OEEC für uns. Die – nach anfänglichen Schwierigkeiten – schrittweise Schaffung eines freien Güter- und Zahlungsverkehrs in einem großen Raum schuf erst den notwendigen Markt, ohne den der Schwung bald ausgegangen wäre. Auch hier ist ein Wort der Anerkennung für die USA angebracht: Die Bundesrepublik, ohne koloniale Präferenzräume wie Frankreich und Großbritannien, war besonders auf den Weltmarkt angewiesen. Die Amerikaner gestatteten uns, wegen unserer »Dollarlücke« gegen sie zu diskriminieren. Sie erschwerten unseren billigen Exporten nicht den Zugang zu dritten Märkten, und sie vergaben zusätzlich »Off-shore-Käufe« nach Europa. Der schnell wachsende warenhungrige europäische Markt und die amerikanische Begünstigung in den ersten Jahren ermöglichten unsere Exporterfolge und den Wechsel von einem Schuldner- zu einem Gläubigerland. Allerdings haben wir – dank der Menschen und der klugen Wirtschaftspolitik – diese Chance auch wahrgenommen.

Ein weiterer Aspekt darf nicht übersehen werden, der für die Dritte Welt von besonderer Bedeutung ist. Immer wieder erleben wir – mit steigendem Nationalismus mehr denn je –, daß selbst sehr arme Länder wie Tansania sich weigern, Hilfsauflagen sogar multilateraler Institutionen auch nur entgegenzunehmen, geschweige denn zu befolgen. Der Marshall-Plan war nicht ohne Auflagen – nach unserer Auffassung waren sie nicht einmal drastisch genug. Wir scheuten uns nicht, uns zu einem fremden Hilfsprogramm zu bekennen, dessen Philosophie wir allerdings teilten. Und die wichtigste Auflage war die Schaffung der OEEC mit dem Ziel der europäischen Integration durch Überwindung nationalstaatlichen Wirtschaftsdenkens. Zum ersten Mal in der Wirtschaftsgeschichte mußten große Länder ihre Politik vor einer multilateralen Institution rechtfertigen, und besonders gründlich, wenn sie Regeln nicht einhalten oder Kredite nehmen mußten. Der deutsche Fall von 1950 ist die beste Erläuterung. Der Koreakonflikt bedrohte das europäische Experiment mit einem frühzeitigen Ende. Rohstoffknappheit, Zahlungsbilanzdefizite, Inflation waren die Folgen. Besonders hart war die rohstoffarme Bundesrepublik getroffen. In der gerade erst gegründeten EZU geriet sie schnell in ein gefährliches Defizit. Scharfe, die Entwicklung blockierende Importrestriktionen waren unausbleiblich. Die Atmosphäre in der OEEC war nicht gerade freundlich; ausgerechnet wir waren der erste große Fall. Aber die Organisation zeigte sich auf der Höhe des neuen Geistes. Sie machte einen 120-Millionen-Dollar-Kredit von harten Auflagen abhängig, denen wir zustimmten. Wir konnten den Kredit vor der Zeit tilgen und sind seitdem ein Gläubigerland.

Wo lag das Geheimnis des Erfolges der OEEC? In der völlig neuen und mutigen Art der wirtschaftlichen Zusammenarbeit sowie in harten, aber im Notfall flexiblen Regeln. Der Handelskrieg mit dem Prinzip der Retorsion (noch heute die ultima ratio im GATT) wurde ersetzt durch gegenseitige Hilfe und moralischen Zwang. Die »Beggar-your-neighbour«-Politik wurde abgeschafft. (Heute droht sie wieder!) Dafür mußten die Karten auf den Tisch gelegt und strenge Examen durch Experten und andere Länder hingenommen werden. Der moralische Druck vermag überraschenderweise eine ganze Menge. Staaten scheuen das öffentliche Sündenbekenntnis und bemühen sich, wenn es eben geht, die Regeln einzuhalten, solange der harte Kern – Konjunkturautonomie und Landwirtschaft – nicht betroffen ist. Die liberale »Seelenmassage« des Wunderdoktors Erhard und seiner Jünger soll hier nicht vergessen werden.

Das weitergehende Integrationsprogramm der EWG und ihre überzeugenden Erfolge haben die Leistungen der OEEC und ihrer Nachfolgeorganisation zu stark in den Hintergrund gedrängt. Zehn Jahre nach ihrer Gründung wurden Europas Währungen konvertibel. Der Waren- und Dienstleistungsverkehr war weitgehend liberalisiert. Immer weitere Bereiche – bald schon die Kernenergie, später Wissenschafts-, Bildungs- und Umweltpolitik wurden einbezogen. Einfach war das nicht. Jahrelang sah der Liberalisierungsprozeß wie eine Echternacher Springprozession aus. In den fünfziger Jahren grassierte die französische wie später die englische Krankheit. Ohne die Machtübernahme de Gaulles (1958), die politische Stabilität, durchgreifende Wirtschaftsreformen und die Beendigung des Algerienkrieges brachte, wäre Frankreich wohl kaum in der Lage gewesen, die Verpflichtungen der EWG zu erfüllen und die Konvertibilität aufrechtzuerhalten.

Der gemeinsame Markt – Erfolg und Grenzen

Der Verfasser hatte 1955 das Glück, als Vertreter des BMZ vom ersten Tage an an den EWG-Verhandlungen in Brüssel teilzunehmen. Keiner wird so leicht die Erfahrungen dieses Neubeginns nach dem Debakel der supranationalen Europa-Hoffnungen vergessen. England nahm teil, bis für eine Zollunion entschieden wurde. Der deutsche Delegationsleiter, der ostpreußische Edelmann Hans von der Groeben – Erhard tolerierte seinen Beamten mehr, als daß er ihn unterstützte –, brachte Sachkenntnis und trockenen Humor ein. Er machte mit dem Franzosen Pierre Uri den ersten Vertragsentwurf. Es war ein langsames Vortasten in den Bereich des Möglichen. Auch hier war es im wesentlichen eine Auseinandersetzung mit Frankreich, das die Karte seiner Schwäche bis zur letzten Stunde ausspielte. Bald wurde klar, daß zwei Bereiche durch Generalklauseln praktisch ausgeklammert werden mußten: die Landwirtschaft sowie die Konjunktur- und Währungspolitik. Ein automatischer Übergang von der ersten zur zweiten Stufe war nicht durchzusetzen. Das ermöglichte Frankreich 1962, die seine Landwirtschaft begünstigende Sonderregelung durchzusetzen: den heute mehr denn je umstrittenen protektionistischen und dirigistischen Agrarmarkt. Der harte Kern blieb trotz wiederholter Ansätze ungelöst. Zur schnellen Veränderung von Verhandlungspositionen: Noch 1962 galt, daß Frankreich in erster Linie an der Landwirtschaft, wir an der Industrie interessiert seien. Inzwischen ist Frankreich ein bedeutendes Industrie-, und wir sind zusätzlich ein Agrarexportland geworden.

Als alles schon ziemlich weit gediehen war, kamen die Franzosen im Herbst 1956 in Venedig mit einer neuen massiven Vorbedingung: die finanzielle und handelspolitische Begünstigung der überseeischen Gebiete. Bis zur Stunde des Vertragsabschlusses wurde in Paris auf Regierungschefebene um Präferenzen für Bananen gefeilscht. Aus dieser Kolonialforderung wurde später auch noch etwas Vernünftiges: die Lomé-Abkommen über die Zusammenarbeit mit den inzwischen selbständig gewordenen Ländern.

Mit vielen deutschen Konzessionen gelang das Werk, in das entgegen der ursprünglichen Absicht und den Erfahrungen mit der EVG doch noch supranationale Elemente eingeschoben wurden: starke Kommission, Mehrheitsprinzip. Die Krise war damit vorprogrammiert.

Ein Wort zum deutschen Verhandlungsstil: Der liebenswerte Professor Müller-Armack gab meist – ganz wie Ludwig Erhard – überzeugende liberale Grundsatzerklärungen ab, interessierte sich aber wenig für die späteren Formulierungen. Sehr zum Erstaunen der Franzosen, für die zwei Dinge wichtig sind: die Annahme ihrer Vorbedingungen und die Formulierung des Textes. Die Philosophie interessiert sie wenig. Trotzdem sollten wir den deutschen Anteil nicht gering achten. Daß die EWG – die Landwirtschaft ausgenommen – eine offene Wettbewerbsgemeinschaft wurde, war unser Verdienst.

Wohl kaum einer der Beteiligten hat damals vorausgesehen, daß das Unternehmen so erfolgreich und attraktiv sein würde. Aber in einem haben wir uns alle getäuscht, obgleich es eigentlich ein unverzeihlicher, ein marxistischer Irrtum war: Wir hofften, daß die wirtschaftliche Einigung zwangsläufig die politische nach sich ziehen müßte. Wir wissen heute leider, daß dies nicht so ist, daß im Gegenteil der mangelnde politische Wille das wirtschaftlich Erreichte und vielleicht eines Tages die Zollunion selbst bedroht. Daß die übereilte Erweiterung der Gemeinschaft dabei eine Rolle gespielt hat – de Gaulle hatte gewarnt –, ist offensichtlich. Die Engländer sind noch »gaullistischer« als die Franzosen! Wir sollten uns aber hüten, das Erreichte – wenn auch unvollkommen und gefährdet – gering zu achten. Zu sehr haben wir uns schon daran als an etwas Selbstverständliches gewöhnt. Mehr war nicht möglich.

Es lag damals nahe, diese EWG durch eine große Freihandelszone zu ergänzen, an der die übrigen OEEC-Mitglieder und unter ihnen auch die Neutralen – Schweiz, Schweden und Österreich – teilnehmen konnten. Die Erfahrungen der OEEC ermutigten dazu. Die Bundesrepublik und vor allem Ludwig Erhard begrüßten und unterstützten deshalb den englischen Plan. Ich war inzwischen in Paris (1957) und nahm an den Verhandlungen teil. Es gelang, dem Projekt die »englischen« Zähne weitgehend zu ziehen. Trotz großer technischer Schwierigkeiten wurden befriedigende Lösungen gefunden, selbst für die Entwicklungsländer Türkei, Griechenland und Portugal.

Es stände heute besser um Europa, hätte de Gaulle die Freihandelszone nicht torpediert. Die nächtliche Ministerratssitzung am 15. Dezember 1958 in dem schönen Louis-XV-Saal des »Château de la Muette« ist eine unvergeßliche, aber traurige Erinnerung. Ich saß neben Ludwig Erhard am Verhandlungstisch – mein Botschafter war der Einladung einer hübschen Dame gefolgt. Zwischen dem französischen Außenminister Couve de Murville und dem englischen Handelsminister Eccles kam es zu einer harten Auseinandersetzung. Schlichtungsversuche blieben erfolglos. Ein Appell Ludwig Erhards an die Vernunft ebenfalls. De Gaulle hatte entschieden. Es war für mich eine der dunkelsten Stunden Europas. Ein junger Europäer der französischen Delegation, der spätere gaullistische Politiker und vielfache Minister R. Peyrefitte, hat diese Nacht in seinem Buch »Le mal français« lebendig geschildert. Er kommt aber noch 1976 zu einer anderen Schlußfolgerung: de Gaulle habe in der Nacht die EWG gerettet.

Aber das Gegenteil war der Fall. Sollte Europa nicht auf die Dauer wirtschaftlich gespalten werden – die Bildung einer Freihandelszone der Nicht-EWG-Länder unter Führung Großbritanniens kündigte dies an –, mußte der Weg der Ausweitung der EWG beschritten werden mit den Folgen, die wir heute erleben. Die Aufnahme Griechenlands – ein Balkanland – war ein Fehler, vor dem fast alle Experten warnten. Die Assoziationsverträge mit Griechenland (1962) und der Türkei (1964) mit ihren Vollmitgliedschaftsvereinbarungen waren das Ergebnis einer für die Folgen (z. B. Freizügigkeit) blinden Europa-Euphorie. Der Beitritt Spaniens und Portugals steht bevor; der der Türkei wird in einigen Jahren kaum zu verhindern sein. Damit verändert die EG ihren Charakter.

Die Hoffnung auf eine operative außenpolitische Zusammenarbeit war bereits mit dem Beitritt Griechenlands nahezu Null. Selbst der kleinste gemeinsame Nenner fehlt. Die vier großen Institute für internationale Beziehungen – für die Bundesrepublik das Forschungsinstitut der Gesellschaft für Auswärtige Politik unter Leitung von Professor Karl Kaiser – kamen 1983 in einer kritischen, aber realistischen Analyse »Die EG vor der Entscheidung – Fortschritt oder Verfall« zu dem pessimistischen Ergebnis, daß der Rahmen für das ursprünglich Erhoffte und Machbare bereits gesprengt sei und nur radikale Reformen den Verfall aufhalten könnten. Die Entwicklung seitdem hat ihnen recht gegeben. Es ist auch wenig wahrscheinlich, daß die Versprechungen vor der Wahl zum Europäischen Parlament 1984 Wirklichkeit werden, selbst wenn Frankreich, wie Mitterrand in Straßburg ankündigte, zum Mehrheitsprinzip und einer stärkeren Kommission zurückkehren würde. Eine handlungsfähige europäische Union ist leider nicht in Sicht. Das direkt gewählte Parlament schadet durch seine Ohnmacht dem Europagedanken. Es war ein ähnlicher Irrtum wie die Hoffnung auf supranationale Institutionen. Am Ende der EWG wird vielleicht nur noch eine Freihandelszone übrigbleiben. Auch das wäre noch ein Fortschritt. Eine engere Integration der Kernstaaten dürfte dann wohl nicht zuletzt aus politischen und militärischen Gründen zwingend notwendig sein.

Eine atlantische Wirtschaftsgemeinschaft?

Mit der Konvertibilität und der weitgehenden Liberalisierung hatte die OEEC 1958 ihren Hauptzweck erfüllt. Zudem trieb nun die EWG den Integrationsprozeß weiter. Neue Aufgaben standen vor der Tür und vor allem die Dritte Welt. Amerika und Kanada – bisher Beobachter – wollten Vollmitglieder werden; eine Art atlantische Wirtschaftsgemeinschaft, der später auch Japan, Australien und Neuseeland beitraten. Leider hat man damals Bemühungen der großen lateinamerikanischen Länder um Aufnahme nicht aufgegriffen. Die Chance, ihnen wirtschaftlich und damit auch politisch durch eine engere Zusammenarbeit mit Europa einen gewissen Ersatz zu geben für ihre Amerikaenttäuschung, wurde nicht gesehen und nicht genutzt. So wurden sie in die Dritte Welt abgedrängt, deren Einpeitscher sie wurden. Aber die Zeit der großen Vision des Marshall-Plans war vorüber.

In nicht einfachen, monatelangen Verhandlungen, in denen ich die Bundesrepublik vertrat, wurde 1960 ein neues Konzept geboren, die heutige OECD – wobei D für Development, Entwicklung, steht. Wir suchten so viel von der alten OEEC zu retten wie möglich, zumal nach dem Scheitern der Freihandelszone. Ich konnte mich dabei vor allem auf die kleinen und die neutralen Länder stützen, die wie wir an festen Regeln interessiert waren. Eine unheilige Allianz bildete sich. Frankreich und Amerika waren beide interessiert, die neue Organisation so schwach wie möglich zu machen. Frankreich aus protektionistischen Gründen. Die der USA waren komplexerer Natur. Wegen der Zuständigkeit des Kongresses in Handelsfragen und schlechter Erfahrungen in der Vergangenheit wollte die amerikanische Regierung keinen Regeln zustimmen, die, wie bei der Havanna-Charta, die Ratifikation gefährden konnten. Aber wichtigere Gründe als Protektionismus und Souveränitätsüberlegungen spielten eine Rolle: Das Verhältnis USA-Europa hatte sich gewandelt. Dies war nicht mehr die Zeit des Marshall-Plans. Das Experiment war geglückt, Europa war erfolgreich und wohlhabend. Es war Partner in der NATO, wirtschaftlich aber ein Konkurrent. Die US-Großmacht wollte sich so wenig wie möglich binden, Europa aber zu höheren Leistungen vor allem für die Dritte Welt veranlassen. Wir waren, was das letztere anbetraf, einer Meinung, meinten aber, daß auch Amerika sich der Disziplin strenger Regeln fügen sollte und daß die bewährten OEEC-Methoden deshalb beizubehalten seien.

Ich mußte gegen meinen alten amerikanischen Freund J. Tuthill kämpfen, der lange Jahre Wirtschaftsgesandter in Bonn gewesen war – gegen meine französischen Freunde sowieso, darunter den bekannten Hegel-Experten Kojève. Tuthill alarmierte den Bonner Botschafter McGhee, der sich bei Staatssekretär Scherpenberg über meine wenig kooperative Haltung beschwerte. Scherpenberg, wir waren bei McGhee zu Tisch geladen, blieb aber hart und deckte mich. Dennoch war das Endprodukt OECD schwächer, als wir es wünschten. Es gelang uns nicht, einen »Kodex des Wohlverhaltens« für die Konjunktur- und Währungspolitik durchzusetzen, und selbst bescheidenere Grundsätze für eine Koordinierung scheiterten am amerikanisch-französischen Widerstand.

Die Folgen haben wir seit 1970 vor Augen. Die Aufgabe der festen Wechselkurse überforderte das internationale Währungssystem. Amerikas mangelnde Bereitschaft, in seiner Wirtschafts-, Währungs-, Finanz- und Haushaltspolitik auf die Interessen Europas und der Dritten Welt Rücksicht zu nehmen, geschweige denn sich einer multilateralen Disziplin zu unterwerfen, führten zu einer ernsthaften Belastung der Weltwirtschaft und insbesondere der amerikanisch-europäischen Beziehungen, die ohnehin durch den EG-Agrar-Protektionismus belastet sind. Gefährlicher ist aber, daß der verhängnisvolle Geist der »Beggar-your-neighbour«-Politik, den die alte OEEC glücklich überwunden zu haben schien, sich nun wieder ausbreitete. Er machte auch vor der EG nicht halt. Sie bekommt zusehends den Charakter einer Nutznießungs- und Erpressungsgemeinschaft.

Das »Wendejahr« 1961

Das Jahr 1961 war das Wendejahr der Nachkriegsgeschichte. Die Sowjetunion stieg zu einer nach Ebenbürtigkeit strebenden atomaren Weltmacht auf. In Amerika begann mit Kennedy eine neue Zeit, in der Europa nicht mehr denselben Stellenwert hatte. Die eigene Verwundbarkeit änderte die Politik. Das Ergebnis war eine veränderte Rolle Amerikas in der Welt.

Mit der Eisenhower-Dulles-Ära ging auch die Konrad Adenauers zu Ende. Die letzten Jahre waren bereits von Unsicherheit überschattet. Der Mauerbau in Berlin im August 1961 war der Schlußstrich unter illusorische deutsche Amerika-Hoffnungen. Er beendete nicht nur die Adenauerzeit, sondern hinterließ bei Politikern wie Willy Brandt tiefe Spuren bis auf den heutigen Tag. Sie führten ihn 1970 nach Moskau.

Europäische und amerikanische Interessen gingen auseinander. Die auf dem Abkommen von Bretton-Woods beruhenden Grundlagen der Weltwirtschaftsordnung wurden nicht nur von der neuen Dritten Welt in Frage gestellt, sondern zunehmend auch durch die Industrieländer. Japans Aufstieg kündigte sich an.

Das Interesse des Verfassers galt in den fünfziger Jahren neben der laufenden Berufsarbeit über wirtschaftliche, entwicklungspolitische und europäische Fragen vornehmlich drei Themen: die deutsche Frage, das Schwinden der Wiedervereinigungshoffnung und das Scheitern der deutschen Europapolitik; das Europabild Frankreichs und die Rolle de Gaulles; Politik und Rolle der Vereinigten Staaten, ihre Möglichkeiten und Grenzen im atomaren Zeitalter. Alle drei Bereiche sind eng verknüpft und isoliert kaum verständlich.

In den folgenden Kapiteln wird der Versuch unternommen, diese drei für Deutschland wichtigen Hauptstränge der Zeitereignisse aufgrund von Erlebnis, Beobachtung und rückblickender Betrachtung bis in die Gegenwart zu verfolgen.

Amerika, Europa, Deutschland

Der Verlust der amerikanischen atomaren Überlegenheit, der gesicherten Abschreckung und der Aufstieg der Sowjetunion zu einer ebenbürtigen, nun auch Amerika bedrohenden aggressiven Weltmacht, die Änderung der amerikanisch-russischen Beziehungen zu einem atomaren Konfrontations-Kooperations-Verhältnis änderten die meisten Rahmenbedingungen der Weltpolitik, in der zudem China und die Dritte Welt zunehmend eine Rolle spielten. Dieser Wandel war nicht über Nacht gekommen. An Warnern aus den verschiedensten Lagern hatte es nicht gefehlt, wie Kennan, Lippmann und dem jungen Professor Kissinger. Das Buch von Maxwell Taylor: »The Uncertain Trumpet« (Deutsche Ausgabe: »Und so die Posaune einen undeutlichen Ton gibt, wer wird sich zum Streite rüsten?«), traf den Kern der Veränderung.

Das offizielle Deutschland hatte sich geweigert, den Wandel zur Kenntnis zu nehmen, getreu der von Stresemann kritisierten deutschen Neigung: »Unsere tägliche Illusion gib uns heute.« Das unerwartete, unverdiente, nur der geographischen Lage zu verdankende Himmelsgeschenk des amerikanischen Protektorats hatte uns von weiterem Nachdenken weitgehend dispensiert. Die Welt war klar und einfach. Gute und Böse waren deutlich getrennt. Wir waren endlich einmal auf der guten Seite. Und wir hatten die Verträge, die Unterschriften und feierlichen Versicherungen. Welche Überraschung für einen besonders verdienstvollen Architekten des Vertragssystems, Professor W. G. Grewe, als er als Botschafter in Washington in dieser kritischen Übergangszeit erleben mußte, daß die neuen Herren es nicht liebten, an diese Unterschriften erinnert zu werden. Nicht daß man vertragsuntreu werden wollte – das hieße Amerika falsch einschätzen, aber: »rebus sic stantibus«.

Als Brandt an Amerika vorbei – die Befürchtung eines amerikanisch-russischen Arrangements über unsere Köpfe und Interessen hinweg hat dabei eine Rolle gespielt – die Ostverträge abschloß, war für Washington die deutsche Frage von der Tagesordnung verschwunden, von rituellen Kommuniqué-Floskeln abgesehen. Während Kissinger noch 1966 meinte, die Verbündeten Deutschlands hätten die Pflicht, die Verträge ernst zu nehmen und bei einer verantwortlichen Planung mitzuwirken; ein Programm für diese Wiedervereinigung müsse Aussagen über den militärischen Status Deutschlands und seinen Verzicht auf Kernwaffen enthalten, hielt er dies alles später nicht mehr für aktuell.

Das änderte sich erst Anfang der achtziger Jahre mit der neuen Politik der Stärke Präsident Reagans und der auch in Amerika sichtbar werdenden Unruhe über den linken Neutralismus der Friedensbewegung in der Bundesrepublik. Die Teilung Europas und Deutschlands trat mit der Sorge über ein mögliches Abgleiten der Deutschen wieder stärker in den Vordergrund. James Reston schrieb 1983 in der »New York Times«: »Wenn Amerika am Mississippi geteilt wäre, würden wir nicht ruhen und rasten, auch wenn wir unser Leben hingeben müßten, bis unser Land wiedervereinigt würde.« Die »International Herald Tribune« gab, das langjährige Thema Walter Lippmanns wiederaufnehmend, den Rat »über eine lose Föderation als Teil einer größeren europäischen Regelung nachzudenken«. Der amerikanische Außenminister Shultz erklärte in seiner Eröffnungsrede der Stockholmer Konferenz (KVAE) im Januar 1984, sein Land werde die Teilung Europas »nicht hinnehmen«.

Wir Deutschen waren einst die führenden Seelenanalytiker fremder Völker und Kulturen. Aber wir tun uns bis auf den heutigen Tag schwer mit unseren Hauptpartnern Frankreich und Amerika. Der deutsch-amerikanische »Mißverständniskrieg« nahm 1982 trotz dreißigjähriger Erfahrung mit unserem Protektor-Partner und der Reagan-Beruhigungspillen auf dem Bonner Gipfel (1982) gegen Ende der sozialliberalen Koalition Helmut Schmidts lebensgefährliche Formen an. Das änderte sich mit der Regierung Helmut Kohls. Dieser kam aber trotz seiner Standfestigkeit in der Raketenfrage durch seine Politik der »Kontinuität« bald in den Verdacht, ein »Weicher« zu sein. Beunruhigender wurde jedoch der fast pathologische Antiamerikanismus der deutschen Linken, gipfelnd in der Behauptung, die Vereinigten Staaten planten einen Angriffskrieg mit atomaren Waffen von unserem Boden aus. Der Verfasser mußte an ein Giselher Wirsings Amerikabild von 1938 denken: »Die Vereinigten Staaten sind im Begriff, ein gefährlicher Herd für einen neuen Weltkrieg zu werden.« Es scheint schwer zu sein, die Erkenntnisse nachzuholen, die man in den fünfziger und sechziger Jahren im unverhofften Glück der Geborgenheit versäumte.

Zur Entschuldigung der ersten Adenauer-Zeit muß gesagt werden, daß die »homines novi«, durch Hitlers Wahnsinn und Verbrechen über Nacht ins Zentrum des Weltgeschehens gestellt, diese Welt wenig kannten. Die Emigration hat leider nur selten ungetrübte Einsichten gebracht. Der auswärtige Dienst lief erst langsam an. Experten kamen kaum zu Gehör, auch wollte man nur hören, was paßte, und wurde dementsprechend bedient. Der junge Paul Frank in Paris und der alte Albrecht von Kessel in Washington machten die Erfahrung.

Frankreich und England kannten Amerika immer besser, und selbst de Gaulle wußte trotz verbaler Fehden ziemlich genau, woran er war. Entsprechend kannten die Amerikaner ihre alten Verbündeten besser als uns und trauten ihnen – bis heute – verständlicherweise mehr als dem neuen, unheimlichen und irgendwie doch unsicheren Vasallen.

Spätestens 1960/61 hätte man Bilanz machen müssen. Wie Professor Ulrich Scheuner kurz vor seinem Tode schrieb, war die »biedermeierliche Epoche des amerikanischen Schutzes« vorbei. Die Bundesrepublik mußte sich eigene Wege aus den Gefahren suchen und eine eigene Rolle in der Geschichte. Diese nüchterne Bilanz ist bis heute ausgeblieben mit der Folge von Mißtrauen und Unehrlichkeit bei öffentlichen Liebeserklärungen. Diese Malaise war nicht auf uns beschränkt. Als europäische Krankheit gefährdete sie das Bündnis und stürzte es in immer neue Krisen. Dabei ist es ein Wunder, daß dieses Bündnis bisher gehalten hat und die Amerikaner gegen alle Erwartungen noch mit 230 000 Soldaten in Deutschland stehen und – wenn wir sie nicht zwingen – vorläufig auch nicht vorhaben, abzuziehen.

Die Fragestellung war 1960/61 dieselbe wie heute, Ehrlichkeit auf beiden Seiten vorausgesetzt: Was will und kann Amerika? Wo sind die physischen und psychischen Grenzen seiner Macht? Was können wir – den Selbstmord selbstverständlich ausgenommen – erwarten und was nicht? Wie müssen jeweils die europäischen Leistungen sein (ebenfalls physisch und psychisch), wo decken sich insbesondere die deutschen und amerikanischen Interessen und wo nicht? Wie können wir den Bereich der Interessengegensätze ohne Schaden behandeln, wie sind weltweite amerikanische Verantwortung und europäische Interessen und Leistungen in Einklang zu bringen? Dabei sollten wir Deutschen uns stets vor Augen halten, daß wir zwei Weltkriege auch deshalb verloren haben, weil wir Amerika falsch einschätzten.

Ähnliche Überlegungen, mein Engagement in der Marshall-Plan-Arbeit und die Gewißheit, daß ein wie auch immer geartetes freies Deutschland nur eine Überlebenschance – von der Wiedervereinigung ganz abgesehen – an der Seite und im Schutze Amerikas hat, veranlaßten mich Anfang der fünfziger Jahre, gründlicher über diesen Kontinent nachzudenken, den Robert Held einmal die »größte Insel« genannt hat.

Meine damaligen Studien, Erfahrungen und Sorgen fanden Ausdruck in zwei Arbeiten: einem Artikel im »Volkswirt« vom 15. Februar 1952, »Die Grenzen der Macht Amerikas«, und später in einem Vortrag vor einer außenpolitischen Tagung des Hauptausschusses der FDP »Die amerikanische Außenpolitik und Deutschland im Jahre 1961« (Auszüge im Anhang). Der Artikel entstand aus der Sorge einer erneuten Fehleinschätzung Amerikas durch falsche Hoffnungen. Die Vorstellung einer »Roll-back«-Möglichkeit bestimmte weitgehend die deutsche Politik der ersten Jahre. Der Sinn der »Containment-Politik« Kennans war nicht verstanden worden. Der nie auszuschließende Rückfall Amerikas in eine, wenn auch nur gemäßigte, isolationistische Position erschien angesichts des kalten Krieges ausgeschlossen, obgleich ihn der ernstzunehmende republikanische Konkurrent Eisenhowers, Senator Robert Taft, 1951 in »A foreign policy for America« mit Nachdruck vertrat. Das Buch hatte mich stark beeindruckt. Auch Taft wollte nicht zum alten Isolationismus zurück. Er wollte Europa nicht aufgeben, es aber unter Einschluß Englands und Italiens nur an der Peripherie als amerikanische Gegenküste halten und mit Marine und Luftwaffe verteidigen; nicht aber Zentraleuropa mit einem massiven Einsatz von Landtruppen. Eine solche Anstrengung ging nach Auffassung Tafts über die Kräfte des freiheitlichen Systems Amerikas. Eine Konsumgesellschaft könne den Kampf mit einer Opfergesellschaft nur um den Preis der eigenen Freiheit gewinnen. Der Verlust Zentraleuropas sei nicht hoch zu veranschlagen, da die Russen aus der durch Luftangriffe zerstörten Industrie nicht viel Nutzen ziehen könnten!

Seit Tafts düsterer Vision sind die Grenzen der Macht Amerikas gewaltig ausgeweitet worden. Aber seine Warnung vor einem »overcommitment« war nicht unbegründet. Korea, Vietnam, das Zurückweichen in Afrika, die Aufgabe der Dienstpflicht und zuletzt Teheran zeigten die Grenzen. Immer wieder aufkommende Disengagement-Pläne (Radford, Mansfield) und eine zunehmend isolationistische Grundstimmung deuteten zumindest die Möglichkeit des Rückfalls auf die Position des Senators an. Die strategische Weltraumvision Reagans und das, wenn auch nur vorübergehende, Spiel mit der von Moskau vorgeschlagenen Möglichkeit eines auf Europa begrenzten atomaren Krieges gaben ihr in den letzten Jahren neue Nahrung. Die Drohung Kissingers mit dem möglichen Abzug von 150 000 Soldaten, wenn Europa sich nicht endlich anstrenge, ist eine deutliche Warnung. Die Schlußfolgerung meines Artikels von 1952 lautete: »Es wird entscheidend auf die eigene Anstrengung Europas ankommen, wenn die Lücke zwischen den materiellen und psychologischen Grenzen der Macht Amerikas und den an dieses Land gestellten historischen Aufgaben rechtzeitig genug ausgefüllt werden soll.«

In den folgenden Jahren versuchte ich, noch tiefer in das amerikanische Rätsel einzudringen. Ich fragte den 1952 aus Washington zurückkehrenden gescheiten Vertreter des Marshall-Plan-Ministeriums, H. Podeyn: »Wie lange wird es noch dauern, bis Amerika zur Einsicht kommt, daß die Geschichte eine tragische Angelegenheit ist?« Seine Antwort: »Noch hundert Jahre.«

Zwanzig Jahre später fragte ich einen Studenten, warum er beim Bonner Gipfel 1982 auf der anderen Rheinseite gegen Amerika demonstriere. Antwort: »Ich bin links, aber nicht für die Russen.« Warum dann gegen Amerika? »Weil ich die amerikanische Lebensweise ablehne.« Ähnlich vage, einseitig fixierte Vorstellungen dürften die meisten der 200 000 Demonstranten gehabt haben, einschließlich der geistigen Väter – allerdings mit Ausnahme der politischen Nutznießer.

Es mag in dem nun dringend notwendigen Bemühen um ein besseres Verständnis Amerikas nützlich sein, auch hier den eigenen Erkenntnisweg nachzugehen. Mein erstes Amerikabild wurde in ganz jungen Jahren geprägt durch den »Verrat« an den vierzehn Punkten Wilsons in Versailles und durch die Quäkerspeisungen des hungernden Deutschlands. In späteren Jahren beängstigte das Vordringen des materialistischen amerikanischen Geistes und der ihm dienenden Technik zunehmend nicht nur den damals überzeugten »Grünen«. Das Thema des Abituraufsatzes über Mensch und Technik begann nicht zufällig: »Welchen Weg zur Überwindung des Amerikanismus im modernen Wirtschaftsleben...« Die antiliberale und antiwestliche Grundstimmung der damaligen Zeit bestimmten weitgehend auch mein Amerika-Bild. Die Literatur der an Amerika leidenden »lost generation« tat ein übriges. Das Dritte Reich verschärfte und verfälschte dieses Bild zur jüdisch beherrschten Plutokratie Roosevelts. Mir kamen 1938 in London beim Studium der angelsächsischen Welt Zweifel. Die Folge war die Überzeugung, daß diese angeblich dekadente Welt zusammenstehen und bis zum letzten kämpfen werde. (Hier lag eine der Wurzeln meines Kriegspessimismus.) Ob Amerika aber in der Lage sein würde, mit dem russischen Bolschewismus fertig zu werden und eine bessere, gewaltfreiere Welt aufzubauen, blieb auch mir noch fraglich. Die Forderung der bedingungslosen Kapitulation, Teheran und Jalta, der Verrat an China und der Abwurf der Atombombe auf das kapitulationsbereite Japan schienen diese Befürchtungen zu bestätigen. Ich konnte deshalb die Amerikaner nicht mit Überzeugung als Befreier begrüßen. Die Auslieferung Osteuropas und halb Deutschlands an die Russen und deren naive Beurteilung schienen das alte Klischee zu bestätigen. Nürnberg, die Umerziehung, die Entkolonialisierungspolitik zeigten das alte moralisierende Weltbild, den Kampf mit dem Bösen, blind für die Forderungen der neuen weltpolitischen Rolle.

Dann aber kam der Umschwung, die andere Seite Amerikas: seine Lernfähigkeit, Entschlossenheit und sein Freiheitspathos, das auch noch über dem Vietnamkrieg stand. Amerika wurde die Hoffnung der freien Welt. Seine Bereitschaft zur Verteidigung Europas hat die Grenzen des russischen Machtbereichs nicht zurückschieben können und wohl auch nicht wollen. Aber sie hat uns bald vierzig Jahre einen, wenn auch prekären und auf atomarer Abschreckung beruhenden, Frieden gebracht. Das dauerhafteste hegemoniale Verteidigungsbündnis der Geschichte – die NATO – hat bisher trotz aller Interessenkonflikte und Spannungen überlebt.

Natürlich konnte Amerika auf die Dauer nicht der »gute Onkel« bleiben, auf den man alles abladen, den man gleichzeitig kritisieren und schlecht behandeln konnte, wenn er nach unserer Meinung etwas falsch machte. Mit unmißverständlichen Vorankündigungen, beginnend mit Suez 1956, zeigte sich Ende der fünfziger Jahre zunehmend ein anderes Amerika. Und es war doch noch die Zeit des »Freundes« Dulles! Nicht zufällig begann in dieser Zeit Adenauers »cauchemar« der Isolierung, der nach einem Bericht von Professor Grewe schon bei Gesprächen in Paris während der Suez-Operation zu so kritischen Äußerungen über Amerika führte, daß Brentano korrigierend eingreifen mußte. Er verstärkte sich in den letzten Jahren des Kanzlers zu Zweifeln an der Richtigkeit seiner ganzen Politik. In einem Nachruf auf Deutschlands »großen alten Mann« berichtete Graf Finkenstein am 20. April 1967 in der »Welt« von einem Gespräch aus den letzten Wochen: »Bitterkeit ging von Konrad Adenauer aus – Bitterkeit, besonders wenn er von der amerikanischen Politik sprach, fast verletzende Schärfe – und dann in diese Stille voller Zweifel sagte er: ›Wir müssen mit den Russen sprechen. Wir müssen es noch einmal versuchen.‹« Eine ähnliche »Amerika-Allergie« entwickelte sich zunehmend bei Helmut Schmidt, obgleich er den Vorzug hat, Amerika gut zu kennen. Seine oft bissige Kritik diente nicht nur zur Besänftigung des linken Flügels – sie überlebte sein Amt.

In dem Vortrag von 1961 hatte ich versucht, das irritierende Doppelgesicht der »unfertigen Gesellschaft« Amerikas (H. von Borch) verständlich zu machen. Es liegt nicht nur nahe, sondern es ist unerläßlich, nach mehr als zwanzig Jahren, auf dem vorläufigen Höhepunkt der Bedrohung durch eine übergerüstete Sowjetmacht und dem gleichzeitigen Gipfel von amerikafeindlichen Friedenssehnsüchten, mangelndem Verteidigungswillen,

Interessenkonflikten und Spannungen im Bündnis erneut einen Bilanzversuch zu machen.

Amerika ist auch heute noch eine »unfertige Gesellschaft« und eine Weltmacht wider Willen. Es ist in einem wohl noch lang anhaltenden Lernprozeß begriffen, voll von Widersprüchen und doppelten Gesichtern. Ein Volk, das, in einer großen Binnenwanderung begriffen, die Landnahme in diesem riesigen Kontinent noch immer nicht abgeschlossen hat und dessen industrieller Optimismus trotz aller Sorge ungebrochen ist. Ein Land, das seine Unschuld verloren und die Tragik des Scheiterns kennengelernt hat, aber trotzdem seinen »fatalistischen Optimismus« nicht aufgeben möchte. Das doppelte Gesicht umfaßt das größte Freiheits- und Menschheitspathos und den »ugly American«. Die moralische Schizophrenie ist nach dem Soziologen Clark ein Geburtsfehler Amerikas. Menschenrechte und Sklavenhaltergesellschaft; der amerikanische Traum, »pursuit of happiness« und die harte puritanische Interessenwelt; Machtmißtrauen und Machtentfaltung; Aufklärung und Selbstgerechtigkeit; Sklavenbefreiung und Indianerausrottung; moralische Entrüstung über Europa, aber Machtpolitik und materiell unbegründete Eroberungs- und Kolonialkriege (mehr Kriege als Preußen-Deutschland); Glauben an die Machbarkeit des guten Menschen und aller Dinge, Sendungsbewußtsein, »American way of life«; materialistische Konsumgesellschaft, Isolationismus und Kriegsintervention; Befreiung der Dritten Welt und Coca-Cola-Imperialismus.

Dies bringt, gepaart mit dem Wunsch, daß alle Menschen möglichst so sein sollen wie die Amerikaner, nicht selten große Enttäuschungen und politische Nachteile. Viele Gegner in allen Teilen der Welt sind Produkte moralisierender amerikanischer Erziehung und Bildung. Der in der Bundesrepublik durch seine Bücher über die jüngere deutsche Geschichte bekannte amerikanische Historiker Gordon Craig hat versucht, diese Widersprüche aus der amerikanischen Geschichte zu erklären. Er legt die Schwierigkeiten dar, mit ihnen eine konsistente Außenpolitik zu machen. Gleichzeitig ermahnt er die Deutschen, das große aufklärerische Erbe amerikanischen Denkens nicht zu übersehen. Die Lernfähigkeit seines Landes beweist er überzeugend an dem unerwarteten Novum amerikanischer Außenpolitik: die Konstanz seiner europäischen Allianz- und Verteidigungspolitik über ein halbes Jahrhundert.

Die Reihe könnte noch lange fortgesetzt werden. Amerika hat inzwischen die Grenzen des technisch Machbaren und der materiellen Macht erfahren. Auch, daß man trotz guten Willens nicht unschuldig herrschen kann. Vietnam hinterließ ein noch nicht ganz verarbeitetes Trauma. Das innere System wurde durch Watergate in Frage gestellt. Amerika erlebte in Teheran die Ohnmacht einer zutiefst erniedrigten Weltmacht. Und trotzdem – oder gerade deshalb – möchte es ein starkes, selbstbewußtes Land bleiben, das sich weder von Freund noch Feind auf die Füße treten lassen will. Nicht zuletzt deshalb hat es nach dem frommen Buße-Präsidenten Carter Reagan gewählt. Und ausgerechnet ihn macht man in der Welt zum »ugly American«, während die Linke den letztlich für das Engagement in Vietnam verantwortlichen Kennedy immer mit Nachsicht beurteilte.

Jahrelang haben die Verbündeten über die mangelnde Führungsrolle Amerikas und seine Abdankung als Weltmacht gejammert. Nun will das Land eine große Rüstungsanstrengung machen und entschlossen auftreten in der Erwartung entsprechender Unterstützung in Europa. Jetzt aber wollen nicht nur die linken Gegner nur das Säbelrasseln hören. Rudolf Augstein hat angesichts dieses Amerika Verständnis für »Lieber rot als tot«. Günter Grass predigt den aktiven Widerstand, und ein großer Teil der SPD möchte sich »abkoppeln«. Bis wir bei der nächsten Vermutung eines russisch-amerikanischen Einvernehmens oder auch nur einer Disengagement-Diskussion wieder jammern! Können wir noch mit Goethe sagen »Amerika, du hast es besser«?

Wir müssen endlich Amerika so nehmen wie es ist oder auf es verzichten mit allen Konsequenzen. Wir müssen wissen, daß es von Haus aus weder als Gesellschaft noch als Staat für eine imperiale Rolle oder auch nur als Führungsmacht in einem Bündnis geeignet ist. Sein politisches System ist nicht auf die Führungsrolle einer Weltmacht zugeschnitten, sondern das Resultat einer konkreten politischen Situation am Ende des 18. Jahrhunderts. (Freiheit von kolonialer Herrschaft, Machtmißtrauen und individuelles Glück als Hauptkriterien.) Der Präsident, ein gefesselter konstitutioneller Herrscher auf Zeit, kann praktisch kaum zwei Jahre regieren. Er wird nach inneren, nicht nach außenpolitischen Kriterien gewählt. General Haig spricht in seinen Erinnerungen von dem »Fenster der Gelegenheit«, das im allgemeinen in jeder Amtsperiode nur eineinhalb bis zwei Jahre offensteht. Das auch für inneramerikanische Bedürfnisse unzulängliche Wahlverfahren verhindert – von Zufallstreffern abgesehen – eine den Erfordernissen der Zeit entsprechende Führung. Das hatte schon vor hundertfünfzig Jahren Tocqueville vorausgesagt. Die amerikanische Gesellschaft ist trotz ihres puritanischen Grundcharakters und ihres Freiheitsimpulses zunehmend glücks- und konsumorientiert mit Tendenzen zum Matriarchat bei äußerem Männlichkeitskult. Sie ist binnenorientiert und kann in dem riesigen Kontinent zur Not ohne die Außenwelt leben. Im Falle einer ernsten Freiheitsbedrohung ist sie aber mehr aus Urinstinkt als aus Kenntnis zu großen Opfern bereit.

Dieser Kontinent brauchte, solange er nicht von außen bedroht wurde – und das ist er erst jüngeren Datums –, praktisch keine Außenpolitik. Das Fernhalten von den sündigen Geschäften Europas war die Weisheit der Väter. Nachdem er wider Willen hineingezogen wurde und ihm auch noch unvorbereitet eine Führungsrolle zufiel, blieb die Außenpolitik die Domäne kleiner Eliten der nach Europa sehenden Ostküste. Ihr Einfluß ist im Schwinden. Ethnische Minderheiten bestimmen zunehmend die Außenpolitik. Amerika sieht auf zwei Ozeane. Eine wirtschaftliche, gesellschaftliche und politische Gewichtsverlagerung zum pazifischen ist deutlich sichtbar, eine militärische nicht ausgeschlossen.

Der Kontinent ist weitgehend autark und kann zur Not ohne Welthandel leben. Der Außenhandel beträgt nur acht Prozent des Sozialprodukts (bei uns mehr als 30 Prozent). Trotzdem ist Amerika die größte Welthandelsnation mit dem Dollar als Weltleitwährung und der größte Exporteur von Industrieprodukten, Rohstoffen und Kapital. Noch immer gilt, wenn auch mit Einschränkungen, der alte Satz: »Hat Amerika einen Husten, bekommt Europa eine Lugenentzündung« – die Hochzinsdiskussion beweist es. Ein Weltwirtschaft betreibender, aber autarker Kontinent ist für eine Führungsrolle in einem Bündnis wenig geeignet. Interessenkonflikte sind unvermeidlich.

Die Atombombe macht die Führungsrolle in einem freiheitlichen Bündnis nahezu unmöglich. Kennan hatte schon 1957 gesagt: »Der selbstmörderische Charakter dieser Waffe macht sie sowohl als Unterstützung der Diplomatie wie auch als Grundlage eines Bündnisses unbrauchbar.« Das Atom kann man leichter spalten als teilen. Die Drohung mit dem Selbstmord ist unglaubhaft. Die Bombe ist zwar keine militärische, sondern eine politische Waffe – aber sie nimmt der Außenpolitik in einer militärisch letztlich immer noch bipolaren Welt ihre Substanz. Außenpolitisches Denken wurde in Amerika und der NATO von der Raketenzählerei abgelöst. Die beiden Skorpione in der Flasche – Konfrontation und Kooperation – bedeuten praktisch Selbstmord oder Komplizenschaft. Tertium non datur? Angst und Mißtrauen sind nicht unvermeidlich. Das Bündnis muß schlecht und recht mit ihnen leben. Es war deshalb stets problematischer Natur. Daß es bis heute gehalten hat, beweist das Gefühl für die Bedrohung und einen festen Grundstock gemeinsamer Interessen. Ist es trotzdem eine »societas leonina«? Nicht unbedingt. Die Anklage der

Friedensbewegung gegen Amerika und die Gleichsetzung mit der Sowjetunion, der man sogar bereit ist trotz Afghanistan und Polen mehr Friedenswillen zuzubilligen (Brandt: »Breschnew zitterte um den Frieden!«), ist durch nichts gerechtfertigt. Wie kann ein sonst weiser Mann wie C. F. von Weizsäcker behaupten: »Eine Politik, die die Welt in Gute und Böse einteilt und welche die größte Macht, mit der zusammenzuleben unser Schicksal ist, als Haupt des Bösen ansieht, ist selbst dann keine Friedenspolitik, wenn ihre moralischen Urteile richtig sind«? Noch immer gilt die Voraussage von Tocqueville, daß auf der einen Seite die Freiheit stehen wird und auf der anderen Seite die Knechtschaft. Das gilt auch noch für den Vietnamkrieg. Daß die Vietnampolitik ein Fehler und militärisch ein Computer-Irrtum war, steht auf einem anderen Blatt, wie auch die mangelnde Bereitschaft der amerikanischen Gesellschaft, diesen schmutzigen Krieg zu gewinnen.

Amerika ist eine große Insel zwischen zwei Ozeanen mit einer weltweiten Verantwortung. Das bestimmt seine Interessen, die sich nicht immer mit denen Europas decken. Es steht in der Verantwortung letztlich allein. Das verführt zu einsamen Entschlüssen gelegentlich auch dort, wo Interessen der Partner betroffen werden. Es war ein Fehler, de Gaulles Vorschlag für ein Dreierdirektorium abzulehnen.

Europas Klagen sind unehrlich. Spätestens ab 1960 hätte es seine Politik und Verteidigung auf eigene Füße stellen sollen und können. Die erstarkte Wirtschaftskraft von fast 300 Millionen Menschen, darunter zwei atomaren Mächten, reichte dazu aus. Die Lücke zwischen den Grenzen der Macht Amerikas und dem Grad der jeweiligen Bedrohung hätte geschlossen werden können durch weniger Konsum und mehr Opfer. Die Atomgegner sind besonders unehrlich, es sei denn, sie bestreiten die russische Bedrohung überhaupt. Die Atombombe ist für uns leider nicht nur die tödlichste, sondern auch die billigste Verteidigung. Der Ersatz durch konventionelle Rüstung ist nur durch große materielle und gesellschaftliche Opfer möglich. Diese war Europa bisher nicht bereit zu bringen – am wenigsten die linken Kritiker Amerikas. Die jahrlange Diskussion um die Voraussetzungen für den Verzicht auf den Ersteinsatz atomarer Waffen endet in dieser Sackgasse. Daran ändert auch die neue »Europa-den-Europäern«- und De-Gaulle-Begeisterung unserer Linken nichts. Das Konzept der »Selbstbehauptung Europas«, das Horst Ehmke Anfang 1984 in die SPD einbrachte, ist zu schön, um wahr zu sein. Wer wäre nicht für ein von dem atomaren Schutz Amerikas unabhängiges Europa? Möglich ist das. Aber wer bezahlt den Preis? Wer ist bereit, den Weg der Opfergesellschaft in Freiheit zu gehen? Das soll nicht heißen, daß der zu früh versuchte, 1954 gescheiterte Plan einer engeren politischen und militärischen Zusammenarbeit in Europa unter den veränderten Umständen der achtziger Jahre nicht wieder aufgenommen werden sollte. Ganz im Gegenteil: Man sollte keine Zeit verlieren. Aber nicht ohne Amerika, dessen Schutz wir auch dann noch lange Zeit brauchen. Richard Löwenthal, die mit den Fakten der Weltpolitik vertrauten SPD-Wissenschaftler und der frühere Verteidigungsminister Hans Apel unterstreichen immer wieder, vorläufig mit wenig Erfolg, diese Voraussetzung.

Ein Teil der linken Eurozentristen wie Peter Bender und neuerdings auch SPD-Generalsekretär Peter Glotz hat eine einfache Lösung: Man bestreitet die Gefahr in Europa durch Verharmlosung einer entideologisierten, bemitleidenswerten Sowjetunion und schreibt die von dem aggressiven Amerika angeheizte Konfliktsituation dem Supermächte-Antagonismus zu, aus dem wir uns in »Sicherheitspartnerschaft« heraushalten können. Dieser Eurozentrismus ist für den Hauptnutznießer des Bündnisses eine Todsünde.

Unsere besondere Interessenlage zwischen West und Ost ist selbstverständlich. Der durch die Vorgänge im Nahen Osten mögliche Verlust der Golfregion wäre nicht für Amerika, aber für Europa tödlich. Was sind wir bereit außerhalb des NATO-Bereichs zu tun? Praktisch nichts. Wir verlassen uns auf das gescholtene Amerika. Ein besonders widerwärtiger Aspekt der europäischen und speziell der deutschen Unehrlichkeit ist deshalb die Arbeitshypothese, das »schmutzige Geschäft«, ohne das Weltpolitik und Widerstand gegen einen Gegner wie die imperialistische Sowjetunion nun einmal nicht betrieben werden kann, müsse Amerika leisten und sich dafür noch moralische Entrüstung gefallen lassen. Die deutsche »Saubermann-Attitüde« ist bei unserer Interessenlage widerlich. Wir sind dann überrascht, England und besonders auch das aufsässige Frankreich an der Seite Amerikas zu sehen, wie de Gaulle in der Kuba-Krise oder Mitterrand heute. Über eine härtere amerikanische Gangart uns gegenüber sollten wir uns deshalb nicht wundern. Sie darf aber nicht zu selbstmörderischen Kurzschlußreaktionen führen. Die seit zwanzig Jahren verschobene oder verdrängte nüchterne Lage- und Interessenbilanz duldet keinen Aufschub, wenn die Erosion des Bündnisses nicht fatale Folgen haben soll. Der übliche Optimismus des »bisher schon immer« ist nicht mehr erlaubt. Die positiven Entscheidungen des Jahres 1983 in der Bundesrepublik und die amerikafreundlichen Umfrageergebnisse können nicht darüber hinwegtäuschen, daß die Fundamente des Bündnisses brüchig werden könnten.

Die NATO war trotz gelegentlicher Krisen das überzeugende Bündnis der fünfziger Jahre, auch wenn die mit unserem Eintritt verbundenen deutschen Hoffnungen nicht in Erfüllung gingen. Die unmittelbare atomare Bedrohung Amerikas brachte politisch und militärisch eine neue Lage, der das Bündnis bisher nicht oder nur notdürftig angepaßt werden konnte. Die alte Verteidigungsdoktrin wurde unglaubwürdig, die neue der »flexible response« kaum weniger. Die Interessen Amerikas und Europas gingen auseinander. Die NATO wurde eine »Status-quo«-Verwaltung ohne ein politisches und militärisches Zukunftskonzept. Nixon und Kissinger versuchten folgerichtig unter Vernachlässigung europäischer Interessen – die spätere Mittelstreckenproblematik war eine der Folgen – ein Gleichgewichts-Arrangement mit der Sowjetunion, das aber in militärischen Kategorien steckenblieb und von Moskau durch Hochrüstung und Weltexpansion hintergangen wurde. Die Konfliktgefahr verlagerte sich von Zentraleuropa in Gebiete anderer vitaler Interessengegensätze, wo europäische und amerikanische Interessen sich nur teilweise deckten. Eine politische und militärische Ausdehnung des NATO-Bereichs war nicht möglich. Arbeitsabsprachen blieben bedeutungslose Gesten. Europa war unfähig, Amerika im Bündnis durch Selbstverteidigungsfähigkeit zu ersetzen, und überließ ihm den Schutz gemeinsamer bündnisexterner Interessen ohne oder mit nur geringer Einwirkungsmöglichkeit bei Interessenkollision. Die der atomaren Verteidigung inhärente bündniserschwerende Glaubwürdigkeitslücke mit Mißtrauen als Folge degenerierte bei einem Teil der Europäer und vor allem der deutschen Jugend zu der von der russischen psychologischen Kriegsführung genährten irrigen Vorstellung, die NATO sei als eine »societas leonina« nur noch ein Machtinstrument globaler amerikanischer Interessen und gefährde den Frieden. Die Doppelstrategie des Harmel-Berichts (1967): Verteidigungsanstrengungen bei gleichzeitiger Abrüstungs- und Entspannungspolitik wurde durch die von Moskau provozierte Mittelstreckenproblematik überlagert. Sie führte 1983 in der Bundesrepublik zur Aufgabe des bisherigen nationalen Konsenses durch die SPD.

Mit der Aufnahme der Bundesrepublik hatte die NATO mit dem schnell wachsenden deutschen Verteidigungsbeitrag, der sie zum militärisch zweitstärksten Faktor machte, auch die deutsche Frage übernommen. Eine Perspektive zu ihrer Lösung konnte sie in den sechziger und siebziger Jahren nicht entwickeln. Mit den Ostverträgen schien sie ohnehin erledigt. Die NATO hatte aber auch gegenüber der Sowjetunion und ihren osteuropäischen Satelliten keine kohärente Politik. Die Ereignisse in Prag hätten eine Beantwortung der Frage erfordert, wie der Westen unterhalb der Schwelle der militärischen Intervention die wachsende Unruhe und die Selbständigkeitstendenzen behandeln sollte. Hatte man mehr Angst vor dem durch die westlichen Medien geförderten Aufstand als vor der russischen Unterdrückung? Der politische Status quo als Geschäftsgrundlage der Entspannung? Helsinki gab 1975 zwar eine theoretisch gute, aber keine praktische Antwort, wie die Ereignisse in Polen seit 1980 zeigen.

Wichtiger aber noch war, daß man ratlos und uneinig über die Hauptfrage war: die Politik gegenüber einer Sowjetunion, die trotz großer militärischer Stärke deutliche Zeichen des Abstiegs durch Überforderung und Verfall zeigte. Analysen und Behandlungsvorstellungen in Europa und Amerika gingen auseinander. Der Hauptinteressent Bundesrepublik erfuhr vor allem innenpolitisch die Folgen dieses Zwiespalts. Die Entspannung wurde durch die Friedensbewegung zu einer »Entwaffnungspolitik«; Amerika der Sündenbock linker Systemkritik. Die Folge: Amerika erschien – durch verbale Fehlleistungen gefördert – unberechenbar, die Bundesrepublik zunehmend unzuverlässig!

Diese Lage ist mit »business as usual« und der Politik des geschäftig-optimistischen Überkleisterns nicht mehr zu meistern. Die Allianz braucht auf der Basis der wiedergewonnenen Stärke und des neuen Selbstvertrauens Amerikas eine politisch und ethisch konsensfähige, friedensgestaltende Politik für die achtziger und neunziger Jahre. Dazu gehören realistische Vorstellungen über eine mögliche Umgestaltung der politischen und militärischen Verhältnisse in Mitteleuropa. Ein erneuter Versuch der »Revitalisierung« Europas erscheint dafür unerläßlich. Amerika muß noch einmal einen Kampf um die europäischen Herzen führen. Europa muß ehrlich werden und versuchen, die Amerikaner besser zu verstehen. Und die Hauptinteressierten, die Deutschen, müssen für die »Ordnung des Friedens in Europa«, von der sie reden, einen Inhalt finden und die Amerikaner für ihn gewinnen.

Man kann dabei getrost, gegen alle Behauptungen der Linken, von der Arbeitshypothese ausgehen, daß Amerika bereit ist, seine europäischen Sicherheitsinteressen einem zu seiner Verteidigung fähigen Europa zu überlassen, um sich, so entlastet, ganz seinen weltweiten Aufgaben zu widmen. Diese Arbeitsteilung würde die Allianz nicht überflüssig machen, ihr aber einen anderen Inhalt geben. Dabei kann kein Zweifel sein, daß auch ein stärkeres, handlungsfähigeres Europa zu dem globalen Machtausgleich gegenüber einer schwächer werdenden, deshalb vielleicht besonders gefährlichen Sowjetunion immer Amerika braucht – vor allem in einer noch ungewissen Übergangszeit.

Wir, das heißt die Amerikaner, Europa und vor allem der Hauptbetroffene, die Bundesrepublik, müssen endlich ehrlich miteinander umgehen. Bis zur Wende des Jahres 1960/61 konnte man, von dem fragwürdigen Wert der amerikanischen Wiedervereinigungszusicherung abgesehen, von einer weitgehenden Identität der amerikanischen und deutschen Interessen im Rahmen eines Protektoratsverhältnisses sprechen. Unsere Politik hat diesen Zustand einfach fortgeschrieben, obschon vom Tage der Verwundbarkeit Amerikas an fast alles anders geworden war. Der alte Adenauer hatte es gefühlt. Aber es blieb bei der Aufsässigkeit am Anfang der Woche und der Unterwürfigkeit am Ende. Ehrlich kann man nicht in Parlaments-, Presse- oder Gipfelerklärungen werden, sondern nur durch stille Diplomatie.

Der nicht verhinderte Mauerbau in Berlin war der Moment für deutsch-amerikanische Flurbereinigungs- und Abschreibungsgespräche. Er wurde ebensowenig genutzt wie der sich anbahnende Vietnamkonflikt, in dem wir, im Gegensatz zu unserem französischen Freunde, bis zur Unglaubwürdigkeit die amerikanische Position verteidigten. Untertanenmentalität? Wir haben eine angeborene Scheu oder Unfähigkeit, im rechten Zeitpunkt mit der rechten Sprache unsere Interessen zu vertreten – wie Franzosen oder Amerikaner. Wir schreien meist hinterher, wenn wir uns geschädigt glauben. Ein Grund für das Mißtrauen gegen uns. Und zu lange huldigten wir der Devise: Wirtschaftlich ein Riese, politisch ein Zwerg.

Unser Spielraum ist nicht so klein. Wir sind zwar nicht nur durch unsere Feinde, sondern auch durch unsere Freunde erpreßbar. Berlin ist auch heute noch ein solcher Posten. Aber wir haben gleichzeitig eine starke Position. Wir halten die Balance des West-Ost-Verhältnisses.

Die deutsch-amerikanischen Beziehungen haben sich in den siebziger Jahren zunehmend verschlechtert, weil nun auch die wirtschaftlichen Interessengegensätze deutlicher wurden. Die großen amerikanischen Miseren kamen hinzu. Auf amerikanischer Seite fehlten – bedingt durch System und Personen – zunehmend kompetente Gesprächspartner. Die Europaemigranten konnten die Ostküstenelite nicht ersetzen. Irritation und Mißverständnisse wuchsen auf beiden Seiten. In der Lagebeurteilung zeigten sich Differenzen. Die Freund- und Feindbilder gerieten durcheinander – besonders bei uns.

Was ist nötig? Eine nüchterne Interessenbilanz, die in kurzen Abständen auf dem letzten Stand gehalten werden muß. Die Irrtums-, Ärger- und Konfliktsmarge muß eingegrenzt werden. Es gibt eine große Zone gesicherter Interessenidentität, von der großen Mehrheit unserer Völker getragen.

Daneben gibt es einen weniger vitalen, häufig unklaren, streitbaren Bereich, in dem die Interessen auseinander gehen können. Dazu gehören zum Beispiel auch die Wirtschaftskonflikte. Hier müssen von Fall zu Fall Lösungen gefunden und Schäden eingeengt werden. Und letztlich gibt es deutliche Interessenkollisionen wie im Nahostkonflikt. Hier wird man meist nicht anders können als »agree to disagree« und um Schadensabwendung bemüht sein müssen.

In vielem wird Europa auch jetzt schon mit einer Stimme sprechen können und müssen. Unsere besondere Interessenlage und unsere Position als Hauptverbündeter sowie stärkster europäischer Wirtschaftsmacht gebieten es aber, daß wir selbst laufend eine Interessen- und Verhaltensabklärung vornehmen. Nur so können wir die Irrtums- und Ärgermarge eingrenzen. Wir müssen in stiller Arbeit – nicht in öffentlichen Anklagen – erreichen, daß Amerika unsere besondere Interessenlage als geteiltes Land, Frontstaat und traditioneller Handelspartner des Ostens besser versteht und berücksichtigt. Manches, was uns Sorgen macht, sollte uns an einer Gewißheit nicht irre werden lassen: Noch selten war so viel Macht so wenig der Gefahr eines groben Mißbrauchs ausgesetzt. Ein besseres Amerika haben wir nicht. Oder wir müssen ohne es leben, was in Freiheit vorläufig nicht möglich ist. Europa ist für Amerika wichtig – für uns ist Amerika überlebenswichtig.

Frankreich – de Gaulle – Europa – Deutschland

Konrad Adenauer hat die Ablehnung der Europäischen Verteidigungsgemeinschaft (EVG) durch das französische Parlament am 30. August 1954 als die größte Enttäuschung, ja Katastrophe seiner politischen Laufbahn angesehen. In seinen Erinnerungen schreibt er über den »schwarzen Tag« für Europa: »Jene schrecklichen Tage haben sich meinem Gedächtnis tief eingegraben.« Und Felix von Eckardt berichtet: »Niemals vorher habe ich Konrad Adenauer so verbittert, so deprimiert erlebt. Wir standen vor einem außenpolitischen Trümmerfeld.« Blankenhorn schreibt, daß Adenauer bis zum Schluß auf ein positives Ergebnis gehofft habe. Der frühere Staatssekretär Paul Frank, einer der Kronzeugen aus jener Zeit, gründet den tiefen Pessimismus seines Rückblicks »Entschlüsselte Botschaft« auf das Scheitern der Europahoffnungen – und später die nicht genutzte Chance des deutsch-französischen Vertrages von 1963. Wurde hier wirklich eine Sternstunde Europas zunichte gemacht, ein »Traum« ausgeträumt? Durch dunkle Machenschaften einer unheiligen Allianz von französischen Chauvinisten, einem Juden, von Freimaurern und Kommunisten, wie eine schwarze Legende behauptet hat? Oder war es nicht vielmehr der deutsche Professoren-Unverstand und -Perfektionismus, der sich, so kurz nach dem Kriege, als praeceptor Europas aufführte zum Schrecken selbst wohlmeinender Franzosen?

Diese alte Geschichte ist von größter Aktualität, weil sie ein tragischer Höhepunkt des noch andauernden deutsch-französischen Mißverständnisses ist, das die beiden Länder mehr trennt, als die Kriege, die sie gegeneinander geführt haben. Schon E. Renan hatte nach 1870 gemeint: »Das Unglück der Welt besteht darin, daß Frankreich Deutschland und Deutschland Frankreich nicht versteht.« Und 1959 sagte ein überzeugter französischer Europäer nach der Machtübernahme de Gaulles: »Es ist nicht genug, sich zu lieben, noch wichtiger ist, sich zu verstehen!«

Deutsch-französische Gipfeltreffen täuschen ebenso wie die wortreichen Beschwörungen der deutsch-französischen Freundschaft. Die beiden Völker und Länder sind gezwungen, miteinander in Frieden zu leben – in

Eintracht wäre zuviel gesagt. Sie können niemals mehr gegeneinander stehen. Das ist der große geschichtliche Katastrophengewinn. Der Krieg und seine Leiden hatten sie einander nähergebracht. Aber sie kennen sich noch immer nicht genug. Dabei ist das französische Interesse an Deutschland – nach langer Selbstgenügsamkeit – neuerdings größer als das deutsche an Frankreich. Aber die leichteste Irritation treibt trotzdem in Paris die seltsamsten Blüten. Bewegen sich die beiden Völker trotz öffentlicher Liebeserklärungen wieder auseinander?

Hier soll der Prozeß der deutsch-französischen Verwandtschaften, Unterschiede und Gegensätze nicht noch einmal geführt werden. Er füllt Bibliotheken, ohne viel zu ändern. Der Autor hält es mit Paul Valéry: Deutschland und Frankreich müssen an ihren Unterschieden wachsen!

»Frankreichs Uhren gehen anders«, schrieb der Schweizer Lüthy in den fünfziger Jahren. Man hat nicht den Eindruck, daß sie in den sechziger Jahren vorgestellt wurden, trotz großer gesellschaftlicher, wirtschaftlicher und politischer Veränderungen. »Plus que ça change, plus c'est la même chose.« Ist das ein Unglück? Man hat Frankreich eine Bremsnation (nation frein) genannt. Auf jeden Fall ist es auch unter einer sozialistischen Regierung das konservative Gewissen Europas, wobei Gewissen und Eigeninteresse oft schwer zu unterscheiden sind. Für die meisten Franzosen fallen sie noch meist zusammen.

Die beiden Länder wissen noch immer nicht genug voneinander. Die modernen technischen und publizistischen Kommunikationsmittel trennen sie mehr, als daß sie sie näherbringen. Klischees, je nach Bedarf feindliche oder freundliche, stehen dem Verstehen im Wege. Sie scheinen zu archetypischen Beziehungen abgesunken zu sein, gegen die man schwer ankommen kann. Hier kommt ein kapitales Hemmnis ins Spiel. Wie sagte Karl Marx über Frankreich? »Wenn man es mit den Herren Franzosen zu tun hat, muß man das anonym tun, um nicht ihr Nationalgefühl zu schokkieren.« Die Deutschen meiner Generation haben Friedrich Sieburgs »Gott in Frankreich«, das in den verflossenen fünfzig Jahren nichts an seinem Wahrheitsgehalt eingebüßt hat, trotz der zutreffenden Schilderung des ambivalenten Charakters der Franzosen für eine große Liebeserklärung gehalten. Bedeutende Franzosen dachten anders darüber, darunter der damalige Verleger Sieburgs. Sie wollten nur die Kritik herauslesen. Von dort bis zu der späteren Einstufung des Autors als »Nazi« war nur ein Schritt. Wie sagte der frühere Außenminister Maurice Schuman, als ein deutscher Reporter ihn nach seiner Meinung über Pétain fragte: »Das geht einen Ausländer nichts an; das ist eine französische Angelegenheit.«

Für den Gang dieser Untersuchung – die Gründe des Scheiterns der EVG und der Europavision de Gaulles – sind nur einige, allerdings wesentliche Aspekte von Bedeutung. Alte Völker haben auf dem Wege ihrer Identitätsfindung Idiosynkrasien über ihr Wesen entwickelt, die mit der Wirklichkeit nur beschränkt übereinstimmen: die Engländer den Gentleman; die Deutschen die Treue; die Franzosen die Logik und die kartesianische Klarheit. Da letztere in ihrer Sprache ausgeprägt sind, fiel es ihnen nicht schwer, sich selbst und noch mehr die Welt über ihre wahre Natur zu täuschen. Frankreich hat zwar Descartes mit seinem verengten Vernunftbegriff gewählt und Pascal verstoßen – aber es ist ein Abgrund von Widersprüchen geblieben, die von Zeit zu Zeit eruptionsartig an die Oberfläche kommen. Nichts ist täuschender als die von der französischen Kulturpropaganda verbreitete Legende einer vorbildlich stetigen Entwicklung und Vervollkommnung. Roger Peyrefitte, ein Bauernsohn aus dem Süden Frankreichs, hat in »Le Mal Français« diesem Mythos den Garaus gemacht. (Peyrefitte war 1968 während der Studentenrevolte in Paris Kultusminister. Sein Buch ist von diesen Eindrücken nicht unbeeinflußt geblieben.) Es gereicht Frankreich zu großer Ehre, daß dieser »Nestbeschmutzer« trotzdem bald danach als jüngstes Mitglied in die »Académie Française« aufgenommen wurde.

Frankreich gehört mehreren Welten an: der keltisch-germanischen und der lateinischen; dem Norden und dem Mittelmeer. Es hat das Kunststück fertiggebracht, mit Härte, Strömen von Blut und Verlusten rechts und links des Weges der Nationwerdung die Gegensätze zu bannen, abzuschleifen und in Harmonie zu bringen; den revoltierenden Strom in ein eisernes Bett zu zwängen. Aber die Geister der Tiefe sind damit nicht verschwunden. Sie lauern stets unter der glatten, schönen Oberfläche. Sie sind ein Teil des französischen Wesens, das deshalb den Fremden – den Barbaren – so schwer durchschaubar ist; was aber auch erst seinen ganzen Reiz ausmacht. Ein französischer Autor hat geschrieben: »Die Franzosen gleichen politisch der Penelope. Tagsüber stricken sie ein republikanisches Gewebe, das sie nachts wieder auflösen in der Erwartung, daß der königliche Odysseus-Gemahl wiederkommt.«

Die Franzosen sind ein Blut- und Boden-»Muttervolk« mit einer geistigen lateinischen Mutter. Sie haben sich im übrigen immer als ein weibliches Wesen verstanden (Jeanne d'Arc, Marianne). Sie sagen »la mère patrie« – wir, »das Vaterland«. Aus ihrem keltisch-germanischen Erbe sind und bleiben sie Royalisten; ihr römisches macht sie zu »Vernunftrepublikanern«. (Die römisch-republikanischen Tugenden

169

wurden nie größergeschrieben als in den Schrecken der Französischen Revolution!)

Diese Doppelnatur hat die Art ihres Denkens geprägt, das nur scheinbar rational ist. Pascal sagte: »Man muß einen geheimen Gedanken im Hintergrund haben, und von ihm aus alles beurteilen, während man wie alle Welt spricht.« Und de Gaulle kürzer: »Man muß immer mit seinen Hintergedanken in Einklang leben.« Wir Deutschen mit unserer germanisch-slawischen Doppelnatur sind noch irrationaler als die Franzosen, aber wir können nur eindimensional denken. Das unterscheidet uns am meisten von unserem Nachbarn und ist wohl unser Unglück. Der uns vorgeworfene Mangel an Finesse, Eleganz, unsere angebliche Plumpheit wäre noch zu ertragen als Mißverständnis. Dieser Unterschied aber macht die Verständigung schwer. Trotz aller Verwandtschaft spricht man nicht dieselbe Sprache. Hinzu kommt, daß Frankreich einen Teil seines Wesens vom Mittelmeer hat. Wort und Wirklichkeit fallen häufig auseinander; das Wort wird oft bereits für Wirklichkeit genommen.

Das kartesianische Frankreich ist gleichzeitig das Land mächtiger staatsbildender und staatserhaltender Mythen und neuerdings der sie ersetzenden Ideologien. (Der Begriff wurde von den französischen Enzyklopädisten geprägt!) Mit ihnen hat es sich über andere Völker erhoben. Sie stehen heute seiner europäischen Aufgabe im Wege. Die Franzosen haben sich immer als ein mit einer besonderen Mission beauftragtes Volk gesehen: im Auftrage Gottes, der Geschichte, der Vernunft, der Zivilisation. Die Taube, die das heilige Öl zur Salbung Chlodwigs brachte – es diente noch dem letzten Bourbonenkönig Karl X. zur Krönung –, die »gesta dei per francos«, die erstgeborene, aber gallikanische Tochter der Kirche, die Visionen Jeanne d'Arcs, der Sonnenkönig – aber auch die von ihren Schrecken und Verbrechen gereinigte und freigesprochene Französische Revolution: alles das sind Mythen, aus denen das vielfarbige, schöne Kleid der Nation gewebt wurde. In ihm haben Royalisten und Republikaner, Klerikale und Atheisten sowie auch die Kommunisten in gleicher Weise eine Heimat. Die Franzosen haben im Laufe ihrer Geschichte fast alles assimiliert und zu einem Ganzen eingeschmolzen. Sie haben das Genie, Niederlagen in Siege zu verwandeln und noch das Grauenhafte zum Erhabenen zu wenden. Sie haben oft der Schönheit die Wahrheit geopfert. Alles das hat seinen Preis. Das Verdrängte ist nicht wirklich fort; es lauert an der nächsten Ecke. Die Nationwerdung war vielleicht von Gott gewollt, aber eine breite Spur von Blut und Verbrechen begleitete sie. Der Glanz von Paris wurde mit der geistigen, kulturellen und materiellen Verarmung des Landes bezahlt.

Aber diese Nation wollte und konnte nur etwas Exemplarisches sein. »Une certaine idée de la France«, wie de Gaulle sagte. Sie war nach einer neueren Definition eine Blut- und Boden-, und eine Wertnation zugleich: der heilige Mutterboden, le pré sacré, das mit Blut erstrittene Hexagon – aber auch »la mission civilisatrice«. Wenn es je in Europa den umstrittenen »Sonderweg« gegeben hat – Frankreich ist ihn gegangen. Welches Volk hat über Jahrhunderte bis heute so hartnäckig geglaubt und behauptet, ein Muster für andere Völker zu sein? Seine Ideen und Werte seien universal gültig, und seine Interessen seien deshalb die der ganzen zivilisierten Welt und auf jeden Fall Europas? Daß die Wirklichkeit häufig anders aussah und andere Völker über dies Auserwähltsein anders dachten, störte wenig. Es gibt kaum einen herausragenden Franzosen, der sich nicht in voller Überzeugung in diesem Sinne geäußert hätte. Der Korse Napoleon noch in Fontainbleau zu Caulaincourt: »Paris, die Hauptstadt der Zivilisation in den Händen der Barbaren!« Und sein Gegner und Bewunderer Chateaubriand: »In der Natur der Franzosen gibt es eine Überlegenheit und Delikatesse, die die anderen Völker anerkennen.« (Kein Wunder, daß er als Gesandter in Berlin keinen Wert darauf legte, Goethe, diesen Sänger der Materie [le chantre de la matière] zu sehen!) Aber weitaus erstaunlicher sind zeitgenössische Bekenntnisse. Der junge französische Außenminister Giscard d'Estaings, François-Poncet, am 3. Mai 1979 in der französischen Kammer: »Es ist wahr, daß die Welt von Frankreich etwas Besonderes erwartet. Wir verdanken diese Sonderstellung unserer Geschichte. Aber wenn wir gehört werden wollen, müssen wir die Botschaft, die man von uns erwartet, immer wieder erneuern. – Unsere kulturelle Präsenz ist vielleicht der stärkste Ausdruck unserer weltweiten Berufung, denn sie ist universell anerkannt.« Und der Linksintellektuelle André Gorz in einem Spiegel-Interview 1982 auf den Vorwurf, französische Intellektuelle hätten sich nie die Mühe gemacht, sich mit dem deutschen Phänomen richtig auseinanderzusetzen: »Es gibt einen französischen kulturellen Egozentrismus. Frankreich hält sich für den Nabel der Welt, und ein Teil der Welt hält Frankreich auch für den Nabel. Das ist in der Geschichte begründet. Nation, Volk und Freiheit waren hier immer eng verknüpft, und die französische Intelligenzia hat nie an ihrer universellen Mission gezweifelt, auch wenn sie ihr nicht gewachsen war!« Von dort zu dem antiamerikanischen Kulturchauvinismus des Regimes Mitterrands ist nur ein Schritt.

Alles das soll nur andeuten, wie schwer sich Frankreich allein schon von seinem geistigen Selbstverständnis her mit einem Europa tun muß, das nun einmal kein französisches sein kann. Das »europäische Europa« meint eben doch ein französisches! Die Mythen sind ein Bleigewicht auf dem Wege Frankreichs nach Europa.

Aber es gibt noch ein anderes großes Hindernis: Das französische Königtum, die Nation, Frankreich wurden, wuchsen, entwickelten sich als nationale »Frühgeburt« im Gegensatz und Kampf gegen das universale, wenn nicht gar supranationale Heilige Römische Reich Deutscher Nation. Gegen die Sachsenkaiser, die Staufer und die Habsburger wuchs nach dem Zerfall des Karolinger-Reiches das kleine französische Königreich, das hundert Jahre mit England um sein Überleben kämpfen und sich gegen den Machtanspruch der Kirche, gegen gefährliche Häresien und selbstbewußte andere Volksgruppen sowie über Jahrhunderte immer wieder gegen den Aufstand von unten und oben behaupten mußte. Der Mythos der gottgeweihten Nation wurde erhärtet im Kampf gegen ein ganz andersartiges Europa – das war das Reich damals. Von dort zu der »nation une et indivisible« der Französischen Revolution mit ihren Auswirkungen auf die Nationalstaatsbildung in Europa führt ein gerader Weg. Und dieser Weg soll nun nach großen Niederlagen und angesichts der Bedrohung des Abendlandes durch raumfremde Mächte und Ideologien rückgängig gemacht werden zum Heil Europas und wohl auch der Deutschen, die nur eine verspätete, unglückliche Nation waren und trotzdem im Verdacht stehen, wieder eine werden zu wollen. Nur Erniedrigung, Not und Gefahr konnten die Franzosen zu einem solchen »sacrificium intellectus« veranlassen.

Ein Teil war bereit gewesen, in Hitlers Europa die Rolle der Griechen zu spielen oder es gar faschistisch mitzugestalten – nur daß Hitler dies Europa nicht wollte. Als das richtige, freie, gleichberechtigte Europa Wirklichkeit werden sollte, ließ der Druck von außen bald nach. Frankreich hatte im übrigen mit Hilfe von de Gaulle die Niederlage bereits in einen Sieg verwandelt. Das Unglück wollte es, daß dieses gute Europa nach dem Willen einiger überzeugter Franzosen und Technokraten sowie deutscher Professoren unter Adenauer ein supranationales Europa werden sollte, bestimmt, die Nationen abzulösen.

Die Deutschen taten sich leicht. Sie hatten Reich und Nation verspielt und waren auf der Flucht vor sich nach Europa. Aber Frankreich? Der Sturz war tief gewesen, aber noch standen die heiligen Säulen, an denen man sich aufrichten konnte. Die Mythen hatten überlebt. Aus ihrem Stoff sollte bald de Gaulle sein Europa-Bild formen, das offensichtlich das Frankreich gemäße war, sonst hätte es ihn nicht bis heute ohne wesentliche Abstriche überlebt. Der deutsche, aber auch der belgische, holländische, italienische Irrtum war, daß es das Frankreich Robert Schumans und Jean Monnets nie wirklich gegeben hat, sondern nur bedeutende französische Europäer. Zwar war die Stunde günstig. Deutsche und Franzosen waren sich in Niederlage und Schmach nähergekommen. Die Not hatte sie solidarisch gemacht in der Hoffnung auf etwas Neues. Die kommunistische Bedrohung zwang zur Besinnung auf gemeinsame verteidigungswürdige Werte. England begünstigte – ohne selbst teilzunehmen – diese Entwicklung; Amerika drängte, und der Marshall-Plan half.

De Gaulle hatte im Januar 1946, angewidert von dem wieder beginnenden Spiel der Politiker, das nach seiner Meinung der Ruin Frankreichs gewesen war, die kaum errungene Macht mit dem langen Marsch durch die Einsamkeit vertauscht, der zwölf Jahre dauern sollte. Er hatte erkennen müssen, daß Frankreich zwar auf der Seite der Sieger, aber keine Großmacht mehr war. In Potsdam wie Jalta war sein Platz leer. Er fürchtete, daß die Franzosen ohne große Aufgaben zu ihren »sauren Heringen« zurückkehren würden, wie er zu Malraux sagte. Als er sah, daß der Europagedanke Boden gewann und daß Deutschland, das er bis dahin wohl eher in den Vorstellungen eines Westfälischen Friedens gesehen hatte, sich langsam aus den Trümmern erhob, machte er 1949 den Gedanken eines »französischen Europa«, in dem auch Deutschland seinen Platz haben sollte, zu seiner »idée maîtresse«. Er wurde der Mann von »vorgestern und übermorgen« (Malraux). Er antizipierte für Frankreich die spätere harte Kritik Dean Achesons an Großbritannien: »Es hat ein Weltreich verloren, aber keine Aufgabe gefunden!« Und er gewann – das gehört neben der Dekolonialisierung und der Aufgabe Algeriens zu seinen größten Verdiensten – seine Mitstreiter aus der Widerstandsbewegung und die durch Vichy stark kompromittierte französische Rechte für diese Politik, die eine Aussöhnung mit den Deutschen einschloß.

Damals – leider einige Jahre zu spät – gewann bei ihm Gestalt, was er 1959 in seinem Memoirenband »Le salut« formulierte: Europa als dritte Kraft zwischen den Blöcken. Die Kraft sollte auch aus einer gemeinsamen Verteidigung kommen, unter Beteiligung der Deutschen. In diesem Europa, dem der Vaterländer, wie er später sagte, sollte Frankreich einen Ersatz für die verlorene oder gar eine Basis für eine neue Großmachtrolle finden. Auf jeden Fall, wenn auch unausgesprochen, eine hegemoniale Aufgabe, die andere Verluste leichter verschmerzen ließ.

Der Verfasser entsinnt sich eines Gesprächs aus Anlaß des Besuchs des Bundespräsidenten Lübke in Paris 1961 auf dem Flugplatz Orly, wo der französische Staatspräsident zusammen mit höheren deutschen Beamten seinen Gast erwartete. Der spätere Bundespräsident, damals Leiter der politischen Abteilung des Auswärtigen Amtes, Karl Carstens, erläuterte unser Europa-Konzept mit dem Hinweis auf die starke Stellung des Bundesrats in der föderativen Struktur des Bismarckreiches. De Gaulle: »Mais il y avait la Prusse!«

Das supranationale Europa, in dem Frankreich als Nation aufgehen sollte, das der »technocrates apatrides« – womit wohl der ihm aus London und Algier gut bekannte und mit Amerika eng verbundene Monnet gemeint war – wollte er um keinen Preis. In ihm sah er für seine »Idee von Frankreich« keinen Platz. Er hat es deshalb vom ersten Tag an bekämpft. Er hatte, wie sich später herausstellen sollte, die Mehrheit der Franzosen hinter sich. Im übrigen hatten die Gegner Schumans und Monnets auf der rechten Seite des Parlaments und die Kommunisten (28 Prozent) auf der linken eine Sperrmajorität.

Es ist aber nicht so, daß es zur Politik Schumans keine Alternative gegeben habe: Dazu war damals der Europa-Gedanke noch zu stark. Unglücklicherweise war er von Anfang an verbunden mit einem deutschen militärischen Beitrag. Schon bei der Gründung des Atlantikpakts wiesen die französischen Generäle darauf hin, ohne deutsche Truppen sei Zentraleuropa nicht zu verteidigen. Die von ihnen beratenen Gaullisten waren deshalb in der Lage, 1951 ein Konkurrenzprojekt zur umstrittenen EVG vorzulegen. Das ist im übrigen der Hintergrund für die überraschend glatte Annahme der deutschen Wiederbewaffnung im Rahmen der NATO nach dem Scheitern der EVG 1954.

Auf die Engländer, die bis dahin Obstruktion getrieben hatten, brauchte man nicht zu warten. Der Verfasser schrieb im September 1949 nach der Bordeaux-Rede de Gaulles im »Sonntagsblatt«: »Die überwiegende Mehrheit des Volkes hat vom Militarismus mehr als genug und sieht die Entwicklung der Ostzonenpolizei mit großer Sorge. Aber in Frankreich mehren sich die Stimmen, die eine Verteidigung Westeuropas nur mit deutscher Unterstützung für möglich erachten. Sie dürften sich nach der nunmehr bestehenden Gewißheit, daß auch die Russen im Besitz der Atombombe sind, weiter verstärken. Frankreich ist nicht wohl bei dem Gedanken, daß die Verteidigungslinie am Rhein liegen soll. Es fürchtet, bei einem Angriff aus dem Osten die Hauptkraft des Kampfes tragen zu müssen und von den Angelsachsen zunächst nur in der Luft und auf dem Wasser unterstützt zu werden. Der Wunsch nach einer Einbeziehung des deutschen Vorfeldes ist daher nur zu verständlich.«

Zu der provinziellen Blindheit der deutschen Europapolitiker gehörte auch die Unkenntnis der Vorgänge in den französischen Überseegebieten und in Nordafrika. Frankreich hatte von 1939 bis 1962 fast ununterbrochen irgendwo Krieg geführt und sich in Indochina bis 1954 fast ausgeblutet. Der Algerienkrieg führte zweimal an den Rand eines Bürgerkrieges. Das Schicksal der EVG war eng mit dem Indochina-Krieg verbunden, was in Bonn nicht zur Kenntnis genommen wurde. Sollte in dieser Situation die französische Armee in einer europäischen aufgehen, nur damit die Deutschen wiederbewaffnet werden konnten? Zudem sah sich das so geschwächte und von politischen Krisen geschüttelte Frankreich einer sich rasch erstarkenden Bundesrepublik gegenüber. Die Bundestagswahl von 1953 war ein Schock! Die wachsende Kluft zwischen der deutschen Stärke und der europäischen Einigung tat sich auf. Das Gespenst der deutschen militärischen Hegemonie ging um.

Der Fehler, ein gedanklicher und politischer zugleich, war die Übertragung des technokratischen Montanunion-Modells auf die politische und militärische Ebene. Der Versuch war von vorneherein zum Scheitern verurteilt, weil er das theoretisch richtige nicht vom möglichen Europa unterscheiden konnte. Hier setzte das ein, was Paul Frank mit den bitteren Worten kritisierte: »Als die deutschen Professoren über den Europagedanken herfielen.«

Professor Hallstein hat bis zu seinem Ende an der idealen Konzeption des »Europa des Rechts« festgehalten; der Macht des Rechts, vor der die Politik sich zu verantworten habe. Der mit theologischem Eifer geführte Dogmenstreit zwischen Institutionalisten und Funktionalisten hat uns die entscheidenden Jahre von 1951 bis 1954 verlieren lassen. Hallstein war blind für die hier in kurzen Strichen skizzierte französische Wirklichkeit und verpaßte gleichzeitig zwei Chancen: die durchaus vorhandenen Ansätze für eine politische und militärische Struktur Europas einerseits und das aufklärende Gespräch mit Moskau zur rechten Zeit andererseits. Er blieb ein »Fremdling« in der auswärtigen Politik, wie er von sich selbst später bekannt hat. Erstaunlich ist, daß der beweglichere, pragmatische Adenauer bis zum bitteren Ende dieser falschen Europapolitik auf Hallstein hörte.

Das Scheitern der EVG

Die EVG ging 1951 aus dem Pleven-Plan hervor, mit dem vermutlich die französische Regierung die von Amerika nach Ausbruch des Korea-Kriegs kategorisch geforderte deutsche Wiederbewaffnung abfangen, wenn nicht gar sabotieren wollte. Amerika und Adenauer aber griffen dieses Konzept auf. Paris konnte den ungeliebten Bastard nicht mehr verleugnen und beteiligte sich auch an den Arbeiten für eine als Krönung des Ganzen gedachte europäische Verfassung. Im November 1951 wurde der Vertragsentwurf, der mit dem Deutschlandvertrag ein Paket bilden sollte, paraphiert. Im Dezember 1951 legte die gaullistische Fraktion der französischen Kammer einen Resolutionsentwurf vor: »Projet de communauté militaire européenne dans un cadre confédérale.« Es sollte mehr sein als eine Allianz, mit integrierten Generalstäben, politischen und militärischen Organen und einem europäischen Ministerrat als politischer Spitze. Eine Bedingung: England sollte assoziiert sein; Frankreich wollte Deutschland nicht allein gegenüberstehen. Der Antrag wurde in Bonn nicht zur Kenntnis genommen und England winkte ab, ohne jedoch die EVG zu unterstützen. Das französische Parlament bekannte sich im Februar 1952, in allgemeinen Formulierungen zu Europa und einem deutschen militärischen Beitrag, ohne auf die vorliegenden Projekte einzugehen. Weder Schuman noch Bidault wagten nach der Unterzeichnung der Verträge im Mai 1952 den EVG-Vertrag zur Ratifikation vorzulegen. Bidault rühmte sich sogar noch 1954, ihn in den »Eisschrank« getan zu haben.

Adenauer und Hallstein beschränkten ihre politischen Kontakte und ihre Hoffnungen fast ausschließlich auf die als katholische Schwesterpartei der CDU angesehene MRP unter Verkennung ihres politischen Einflusses und auf den politischen Alleingänger Monnet. Informationen aus anderen Quellen, auch der eigenen Botschaft Paris, schenkten sie bis zum Schluß keinen Glauben.

Meine Dienstgeschäfte führten mich in dieser Zeit als Begleiter von Franz Blücher oder allein wiederholt nach Paris. Durch den Freund Max Brusset, jetzt Abgeordneter der gaullistischen Sammlungsbewegung, lernte ich führende gaullistische Politiker wie Michel Debré, Chaban-Delmas und den ehemaligen Generalstabschef P. Billotte kennen. Dazu kamen auf dem Weg über die liberale Weltunion, in die mich Franz Blücher eingeführt hatte, europäisch gesonnene liberale Politiker verschiedener Parteien.

General P. Billotte hatte 1950 die Uniform ausgezogen, um sich als Politiker ganz dem Kampf gegen den Bolschewismus zu widmen, den er 1949 in einem Buch »Noch ist es Zeit« schonungslos analysiert hatte, verbunden mit einer harten Kritik an der Politik der Westmächte in und nach dem Kriege. Seine reiche amerikanische Frau gab ihm eine unabhängige politische Basis. Er hatte bei der Gründung der NATO deutsche Divisionen gefordert. Er war der Autor des bereits erwähnten Konkurrenzprojektes zur EVG. (Die Zusammenhänge werden hier etwas näher geschildert, da Adenauer noch in seinen Memoiren behauptet hat, hundert kommunistische Abgeordnete hätten im Auftrage Moskaus die EVG zu Fall gebracht.)

Kurz nach der Vorlage des gaullistischen Antrags legte Billotte mir in einem Gespräch seine Vorstellungen dar. Er warnte vor Illusionen über die EVG. Ich hielt seine Ausführungen in einem Vermerk für Franz Blücher fest und gab sie auf seine Weisung an das Auswärtige Amt weiter. Etwas später brachte ich Blücher in Paris mit Billotte und anderen führenden Gaullisten zusammen. Er konnte sich überzeugen, daß man zwar keine supranationale, aber eine europäische Armee unter gleichberechtigter deutscher Beteiligung wollte. Mit seiner Billigung setzte ich meine Kontakte in Paris auch nach der Unterzeichnung des EVG-Vertrages fort. Alles deutete darauf hin, daß die Ratifikation in Paris mehr als unsicher war. In Indochina zeichnete sich bereits die Niederlage ab, und Nordafrika wurde unruhig. Französische Hilfswünsche für Indochina und Bitten um Zurückhaltung in Nordafrika blieben in Washington unbeantwortet. »Ami-go-home«-Parolen erschienen an den Mauern von Paris. Neutralistische Tendenzen wuchsen, wie auch der Wunsch nach einer Viererkonferenz. Der amerikanische Druck auf die EVG-Ratifikation bewirkte das Gegenteil. Besonders ungeschickt wirkte der in Bonn sehr geschätzte amerikanische Botschafter David Bruce. Ich riet Franz Blücher – ohne Erfolg – auf den französischen Wunsch einzugehen, bei der Ratifikation durch den Bundestag die Tür für technische Neuverhandlungen offenzulassen. Allein schon im Hinblick auf den Streit mit dem Bundesverfassungsgericht und Adenauers feste Überzeugung, Paris werde bald »tel quel« ratifizieren, blieben diese Bemühungen fruchtlos, zumal die FDP mit Ausnahme Pfleiderers sich rückhaltlos hinter die Politik Adenauers stellte.

Im Auswärtigen Amt hatte der spätere Botschafter Günter Diehl als Pressechef Hallsteins seine Kontakte in Paris ebenfalls wieder aufgenommen. Er unterstützte meine Bemühungen, und wir gewannen den neuen Bundespressechef Felix von Eckardt für unsere Auffassung. F. von Eckardt hat in seinen Erinnerungen diese Bemühungen lebendig geschildert. Er und Diehl nahmen zu dem de Gaulle nahestehenden Ministerpräsidenten Pinay direkte Kontakte auf. Er wollte den Vertrag der Kammer vorlegen, wenn für eine Übergangszeit von fünf Jahren am Einstimmigkeitsverfahren festgehalten würde (Mendès-France verlangte zwei Jahre später erfolglos dasselbe!). Adenauer wurde von Pinay zu einer vertraulichen Besprechung in ein Schloß außerhalb Paris' eingeladen. Er war bereit zu fahren. Hallstein, unterstützt von Blankenhorn, verhinderte die Reise im letzten Moment. Damit war die letzte Chance verpaßt, die Streitfrage ohne großen Zeitverlust zu lösen. Das ganze Jahr 1953 ging nutzlos vorüber. Am 1. August 1953 übermittelte Franz Blücher Konrad Adenauer ein uns vertraulich zugegangenes Memorandum eines ehemaligen amerikanischen Generals über die Lage in Frankreich. Es beurteilte die Ratifikation skeptisch. Adenauer setzte auf die wenigen Zeilen der Eingangsbestätigung vom 21. August 1953 den handschriftlichen Nachsatz: »Ich halte die Ausführungen für unzutreffend.«

Nach der Bundestagswahl vom 6. September 1953 studierte ich erneut die Lage in Paris mit folgendem Ergebnis: »Die politische Diskussion in Frankreich steht seit der Bundestagswahl im Zeichen der deutschen Hegemonie und der französischen Dekadenz. Man kann keine Zeitung oder Zeitschrift aufschlagen, ohne daß dies Thema in der einen oder anderen Form anklingt. – Ferner haben die Franzosen ein tief sitzendes Mißtrauen gegen das, was sie Technokratie nennen; eine Vorstellung, mit der man weitgehend Monnet identifiziert. Dazu kommt die Propaganda einflußreicher Kreise mit der Gefahr eines ›klerikalen‹ Europa, die in Frankreich auf fruchtbaren Boden fällt. Die in ›Le Monde‹ vom 25. September veröffentlichte Äußerung Herriots, daß nach seiner Meinung klerikale Kreise bei der Ausarbeitung des EVG-Vertrages eine große Rolle gespielt hätten, kann in ihrer Wirkung nicht unterschätzt werden. Ein amtierender radikalsozialistischer Minister wies unter Bezugnahme auf diese Erklärung darauf hin, daß es im Erstfalle immer eine antiklerikale Mehrheit in der Kammer gebe.« Ich schloß meinen Bericht wie folgt:

»Angesichts des sehr labilen Zustandes, in dem sich die gegenwärtige französische Führungsschicht seit unseren Wahlen des 6. September befindet, erscheint es angebracht, daß auf deutscher Seite äußerste Mäßigung und Zurückhaltung geübt wird. Ferner erscheint es notwendig, daß die französischen Anhänger der Europa-Idee der Sache im gegenwärtigen Augenblick nicht durch zuviel Eifer schaden.« (Die deutsche Botschaft – Paul Frank als politischer Referent – berichtete ähnlich.) Alte deutschfeindliche

Klischees standen wieder auf. So sagte der noch immer einflußreiche Herriot auf dem Kongreß der radikalsozialistischen Partei: »Wir glauben an das Recht und das Wort, Deutschland glaubt nur an die Entwicklung und das Werden.«

Die Amerikaner verstärkten ihren Druck, ohne aber den Franzosen in Indochina wirksam zu helfen. Dulles sprach auf der NATO-Tagung im Dezember 1953 von einem »agonizing reappraisal« des amerikanischen Engagements in Europa. Das war wenig hilfreich, zumal der Abzug der Amerikaner in Frankreich eher populär war. Ich fuhr wieder nach Paris und brachte als Ergebnis den dringenden Rat, keine weitere Zeit für eine Ersatzlösung verstreichen zu lassen. Im französischen Parlament gebe es noch immer eine Mehrheit für den europäischen Gedanken im allgemeinen und die Wiederbewaffnung Deutschlands in einer europäischen Gemeinschaft ohne supranationale Vollmachten. De Gaulle und führende Generäle hatten sich erneut in diesem Sinne ausgesprochen.

Diese Auffassung wurde bestätigt durch ein von mir veranlaßtes Treffen der Bundestagsabgeordneten von Merkatz und Pfleiderer am 27. Januar 1954 in Paris mit dem gaullistischen Senator und späteren Ministerpräsidenten de Gaulles, Michel Debré, und einer Reihe gaullistischer Abgeordneter bei Chaban-Delmas. Debré gab eine eingehende Lageanalyse in obigem Sinne und machte Vorschläge für eine EVG-Ersatzlösung. Am 30. Januar 1954 teilte Blücher Adenauer mit, Bidault würde es begrüßen, wenn General Billotte zu einer vertraulichen Besprechung nach Bonn kommen könnte. Der Brief blieb unbeantwortet. Auch die Kontakte der Bundestagsabgeordneten wurden zum Bedauern von Pfleiderer nicht fortgesetzt. Adenauer hatte abgewinkt.

Im Frühjahr 1954 wurde die französische Niederlage in Vietnam unvermeidlich, falls Amerika nicht in letzter Minute massiv eingriff. Washington zögerte. Es wollte nicht allein gehen. Der amerikanische Generalstabschef, Admiral Redford, kam von einer Europareise ergebnislos zurück. Insbesondere Churchill hatte nein gesagt. Die Franzosen kapitulierten in Dien Bien Phu mit einer tiefen Schockwirkung in Frankreich. (Wer den späteren Vietnam-Krieg der Amerikaner beurteilen will, muß diese Vorgänge kennen!) Die wichtigste Aufgabe des neuen Ministerpräsidenten Pierre Mendès-France war die Liquidation der französischen Indochinapolitik (neben Vietnam auch Laos und Kambodscha), die er in der folgenden Genfer Konferenz erfolgreich durchführte. Erst dann konnte er sich mit Europa befassen.

Hier sah es für ihn nicht gut aus. Eine bis zu seinem Tode im Oktober 1982 bei uns nie ganz korrigierte und die Erinnerungen Adenauers an die dramatischen Wochen noch immer beherrschende schwarze Legende war vor allem von klerikalen Kreisen gegen ihn in Umlauf gebracht worden. Ein Gemisch von Volksfront und prorussischem Neutralismus als Vorwurf und eine Anti-Dreyfus-Atmosphäre (Jude und Freimaurer!) als Hintergrund. Sie wurde, wenn auch mit Gruseln, in Bonn gern geglaubt. Adenauer gab Friedländer Anfang Juli, als Mendès-France noch um den Indochina-Frieden kämpfte, ein diesen sehr verletzendes Interview. Bemühungen, seine Meinung zu korrigieren, blieben erfolglos. Die Russen gossen durch eine Deutschlandnote Öl ins Feuer.

Ich verbrachte im Frühsommer mehrere Wochen bei Brusset an der Atlantikküste in Royan, dessen Bürgermeister er war. Dort traf ich eine Reihe französischer Politiker, darunter auch den Bruder de Gaulles. Felix von Eckardt kam eigens aus Bonn zu Gesprächen und Informationen. Die Entwicklung spitzte sich im Juli dramatisch zu. Nach einer Sitzung des Ministerrats der EVG-Signatar-Länder in Brüssel sollte die französische Kammer am 30. August über das Vertragswerk abstimmen.

Nach Absprache Blüchers mit dem Präsidenten der Liberalen Weltunion, dem belgischen Senator Roger Motz, und nach Unterrichtung des Bundeskanzlers fuhr ich mit dem Präsidenten der deutschen Sektion, dem Verleger Hans Kluthe, vom 24. bis 28. Juli erneut nach Paris. Kluthe war mit Mendès-France aus der Jugendbewegung der Jahre vor 1933 befreundet und auch später mit ihm in Verbindung geblieben. Er beurteilte ihn ähnlich wie ich. Ich hatte Blücher nach meiner Reise eine positive Beurteilung von Mendès-France und seiner Europapolitik gegeben, falls man die bekannten Abstriche an der Supranationalität machte. Er leitete sie an Adenauer weiter.

Mendès-France konnte Kluthe wegen einer Kammerdebatte über Indochina nicht empfangen, schrieb ihm aber einen sehr offenen, bitteren Brief (vom 25. September 1954), der bisher nicht veröffentlicht ist. (Er ist im Anhang im Orginaltext abgedruckt.) Aus ihm spricht die Empörung und Verletzung über das Friedländer-Interview Adenauers und die Enttäuschung, daß man in Bonn nicht seinen wiederholten positiven Erklärungen zur Europapolitik Frankreichs Glauben schenkte, sondern wilden Gerüchten. Er habe Spaak ein konkretes Kompromißangebot (kurzfristige Aussetzung der Supranationalität) gemacht und zugesichert, bis Ende August eine Entscheidung herbeizuführen.

Wörtlich hieß es: »Man darf allerdings von den Franzosen nicht die unveränderliche Annahme der Verträge von Bonn und Paris erwarten. Es ist nicht mein Fehler, daß es in der Kammer dafür keine Mehrheit gibt. Ich weiß, daß Kanzler Adenauer davon überzeugt ist, daß es eine solche Mehrheit gibt. Vielleicht ist Kanzler Adenauer besser unterrichtet als ich über die parlamentarische Lage in Frankreich. Leider habe ich die Schwäche, die französische Politik nach meiner eigenen Beurteilung zu führen und nicht nach der des Auslandes.« Mendès-France bestätigte seine Absicht, in Brüssel einen für beide Seiten annehmbaren Lösungsvorschlag zu machen. Jeder müsse Kompromißbereitschaft zeigen, sonst sei ein Scheitern unvermeidlich: »In jeder Hinsicht bedauerlich, nicht nur für Frankreich, sondern für alle europäischen Länder und den Frieden.«

Dieser Brief dürfte eines der interessantesten Zeitdokumente über das Scheitern der EVG sein. Kluthe brachte ihn Adenauer zur Kenntnis, unterrichtete darüber Mendès-France und regte ein Treffen der beiden Regierungschefs an. Mendès-France antwortete Kluthe mit einem Brief vom 9. August (Anhang). Er wiederholte seine positive Einstellung, seine Absicht, die Verträge in der Kammer durchzusetzen und seinen Wunsch, vor der Konferenz in Brüssel mit Adenauer zu sprechen. Man müsse aus dem schon drei Jahre dauernden »impasse« herauskommen, »aber man kann von mir nicht verlangen, daß ich der Kammer etwas vorschlage, das eindeutig keine Chance hat, angenommen zu werden. Sonst wird eine diplomatische Katastrophe unvermeidbar, die ich unter allen Umständen vermeiden möchte.«

In Paris hatten Kluthe und ich Gespräche mit unseren liberalen Freunden, und ich außerdem mit den Gaullisten Debré und Chaban-Delmas. Brusset suchte Mendès-France auf, um Klarheit über seine Haltung zu gewinnen. Sowohl der uns nahestehende radikalsozialistische Minister Devinat, wie auch die gaullistischen Politiker und General Billotte boten an, als Vermittler nach Bonn zu fahren. (Mendès-France hatte vier gaullistische Politiker in sein Kabinett aufgenommen, darunter den Verteidigungsminister. Diese wurden von de Gaulle aus der Sammlungsbewegung ausgeschlossen, weil sie »den Fleischtöpfen« nicht hätten widerstehen können!) Mendès-France schlug, wie in seinem späteren Brief an Kluthe, vor, den Kanzler vor der Brüssel-Konferenz zu sehen. Er wiederholte diese Bitte kurz vor derselben durch François-Poncet – erfolglos. Der Kanzler sah ihn erst nachher.

Ich hielt unsere Pariser Eindrücke und Besprechungsergebnisse in einem Vermerk fest. Da Blücher keine Hoffnung sah, allein den Kanzler umzustimmen, leitete er meinen Bericht über Pferdmenges an den Kanzler und besuchte ihn mit diesem auf der Bühler Höhe. Adenauer gab meinen Bericht ans Auswärtige Amt, wo er von Hallstein ungnädig aufgenommen wurde. Dasselbe Schicksal hatten die Berichte der Botschaft, was zu dem harten Urteil Paul Franks über die Professoren beigetragen haben dürfte.

Es gelang nicht, den Kanzler umzustimmen. Er korrigierte zwar in einem Gespräch mit Spaak vor der Konferenz etwas seine dunklen Vorstellungen von Mendès-France mit dem Hinweis, er habe von liberaler Seite Gutes über ihn gehört. Zum Einlenken war er aber nicht bereit. Der Sozialist Spaak, der Frankreich besser kennen mußte als die deutschen Politiker, hat bei dem verhängnisvollen Verlauf eine dunkle, später nicht geklärte Rolle gespielt. Er war ein Meister des Wortes, aber im letzten wohl nie ganz seriös. Wie aus Adenauers Memoiren hervorgeht, hat Spaak diesen in seiner Haltung bestärkt, anstatt zu vermitteln.

So nahm das Unglück den erwarteten Verlauf. In Brüssel waren die Partner Frankreichs nicht bereit, Mendès-France in dem entscheidenden Punkt entgegenzukommen: einer Übergangszeit von einigen Jahren ohne Supranationalität. Das Gespräch zwischen Adenauer und Mendès-France nach der Konferenz blieb ergebnislos. Am 30. August 1954 scheiterte die EVG in der französischen Kammer an einer Verfahrensdebatte.

Adenauer ist bei seiner Meinung geblieben: Der Einfluß Moskaus und der mangelnde Wille von Mendès-France hätten die Katastrophe herbeigeführt. Bei einer etwas gründlicheren Gewissensprüfung hätte er zu einem anderen Resultat kommen müssen. Im übrigen beweist die Billigung der deutschen Wiederbewaffnung und die Aufnahme in die NATO auf Antrag von Mendès-France und seines gaullistischen Verteidigungsministers durch dasselbe französische Parlament, wie falsch Bonn drei Jahre lang die Verhältnisse beurteilt hatte. Hallstein hat die Lehre des 30. August 1954 auch später nicht beherzigt, wie seine Politik als Präsident der EWG-Kommission zeigte. Den Frankreichkennern, die 1954 gegen ihn recht behielten, hat er nie verziehen. Deutschland hat Mendès-France seine gerade Haltung in der EVG-Frage nicht gedankt, ebensowenig, daß durch sein Bestehen auf einer Volksabstimmung die Saar deutsch blieb. Den Gaullisten, die sich erfolglos jahrelang um eine gemäßigte europäische Lösung bemüht hatten, hat man die Ablehnung der EVG nicht verziehen und jeden Kontakt mit ihnen vermieden, bis zum Entsetzen Adenauers 1958 der »Anti-Europäer« de Gaulle an die Macht kam.

Meine bescheidene Rolle am Rande dieser Ereignisse war nun auch zu Ende. Bevor ich mich wieder ganz den Zoll- und Handelsfragen und später den EWG-Verhandlungen in Brüssel widmete, warnte ich am 29. September 1954 Franz Blücher vor dem NATO-Eintritt der Bundesrepublik. Ich schlug statt dessen als EVG-Ersatz die WEU vor, um einen europäischen Verteidigungsrahmen unter Beteiligung Großbritanniens zu erhalten und so die geringe Chance der Wiedervereinigung nicht noch weiter zu vermindern. Eine ähnliche Meinung vertrat der damalige außenpolitische Experte der SPD, G. Lütkens. Daß heute die Franzosen auf die WEU zurückkommen, überrascht nicht. Es liegt auf der Linie der von den Gaullisten bereits Anfang der fünfziger Jahre vertretenen Politik.

Am Ende dieses turbulenten Jahres 1954 schrieb ich dem damaligen Kabinettschef von Mendès-France und heutigen Außenminister Frankreichs folgenden Brief:

»Lieber Herr Cheysson, bevor das Jahr zu Ende geht, möchte ich meiner Freude darüber Ausdruck geben, daß ich vor Weihnachten aus Anlaß des Besuches des Herrn Vizekanzlers in Paris Gelegenheit hatte, Sie nach so langer Zeit wiederzusehen. Ich schreibe diese Zeilen mit besonderer Freude, nachdem heute wohl feststeht, daß die Nationalversammlung die Verträge ratifiziert. Dies dürfte wohl in erster Linie auf den bewunderungswürdigen Mut zurückzuführen sein, mit dem Mendès France sich dafür eingesetzt hat. Ich kenne Frankreich zu gut, um die Bedenken und Sorgen der französischen Abgeordneten nicht zu verstehen. Ich persönlich hätte – wie Sie sich sicher noch aus unseren Gesprächen der Jahre 1950/51 entsinnen werden – es lieber gesehen, wenn man die Notwendigkeit der deutschen Wiederbewaffnung hätte umgehen können. Die europäische Einigung ist durch die militärische Hypothek schwer belastet und die Wiedervereinigung Deutschlands überaus problematisch geworden. Ich habe in meinem Lande zu denen gehört, die den Weg der EVG nicht für realisierbar hielten und deshalb seit 1952 auf die Notwendigkeit von Verhandlungen über eine Ersatzlösung hingewiesen. Seit Juni d. J. habe ich immer wieder versucht, hier in Bonn begreiflich zu machen, daß Mendès-France der einzige französische Politiker ist, der genug Autorität und Mut besitzt, um die unpopuläre Frage der deutschen Wiederbewaffnung zu einem positiven Ergebnis zu führen. Ich bin froh, daß die Ereignisse meinem Urteil, das zunächst hier auf sehr viel Widerstand gestoßen ist, recht gegeben haben. Nun möchte ich aber sowohl für Frankreich wie für Deutschland hoffen, daß es dem gegenwärtigen französischen Ministerpräsidenten gelingen möge, sowohl seine inneren Reformpläne erfolgreich durchzuführen, wie die für Deutschland so besonders wichtigen Verhandlungen mit der Sowjetunion in Angriff zu nehmen. Sie wissen, lieber Herr Cheysson, daß bei uns die Furcht weit verbreitet ist, diese Verhandlungen könnten zu einer endgültigen Teilung Deutschlands führen. Ich persönlich befürchte, daß wir im Jahre 1952 einen günstigen Moment für solche Verhandlungen verpaßt haben und habe Zweifel, ob Rußland heute mit oder ohne deutsche Wiederbewaffnung bereit ist, der Wiedervereinigung meines Landes zuzustimmen. Mehr als jedes andere Land kann Frankreich auf die russische Politik einwirken, auch wenn sie sich durch die Ratifizierung der Verträge vielleicht vorübergehend verhärten sollte, und mehr als jeder andere Staatsmann ist Mendès-France berufen, die gemeinsamen europäischen Interessen gegenüber Rußland zu vertreten, aber auch gleichzeitig auf einen Ausgleich hinzuwirken. Die Notwendigkeit, ein gemeinsames, Rußland umfassendes kollektives Sicherheitssystem zu finden, auf dessen Grundlage die Wiedervereinigung Deutschlands möglich sein könnte, dürfte die dringlichste Aufgabe unserer gemeinsamen Politik sein.«

Abschließend frage man sich: War der 30. August 1954 wirklich ein so schwarzer Tag für Europa, wie Adenauer es damals sah und Paul Frank noch heute behauptet? Ich glaube, man muß die Perspektiven und die Schuldzuteilung zurechtrücken. Das Schlimmste war nicht, daß eine ohnehin nicht realisierbare, um viele Jahrzehnte – um wenig zu sagen – verfrühte Europakonstruktion starb, sondern daß man bei etwas mehr Bescheidenheit, Verzicht auf Rechthaberei und Professorenperfektionismus und mehr Eingehen auf die französische Wirklichkeit mehr an europäischer Integration, und besonders politisch-militärischer, hätte haben können als hinterher bis heute möglich war. Europa hätte von Anfang an vor einer eigenen militärischen Verantwortung, einem eigenen Rahmen und einer eigenen Kontrolle durch eine politische Instanz gestanden, in die die Franzosen damals Großbritannien einbezogen wissen wollten. Die Schuld an diesem Scheitern trifft mehr die Deutschen als die Franzosen, denen ihr geschichtlich-kulturelles Erbe und ihr Selbstverständnis es schwer machte, Etappen zu überspringen, und die in einer verzweifelten Situation nach einer totalen, zu einem Sieg verfälschten Niederlage und dem Verlust einer Weltmachtrolle versuchten, ihre Identität zu behaupten.

De Gaulle – Europa – Deutschland

Walter Lippmann sagte 1964 über de Gaulle zu Conrad Ahlers: »Er ist der größte Mann, den der Westen während des Krieges hervorgebracht hat. Er ist eines der politischen Genies unserer Zeit. Wer nicht auf ihn hört, selbst wenn er ihm widerspricht, ist ein Narr.«

Der Leser wird sich aus dem Kapitel »Frankreich im Zweiten Weltkrieg« entsinnen, daß der Verfasser zumindest für diesen Zeitabschnitt zögerte, der Beurteilung Lippmanns zuzustimmen. Das gilt auch noch heute für die ersten Jahre nach dem Kriege, als wir es noch – und gerade wir Deutschen – mit dem de Gaulle von »vorgestern« zu tun hatten. War aus den Enttäuschungen und den zwölf Jahren Einsamkeit in »Colombey les Deux Eglises« ein anderer Mann hervorgegangen? Ab 1949 konnte man zunehmend so denken. Die Stunde der Wahrheit kam aber erst 1958. De Gaulle brauchte wie Churchill dramatische Ereignisse.

Die Vierte Französische Republik, aus der nationalen Katastrophe und den Ruinen des Krieges hervorgegangen, glich in manchem der Dritten. Aber ihre Bilanz ist insgesamt nicht so schlecht: Wiederaufbau, Bändigung der Kommunisten, NATO, Beginn der Dekolonialisierung nach blutigen Aufständen, Beendigung des Vietnam-Krieges, Europapolitik von der Montanunion bis zur EWG, Industrialisierung, Vorbereitung der nuklearen Verteidigung. Aber an dem Algerienproblem mußte sie scheitern. Weder Geist noch Menschen, noch Institutionen waren dieser Herausforderung gewachsen: der Aufgabe der drei französischen Departements des Mutterlandes in Nordafrika mit einer Million Franzosen. Der Aufstand in Algier am 13. Mai 1958 bedeutete Bürgerkrieg. Er sollte 1961 das Land an den Rand des Abgrundes bringen. Es ging um mehr als den Verlust von drei Provinzen. Nach der Katastrophe des Krieges war nun das geistige, zivilisatorische und imperiale Selbstverständnis Frankreichs – auf das deshalb einleitend etwas länger eingegangen wurde – erneut und sehr viel ernster in Frage gestellt. Diese Wunde, das Scheitern der französischen Zivilisationsidee, ist bis heute nicht geheilt!

Das war die Stunde des Retters, des Helden, des heimlichen Königs, der von sich in der dritten Person sprach: Charles de Gaulle. Er hatte schon mit 39 Jahren von sich gesagt: »Frankreich wird sich dereinst an meine Rockschöße klammern und die Canaille dazu.« Und auf seiner ersten Pressekonferenz am 19. Mai 1958: »Weil ich ein Mann bin, der niemandem und allen gehört.«

Zur geschichtlichen Größe: Hätte de Gaulle keine andere Aufgabe erfüllt, als den Algerienkrieg zu beenden, die Dekolonialisierung zu einem guten Ende zu führen und das Land vor dem Bürgerkrieg zu bewahren – es wäre historische Leistung genug. Die endgültige Aussöhnung mit Deutschland, die Europavision, die stabilen Institutionen, die wirtschaftliche Sanierung und die Einleitung der zweiten industriellen Revolution mit tiefgreifenden gesellschaftlichen und sozialen Veränderungen kamen hinzu.

Der Verfasser hat den 8. Mai 1958 noch in lebhafter Erinnerung. Er war bei dem britischen OEEC-Botschafter in der Avenue Victor Hugo im vornehmen 16. Arrondissement zum Diner. Plötzlich ertönte ein lautes Autohupkonzert auf den Avenuen, den Ruf »Algérie française« skandierend. Das Signal zum Aufstand. In den nächsten Tagen waren meine gaullistischen Freunde etwas in Sorge. Die Regierung schwankte noch zwischen Härte und Nachgeben. Jules Moch – er hatte 1947 die Kommunisten hart zur Räson gebracht – war Innenminister. Er wollte verhaften – wenn nötig auch de Gaulle.

Dann kam doch alles anders. Die »Systemparteien« und Präsident Coty riefen den Retter, gaben Vollmachten – auch für eine neue Verfassung, über deren Charakter niemand im Zweifel sein konnte. Eine geniale Täuschungsoperation begann: Aus »Algérie française« wurde in vier schwierigen und turbulenten Jahren »Algérie algérienne«. Der Aufstand der Armee in Algerien drohte 1961 auf das Mutterland überzugreifen. In Paris wurden Barrikaden errichtet. De Gaulle blieb hart und meisterte die Lage. Als die Aufgabe Algeriens sich abzeichnete, entkam er mit Not dem Attentat von Petit Clamart. Vier hohe Generäle wurden zu lebenslänglicher Haft verurteilt; die letzten zwei erst 1982 durch Mitterrand – nicht ohne Schwierigkeiten – amnestiert. Der Attentäter, ein junger Offizier aus alter Familie, wurde hingerichtet. Die Armee war schwer getroffen. Sie hatte sich die Herrschaft de Gaulles anders vorgestellt.

Hatte de Gaulle nicht recht mit seinem Glaubenssatz, daß man Frankreich große Aufgaben stellen müßte, wenn es sich selbst nicht verlieren sollte; Ersatzaufgaben für die einstige Größe und das erschütterte Selbstverständnis? Das kleine EWG-Europa schien ihm zunächst dazu zu klein. Deutschland hätte, so sagte er, eine große Rolle in Europa gespielt; Frankreich darüber hinaus in der Welt. Die Entscheidung kam schon bald nach der Machtübernahme. Im Juli 1958 unterrichtete der amerikanische Außenminister J. F. Dulles de Gaulle von der mit MacMillan abgesprochenen Landung amerikanischer Truppen im Libanon mit dem Bemerken, es sei wohl besser, Frankreich würde sich nicht beteiligen.

De Gaulle schnitt die bis heute ungeklärte Grundsatzfrage der Rolle der NATO-Partner außerhalb des Bündnisses ebenso an wie die Kernfrage der nuklearen Strategie, die Teilung der Verantwortung. Dulles wich aus. De Gaulle lud Adenauer ein nach Colombey les Deux Eglises. Das historische Treffen – das Wort ist hier angebracht – fand nach anfänglichem Zögern des Kanzlers am 14. September 1958 statt. »Ich war von großer Sorge erfüllt«, schreibt der Kanzler. Aber nach einem langen Gespräch unter vier Augen – nur de Gaulles Dolmetscher Jean Mayer war dabei – war aus dem Saulus ein Paulus geworden. Und was für einer! Ein Protokoll über die Besprechung existiert nicht. Wir haben nur Adenauers Gedächtnisnotiz. Die Operation Charme, eine der großen Fähigkeiten des Generals, war mehr als ein Erfolg, mehr als eine Bekehrung. Es war Faszination und Unterwerfung unter das Konzept und den Willen des anderen »Alten«. Zwei Karolinger hatten sich gefunden. Adenauer wollte sein Europa und, wenn möglich, eines Tages die Wiedervereinigung; de Gaulle wollte mehr: Er wollte Frankreichs große Aufgabe. Deutschland sollte dabei nicht zu kurz kommen, wenn es Frankreich die Führungsrolle überließ.

Drei Tage später schickte de Gaulle dem amerikanischen Präsidenten Eisenhower und dem britischen Premierminister MacMillan sein berühmtes Memorandum. Es wurde nie veröffentlicht, blieb aber nicht lange geheim und wurde als Vorschlag eines Dreierdirektoriums bekannt. Aber es enthielt viel mehr und ist heute noch genauso aktuell wie damals. Es ging um die globale Verantwortung außerhalb des NATO-Bereichs und insbesondere um die Mitbestimmung über den Einsatz von Nuklearwaffen überall in der Welt. Frankreich sei wieder bereit und in der Lage, seine historische Rolle in den Weltangelegenheiten zu spielen. Und hier bereits die später verwirklichte Drohung des Rückzugs aus der NATO, wenn Frankreichs weltweite Interessen und die gleichberechtigte Teilnahme an der globalen Strategie nicht anerkannt würden. Couve de Murville präzisierte wenige Monate später: »Es kommt einem Veto bei der Anwendung der Atomwaffen überall in der Welt gleich.« Eisenhower und Dulles wichen aus. Der Schriftverkehr zog sich erfolglos bis zu Kennedy hin, der ihn abbrach.

Wenn die weltweite Großmachtrolle nicht zu verwirklichen war, mußte Frankreich zwei Dinge tun: sobald wie möglich eine eigene, unabhängige Atommacht werden und die europäische Karte spielen. Ein »europäisches Europa« sollte es sein, in dem Frankreich sich selbst wiedererkennen konnte; ein soweit wie möglich französisches Europa, das der Vaterländer. In ihm mußte Frankreich eine Führungsrolle zufallen, geeignet, die verlorene

Großmachtrolle zu ersetzen. Adenauer hatte diesem Konzept mehr oder weniger seinen Segen gegeben, froh, daß der gefürchtete General überhaupt ein Europa und sogar noch das der sechs Kontinentalstaaten bejahte. In dem bald danach erschienenen Memoirenband »Le salut« legte de Gaulle seine Vorstellung von diesem Europa als dritter Kraft zwischen den beiden Supermächten dar: »Man müßte es dazu bringen, daß die Staaten, die an den Rhein, die Pyrenäen und die Alpen angrenzen, sich politisch, wirtschaftlich und strategisch zusammentun. Man müßte aus dieser Organisation eine der drei großen Weltmächte machen und, falls eines Tages nötig, den Schiedsrichter zwischen dem sowjetischen und dem angelsächsischen Lager.«

Da war er, der große Entwurf: als dritte Kraft zwischen den Blöcken mit Frankreich als Hegemonialmacht. Der deutsche Bundesgenosse sollte dabei, wenn auch im zweiten Glied, zu seinem Recht kommen: Frankreich sah er als atomare Garantiemacht gegenüber dem Osten für die Ungefährlichkeit eines wiedervereinigten Deutschland.

Aus der EWG konnten nach de Gaulles Ansicht eines Tages die bescheidenen supranationalen Ansätze entfernt werden – wie die Politik des »leeren Stuhls« 1966 erfolgreich bewies. Inzwischen konnte der nicht automatische Übergang zur zweiten Etappe (1962) zur Durchsetzung der französischen Forderungen insbesondere in der Landwirtschaft benutzt werden.

In diesem Konzept war für Großbritannien, dem »trojanischen Pferd« Amerikas, kein Platz. Deshalb mußte die kurz vor dem Abschluß stehende große Freihandelszone torpediert werden. De Gaulle hatte diese Frage bereits mit Adenauer in Colombey les Deux Eglises erörtert. Nach dem Scheitern des Dreierdirektoriumsvorschlags war sie für ihn entschieden. Adenauer war der letzte, zu widersprechen. Am 20. Dezember 1958 wurde die Freihandelszone auf Weisung de Gaulles begraben, die spätere Ablehnung des britischen EWG-Beitrittsgesuchs präjudizierend. Großbritannien wurde für seine »besonderen Beziehungen« bestraft. Für den Verfasser war eine Pressekonferenz des Generals unvergeßlich, in der er mit ironisch boshaften Wendungen nachzuweisen versuchte, warum Großbritannien nicht in den europäischen Rahmen passe.

De Gaulle war trotz seiner Vision von der Größe Frankreichs Realpolitiker genug, um zu wissen, daß Frankreich allein für dieses Konzept, das im übrigen auf dem Hintergrund eines nur mit Mühe verhinderten Bürgerkriegs entstand, zu schwach war. Er wollte die Größe Frankreichs, aber er mißtraute seinen kleinbürgerlichen Franzosen und besonders ihren Politikern, die nur an den Fleischtöpfen und dem kleinen Spiel interessiert waren. Er brauchte die Deutschen, noch mehr: Deutschland. Von ihm hatte er eine höhere Meinung als die meisten Deutschen selbst; zumal die Versuchungen des deutschen Geistes ihm nicht ganz fremd waren.

Wie ernst er die Aussöhnung über die bare Notwendigkeit hinaus nahm, zeigt der Staatsakt der beiden knieenden »Alten« in der Kathedrale von Reims. Eine königliche Geste des Mannes, für den symbolische Handlungen mehr bedeuteten als ein freundliches Protokoll.

Seine Reise durch die Bundesrepublik 1962 wurde ein Triumphzug. Kurt Georg Kiesinger berichtete dem Verfasser, daß de Gaulle auf Schloß Solitude beim Vorbeizug der ihn begeistert akklamierenden Jugendgruppen wiederholt still vor sich hingesprochen habe: »Ils m'ont compris«, »Sie haben mich verstanden.« Der deutsch-französische Vertrag von 1963 war damit vorgezeichnet. Er wurde nicht aus Bosheit, sondern aus Logik nur einige Tage nach dem Scheitern der Englandverhandlungen unterzeichnet. »Verträge sind wie Rosen und junge Mädchen«, sollte der General nur wenig später traurig sagen. Der Bundestag entwertete das Abkommen durch eine Sowohl-als-auch-Präambel. Der unentbehrliche deutsche Partner spielte nicht mit. Er wollte sich nicht festlegen und lieber »finassieren«. Das weitere war ein unerfreulicher Trennungsprozeß der Deutschen von einem enttäuschten Brautwerber; bei de Gaulle von einer europäischen Illusion. Die Torpedierung nun auch der EWG und der NATO-Austritt waren die logischen Folgen. Was blieb? La France, la France seule?

Der Pariser Mai 1968 und die Flucht de Gaulles – wenn auch nur für einen Tag – nach Baden-Baden und das verlorene Referendum über eine Lebensfrage Frankreichs gaben die Antwort. »C'est foutu«, sagte der Präsident beim Räumen seines Schreibtisches. »Es ist aus.«

De Gaulle soll kurz vor seinem Tode zu seiner Frau gesagt haben: »Du weißt, Yvonne, ich werde nichts zurücklassen, nicht einmal Spuren im Schnee.« Dieser hochmütige, stolze, weitsichtige Mann, dessen kometenhafte Laufbahn eine Spur von Blut hinterlassen hat, der aber auch urban und menschlich war, der sein Land nur groß sehen konnte und seinen Franzosen nicht traute, war von tragischer Größe. Visionäre Zeiten wechselten mit tiefem Pessimismus. »Grandeur et misère d'une victoire«, hat Clemenceau über die Erinnerungen seines Lebenswerkes gesetzt.

De Gaulle irrte sich. Sein Werk hat ihn überlebt. Er hat Frankreich überfordert – aber er war Frankreich! Was die Kenner des Landes vorausgesagt hatten, das traf ein. Frankreich ist gaullistisch auch ohne den General, selbst da, wo es sich sozialistisch oder kommunistisch gibt. Der übersteigerte Anspruch wurde zurückgenommen, aber die Substanz blieb, wie die monarchischen Institutionen, in denen sich selbst der Sozialist Mitterrand mit den Kommunisten in der Regierung majestätisch eingerichtet hat. Nur Nuancen haben sich geändert. Man nahm England in die EWG auf – schon de Gaulle und Debré hatten nach der Enttäuschung mit Deutschland wieder an die »entente cordial« zur Bändigung eines unsicheren Deutschland gedacht. Man möchte Amerika im deutschen Glacis halten. Man begrüßt – zum Entsetzen der deutschen Linken –, daß dort Mittelstreckenraketen installiert werden. Der französische Staatspräsident erklärte das sogar 1983 vor dem Bundestag! Aber man kehrt nicht in die NATO zurück und legt nicht seine Atommacht mit der britischen zu einer europäischen zusammen. Und in allem, was französische Interessen angeht, denkt und handelt man gaullistisch, wenn auch weniger hart – wie im übrigen Großbritannien.

Aber das Hauptanliegen de Gaulles, die große Aufgabe, die den Rang- und Identitätsverlust ausgleichen sollte, mit der Frankreich Frankreich bleiben, seine »mission civilisatrice« und sein »vocation mondiale« fortsetzen konnte, blieb unerfüllt. »On ne peut que faire la politique de ses moyens«, hat ein nüchterner Kritiker gesagt. Hat er nicht mehr, zuviel gewollt? Waren, wie man behauptet hat, seine Analysen so prophetisch wie seine Schlußfolgerungen unzureichend? Raymond Aron, der sich seit seiner Flucht nach London 1940 bis zu seinem Tode mit de Gaulle auseinandergesetzt hat, gibt in seinen Erinnerungen 1983 darüber viel Stoff zum Nachdenken.

In geschichtlicher Sicht gibt es einen Hauptvorwurf: De Gaulle hat Frankreich nicht aus seiner Lebenslüge herausgeführt (»Die Lügen, die uns so viel Unglück gebracht haben«, sagte Pétain 1940). Er hat es in seiner alten Gabe bestärkt, Niederlagen in Siege zu verwandeln. Er hat die Verdrängung gefördert, die Frankreich auch heute noch hindert, mit sich selbst und der übrigen Welt ins reine zu kommen. Das ist ein Grund der Irritation über die Deutschen. Sie kommt nicht zuletzt aus dem Beharren auf dem Irrtum über sich selbst. Die Distanzierung von Deutschland bedeutet Distanzierung vom Irrtum über sich selbst. Wenn ein kluger Beobachter heute schreibt, Frankreich suche noch den Michelet des 20. Jahrhunderts, kann man nur sagen: Das war de Gaulle. Aber die Aufgabe war in einer veränderten Welt nicht mehr zu lösen. Michelet konnte noch in der Mitte des 19. Jahrhunderts die Französische Revolution in das große Heldenepos einschmelzen. Die militärische Straßen-Ikonographie aller Regime in Paris hat die Zeiten überdauert. In der Mitte des 20. Jahrhunderts aber war nüchterne Bilanz gefordert: der neue Platz, die neue Größe einer respektablen Mittelmacht in einem sich formenden Europa, das kein französisches Europa sein kann und will.

De Gaulle hat Amerika aus der militärischen Sicht der beiden Weltkriege gesehen: »Wir wissen, daß sie kommen, aber leider immer zwei Jahre zu spät!« Er hat aber, wie wohl die meisten Franzosen, Amerika als so fremd empfunden, daß er es nicht als Verlängerung Europas in die neue Welt sehen konnte mit einer eigenen, uns oft fremd anmutenden Ausprägung unserer Kultur und eigenen, nicht immer gleichen Interessen. Deshalb: Allianz ja, hegemoniale Führung nein. Er mißtraute den Neulingen, den Parvenus in den großen Weltgeschäften. Europäischer Hochmut war auch dabei. Und hatte nicht Amerika französischen Interessen hier und da ziemlich übel mitgespielt ohne überzeugende eigene Leistungen? (Zuletzt 1956 in Suez.) Konnte Amerika auf die jahrhundertelange Erfahrung der beiden alten Weltmächte England und Frankreich verzichten, ohne daß der Westen dabei Schaden leiden würde? Konnte Frankreich diesem fremden Land mit anderen Interessen die ausschließliche atomare Sicherheit überlassen?

Alles das und mehr war der Hintergrund des Memorandums vom September 1958. Eisenhower und der schon kranke Dulles hatten nicht die Größe, diese Gedanken nachzuvollziehen. Sie sahen Frankreich als eine bedeutende »Sympathiegröße«, aber im übrigen im Lichte des Zweiten Weltkrieges, seines Ausschlusses von der Friedensregelung, seiner belastenden kolonialen Vergangenheit und seiner machtpolitischen Ohnmacht. Sie wollten Deutschland und Frankreich eng aneinanderkoppeln, um in Europa Ruhe zu haben. Und sie wollten unter keinen Umständen ein atomares Veto Frankreichs, das die Weltmachtrolle Amerikas in Frage gestellt hätte.

Es war wahrscheinlich ein Fehler, de Gaulle abzuweisen und das Dreierdirektorium abzulehnen. Frankreich und England hatten trotz ihrer geminderten Größe ohnehin einen ständigen Sitz im Sicherheitsrat mit Vetomöglichkeit. Es sähe wahrscheinlich um die NATO und Europa besser aus. Wir Deutschen hätten dabei auf unsere Rechnung kommen können.

Und die Sowjetunion? De Gaulle hatte im Krieg aus Opportunitätsgründen mit den den Widerstand hauptsächlich tragenden Kommunisten paktieren müssen und die Supermachtrolle Rußlands vorausgesehen. Aber er war ein überzeugter Gegner des Bolschewismus, und er teilte den alten Glaubenssatz des Außenministers Ludwigs XV., Choiseul, »avec la

Russie entente et éloignement« (das war im übrigen der Hintergrund seiner Wiedervereinigungsvorstellungen!). Moskau hatte den Vertrag vom Dezember 1944 nicht honoriert, auf dem Ausschluß Frankreichs in Jalta und Potsdam bestanden, de Gaulle als Quantité négligeable behandelt. Er aber wollte weiter sehen, hinter dem Bolschewismus bereits wieder das alte Rußland des europäischen Mächtegleichgewichts und des europäischen Konzerts: vom Atlantik bis zum Ural. Dieser Illusion eines entideologisierten Rußland – heute bei unserer Linken ganz aktuell – mußte er wohl spätestens – wie manche andere auch – mit Prag 1968 aufgeben. Zudem hatte er nicht eingesehen – und seine Nachfolger bis heute nicht –, daß Frankreich für die Sowjetunion eine Größe dritter Ordnung ist, ein »nuisance value«, nicht aber ein Rußland unmittelbar angehendes vitales Problem wie Deutschland und in den Weltgeschäften wie Amerika. Auch hatte er nicht erkannt, daß die Sowjetunion in ihrer neuen Supermachtrolle nicht interessiert war an einer Neuregelung der Verhältnisse in Mitteleuropa über den Status quo hinaus. Hier war er der Mann von übermorgen.

Er hatte richtig gesehen, daß Europa, wenn es nicht zu einer Randgröße am asiatischen Großkontinent absinken soll, eine dritte Kraft werden muß, wozu es potentiell die Mittel hat. Aber er konnte es nur in französischen nationalstaatlichen Kategorien sehen – als Europa der Vaterländer. Völlig unlogisch und nur durch den hegemonialen Führungsanspruch zu erklären, war, daß er ausgerechnet aus diesem Europa das ähnlich denkende Großbritannien ausschließen wollte. Ebenso groß war allerdings die Unlogik der deutschen Antigaullisten, das supranationale Europa und die Aufnahme Englands zugleich zu wollen.

Das Sechser-Europa de Gaulles war so abwegig nicht. Adenauer hatte nicht unrecht, daß unsere Interessen dabei gewahrt werden konnten. Wir wären heute glücklich, wenn wir den vor allem von den Holländern abgelehnten Fouchet-Plan (1961) für eine politische Zusammenarbeit hätten. Alles, was jetzt – erfolglos – diskutiert wird, bleibt weit hinter ihm zurück! Zum Erfolg aber wären vier Dinge nötig gewesen: England und das übrige Europa mußten nicht völlig ausgeschlossen werden. Frankreich mußte seine Rolle nahezu mit Selbstverleugnung spielen. Die Bundesrepublik mußte, gestützt auf die kleinen Länder, hinreichend Widerstand leisten, um die hegemoniale Rolle Frankreichs auszugleichen und so ein Interessengleichgewicht herstellen. Diese Voraussetzungen waren nicht gegeben. Das große Dessin scheiterte und mußte wohl auch scheitern. Das Gelingen hätte vorausgesetzt, daß Frankreich die hegemoniale Führung insbesondere den kleineren Partnern durch eine vorsichtige Dosierung so schmackhaft gemacht hätte, daß diese die Achse Paris – Bonn ertragen konnte. Es hätte ferner in Bonn der Erkenntnis bedurft, daß die Zeit des bescheidenen Ja-Sagens vorüber und daß die Vertretung deutscher Interessen nicht mehr unangemessen war nach einem Wort de Gaulles: »On ne s'appuye que sur ce qui resiste.« »Man stützt sich nur auf das, was Widerstand leistet.« An diesem Widerstand zur rechten Zeit hat es bis heute gefehlt.

Auch hätte dazu in Paris die Einsicht gehört, daß die schwächeren Mitglieder zwangsläufig ihre Interessen institutionell absichern müssen und daß sie deshalb starken Gemeinschaftsorganen zuneigen. Und letztlich hätte man sehen müssen, daß man in Deutschland nach den Erfahrungen zweier Weltkriege auf die Dauer keine antienglische Politik machen kann. Anders in Frankreich: Das französisch-englische Verhältnis ist emotionsgeladen seit Jahrhunderten, aber man kann über Nacht eine Zweckehe eingehen; eine Vorstellung, der sich de Gaulle in seinen letzten Regierungsjahren zu nähern schien.

Es war wahrscheinlich der größte Fehler de Gaulles, die große Freihandelszone torpediert zu haben, die Großbritannien auf längere Zeit zufriedengestellt, die übrigen europäischen Staaten aufgefangen und die unterentwickelten Länder Türkei, Griechenland, Portugal vorsichtig einbezogen hätte. Die EWG brauchte nicht geopfert zu werden (das war das französische Argument). Im Gegenteil, sie wäre der starke Machtblock gewesen, der seine eigene Integration hätte fortsetzen können, bis die Zeit für ein größeres Europa reif war.

Das Gegenteil ist eingetreten. Die EWG hat sich durch Erweiterung geschwächt. Die Aufnahme der Randländer schafft für eine Zollunion, geschweige denn für eine Wirtschafts- und Währungsunion, fast unlösbare Probleme. Wir können von Glück sagen, wenn letztlich eine Freihandelszone übrig bleibt und die Möglichkeit, in einem kleineren Rahmen, aber diesmal mit England, den politisch-militärischen Integrationsprozeß noch einmal anzufangen.

Als de Gaulle seine Europapolitik begann, war der Stern Adenauers bereits im Sinken. Er war nicht mehr Herr im eigenen Haus, nicht einmal in seiner Partei. Auch meinte er wohl noch immer, wir müßten weiterhin für das Wohlwollen Frankreichs einen Preis bezahlen. Richtiger wäre es gewesen, de Gaulle unsere Interessenlage verständlich zu machen, ihm zu zeigen, wo unsere Grenzen waren, was durchsetzbar war und was nicht. Wie oft hat der Verfasser in dieser Zeit in Paris gehört: »Um Himmels willen, warum sagt ihr es nicht!«

Dazu gehörte vor allem, daß wir nicht vor eine Wahl zwischen Amerika und Frankreich gestellt werden durften. De Gaulle mußte begreifen, daß – und diese Frage ist heute wieder aktuell – wenn wir schon von einer Atommacht abhängen müssen, auf deren Entscheidung wir keinen Einfluß haben, dies noch immer eher Amerika als Frankreich ist, von der Präsenz und der Größenordnung amerikanischer Truppen ganz abgesehen. Amerika mag unsicher sein. Ist Frankreich so viel sicherer? Sind wir nicht in einem wie im anderen Falle Glacis und Schlachtfeld, in das gerade die zum eigenen Schutz gedachten französischen Atomwaffen zielen? Der Vorspann zum deutsch-französischen Vertrag von 1963 war ebenso unvermeidlich wie das Finassieren hinterher bedauerlich.

Die europäische Politik de Gaulles war unlogisch und unschlüssig. Seine Deutschlandpolitik aber hatte ein klares, weitsichtiges Konzept unter der einen Voraussetzung: daß Rußland bereit war, darauf einzugehen. Das war, wie schon dargelegt, nicht der Fall. Hier hätte auch die französische Atomwaffe ihren Platz und Wert gehabt – als Garantiefunktion für oder gegen ein wiedervereinigtes Deutschland.

Die von deutscher Seite nie näher beschriebene Deutschlandkonzeption de Gaulles ist heute unverändert aktuell. Als es 1945 nicht zu einem Zerstückelungsfrieden kam, in dem Frankreich hätte seine Sicherheit finden können, und der Gegensatz der beiden Siegermächte die Weltpolitik bestimmte, hatte sich Frankreichs Deutschlandbild verändert. (De Gaulle hat es Adenauer in Colombey les Deux Eglises einleuchtend geschildert.) Die Sicherheitsfrage sah anders aus. Die Russen standen – und stehen noch – zweihundert Kilometer vom Rhein. Es ist für Frankreich besser, sie an der Oder zu haben als am Rhein. Denn dann sind sie auch in Paris. Auf jeden Fall muß Frankreich verhindern, daß ein kommunistisches Großdeutschland entsteht! Folglich ist eine mit den notwendigen Sicherheitsvorkehrungen verbundene Wiedervereinigung das geringere Übel. Das war die Grunderkenntnis de Gaulles. Da er mit der Wiedervereinigung – ob man sie liebte oder nicht – mit der Sicherheit eines Naturereignisses rechnete, war es wichtig, daß sie mit und nicht gegen Frankreich zustande kam. Das dürfte auch hinter dem Vorschlag der deutsch-französischen Union gestanden haben, den er Adenauer 1962 machte. Er befand sich mit seiner Auffassung in guter Gesellschaft. Bereits Tocqueville, 1848 für einige Monate Außenminister, hatte angesichts des aufsteigenden Machtkolosses Rußland ein vereinigtes Deutschland in der Mitte Europas befürwortet.

Trotz der Enttäuschung über die mangelnde Unterstützung seiner Politik in Bonn – er hatte nach Adenauer nicht einmal mehr einen Gesprächspartner – ist er seiner Vorstellung über die Zukunft Deutschlands bis zum Schluß treugeblieben. Im Juli 1963 antwortete er einem französischen Politiker, der ihm nach einer Reise durch die Sowjetunion von dem russischen Deutschlandtrauma berichtete: »Ich bin der einzige Staatsmann, der in der Lage ist, dieses Trauma auszuräumen und die deutsche Frage auf den Weg der Lösung zu bringen. Sonst gibt es keinen Frieden in Europa. Die Lösung der deutschen Frage wird die letzte große Aufgabe sein, der ich mich widmen werde.« Noch auf einer Pressekonferenz 1965 hieß es: »Le problème allemand est par excellence le problème européen.« 1966 sagte er allerdings resigniert zu demselben Gesprächspartner, es stehe den Deutschen frei, sich einseitig für Amerika zu entscheiden. Er könne dann in der deutschen Frage nichts mehr tun. Die geringen Chancen würden nicht wahrgenommen. Wie an anderer Stelle gezeigt, hat er bei seiner Rußlandreise im selben Jahr trotzdem unverändert seine alte Auffassung hart vertreten. Er konnte auch nicht anders, wenn er nicht seinem ganzen Konzept untreu werden wollte. Und es gibt für Frankreich kein besseres.

Frankreich kann in Europa keine Rolle spielen – in der Weltpolitik ohnehin nicht mehr –, solange die Bundesrepublik nur ein militärisches Glacis ist, der DDR-Sperr-Riegel jede ernsthafte Kommunikation mit dem anderen Teil Europas verhindert und mit der Gefahr einer Finnlandisierung Deutschlands gerechnet werden muß. Keine französische Regierung wird die Wiedervereinigung lieben – aber sie ist das geringere Übel. Die Deutschen mögen die Wiedervereinigung verdrängen oder vergessen, für die Franzosen ist diese Möglichkeit immer präsent, ein Gegenstand ständiger Irritation. Sie können es sich nicht vorstellen, daß Deutschland, nachdem es einmal den ihm von der Geschichte und Frankreich auferlegten Zustand der »libertés germaniques« gegen das französische Modell des Nationalstaates eingetauscht hat, diesen je wieder freiwillig aufgeben wird. Der alte Gralshüter der Gaullisten, Michel Debré, sagte noch 1979 in der französischen Kammer resigniert: »Le monde germanique cherche sa réunification.«

Und noch 1983 zum zehnten Jahrestag des deutsch-französischen Vertrages bezeichnete der langjährige französische Außenminister und Ministerpräsident Couve de Murville die deutsche Wiedervereinigung als ein selbstverständliches Anliegen der Deutschen – allerdings mit einer Ausnahme: durch das Mittel eines Krieges. Zu der deutschen Politik sagte er ebenso kritisch wie treffend: »Aber bis zu den letzten Jahren, zumindest bis zur Ostpolitik, hat es in der Bundesrepublik Deutschland einen solchen Konformismus gegenüber dem atlantischen Bündnis, eine solche Überzeugung gegeben, die USA würden schon alle Probleme lösen, daß man sich über nichts Sorgen zu machen brauchte. So stellte man sich zu Zeiten Adenauers vor, die Wiedervereinigung werde durch einen Krieg der USA mit der Sowjetunion erreicht, dem Sieg der Amerikaner über die Sowjets. Diese Geisteshaltung hat derartig lang gedauert und erwies sich als derartig unrealistisch, daß es zwangsweise zu einer Reaktion kommen mußte. Die erste war die Ostpolitik, die darin bestand, direkte Beziehungen zur Sowjetunion aufzunehmen, ohne selbst die USA zu konsultieren. Diese Evolution war eine Reaktion auf den unbewußten Konformismus der Vergangenheit gewesen. Das wurde natürlich durch einen Exzeß im umgekehrten Sinne sichtbar. Der Augenblick muß abgewartet werden, wo sich wieder ein gewisses Gleichgewicht eingependelt hat. Um das zu erreichen, sind die Gespräche beider Länder und die deutsch-französische Zusammenarbeit für alle nützlich.«

De Gaulle konnte seine französischen, seine deutsch-französischen und seine europäischen Visionen nicht verwirklichen. Er kam zu spät – und zu früh. Er hat im Kriege die Fahne eines freien Frankreich hochgehalten und im Frieden sein Land aus dem Bürgerkrieg errettet. Seine Vorstellung von der Rolle Frankreichs, dem Mythos, dem er diente, war nicht mehr zeitgemäß. Seine Vision von einem großen, selbständigen Europa war richtig, aber verfrüht. Charles de Gaulle ist von einer tragischen Größe. Er wollte Frankreich großmachen und hat dabei der europäischen Einigung geschadet. Wie Frankreich letztlich seine historische Leistung beurteilt, ist nicht unsere Sache. Wir Deutschen können ihn nur groß und mit Dankbarkeit sehen. Er hat – und nur er konnte es – die deutsch-französische Aussöhnung endgültig besiegelt. Daß der französische Staatspräsident Mitterrand am 20. Jahrestag den deutsch-französischen Vertrag durch eine Rede vor dem Bundestag würdigen konnte, verdanken wir de Gaulle. Er hatte eine Vision eines größeren Europa, in dem Deutschland seinen Platz hatte. Es wird jeder zukünftigen französischen Regierung – was auch immer sie sagen mag – schwerfallen, das Deutschlandkonzept de Gaulles zu verleugnen.

Die Fragestellung ist unverändert. Frankreich muß von seinen Mythen Abschied nehmen und dennoch eine große Aufgabe finden. Ein Frankreich, das sich langweilt, ist gefährlich. Die Wahl eines sozialistischen Staatspräsidenten ist noch kein Ersatz. Auch heute gilt – im übrigen auch für England, das in der Entwicklung hinter Frankreich zurück ist –, daß man nicht die Früchte der Integration und der Nationalstaatspolitik zugleich haben kann. Geduld ist weiterhin nötig. Der Abbau von Großmachtrollen und nationalen Mythen geht nur langsam vor sich. Und nur in diesem Tempo kann Europa wachsen. Unsere Politik gegenüber Frankreich sollte sein: Verständnis, Geduld, Festigkeit, Klarheit der eigenen und gemeinsamen Interessen. Und auch hier: »Surtout pas de zèle«, wie Talleyrand sagte. Die Blitzreise des gerade gewählten Bundeskanzlers Kohl nach Paris, noch vor seiner Regierungserklärung im Bundestag, war schon eine Geste zuviel. Wie auch er inzwischen feststellen mußte, landet das bei der Kasse.

Trotz aller Versäumnisse und Fehlentwicklungen ist für einen abgrundtiefen Pessimismus über Europa kein Anlaß. Der EWG-Traum als Motor der politischen Einigung ist ausgeträumt. Hallsteins Idealvorstellung von einem Europa des Rechts ohne föderierende Macht ist, wenn überhaupt, nur langsam im geschichtlichen Raum zu verwirklichen. Wir müssen noch einmal neu anfangen und uns von dem verworfenen Fouchet-Plan inspirieren lassen. Mit England diesmal. Die Westeuropäische Union bietet sich als Rahmen nicht nur für die Politik an.

Zum Schluß eine tröstliche Erinnerung des Verfassers. Während der Zypernkrise 1974 tagten die EG-Botschafter in Ankara praktisch in Permanenz unter dem Vorsitz des französischen Botschafters. Obgleich die Politik der Hauptstädte nicht identisch war – Paris neigte mehr zu Athen –, tauschten die Botschafter den Inhalt sowohl ihrer Weisungen wie ihrer Berichte aus in dem Bemühen, zu einem gemeinsamen Konzept in der EPZ (Europäische Politische Zusammenarbeit) zu kommen. Und das über Probleme eines Raumes, in dem die Interessengegensätze der damaligen Großmächte wesentlich zum Ausbruch des Ersten Weltkrieges beigetragen hatten.

Die deutsche Frage zwischen Hoffnung und Verzicht (1952–1975)

Die bisherigen Kapitel führen zwangsläufig zur deutschen Frage, dem Hauptstück dieses Buches. Früher als erwartet wurde sie wieder aktuell; bei uns, im Westen und, wenn auch unausgesprochen, im Osten. In ihr bündelt sich ein Großteil der die Nordhälfte des Globus bewegenden Fragen: die atomaren, strategischen, technologischen, moralischen. Bei vielen Deutschen sind sie zu einem Syndrom von Todesangst und Friedensutopien zusammengeflossen, aus dem manche nur den Ausweg sehen: Lieber rot als tot – eine Folge der »deutschen Misere«, wie André Glucksmann in seiner Kritik der deutschen Friedensbewegung behauptet (Philosophie der Abschreckung, 1984).

Was lange verdrängt war, wird wieder klar: Die Teilung Deutschlands und durch sie Europas ist kein Ruhekissen eines durch die atomare Abschreckung der Supermächte garantierten globalen Gleichgewichts. Sebastian Haffner verlangt von den Deutschen und der Geschichte zuviel, wenn er ihnen vielleicht noch für hundert Jahre das Los zuteilt, dieses Gleichgewicht »auszutarieren«. In der Macht und der Versuchung der wieder unruhigen, unsicheren und gefürchteten Deutschen liegt es, dieses Gleichgewicht zu verändern. Geschichte, Geopolitik und Moral sind auf ihrer Seite. Wer will sie, außer durch einen Krieg, daran hindern, wenn sie dieses Ziel auf dem friedlichen Wege des »lieber rot als tot« betreiben wollen, die Freiheit geringer achtend als das Leben?

Wem der Preis der Freiheit zu hoch erscheint – das war die Politik aller Bundesregierungen seit 1952, dem Jahr des Angebots eines neutralisierten wiedervereinigten Deutschlands durch die in ihrer Bedeutung bis heute umstrittene Stalin-Note –, der muß sich jetzt gangbare Wege aus der deutschen Angst einfallen lassen. Mit Lippenbekenntnissen ist es nicht mehr getan. Sonst könnte die Geschichte ihn überrollen. Noch denkt man im Ausland und besonders in Frankreich darüber mehr nach als bei uns. Die deutsche Frage gehört uns nicht allein, aber zunächst und vornehmlich gehört sie uns. Und von uns wird eine Antwort erwartet. Die Vorgänge des Jahres 1952 sind mit viel und wenig Sachkenntnis *ad nauseam* erörtert worden. Die seit der Ablehnung der Stalin-Note und der Annahme der Westverträge (Deutschlandvertrag und militärischer Beitrag im Rahmen einer an die NATO gekoppelten europäischen Verteidigungsgemeinschaft – EVG) bestehende Glaubhaftigkeitslücke und die später dazukommende Einsichtslücke in Zuverlässigkeit und Sinn der atomaren Verteidigung sind Quellen heutiger Unruhe und Angst.

Der um Deutschland besorgte Historiker Andreas Hillgruber ist noch heute davon überzeugt, daß das Thema Stalin-Note 1952 nicht zu einer abgeschlossenen Seite der deutschen Geschichte gehört. Anderer Meinung ist nach wie vor Professor W. G. Grewe, einer der Architekten der Verträge von 1952 und späterer Botschafter. Er bestreitet, daß damals eine Chance verpaßt wurde. »Ein zählebiger Mythos.« Aber auch er möchte nicht, daß der Wille zur Einheit erlahmt.

Der Verfasser war damals und ist auch heute noch anderer Meinung, wenn er auch die bittere Feststellung Paul Sethes nicht teilt, daß eine »Sternstunde deutscher Möglichkeiten« verpaßt wurde; noch der von Thomas Dehler, Konrad Adenauer habe die Bindungsklausel (die automatische Erstreckung der Verträge auf ein wiedervereinigtes Deutschland) erfunden, um die Wiedervereinigung zu verhindern. Der Autor nahm als Berater von Franz Blücher in den Jahren 1950/54 an den damaligen politischen Ereignissen teil und hat auch später – Ende der fünfziger, Anfang der sechziger Jahre – an der außenpolitischen Meinungsbildung der FDP mitgewirkt. Karl Moersch hat darüber in seinem Buch »Kursrevision« (1978) einiges berichtet.

Der außenpolitische Ausschuß der FDP unter dem Vorsitz des früheren Diplomaten Ernst Achenbach, an dessen Arbeiten Franz Blücher lebhaften Anteil nahm, befaßte sich seit 1950 intensiv mit den deutschlandpolitischen Aspekten der Außenpolitik Adenauers. In ihm spielten Angehörige des ehemaligen Auswärtigen Amtes wie der FDP-Abgeordnete Pfleiderer eine maßgebende Rolle. Die meisten von ihnen sahen in der einseitigen Westorientierung eine Gefahr für die Wiedervereinigung. Dieser Meinung waren im übrigen auch die wenigen Ostexperten des neuen Auswärtigen Amtes.

Sie befürworteten frühzeitig ein Eingehen auf die Signale aus dem Osten, wie z. B. die beiden Grotewohl-Briefe von 1950/51. Blücher teilte innerlich diese Auffassung, vertrat sie aber nicht nach außen, zumal die Bundestagsfraktion fast ausnahmslos hinter Adenauer stand. Dieser nahm lange Zeit die außenpolitischen Überlegungen dieser Kreise der FDP nicht ernst. Er wußte, daß daran die Koalition nicht scheitern würde. Immerhin sorgte er dafür, daß auch der Vizekanzler und seine Partei über wichtige Vorgänge möglichst nicht informiert wurden.

Wie sah Adenauer die Lage, was war sein Kalkül? Die Frage, ob er die Wiedervereinigung wollte, kann dabei ausgeklammert werden. Auf jeden Fall hatte sie für ihn keine Priorität. Er sah eine einmalige Chance für die Bundesrepublik. Er hat sie genutzt und alle anderen Erwägungen, so vor allem eine Sondierung der russischen Absichten durch eine Vierer-Konferenz, »sofort und kurz entschlossen abgewürgt«, wie Professor Grewe feststellt.

Wo kamen wir her? Noch am 29. April 1946 hatte der amerikanische Außenminister Byrnes einer Außenministerkonferenz den Entwurf eines Viermächteabkommens über die Entwaffnung und Demilitarisierung Deutschlands vorgelegt: »As long as the peace and security of the world may require.« Falls nach 25 Jahren die Überwachungskommission der vier Mächte feststellte, daß das Ziel der Umerziehung noch nicht erreicht sei, konnte der Vertrag verlängert werden. Molotow schlug gleich vierzig Jahre vor. Als wohl doch in erster Linie durch russische Fehler die große Wende kam – bereits im Oktober desselben Jahres hielt Byrnes die kursändernde Stuttgarter Rede – und der Westen zu der Überzeugung kam, zu seiner Verteidigung deutsche Soldaten zu benötigen, war für Adenauer das *quid pro quo* – das Paket, wie man später sagte – klar: möglichst große Handlungsfreiheit für Rumpfdeutschland gegen einen militärischen Beitrag.

Als die Fragestellung sich durch den Koreakrieg 1950 dramatisch zuspitzte, war keine Zeit zu verlieren. Die stets zwischen Ost und West schwankenden Deutschen mußten nach Adenauers Meinung ein für allemal in den Westen integriert werden, was immer auch daraus für Deutschland als Ganzes werden würde. Und, so glaubten zumindest die Mitarbeiter Adenauers, seine Vertragsarchitekten und die überwiegende Mehrheit des Bundestages – nur das macht die einstimmigen Beschlüsse über freie Wahlen bis Mitte der fünfziger Jahre verständlich, die freiheitlich-demokratisch ehrenvoll, aber politisch töricht waren, wenn man die Wiedervereinigung wollte –, die amerikanische Politik der Stärke, wie sie vor allem im Wahlkampf 1952 zum Ausdruck kam, werde zwangsläufig eines Tages die Kapitulation der Sowjetunion und die Wiedervereinigung bringen. Durch die »Erinnerungen« Adenauers über die fünfziger Jahre zieht sich wie ein roter Faden die Hoffnung auf diese »Politik der Stärke«. Nur so sind die haarsträubenden antirussischen Reden Adenauers und Hallsteins zu verstehen und der Ausspruch des Professors, die Wiedervereinigung sei unser Recht, für sie brauche man keinen Preis zu bezahlen.

Diese Politik, soweit sie über das Kernanliegen Adenauers hinausging, beruhte auf einer bis heute nachwirkenden Fehlbeurteilung der Absichten und Möglichkeiten Amerikas. Man hatte nicht begriffen, daß Kennans »Containment« sich auch auf Deutschland bezog und daß nach amerikanischer Meinung die Europäische Verteidigungsgemeinschaft (EVG) durch eine enge Verbindung der Bundesrepublik mit Frankreich demselben Zweck dienen sollte. Die damaligen amerikanischen »Roll-back«-Parolen haben zu dieser Fehlbeurteilung beigetragen und jenseits des Eisernen Vorhangs Hoffnungen erweckt, die vom Arbeiteraufstand in Ostberlin am 17. Juni 1953 bis noch zum Polen von 1980 bitter bezahlt werden mußten.

Deshalb ist auch die Frage der umstrittenen Bindungsklausel des Deutschlandvertrages von 1952 keineswegs heute »ein alter Hut«, wie Grewe behauptet, sondern von so großer Aktualität, daß es sich lohnt, die damaligen Vorgänge noch einmal klarzustellen. Der ursprüngliche Artikel 7 Absatz 3 besagte, daß der Wirkungsbereich der Verträge, das heißt auch der an die NATO gekoppelten EVG, automatisch auf das wiedervereinigte Deutschland erstreckt würde. Mit anderen Worten: Der Geltungsbereich der NATO wurde an die Oder oder, da die Grenzfrage offenblieb, sogar darüber hinaus vorverlegt. Also ein von den Russen hinzunehmendes »roll-back«, eine militärische Niederlage im Frieden ohne Gegenleistung! Die Vorstellung ist so ungeheuerlich, daß man Thomas Dehlers Verdacht verstehen kann, die Klausel gehe auf Adenauer zurück, der mit ihr die Wiedervereinigung unmöglich machen wollte.

Grewe hat wiederholt die Zusammenhänge klargestellt, wenn auch – mangels genauer Kenntnis der Vorgänge in der FDP – nicht ganz vollständig. Der Auswärtige Ausschuß der FDP erfuhr von dem Kabinettsreferenten Blüchers, G. Vogel, im Februar 1952 durch eine Information von Blankenhorn gegen den Willen Adenauers die wesentlichen Bestimmungen des Vertragswerkes. Die stärksten Bedenken richteten sich gegen die Bindungsklausel. Nach einem Vorstandsbeschluß wurden diese Bedenken im April, als die im November 1951 paraphierten Texte endlich auch den Kabinettsmitgliedern zugänglich gemacht wurden, Adenauer durch ein Schreiben Blüchers notifiziert. Inzwischen waren auch Teilen der CDU – besonders dem Jakob-Kaiser-Flügel – Zweifel gekommen. Die Stalin-Note vom 10. März 1952 blieb nicht ohne Wirkung. Es gelang Blücher, einen Kabinettsausschuß unter seinem Vorsitz zur Berichterstattung und Prüfung der Verträge durchzusetzen. Adenauer, unterstützt von Hallstein, weigerte sich bis zum Tage der Vertragsunterzeichnung am 26. Mai 1952, den drei Mächten Änderungen, und vor allem die des Artikels 7 Absatz 3, vorzuschlagen. Obschon, wie Grewe berichtet hat, die Formulierung auf den Rechtsberater McCloys, Bowie, zurückgeht, machte Adenauer sie sich so hartnäckig zu eigen, daß auf Initiative der FDP, der sich von Brentano anschloß, die Fraktionsvorsitzenden der beiden Parteien den ganz ungewöhnlichen Schritt tun mußten, »in extremis« wenige Stunden vor der Unterzeichnung Dean Acheson das Anliegen vorzutragen. Sein Rechtsberater Jessup formulierte den Paragraphen im Sinne der erwünschten Bindungsfreiheit um.

Adenauer und Hallstein haben den Initiatoren der FDP diese Niederlage nie verziehen. Adenauer behandelt in seinen Memoiren den ganzen Vorgang ziemlich großzügig. Er verzichtet aber nicht auf den Abdruck des bösen Briefes vom 6. Mai 1952 an seinen Stellvertreter Blücher, dem er wegen der Abänderungswünsche der FDP unverzeihliche Unkenntnis von Vertragsgepflogenheiten und – schlimme – Schädigung deutscher außenpolitischer Interessen vorwirft. Wegen französischer Änderungswünsche, die damals schon durchaus erkennbar waren, scheiterte zwei Jahre später das ganze Werk.

Die Stalin-Note vom 10. März 1952 hatte in Deutschland eine große Wirkung. Das erklärte die sofortige harte Reaktion Adenauers und sein Einwirken auf die Westmächte mit dem Ziel einer Verschärfung des sich bis zum August hinziehenden Notenwechsels durch die Vorbedingung kontrollierter freier Wahlen. Nachhaltig bekämpfte er den besonders von Frankreich vertretenen Plan einer Vier-Mächte-Konferenz. Als Meister im Verwischen seiner Spuren und in richtiger Einschätzung der öffentlichen Meinung erklärte er in einem Interview, er werde sich nicht nur als »Staatsmann« entschieden für die Wiedervereinigung einsetzen. Man müsse nach der Unterzeichnung durch die Viererverhandlungen feststellen, ob die Russen es ehrlich meinten. Eines Tages müsse die Sowjetunion angesichts der Stärke des Westens ohnehin nachgeben.

Die SPD änderte ihren Kurs. Hatte sie noch die Grotewohl-Briefe negativ beurteilt, jede Neutralisierung abgelehnt und immer für freie Wahlen gestimmt, hielt sie jetzt Verhandlungen für zwingend. Die FDP konnte sich zu keinem Kurswechsel entschließen. Die Stalin-Note wurde zwar im Außenpolitischen Ausschuß intensiv behandelt, aber nur eine kleine Minderheit und in der Fraktion letztlich nur Pfleiderer waren für Verhandlungen. Blücher und Dehler unterstützten die Verträge durch dick und dünn. Pfleiderer, völlig isoliert, stimmte allein gegen sie.

»Wer hier bei uns die Neutralisierung und Demilitarisierung will, ist entweder ein Dummkopf allererster Ranges oder ein Verräter«, sagte Konrad Adenauer. Und nach Schumacher hatte jeder, der für die Verträge stimmte, aufgehört, ein guter Deutscher zu sein! Anstelle einer in einer solchen Lage unbedingt notwendigen nationalen Konsenspolitik trat die radikale, vor nichts zurückschreckende Konfrontation, die die Zeit, wie wir heute sehen, nicht geheilt hat. Bei aller Größe war Adenauer noch nicht Staatsmann genug, um die Notwendigkeit einer nationalen, überparteilichen Politik zu erkennen. Der SPD blieb in einer Art Notstand nur die Zuflucht zu dem unheilvollen Schritt der Verfassungsklage, die eine politische Fehlentwicklung bis zum heutigen »Rechtsmittelstaat« einleitete, in dem Richter den Politikern die politische Entscheidung abnehmen oder entziehen sollen.

Bei der Beurteilung der Verträge und der Stalin-Note müssen zwei Dinge auseinandergehalten werden. Einmal: Gab es Möglichkeiten, und wurden sie versäumt? Zum anderen, und das allein ist bis heute nachwirkend wichtig: Welche politischen Langzeitwirkungen hatten die Art der Behandlung und der Gang der Dinge? Noch einmal Andreas Hillgruber: »Zur Verhärtung einer Legende, zu einem geschichtsmächtigen Mythos kommt es in der Regel dann, wenn es sich um ein unbewältigtes zentrales Problem handelt, mit dem große Teile der Nation nicht fertig werden.«

Der Gang der Dinge ist durch die Geschichte entschieden. Was versäumt wurde, kann nicht mehr festgestellt werden, da man weder damals noch später versucht hat, die Ernsthaftigkeit der russischen Vorschläge auf die Probe zu stellen. Auch die russischen Archive werden das Geheimnis nicht preisgeben, falls es eins gibt. Den Verteidigern Adenauers ist in einem zuzustimmen:

Keine der vier Mächte wollte zu irgendeinem Zeitpunkt – bis heute – um den Preis eines ernsthaften Konflikts die Wiedervereinigung Deutschlands.

W. Lippmann hat uns schon früh vor dem »lip-service« gewarnt. Aber es gab doch Interessenunterschiede. Frankreich war bis 1948 entschieden gegen auch nur rudimentäre Ansätze zentraler deutscher Stellen, als die Russen nicht zuletzt in Hoffnung auf Reparationen auch aus den Westzonen solche vorschlugen. Amerika antwortete mit der Bi-Zone, wohl ohne sich über das Containment hinaus Gedanken zu machen. Großbritannien ist in der deutschen Frage immer relativ offen gewesen, da es sein Festlandglacis gern vom Rhein an die Oder vorgeschoben hätte. Aus diesen

Überlegungen dürften die Locarno-Anstöße Churchills von 1953 und die verschiedenen Disengagement-Pläne der fünfziger Jahre (besonders der A.-Eden-Plan 1955) stammen.

Und Rußland, das Hauptopfer Hitlers? Schon in einem Armeebefehl von 1942 hat Stalin gesagt: »Die Hitlers kommen und gehen, Deutschland bleibt.« Deutschland hatte seit Lenin einen hohen Stellenwert für den Gang der Weltrevolution. Botschafter Helmut Allardt berichtet aus seinen Erfahrungen in Moskau, daß nach Aussage von Zeitgenossen Stalins dieser bis zu seinem Tode dem deutschen Potential einen hohen Wert beigemessen habe. Diese Sorge muß nach den Erfahrungen von zwei Kriegen und bei dem schon immer übersteigerten russischen Sicherheitsbedürfnis durch die sich in den Verträgen abzeichnende Verbindung Deutschlands mit der riesigen materiellen Kraft Amerikas traumatischen Charakter angenommen haben. Es ist deshalb nicht ausgeschlossen, daß Stalin und die Gruppe, die diese Auffassung teilte, bereit waren, für die Verhinderung der Verträge einen Preis zu zahlen, der Rußlands Sicherheitsinteressen nicht gefährdete und vielleicht sogar auf lange Sicht Einwirkungsmöglichkeiten auf ein wiedervereinigtes, neutralisiertes Deutschland bot. Die Steigerung des Preises von dem ersten Grotewohl-Brief bis zur Note vom März 1952 spricht für die Ernsthaftigkeit dieser Überlegungen.

Aber handelt es sich wirklich um Geschichtslegenden? Man muß nicht in das Extrem Erhard Epplers verfallen, dessen politisches Denken und Handeln heute mehr denn je von dem 1952-Trauma bestimmt ist: »Die letzte große Chance«, die durch den 17. Juni 1953 versehentlich zunichte gemacht wurde! (Leider sah er im Herbst 1983 eine ähnlich verpaßte Gelegenheit in der Raketenfrage: ein Angebot Andropows; obwohl jedem Fachmann von vornherein deutlich war, daß die Russen nicht ernsthaft verhandeln wollten!) Epplers Vermutung über 1952 ist dennoch nicht völlig unbegründet.

Richard Löwenthal ist zusammen mit Arnulf Baring in: »Der 17. Juni 1953« der Frage noch einmal nachgegangen, ob es nicht doch eine – wenn auch geringe – Chance gegeben habe. Er kommt zu dem Ergebnis, daß die in der Stalin-Note von 1952 zum Ausdruck gekommene Denkschule in Moskau auch nach dem Tode des Diktators nicht so schwach war, wie man behauptet. Auch Churchills Locarno-Vorstoß dürfte auf Informationen aus Moskau zurückgehen. »Was am 17. 6. scheiterte, war ein offizielles Experiment der sowjetischen Politik und keine private Intrige einiger sowjetischer Führer.« Hinweise in der »Prawda« vom 28. April 1953 über die Möglichkeit eines Friedenspaktes der vier Großmächte, die Mission

Semjonows in Ostberlin, die überstürzten Beratungen des DDR-Politbüros vom 11. Juni 1953 über die »neuen Beschlüsse, die die Herstellung der Einheit Deutschlands durch Annäherung der beiden Teile Deutschlands erleichtern sollten«, die nach der »Täglichen Rundschau« auf das »große Ziel« der Wiedervereinigung des deutschen Volkes in einem geeinten nationalen deutschen Staat gerichtet waren«, sprechen für diese Vermutung. Daß es sich dabei um eine vertretbare Variante russischer Deutschlandpolitik handeln konnte, bestätigt Professor W. J. Mommsen noch 1983: »Es gibt einigen Anlaß zu der Annahme, daß die Sowjetunion ein außerhalb des eigenen imperialen System stehendes, jedoch dauerhaft niedergehaltenes und unter Viermächte-Kontrolle stehendes Gesamtdeutschland einer Teilung Deutschlands und der Integration der späteren DDR in ihren Herrschaftsbereich vorgezogen hätte.«

Bei russischen Vorschlägen, Angeboten oder Forderungen wird bis heute meist übersehen, daß sie aus einer orientalischen Mentalität kommen. Den wirklichen Preis kann man nur durch Geduld und Zeit herausfinden. (Brandt und Bahr hatten 1970 diese Grundregel vergessen oder es aus anderen Gründen eilig!)

Grewe behauptet, wir Deutschen hätten damals nicht mit den Russen sprechen können. Das ist eine zu formale Betrachtung. Es gab genug angesehene Politiker, vor allem in der alten Ost-CDU (Kaiser, Hermes, Schlange-Schöningen), die den Weg nach Karlshorst gut kannten. Und Semjonows Tür stand weit offen. Auch Brüning hätte man benutzen können, anstatt seine Vorlesungen in Köln überwachen zu lassen.

Aber auch auf dem schmalen Grat des offiziellen Weges gab es Möglichkeiten. Amerika war zwar im Wahlkampf. Eisenhowers Konkurrent Taft bezog eine betont isolationistische Position. Acheson und McCloy drängten. Da aber die Franzosen aus innenpolitischen Gründen für Verhandlungen waren und England nicht völlig ablehnend, hätte man zwischen der Unterzeichnung und der Ratifizierung durchaus verhandeln können. Einen sich auf die Widerstände im deutschen Volk berufenden deutschen Vorschlag hätte auch Amerika schwer ablehnen können. Das schlug Pfleiderer vor, und die »Times« schrieb am Tage der Unterzeichnung der Verträge: »Once the treaties have been signed, a readiness to talk will in no way weaken the western position.«

Eine andere Frage ist, ob Amerika bereit gewesen wäre, in der deutschen Frage ein Risiko einzugehen. Wohl mit ziemlicher Sicherheit nicht. Vielleicht wäre im Endergebnis die russische Haltung ähnlich gewesen. Es wäre dann bei den Verträgen geblieben, aber man hätte die Ernsthaftigkeit der Russen geprüft, und für eine Legendenbildung wäre kein Raum gewesen. Die Russen wären auf jeden Fall in eine schwere Lage gekommen, hätte man ihnen schon 1952 den Stufenplan Herters von 1959 mit freien Wahlen am Ende des Prozesses angeboten.

Die russische Politik war geradlinig: Sie hat jeweils ausgeführt, was sie angekündigt hatte. Bis heute wird häufig übersehen, daß die Art der Behandlung der deutschen Frage durch die Russen stets in enger Verbindung mit dem Grad ihrer militärischen Stärke stand. Nach dem Tode Stalins und dem Besitz der Wasserstoffbombe erhöhte sich der Preis. Mit dem Sputnik von 1957 hatte Moskau eine Position der Stärke, die die Weltpolitik veränderte. Paul Sethe hat 1958 in seinem traurigen Buch »Die großen Entscheidungen« diesen Prozeß überzeugend geschildert. Weder Adenauers Österreich-Lösung für die DDR (1958) noch der Herter-Plan (1959), der fast allen russischen Vorschlägen von 1952 entgegenkam, waren noch interessant. Es war zu spät. Verbale Zugeständnisse wurden sofort hinterher durch Zementierung der Teilung rückgängig gemacht und der Westen mit der Berlin-Krise (1959) auf die Probe gestellt, die mit dem Status quo minus und der Mauer endete. Der 17. Juni 1953 und der Mauerbau 1961 gehören zusammen. So ist es bis heute geblieben.

1952 wurde vielleicht keine »Sternstunde« der Wiedervereinigung versäumt. Aber die zwei Jahre bis zum Scheitern der Verträge 1954, in denen vielleicht noch ernsthafte Wiedervereinigungsverhandlungen, wenn auch zu einem höheren Preis, möglich gewesen wären, wurden nicht genutzt. Die günstige Stunde Europas wurde durch einen professoralen Paragraphenperfektionismus vertan. Das Scheitern der beiden großen Anliegen der Deutschen wurde in dieser Zeit besiegelt. Adenauer hat es zu spät begriffen. Sein Wahlsieg 1953 schien alles zu heilen. Aber es war mehr ein Bekenntnis zu dem großen Mann und den Leistungen seiner Regierung, als eine überzeugte Zustimmung zur Remilitarisierung und zur kleinstdeutschen Lösung. Ein Referendum mit der Fragestellung: Wiederbewaffnung und Souveränität um den Preis der Vertagung der Wiedervereinigung wäre 1952 mit Sicherheit negativ ausgegangen. Die bewundernswerte Leistung Adenauers besteht nicht zuletzt darin, daß er diesen Teil seiner Politik gegen den erkennbaren Willen der Mehrheit des Volkes durchgesetzt hat. Er wußte, was er wollte, er stand aufrecht und hatte das Ohr nicht am Boden wie die heutigen Politiker. Das haben auch die anerkannt, die damals anderer Meinung waren.

Im Hinblick auf den schwer definierbaren heutigen Zustand der Menschen der Bundesrepublik, ihre Hoffnungen, Ängste und der sich wohl noch verstärkenden Fernwirkungen der damaligen Ereignisse lohnt ein kurzer Blick auf die politische Verfassung der Deutschen des Jahres 1952. Die »Ohne-mich«-Bewegung war noch stark, wenn nicht vorherrschend. Eine neue militärische Konfrontation so bald nach dem Kriege war trotz der Bejahung des amerikanischen Schutzes nicht populär. Das Wiedervereinigungsangebot des Grundgesetzes wurde noch ernst genommen und die Erfüllung in naher Zukunft erwartet. Wichtig war nur, daß die eigene Freiheit dabei nicht verlorengehen sollte. Die Strömung für Verhandlungen mit den Russen nach der Stalin-Note war stark. Sie wurde schon mit dem Brief von Bischof Dibelius an Adenauer nach den Grotewohl-Angeboten 1950/51 deutlich. Adenauer veröffentlicht in seinen Erinnerungen – und in Gedanken an die spätere Haltung der FDP wohl mit Genugtuung – einen Brief von Theodor Heuss, der eine scharfe Ablehnung der Ostangebote vorschlug. Auch die SPD war 1951 noch gegen eine positive Reaktion, obgleich Grotewohl schon freie Wahlen in Aussicht stellte. Das änderte sich 1952.

Grewe macht es sich zu leicht, wenn er von der Stalin-Note als der zweiten großen Geschichtslegende spricht, »die entgegen allen Einwänden von urteilsfähigen Zeitgenossen und kompetenten Historikern hartnäckig aufrecht erhalten wird und das Bild unserer Nachkriegsgeschichte verfälscht«. Urteilsfähige Zeitgenossen?

Fast alle bedeutenden Publizisten aus allen Lagern waren für Verhandlungen: Sethe und von Borch (FAZ), Gräfin Dönhoff (Die Zeit), Augstein (Der Spiegel), Zehrer (Die Welt). Die »Stuttgarter Zeitung« und die »Deutsche Zeitung« begrüßten Pfleiderers Waiblinger Rede, die er sicher nicht ohne vorherige Abstimmung in Gegenwart des baden-württembergischen Ministerpräsidenten Reinhold Maier hielt. Adenauer fürchtete ein Nein des »roten« Senats des Bundesverfassungsgerichts. Eine große Hoffnung ging durch das Volk, die dann enttäuscht wurde. Die »Deutsche Zeitung« schrieb: »Das Entscheidende dabei ist nicht, ob die Moskauer Vorschläge wirklich brauchbar und ernstgemeint sind, sondern daß ein so großer Teil der öffentlichen Meinung die genaue Untersuchung und eine aktive Politik gegenüber dem Osten verlangt.« Der Mythos von der versäumten Gelegenheit blieb zurück. Fakten sind, was Menschen für solche halten. Damit hat es die Außenpolitik vor allem zu tun.

Ein nicht geringer Teil der internationalen Publizistik kritisierte diese »Status-quo«-Politik der Regierungen. Indien schlug in den Vereinten Nationen vor, das wiedervereinigte Deutschland zu neutralisieren und die gesparten Militärkosten den unterentwickelten Ländern zukommen zu lassen! Noch 1954 schrieb die »New York Times«: »Das geteilte Deutschland ist ein Zeitzünder im Herzen Europas.« Walter Lippmann blieb durch Jahre ein unbeirrbarer Befürworter einer ernsthaften Verhandlungslösung, wenn er sie später auch nur noch für das geteilte Deutschland sah. G. F. Kennan machte sich zum Fürsprecher einer mutigen Politik des Verzichts auf das Denken in nur militärischen und besonders atomaren Kategorien. Seine BBC-Vorlesungen des Jahres 1957 sind auch heute noch die vielleicht beste zeitgeschichtliche, kulturpolitische und militärische Analyse der Gegenwart. Diese Feststellungen werden nicht gemindert durch seine mit den Jahren zunehmende Neigung, die Sowjetunion schon wieder – zu früh – als Rußland zu sehen, dem seine geheime Liebe gilt. Seine »Friedensbeschwörung« in der Paulskirche aus Anlaß der Verleihung des Friedenspreises des Deutschen Buchhandels (10. Oktober 1982) ließ leider die alte analytische Kraft fast ganz vermissen.

Bis in die sechziger Jahre – de Gaulle fast bis zu seinem Tode – zerbrachen sich bedeutende Ausländer mehr die Köpfe über die deutsche Frage als das amtliche Deutschland. Alle gingen in irgendeiner Form von dem Auseinanderrücken der Machtblöcke in Europa aus: Eden, Rapacki, J. Moch, Mendès-France, von Zeeland und andere. Sie werden hier nur als Beleg dafür erwähnt, daß die Hoffnungen des Jahres 1952 nicht so abwegig waren, wie die offizielle Politik behauptete. Wir haben es im Gegenteil mit einer starken, geschichtsträchtigen Grundströmung zu tun. Diese ist seit der Stationierung atomarer Waffen in der Bundesrepublik (1957) bis heute immer stärker geworden und tritt nun explosiv und weitgehend irrational zutage. Der psychologische Kern der leidenschaftlichen Mittelstreckenraketen-Auseinandersetzung geht neben anderen Fakten auf eine seit 1952 zu datierende Glaubhaftigkeits- und Einsichtslücke zurück, die noch so überzeugend aussehende amtliche Parolen nicht mehr haben schließen können. Mit dem Zutagetreten dieser Grundwelle ist auch die deutsche Frage, wenn auch in verändertem Zusammenhang, wieder auf der Tagesordnung. Darüber wird noch zu sprechen sein.

Zunächst noch einmal zurück zu 1952. Ich stand damals mit Karl Georg Pfleiderer in regem Gedankenaustausch. Wir waren uns im Außenpolitischen Ausschuß der FDP nähergekommen. Während Blücher und die FDP-Fraktion mit der Beseitigung der Bindungsklausel beruhigt waren, lehnte Pfleiderer ohne vorherige Auslotung der Absichten Moskaus die Verträge ab. Am 6. Juni 1952 trat er in Waiblingen die Flucht in die Öffentlichkeit an. Das Echo war groß, positiv in den meisten großen Zeitungen und Zeitschriften, negativ in der Regierung und der CDU (selbst Eugen Gerstenmaier: »Kuckuckskonstruktion und politische Himmelsschreiberei«). Die FDP distanzierte sich. Pfleiderer hat seine Vorstellungen in einer Denkschrift vom 2. September 1952 vertieft und in einer weiteren Rede in Schorndorf vom 20. Oktober 1952 ergänzt. Seine Argumente sind heute noch genauso aktuell wie damals.

Der Kern seiner Überlegungen war einfach. Jede deutsche Politik muß von geopolitischen Gegebenheiten in Mitteleuropa ausgehen und die Sicherheitsinteressen aller Nachbarn berücksichtigen. Für die deutsche Frage gibt es deshalb keine militärische, sondern nur eine politische Lösung. Diese kann nur darin bestehen, daß man zuerst den zukünftigen Status Deutschlands in einem für alle annehmbaren Sicherheitsrahmen (Rüstungsbeschränkung bei Gleichgewicht) feststellt, dann die Blöcke auseinanderzieht (zur Sicherheit: Brückenköpfe an Rhein und Oder) und erst zum Schluß das Ganze durch freie Wahlen sanktionieren läßt. In Pfleiderers Denken spielte die Locarno-Konstruktion eine bedeutende Rolle, in der der geographischen Lage Deutschlands Rechnung getragen wurde durch eine entsprechende Interpretation der Beistandspflicht der Völkerbundsatzung. Pfleiderer glaubte nicht an Europa als dritte Kraft. Er distanzierte sich von neutralistischen Vorstellungen, die ihm unterstellt wurden. Er wollte verhandeln, um die Frage des Preises (EVG gegen SED?) zu klären – »Bezahlen oder verzichten«, wie Sethe am 16. Juni 1952 in der FAZ schrieb. Die Rede Hallsteins gegen einen Preis nannte Pfleiderer »Betrachtungen eines Unpolitischen«, womit er den brillanten Juristen wohl treffend charakterisierte. Hallstein neigte dazu, die Außenpolitik als einen weiteren Anwendungsbereich der Straf- und Zivilprozeßordnung anzusehen. Dieser Geist hat lange im Auswärtigen Amt geherrscht, auch wenn die Vaterschaft der umstrittenen Hallstein-Doktrin ungeklärt blieb. »Unser Recht?« Der spätere finnische Staatspräsident Paasikivi telegraphierte bei Verhandlungen in Moskau nach Helsinki: »Der Kreml ist kein Amtsgericht!« Und im übrigen: Was soll man von einem sonst sehr gebildeten Professor sagen, der noch bei der Feier seines 75. Geburtstags in seiner Festrede im Auswärtigen Amt sagte: »Nietzsche war für mich kein Philosoph, sondern nur ein aufgeregter Mann.«

Pfleiderer konnte trotz publizistischer Unterstützung und der Rückendeckung durch Reinhold Maier weder die FDP-Führung noch seine Fraktion überzeugen. Nach einer ergebnislosen Sitzung des Außenpolitischen Ausschusses legte ich zu seiner Unterstützung Franz Blücher ein Memorandum »Gedanken zur Wiedervereinigung« vor. Ich wies darauf hin, daß der Kampf gegen die Bindungsklausel, das heißt gegen das kompromißlose Setzen auf die Politik der Stärke und die irreale Hoffnung auf die Kapitulation der Russen, nur einen Sinn gehabt habe, wenn man sich – wie Pfleiderer – um andere Lösungen bemühe und versuche, den Preis herauszufinden. Die vertraglichen Verpflichtungen der Westmächte hätten angesichts der Containment-Politik nur einen platonischen Wert. Eine eigene deutsche Politik sei erforderlich – nicht hinter ihrem Rücken, sondern mit ihnen. Die Hoffnung auf ein Europa als dritte Kraft sei irreal. Dem russischen »Sicherheitstrauma« müsse Rechnung getragen werden: »Die Aufgabe Deutschlands, das heißt auch der DDR, bedeutet für die Russen den Verlust der europäischen Mitte, von der aus sie den ganzen Kontinent beherrschen können, sei es auch nur durch die Bedrohung, die sie von dorther ausstrahlen – Deutschland muß seine politische, wirtschaftliche und militärische Sicherung durch den Westen behalten, ohne daß von ihm aus Rußlands Sicherheit bedroht werden kann! Es muß also eine Lösung in der Mitte zwischen dem bisherigen Paktsystem und dem russischen Neutralitätsvorschlag gesucht werden.« Freie Wahlen können das Problem nicht lösen: »Man kann die Russen nicht aus Deutschland herauswählen.« Rußland müsse zudem das Gesicht wahren können. Es gäbe in Moskau wahrscheinlich eine Kriegs- und eine Friedenspartei. Man müsse den vernünftigen Elementen Argumente an die Hand geben. Wir wüßten nicht, auf welche Seite Stalin sich in einer kritischen Stunde schlagen würde. »Ein Krieg kann auch aus Ausweglosigkeit und Angst ausbrechen.« (Das Memorandum findet sich ungekürzt im Anhang.)

Blücher schrieb auf das Anschreiben: »Gibt es einen dritten Weg? Bitte privat aufheben.«

Das war das politische Klima. Das Stichwort von Verrat ging um. Reinhold Maier mußte sich schriftlich bei Adenauer über Überwachungsmaßnahmen beschweren. Pfleiderer war auch menschlich völlig isoliert. Erst nach vielen Monaten gelang es mir aus Anlaß einer Tagung des Europarats in Straßburg, ihn wieder mit Blücher an einen Tisch zu bringen. Dem außenpolitischen Experten der SPD, G. Lütkens, ging es, ebenso wie Arndt, nicht viel besser.

Die Viererkonferenz kam verspätet im Januar 1954. Sie befaßte sich kaum mit Deutschland. Die bekannten Positionen wurden wiederholt. Soviel aber wurde klar: Innenpolitische Vorgänge in der Sowjetunion nach Stalins Tod und der Besitz der Wasserstoffbombe hatten den Preis für eine Wiedervereinigung – wenn sie überhaupt noch aktuell war – wesentlich erhöht. EVG gegen SED stand nicht mehr zur Diskussion. »Das ist das Ende einer Illusion«, schrieb Paul Sethe. »Germany is to remain divided after the Berlin-conference and without any prospect or hope of agreement between the four powers«, urteilte W. Lippmann.

In der FDP wuchs die Unruhe über die bisherige Politik. Am 26. Februar 1954 legte ich Franz Blücher eine weitere, längere Denkschrift vor: »Gedanken zur außenpolitischen Lage Deutschlands nach der Berlin-Konferenz«. Die Hauptthesen waren: Wir müssen uns auf lange Zeiträume einrichten. Den langen Atem haben wir nur durch eine überparteiliche Außenpolitik und eine langfristige Strategie der »psychologischen Kriegführung«. Die Rapallo-Angst besteht. Wir sollten sie, ohne uns dem Verdacht der Schaukelpolitik auszusetzen, nutzen, um die Wunde der Teilung offenzuhalten, damit eines Tages die Einsicht wächst, daß die Teilung für den Frieden gefährlicher ist als die Wiedervereinigung. Das militärische Kräfteverhältnis tendiert zu einem Gleichgewicht mit der Wahrscheinlichkeit einer russischen Überlegenheit in der Zukunft. Die Politik der Stärke ist gescheitert. Die deutsche Außenpolitik muß das Gewicht Deutschlands und der Bundesrepublik in jedem Moment richtig einschätzen, aber auch einsetzen. Sie muß wissen, wieweit sich unsere Interessen mit denen unserer westlichen Bundesgenossen decken und diese deshalb unsere Anwälte sein können und wo wir selbst sprechen und handeln müssen. Unsere Aufgabe muß es sein, dem Westen stets gegenwärtig zu machen, daß die Kriegsgefahr nicht behoben ist, solange Deutschland geteilt bleibt. Nur durch eine solche Politik können wir unser Gewicht behaupten und den Westen an der Wiedervereinigung interessiert halten in Zeiten, in denen der Westen und der Osten glauben könnten, den Status quo verewigen zu können. Der Westen wird sich nur dann weiterhin ernsthaft für die Wiedervereinigung einsetzen, wenn die Gefahren der Teilung Deutschlands größer sind als die Gefahren, die mit der Wiedervereinigung verbunden sein könnten.

Kurz: Kann und soll die deutsche Frage als Unsicherheitsfaktor erhalten bleiben, oder sollen wir uns um des Friedens willen mit dem Status quo abfinden in der Hoffnung auf ein Wunder? Lange wurde nichts getan (Mende im Bundestag 1958: »Es fehlte die Konzeption für die Wiedervereinigung!«), dann der zweite Weg gewählt.

Die Denkschrift war an eine Reihe von Politikern und Freunden gegangen. Durch einen Vertrauensbruch kam sie zur Kenntnis von Sefton Delmer, der gerade eine sehr deutschfeindliche Artikelserie im »Daily Express« schrieb. Er machte groß auf: »This is the German for blackmail«

(25. März 1954). Die Aufregung war groß. Die FDP ließ erklären, sie habe mit mir nichts zu tun – was formal richtig war. Die SPD (Lütkens) stellte eine kleine Anfrage im Bundestag, die sie aber nach Kenntnis des Textes zurückzog. Adenauer war Gott sei Dank in der Türkei, als sich das Kabinett mit dem »Skandal« befaßt. Ein Kabinettsmitglied berichtet, das Schlimmste für Blücher sei gewesen, daß Jakob Kaiser die Analyse gelobt hätte. Zusammen mit den Arbeiten Pfleiderers hat die Denkschrift zur späteren Meinungsbildung Dehlers und Mendes beigetragen. Ich selbst habe mich – bald ganz mit europäischen Wirtschaftsfragen befaßt – erst Anfang der sechziger Jahre, nun allerdings im Rahmen der gewandelten FDP-Politik, wieder mit der Deutschlandfrage beschäftigt.

Trotz unseres NATO-Eintritts sah es 1955 vorübergehend so aus, als ob doch noch eine Verhandlungsmöglichkeit vorhanden sei. Von verschiedenen Seiten wurden Disengagementpläne lanciert. Zum Entsetzen Adenauers fanden sie auch in Amerika ein vorsichtig positives Echo. Seine »Erinnerungen« haben zum ersten Mal, ein Jahr bevor der Radford-Plan eine Panik auslöste, auch eine mißtrauische Note gegenüber Eisenhower und Dulles. Er reagierte mit einem scharfen Schreiben an Dulles, der den Präsidenten in einem nicht minder deutlichen Brief in Schutz nehmen mußte. Eden brachte trotz der Warnungen Adenauers auf der Gipfelkonferenz im Juli 1955 seinen Plan ein.

Die aus dem von Adenauer bitter kritisierten »Geist von Genf« resultierenden Direktiven zur Deutschlandpolitik gaben noch einmal eine Hoffnung. Aber beide Seiten meinten es nicht wirklich ernst, wie der weitere Verlauf zeigte. Adenauer torpedierte nicht, wie Dehler später behauptete, den Eden-Plan. Er tat aber alles, um den Hauptverbündeten USA auf seiner Linie zu halten, was Walter Lippmann später veranlaßte zu sagen, die amerikanische Außenpolitik werde von Adenauer gemacht. Dieser hatte unbestreitbar alle Denkansätze, die auch nur von fern in Richtung auf ein neutralisiertes Deutschland, eine atomwaffenfreie oder militärisch verdünnte Zone gerichtet waren, rigoros bekämpft. Selbst dem Herter-Plan von 1959 begegnete er mit Mißtrauen, obschon deutsche Experten daran mitgearbeitet hatten. Besonders bedauerlich war die Ablehnung des Planes des polnischen Außenministers Rapacki (1957) einer atomwaffenfreien Zone unter Einschluß Polens und der Tschechoslowakei, der nicht zuletzt auf eine Anregung Carlo Schmids zurückging. Der in den Vereinten Nationen vorgetragene Plan dürfte kaum die Zustimmung der Russen gehabt haben, obgleich Bulganin schon 1955 eine atomwaffenfreie Zone gefordert hatte. Hier hätte man noch einmal die Russen auf die Probe stellen und die Dislozierung von Atomwaffen in Mitteleuropa vielleicht verhindern können. Daß damals das deutsch-polnische Verhältnis unter günstigeren Bedingungen hätte geregelt werden können als 1970, ist unbestritten.

Als Adenauer, wohl veranlaßt durch sein wachsenden Mißtrauen gegenüber Amerika und später durch den Einfluß de Gaulles beweglicher wurde, war es zu spät. Der Sputnik war eine Zeitwende. Smirnow reagierte auf Adenauers Österreich-Vorschlag nicht. In seiner Partei hatte Adenauer kaum Unterstützung für eine beweglichere Politik. Von Brentano übernahm die harte Rolle Hallsteins. Als Felix von Eckardt, den Adenauer wiederholt als Feuerwehr in Amerika benutzt hatte, auf dem Höhepunkt der Berlin-Krise (1960) einen Lösungsvorschlag unter Verwendung des Österreich-Modells mit Berlin als Hauptstadt des zweiten, neutralisierten Staates vorlegte, erklärte Adenauer: »Sie haben vollkommen recht, Herr von Eckardt, aber ich habe den Brief fest im Panzerschrank verschlossen.« Felix von Eckardt schreibt in seinen Erinnerungen: »Damals und heute stelle ich mir die Frage, ob wir nicht zu wenig getan haben, um dem deutschen Volk die wahre Situation in der Deutschlandfrage schonungslos darzustellen.«

Das Motiv dieser Fehlentscheidungen kann nur die noch immer bestehende Hoffnung auf die bereits gescheiterte Politik der Stärke gewesen sein. Adenauer hat sich der Lagerung von Atomwaffen nicht widersetzt. Im Gegenteil, er verharmloste die taktischen Atomwaffen als eine andere Art von Artillerie. Die Folgen waren die Anti-Atomtod-Bewegung und die Ostermärsche unter Beteiligung führender Wissenschaftler (von Weizsäcker) und protestantischer Kirchenleute. Sie verstärkte – trotz aller äußeren Erfolge der Bundesrepublik und ihrer Bewohner – das seit 1952 vorhandene Unbehagen und den bereits entstandenen Mythos der versäumten Möglichkeiten durch das Element der Angst, das die deutsche Politik seitdem nicht mehr verlassen hat. Lange Jahre latent, durch die Gewöhnung an die Gefahr totgeglaubt, brach die Angst zwanzig Jahre später – im Bunde mit anderen Faktoren ein ganzes Syndrom – um so vehementer durch, obgleich die Bedrohung objektiv nicht größer geworden war. Ob man taktisch- oder mittelstreckenatomar stirbt, macht für Deutschland wenig Unterschied. Jeder Krieg, auch der verharmloste konventionelle, ist unser Ende!

Zum Beweis der größeren Beweglichkeit Adenauers wird oft seine Moskaureise im Herbst 1955 herangezogen. Da sie bei der späteren Meinungsbildung der FDP eine Rolle gespielt hat, hier dazu meine Meinung. Dehler war einer der wenigen, die in den Jubel über die befreiten Kriegsgefangenen nicht einstimmten. Daß Hallstein und Brentano gegen das Moskau-Unternehmen waren, ist bekannt. Sie hatten die politische Logik auf ihrer Seite. Die Reise hatte nur einen Sinn, wenn man eine andere Politik, das heißt auch Politik mit den Russen machen wollte. Das war aber nicht der Fall. Dem damaligen amerikanischen Botschafter in Moskau, Bohlen, ist wohl zuzustimmen in der Meinung, daß Adenauer in eine russische Falle ging.

Als man sah, daß in dem Hauptanliegen über ein paar schöne Worte hinaus nichts zu erreichen war, mußte man abfahren. Die ganze spätere Ostpolitik ist hier auf ein falsches Geleise gebracht worden. Die moralisch begründeten, aber vor allem innenpolitisch motivierten »menschlichen Erleichterungen« wurden das kleine Wechselgeld einer im übrigen fruchtlosen Ostpolitik. Das klingt sehr hart und unmoralisch – zu nüchtern außenpolitisch.

Aber es ist nun einmal so, daß man im Verkehr mit kommunistisch-totalitären Regimen mit Menschenrechten keine Außenpolitik machen kann. Man ist ständig der Erpreßte. Der »Menschlichkeitshahn« wird nach Belieben auf- und zugedreht. Zum Schluß landet man beim Menschenhandel – ohne daß die andere Seite nennenswerte Konzessionen darüber hinaus macht. Nach amtlichen Angaben wurden 1983 1034 Personen »freigekauft«. Das nennt man Entspannung. Die »DDR-Schelte« Moskaus im August 1984 zeigt die Grenzen dieser Politik.

Das hat nichts mit der Aufgabe zu tun, bei länger andauernder Teilung unseres Landes bemüht zu sein, daß die Menschen sich nicht völlig entfremden und daß menschliche Leiden und Härten gemildert werden. Aber Außenpolitik ist das noch nicht. Man wird entweder düpiert oder erpreßt, wie zuletzt Helmut Schmidt nach dem Treffen am Werbellin-See 1981. Menschenrechte sind für uns unverzichtbar – aber für Kommunisten nicht Gegenstand der Politik, höchstens des Geschäfts. Darüber sollte sich auch Bundeskanzler Kohl nicht täuschen. Von Andreas Hermes, dem Vater unseres Botschafters in Washington, Peter Hermes, wird berichtet, daß die Russen ihm 1945 anboten, seinen Sohn Peter vorzeitig aus der Gefangenschaft zu befreien, falls er eine bis dahin von ihm abgelehnte Politik unterstütze. Hermes blieb bei seinem Nein und sein Sohn noch fünf Jahre in Gefangenschaft.

Adenauer brachte aus Moskau um den Preis der »Normalisierung der Beziehungen« nichts zurück als Kriegsgefangene – das war menschlich und innenpolitisch viel, aber keine neue Politik. Der russische Botschafter in Bonn blieb ohne Gesprächspartner. Das Urteil über die Reise ist damit gefällt. Für die FDP Thomas Dehlers war dies, neben den Faktoren, die an anderer Stelle geschildert wurden, der letzte Anstoß für den Bruch mit Adenauer. Erich Mende, der damals begann, den Kurs der FDP maßgeblich mitzubestimmen, hat dem Verfasser erst vor kurzem diese Auffassung bestätigt. Selbst der rabiate Pfleiderer-Gegner und Adenauer-Anhänger August Martin Euler schlug bereits im Frühjahr 1955 eine Österreich-Lösung für die DDR vor. Der Eden-Plan, von dem sie später behaupteten, Adenauer habe ihn durch Intervention in London torpediert, ermutigte die Freien Demokraten, sich unter Führung Dehlers nunmehr mit den Vorstellungen Pfleiderers zu identifizieren. Aus zunächst noch vorsichtigen Disengagement-Plänen wurde nach der Trennung von dem Adenauer-Flügel in den nächsten Jahren der Friedensplan von 1959, der für das wiedervereinigte Deutschland eine bewaffnete Neutralität in einer atomwaffenfreien Zone vorsah.

Schwieriger war der zu einem ähnlichen Ergebnis führende Weg der SPD. Sie konnte sich bis zum Godesberger Programm nur langsam von dem Konzept der freien Wahlen lösen. Auch machte ihr die Ablehnung der Wiederbewaffnung in der NATO Schwierigkeiten. Um so bewundernswerter war der mutige, große Schritt dieser Partei, die sich immer zwar nicht als pazifistische, aber als Friedenspartei verstanden hat, verstand und heute wieder stärker versteht. Doch die SPD war auch immer Staatspartei. Wenn man ihre heutigen Schwierigkeiten betrachtet, muß man sich erinnern, woher sie kommt. Sie stimmte 1955 gegen die Wiederbewaffnung, hat aber nach 1959 die Verteidigungspolitik ohne Wanken mitgetragen bis zum Doppelbeschluß der NATO 1979, den sie erst im November 1983 verleugnete. Und sie hat – das war der Gewinn der großen und der sozialliberalen Koalition – ihre Anhänger nicht nur mit dem Staat, der freien Wirtschaftsordnung, sondern vor allem auch mit der Armee versöhnt.

Daran will sie nach dem Beschluß des Sonderparteitages über die Raketenfrage auch in Zukunft festhalten. Nur eine Minderheit stellt vorläufig die NATO-Mitgliedschaft in Frage. Aber hat sie sich nicht auf eine schiefe Ebene begeben, die sie noch weiter von der Auffassung ihrer drei Verteidigungsminister Schmidt, Leber, Apel fortführt? Helmut Schmidt scheiterte 1982, weil er die Partei einschließlich ihres Führers Brandt nicht mehr hinter sich hatte. Sie wurde vom linken Flügel her von der großen Friedensutopie unterlaufen und übermannt, der die Staatsverantwortung unerträglich wurde und die zur »Ohnmachtsunschuld« und zum »ohne mich« zurück möchte. Das ist nun vorläufig – und vielleicht für längere Zeit – zum Schaden unseres Landes nicht mehr die Partei Kurt Schumachers. Er hätte wie Helmut Schmidt gesehen, daß wir nicht mehr das Jahr 1952 schreiben, daß der Frieden mit anderen Mitteln gesichert werden muß, daß wir zwar noch dieselbe, doch eine ganz andere sowjetische Weltmacht an der Elbe haben, die keineswegs ideologisch und imperial abgemustert hat, wie einige Schnelldenker behaupten. Auch er hätte nach Lösungen aus der atomaren Konfrontation gesucht. Er sah Amerika nie in verklärtem Licht, aber er hätte die Gefahr nicht – wie heute die einäugig-illusionistischen Friedensapostel – eher im Westen als im Osten gesehen. Er war ein Mann des Staates, nicht der Romantik und der Ideologie. Er wäre auf der Seite von Helmut Schmidt gewesen. Viel wird für Deutschland davon abhängen, ob die SPD zu ihm zurückfindet. Der Essener Parteitag vom Mai 1984 gab in dieser Hinsicht allerdings keine Hoffnung. Arnulf Baring analysiert Anfang 1984: »Wieder einmal sucht die deutsche Sozialdemokratie, diesmal tief uneins in sich, stellvertretend für uns alle nach einer Antwort auf zentrale Fragen unserer politischen und staatlichen Existenz.«

Gerade im Hinblick auf die Leidenschaften der Gegenwart lohnt noch einmal ein Blick auf den Geist von Genf. Die Westmächte legten dort 1959, leider sieben Jahre zu spät, durch den amerikanischen Außenminister Herter einen Stufenplan zur Lösung der deutschen Frage vor. Nicht nur FDP und SPD hatten sich Gedanken über mögliche Lösungen gemacht. Auch in der Bundesregierung regten sich Zweifel an der »Keine-Experimente«-Politik.

Der junge Verteidigungsminister Strauß schrieb in »Foreign Affairs« einen Aufsatz (abgedruckt im Bulletin vom 17. April 1959), den Bundeskanzler Kohl zu seinem Nutzen heute lesen sollte. Strauß stellte, wie später Adenauer, die NATO zur Disposition für den Fall einer globalen Regelung der europäischen Fragen zwischen den Supermächten; allerdings ganz eindeutig nur für diesen Fall. »Ich meine nun nicht, daß die NATO Selbstzweck ist und ihr Bestand ein Dogma von Ewigkeitswert darstellt... Es ist richtig, daß man ein gewisses militärisches Risiko eingehen muß, wenn die Bereitschaft zum politischen ›Disengagement‹ vorhanden ist, und deshalb konkrete Maßnahmen des militärischen beschlossen werden, wie sie zum Beispiel auch im Eden-Plan enthalten waren.« Strauß warf die Forderung der Gegner Adenauers von 1952 auf, daß man feststellen müsse, gegen welche Konzessionen die Sowjets bereit seien, »eine Entwicklung zuzulassen, die zum freien Selbstbestimmungsrecht der Menschen in bestimmten von ihnen besetzten Ländern führen und damit das Ende des kommunistischen Regimes bedeuten«. Bis dahin könne man auf ein militärisches Gleichgewicht nicht verzichten. Dieses verstand Strauß nicht als arithmetische Gleichheit, sondern eine Vergleichbarkeit der für die Verteidigung Europas notwendigen militärischen Kräfte.

Franz Josef Strauß hat in den folgenden Jahren wiederholt vor dem Überhandnehmen militärischen Denkens gewarnt, das später, durch die russische Hochrüstung und die Raketentechnik angeheizt, die siebziger Jahre bis zur Gegenwart beherrscht hat. Strauß war nicht ohne Grund eine politische Hoffnung.

Für die heutigen Verhältnisse leider schon unvorstellbar war die Reaktion der SPD. Der junge Abgeordnete Helmut Schmidt, bereits damals ein Militärexperte, stellte in einer großen Bundestagsrede einleitend eine weitgehende Übereinstimmung mit dem Verteidigungsminister fest, um dann das neue Konzept der SPD zu entwickeln. Man könne auf die Forderung des militärischen Gleichgewichts nicht verzichten (Gleichgewicht = Gleichwertigkeit). Es müsse auch bei einer regionalen Abrüstung aufrechterhalten bleiben. »Eine Reduktionszone muß die DDR, Polen, die Tschechoslowakei und Ungarn umfassen... Zunächst kein radikaler Wechsel: Wir wollen doch nicht hier und heute die NATO-Mitgliedschaft in Frage stellen... Zunächst bleiben die Staaten der Reduktionszone in ihren Bündnissen.« Auch für Schmidt kam damals ein kollektives europäisches Sicherheitssystem erst bei der Wiedervereinigung Deutschlands in Frage. Atomare Mittelstreckenwaffen wollte er lieber »auf beweglichen Schiffen« sehen. Und dann zu der heute brennenden Frage: »Es kann sein, wenn es in dieser Zeit keine Atomwaffen gibt – ich gebe das zu –, daß trotzdem von außen nuklear hereingeschossen wird. Wenn es aber hier bei uns, innerhalb der Zone, Atomwaffen gibt, dann ist es sicher, daß im Falle des Krieges von allen Seiten mit Atomwaffen hier hereingeschossen werden muß.«

Die »Welt« vom 14. November 1959 schrieb unter »Jahrgang 1918«: »Verblüfft hat viele, wie Schmidt in vielen Punkten eine prinzipielle Übereinstimmung mit Franz Josef Strauß herstellte. Auch der Kanzler, der trotz der späten Abendstunde während dieser Rede auf der Abgeordnetenbank Platz genommen hatte, wehrte alle Gespräche ab, um dem jungen Abgeordneten folgen zu können.«

Das Ende der Illusionen

Aus allen diesen richtigen Ansätzen wurde nichts. Die Welt bewegte sich auf ein – seit Jahren vorauszusehendes – »Modus-vivendi«-Arrangement auf der Basis des Status quo zu. Der durch das russische Berlin-Ultimatum gegebene Antrieb für eine radikale, aber konstruktive Berlin-Lösung wurde nicht genutzt. Das Ergebnis war die Mauer und der Todesstreifen mitten durch Deutschland.

Wie an anderer Stelle berichtet, war ich zur Zeit des Überganges von Eisenhower zu Kennedy bemüht um ein realistischeres Amerikabild. Mit der Rückkehr nach Bonn als Ministerialdirektor in dem neuen Entwicklungsministerium versuchte ich meine Europa-Erfahrung und die Kenntnis des gaullistischen Frankreichs in die Deutschlandpolitik der FDP einzubringen. (Ich hatte mit Professor Müller-Armack 1957 vergeblich versucht, die FDP-Fraktion zu einem positiven Votum zur EWG zu bewegen!) Dabei ging ich von folgenden Prämissen aus: Eine Wiedervereinigungshoffnung bestand nur noch im europäischen Verbunde. Durch die rapide Wirtschaftserstarkung zur führenden Industriemacht Europas war die »kritische Masse« Deutschlands für einen Alleingang ohnehin zu groß geworden. Das widerstrebende, ängstliche Frankreich mußte dafür gewonnen werden. Dem kam die Politik de Gaulles entgegen. Ohne die Sicherung Amerikas aufzugeben, empfahl sich eine unabhängigere Politik, bei der Frankreich eine maßgebende Rolle zufiel. Das wiedervereinigte Deutschland sollte sich ohnehin im Rahmen eines »geminderten Status« der Deutschlandpläne der FDP und SPD halten. Nach der Wiedergutmachung an den Juden mußte die Versöhnung mit den slawischen Völkern und insbesondere mit der Sowjetunion angestrebt werden. Dafür und für das Sicherheitstrauma der Russen war ein Preis zu zahlen. Der deutschfranzösische Vertrag mußte für eine offensive Politik genutzt und die atomare Verteidigung Europas nach Möglichkeit durch Zusammenlegung der britischen und französischen Atomwaffen verselbständigt werden, was den Beitritt Großbritanniens zur EWG voraussetzte.

Walter Scheel war bei aller sonstigen Beweglichkeit immer ein überzeugter Europäer. Er nahm meine Vorstellungen uneingeschränkt auf und vertrat sie nahezu wörtlich 1962 vor dem Landesparteitag in Düsseldorf (»Deutschland und Europa«) und 1963 auf dem Bundesparteitag in München (»Deutschland – Europa – Atlantische Partnerschaft – die Freiheit ist unteilbar«). Wegen des neuen Akzents der Europa- und Frankreichpolitik war die Wirkung in der FDP und in der Öffentlichkeit nicht uneingeschränkt positiv. Damit begann Scheels außenpolitische Laufbahn; die entwicklungspolitische war durch seine Tätigkeit als Abgeordneter des Europäischen Parlaments gut vorbereitet.

In den folgenden Jahren habe ich in der FDP und anderswo versucht, trotz mancher Bedenken um Verständnis für die Politik de Gaulles zu werben mit dem Ziel, sie für unser nationales Anliegen nutzbar zu machen, für das de Gaulle mehr als jeder andere ausländische Politiker Verständnis zu haben schien. Ich war, wie man damals sagte, ein Gaullist. (Wer hätte gedacht, daß das zwanzig Jahre später eine linke Mode werden sollte!)

Noch einmal, am 20. Januar 1963, trug ich im Außenpolitischen Arbeitskreis der FDP nach einer harten Analyse der für unsere Wiedervereinigungshoffnung düsteren weltpolitischen Lage ein neues Wiedervereinigungskonzept vor. Die Verschlechterung der Lage sei die Folge unseres eigenen Versagens und der Änderung der Kräftekonstellation mit Auswirkungen vor allem auf die amerikanische Politik. Hier die Hauptgedanken:

»Auf Grund der Analyse der gegenwärtigen weltpolitischen und militärischen Lage empfehle ich eine offensive Politik: Taktisch ausgehend von dem modifizierten Herter-Plan zu verhandeln unter teilweiser Hinnahme der De-facto-Lage mit dem Ziel einer provisorischen Deutschland-Regelung kombiniert mit Teilabrüstung, begrenzt auf die Dauer von zehn Jahren gegebenenfalls unter Hinnahme eines Friedensvertrages mit der Ostzone.«

Der Plan umfaßte folgende Punkte:
»1. Groß-Berlin mit seiner Bannmeile von 30 km der UNO unterstellt. 2. Die Zone wird de facto als eine Art Rechtssubjekt auf Zeit anerkannt, das heißt, ihre staatliche Existenz hingenommen gegen Liberalisierung des Regimes, die durch Kredithilfen erleichtert werden könnte. 3. Beide Teile Deutschlands bleiben in den jeweiligen Pakt-Systemen. 4. Ein Beginn der Abrüstung wird auf der Basis der kombinierten Moch/Rapacki-Vorschläge über eine verdünnte atomfreie Zone begonnen. Diese Zone wird als Kreis um Berlin gelegt. Sie erstreckt sich von dem Ruhrgebiet bis zum Bug und umfaßt einen Teil der Ostsee, jedoch nicht ihre Ausgänge. Die klassische deutsche Rüstung könnte in diesem Rahmen fortgeführt werden. Ein Abzug der amerikanischen Divisionen wäre vorläufig nicht notwendig, die taktischen Atomwaffen also in der Nähe. 5. Entweder deutsche Konföderation mit technischen Organen oder ständige Deutschland-Konferenz der vier Mächte mit gemischten technischen Ausschüssen.

6. Sicherheitsabkommen zwischen NATO und Warschau-Pakt. 7. Keine Änderung der deutschen Grenzen bis zur Wiedervereinigung oder einer gesamtdeutschen Regelung – die Formel muß praktisch die Bereitschaft der Anerkennung der Oder-Neiße-Linie im Fall einer Wiedervereinigung erkennen lassen. 8. Alle drei Teile Deutschlands werden Mitglieder der UNO. 9. Diplomatische Beziehungen mit dem Osten, aktiver Handelsaustausch und Entwicklungshilfe. 10. Die Westmächte erkennen auf Grund der Verträge von 1954 die DDR nicht an, was Handelsmissionen nicht ausschließt. Die Neutralen sind in dieser Frage frei. 11. Diese Regelung wird nach zehn Jahren überprüft (oder härtere Formel) mit dem Ziel der Feststellung, ob die Annäherung der beiden deutschen Gebiete soweit fortgeschritten ist, daß eine Wiedervereinigung möglich ist unter Modalitäten, die die freiheitliche Ordnung sicherstellen. 12. Das wiedervereinigte Deutschland wird in ein europäisches Sicherheitssystem entlassen, das seine Blockfreiheit garantiert.«

Das Echo war – wenige Jahre vor den Ostverträgen – nicht gerade freundlich. Walter Scheel schwieg. Für Thomas Dehler ging ich viel zu weit. Nur Erich Mende sagte vorausschauend: »Ich fürchte, Sonnenhol könnte recht behalten wie mit seinem Memorandum 1954.« Mit ihm blieb ich weiter in Kontakt. Auf dem Hintergrund der Eindrücke wiederholter Amerikareisen in dieser Zeit, dem Stichwort der »Washington-Post« von der Notwendigkeit »des Aufräumens mit den deutschen Mythen«, von Disengagement-Diskussionen und einer beunruhigenden Johnson-Rede schrieb ich Mende am 19. Oktober 1966:

»Man kann für die Beurteilung der zukünftigen Entwicklung von folgenden Arbeitshypothesen ausgehen: Die NATO ist in der bisherigen Form und Verteidigungskonzeption überholt. Sie war dies auch ohne den Rückzug Frankreichs. Das bedeutet kein Ende der Sicherheitsanstrengungen des Westens auf nationaler und multinationaler Basis. Eine starke klassische deutsche Rüstung bleibt erforderlich; eine integrierte, mit Amerika verbündete europäische Atommacht – ohne unsere Beteiligung, aber zu unserem Schutz – erstrebenswert. Die Abrüstungsgespräche werden eine zunehmende Bedeutung gewinnen. Die Aufwertung der Ostzone auch als Staat erscheint unvermeidbar. Diese Entwicklung geht seit Jahren an uns vorbei. Die seit 1958 ständigen deutschen Schreckensrufe halten sie nicht auf. Sie verderben aber unser Verhältnis zu Amerika und den anderen Verbündeten. Die Gefahr eines antiamerikanischen Ressentiments als Folge einer Enttäuschung durch Fehlbeurteilung der amerikanischen Politik ist groß und gefährlich. Noch ist eine geringe Chance deutscher Einflußnahme gegeben. Sie erfordert nach meiner Meinung eine radikale Änderung der deutschen Politik. Nicht in Abkehr von Amerika und Frankreich, sondern im Gegenteil unter Einschwenken auf die von diesen Ländern und den übrigen Verbündeten angestrebte Politik. An die Stelle der Forderung nach der Mitwirkung an der atomaren Verteidigung sollte die auf Abrüstung treten. Wir sollten uns an die Spitze der Entspannungsbemühungen stellen, uns für kernwaffenfreie Räume und für ein stufenweises Disengagement einsetzen.«

Der russische Einmarsch in Prag und seine Rechtfertigung durch die Breschnew-Doktrin änderte nach meiner Meinung die Lage. Außerdem war ich mehr und mehr im Zweifel, ob die eurozentrische Betrachtung der Dinge und die deutsche Nabelschau noch länger vertretbar waren. Langjähriges Befassen mit den Problemen der Dritten Welt und zahlreiche Reisen in Entwicklungsländer hatten bei mir den Verdacht bestärkt, daß die NATO für den falschen Krieg rüste und daß die deutsche Verteidigung vielleicht ein anderes Konzept haben sollte. Ich war als Laie überrascht, daß angesehene Militärtheoretiker ähnlich dachten. Vielleicht war der Oberst von Bonin 1955 doch nicht ganz im Unrecht gewesen! (Die Stichworte der heutigen Variante lauten: »strukturelle Nichtangriffsfähigkeit«, »hochtechnisierte konventionelle Verteidigungsrüstung«.)

Einem Irrtum unterlag ich bis 1968: Die Konvergenztheorie (technische und wirtschaftliche Sachzwänge der modernen Industriegesellschaft) schien einleuchtend und das Ende des ideologischen Zeitalters in Sicht. So dachten Kennan und de Gaulle. Was bis 1968 verzeihbar war, ist es nach Prag und vor allem heute nicht mehr!

Die falsche Politik

Das Gegenteil war richtig. Während Amerika sich in Vietnam militärisch, moralisch und politisch verblutete, entwickelte sich die Sowjetunion zu einer selbstbewußten Weltmacht mit einer imperialen Vorstellung, die sowohl dem russischen wie dem ideologischen Weltverständnis entsprach. Raketen, Panzer und Kanonen statt Butter; Interventionsrecht im eigenen Machtbereich und Mitspracherecht in allen Weltproblemen, unterstützt durch eine der amerikanischen mindestens ebenbürtigen Flotte auf den Weltmeeren mit Stützpunkten an strategisch wichtigen Punkten. Das war das Programm der siebziger Jahre. Die Politik der Stärke hatte das Lager gewechselt – nach Moskau. Man hatte keinen Grund zu Konzessionen und schon gar nicht in der deutschen Frage. Man wollte im Gegenteil die internationale Sanktion der Eroberungen des Zweiten Weltkrieges. Das waren die anzuerkennenden »Realitäten«. Ein ganz schlechter Moment also für die Bundesrepublik – und dazu noch im Alleingang – zu verhandeln.

Arnulf Baring hat in seiner beeindruckenden Zeitanalyse »Machtwechsel« nicht ganz überzeugend versucht, die Eile zu rechtfertigen, mit der die Verhandlungen eingeleitet und durchgeführt wurden ohne Absprache mit Amerika, das sich zu dieser Zeit auf die ersten sinnvollen Gleichgewichtsverhandlungen mit Moskau rüstete. Die kritischen Fachleute des Auswärtigen Amtes und unserer Botschaft in Moskau wertet er dabei ungerecht ab.

Bei Willy Brandt überwogen wohl kurzfristige – wer weiß, wie lange es dauert – innenpolitische Überlegungen. Das »Prinzip Hoffnung« dieser Jahre und das Streben nach »neuen Ufern« dürften mitgewirkt haben. Der gescheite, aber unerfahrene Egon Bahr beurteilte in guter Absicht leichtsinnig die Lage falsch. Kein Wandel durch Annäherung! Moskau kassiert – praktisch ohne Gegenleistung – bis auf den heutigen Tag ab.

Selbst Günter Gaus sind heute Zweifel gekommen, ob der Zeitpunkt der Ostverträge richtig gewählt war und ob die deutschen Interessen hinreichend gewahrt wurden: »Der seinerzeitige – weise, notgedrungene, unbedachte? – Verzicht der sozialdemokratischen Deutschlandpolitiker in Bonn, das wichtige Besondere der deutsch-deutschen Verhältnisse, vor dessen Bedeutung die völkerrechtlichen Vorbehalte gering wiegen, wenigstens in Ansätzen konzeptionell zu entwickeln, soweit es die bundesrepublikanische Zwangsjacke, die Abhängigkeiten Bonns zuließen – dieser Verzicht hat unser abnormes Defizit an nationaler Identität bis heute mit prolongiert.« – »Ich neige zu der Meinung, ...daß die Zeit noch nicht gekommen war, um besondere deutsche Interessen konkret zu artikulieren.« – »Das spezielle Interesse Deutschlands lag noch nicht so auf der Hand, war noch nicht so vielen links und rechts der Elbe bewußt geworden wie im Jahre 1983, am Vorabend einer sogenannten Nachrüstung.«

Der Friede wurde nicht sicherer. Im Gegenteil, die Entspannung wurde eine Einbahnstraße, die menschlichen Erleichterungen ein Erpressungsmittel und die Helsinki-Konferenz ein »marché des dupes«. Ein »Korb« mit nicht lieferbaren Waren wurde gegen die Sanktionierung der Kriegsbeute getauscht. Europa wurde nicht in Jalta, sondern in Helsinki endgültig geteilt.

Wir hätten uns an diesem Geschäft nicht beteiligen dürfen. Die Wiedervereinigungspolitik wurde praktisch aufgegeben. Berlin war etwas sicherer, wenn auch weiter erpreßbar, und der Todesstreifen in Deutschland blieb trotz etwas mehr Reiseverkehr unverändert. Dafür handelten wir uns im Westen den Rapallo-Verdacht ein und entließen unsere Verbündeten – von Lippenbekenntnissen abgesehen – aus dem Deutschlandobligo. »Mit den Ostverträgen«, schrieb damals die »Times«, »wurde formell das Bismarckreich zu Grabe getragen.«

Dabei standen wir unter keinem Verhandlungszwang. Weder der Harmel-Beschluß der NATO von 1967 noch die Moskaureisen der westlichen Staatsmänner, noch auch das sich seit langem abzeichnende Arrangement der Supermächte waren Grund genug, unsere Positionen aufzugeben. Wenn diese auch vielleicht von Anfang an zwar formal gut, aber politisch fragwürdig waren, waren sie dennoch nicht wertlos. Wir hätten sie unter flexibler Handhabung gut noch eine Reihe von Jahren für Verhandlungen durchhalten können.

Durch die Politik »Keine Experimente« hatte das amtliche Deutschland zwanzig Jahre lang besorgte Ausländer sich den Kopf zerbrechen lassen über die deutsche Frage. Amerika hatte das Problem mit dem Mauerbau praktisch zu den Akten gelegt. England war nach vielen Bemühungen und Vorschlägen der Frage überdrüssig. Nur de Gaulle und die Franzosen machten sich aus verständlichen Gründen auch weiterhin Gedanken. Deutschland spielte dabei – nach Frankreich – eine zentrale Rolle, das heißt auch ein wiedervereinigtes Deutschland. Oft hatte der General über »la chose allemande« gesagt, daß die Wiedervereinigung der natürliche Gang der Dinge sei. Noch 1966 sagte er während seines Moskaubesuchs zu Kossygin: »Sicher, wir können uns nicht dafür begeistern, aber man muß dem deutschen Volk eine Hoffnung auf Wiedervereinigung lassen – kein Reich, vielleicht eine Art Konförderation.« Zu Willy Brandt äußerte de Gaulle nach der Reise: »Die Sowjetführer haben mich nachdrücklich gedrängt, die rechtliche Existenz von zwei deutschen Staaten anzuerkennen. Ich habe mit einem kategorischen Nein geantwortet. Ich habe erklärt, daß es keine zwei deutschen Staaten gäbe und nur ein deutsches Volk. Die DDR sei ein künstliches Gebilde ohne wirkliche Realität. Darum erkennt Frankreich sie nicht an und wird sie auch in Zukunft nicht anerkennen.« André Fontaine, Chefredakteur von »Le Monde«, der sich oft und bis in die jüngste Zeit in sachverständiger Weise mit der Deutschlandfrage befaßt hat, berichtet 1981 in »Geschichte der Entspannung 1962–1980«, die USA seien mehr und mehr geneigt gewesen, den Russen betreffend Deutschland Garantien zu geben. De Gaulle nicht. Nach der Moskaureise: »Zur Teilung Deutschlands bezieht man ganz entgegengesetzte Standpunkte.«

Um so weniger Grund bestand nach den Ereignissen in Prag 1968, die Dinge zu überstürzen. Kissingers Reaktion ist aus seinen Memoiren bekannt. Der Nachfolger de Gaulles, Pompidou, bekam Rapallo-Ängste. Er holte deshalb die Engländer in die EWG. Angesichts von Tendenzen nun auch in der FDP, die DDR praktisch ohne Gegenleistung anzuerkennen, teilte ich, seit 1968 Botschafter in Südafrika, Walter Scheel – er war noch in der Opposition – meine Sorgen mit unter Hinweis auf meine politische Haltung in der Deutschlandfrage seit 1952. Unter anderem schrieb ich: »Vor allem muß man sich über die Konsequenzen klar sein im Sinne des bekannten französischen Satzes: Il faut vouloir les conséquences de ce qu'on veut. Das ist noch allezeit den Deutschen besonders schwergefallen. Schon bei der Anerkennung ist zu fragen: Soll diese im Alleingang erfolgen, ohne daß der Westen mitgeht, oder wollen wir den Westen auf eine neue Politik mit zwei deutschen Staaten in der UNO und in allen internationalen Organisationen festlegen unter Vereinbarung oder stillschweigender Unterstellung eines langfristigen Wiedervereinigungskonzeptes im Rahmen einer europäischen Friedens- und Sicherheitsordnung? Wer den Alleingang vorzieht, muß sich vorher klar sein über den Weg und die Risiken. Ich persönlich glaube nicht, daß wir Deutschen genug politische Intelligenz besitzen, um diesen Trapezakt ohne Netz durchzustehen, von den Machtverhältnissen einmal ganz abgesehen, so verlockend auch der Gedanke des radikalen, zynischen Unterlaufens der russischen Politik an sich ist.«

Als es dann doch zu überstürzten Verhandlungen kam und als im Frühsommer 1970 die Umstände und das voraussichtliche Ergebnis durchsickerten, schrieb ich Walter Scheel – nunmehr Außenminister und eigentlich verantwortlich für den Gang der Dinge – in größter Sorge am 3. Juli 1970 einen langen Brief. Die sozialliberale Koalition müsse fortgesetzt und der Beweis erbracht werden, daß Deutschland auch von der SPD regiert werden könne, ohne daß eine Katastrophe eintritt. Aber ich sähe mit Sorge die Eile in der Außenpolitik und die plötzliche »Realitätsbegeisterung«. Ich hätte seit 1952 eine an den Realitäten orientierte Politik vertreten. Aber die russischen Realitäten von 1970 seien nicht unsere. Nach dem Stand der Verhandlungen und dem Bahr-Papier bestände die Gefahr, daß wir die maximalen russischen Forderungen annähmen ohne die unverzichtbare Gegenleistung, nämlich die Anerkennung unseres Selbstbestimmungsrechtes. Hinweise auf bestehende Verträge und einseitige Absichtserklärungen hätten nicht einmal den Wert von salvatorischen Klauseln. Die Russen wollten unsere Unterschrift unter den *Status quo.* »Der Gewaltverzichtsvertrag wird wesentliche Elemente einer friedenvertragsähnlichen Regelung vorwegnehmen.« Der Wind blase uns nicht ins Gesicht. Wir sollten uns viel Zeit nehmen, so wie die Österreicher mit ihrem Staatsvertrag. Die Russen wüßten, daß die Zeit nicht für sie arbeite. Sie seien auf dem Höhepunkt ihrer Macht, aber der Abstieg durch »overcommitment« sei sicher. »Sollten sie nicht zu irgendeiner Anerkennung des deutschen Selbstbestimmungsrechts bereit sein, darf man nicht mit ihnen abschließen.« Wenn sie aber eines Tages dazu bereit seien, »sollte man dann auch die DDR ruhig völkerrechtlich anerkennen, auch wenn die menschlichen Erleichterungen nicht sofort geliefert werden können. Aber nur unter dieser Voraussetzung. Wir haben viel Zeit.« Im übrigen müsse der Preis für eine Regelung mit dem Osten von einer großen Mehrheit des Volkes getragen werden. »Wir müssen unter allen Umständen eine Wiederholung Weimars verhindern und für Dolchstoßlegenden keine Gelegenheit geben. Politisch kluge Völker haben ohnehin immer versucht, die Außenpolitik und die Innenpolitik zu trennen.« (Wortlaut im Anhang.)

Ich bekam als langjähriger Mitarbeiter und Vertrauter, der noch wenige Monate zuvor zweiter Staatssekretär im Auswärtigen Amt werden sollte, nicht einmal eine Empfangsbestätigung. Wie wir von Arnulf Baring wissen, hatte Scheel zu diesem Zeitpunkt bereits das Verhandlungsergebnis Bahrs voll gebilligt. Über seine unglückliche und leichtfertige Rolle während der Moskau-Verhandlungen ist viel geschrieben worden. Der »Spiegel« sprach am 29. Juni 1970 von »Unschuld verloren«, »durchmogeln« und brachte das boshafte Gerücht, »er wolle der nächste Bundespräsident werden«. Baring ist hier zu apologetisch.

Walter Scheel, später ein guter Bundespräsident, ist einer der begabtesten Menschen, die mir begegnet sind. Er ist ein »Sales«-Mann ersten Ranges (wir besuchten 1962 in New York zusammen die von Baring so amüsant zitierte Revue: »How to succeed in business without really trying it?«). Walter Scheel ist nicht die rheinische Frohnatur, als die er sich gibt. Sein sorgsam gepflegtes Image täuscht. Er ist Meister im Verdrängen von unangenehmen oder ihm persönlich schädlichen Dingen. Schwierigen Fragen weicht er häufig aus mit Adenauers Devise: »Das kommt beim Verputz.« Nur kann man so keine Außenpolitik und bestimmt nicht mit den Russen machen. Unser damaliger Botschafter in Moskau, Allardt, der völlig ausgeschaltet wurde, hat später dazu seine Meinung gesagt. Er hätte angesichts dessen, was da auf dem Spiel stand, und wegen der Ungeheuerlichkeit des Verfahrens zurücktreten müssen!

Noch im Frühjahr 1972 hielt Scheel auf einer Konferenz seiner europäischen Botschafter die Fiktion aufrecht, beide deutschen Staaten könnten mit einem Wiedervereinigungsvorbehalt in die Vereinten Nationen aufgenommen werden. Nur wenige Jahre später stellte der erste deutsche Präsident der Vollversammlung, Botschafter von Wechmar, lobend fest, es sei zu begrüßen, daß die beiden deutschen Staaten die deutschen Probleme aus diesem Weltforum herausgehalten hätten! Zwanzig Jahre vorher hatte Felix von Eckardt, unter anderem auch UNO-Botschafter, es für wichtig gehalten, gerade hier die deutsche Frage auf der Tagesordnung zu halten. Bundespräsident Carstens hat 1983 in seiner bedeutenden Rede vor der Vollversammlung dies Versäumnis nachgeholt.

Der Sicherheitsberater Präsident Carters, Brzezinski, hat die Deutschlandpolitik der Bundesregierung von 1949 bis 1970 kritisiert als »Wandel von der Programmatik maximaler Ziele bei minimalen Konzessionen zu minimalen Zielen bei maximalen Kosten«. Das gilt auch für die Helsinki-Konferenz und ihre Schlußakte.

Während die Bundesregierung, gestützt auf die Klausel, daß die Schlußakte frühere Verträge und Abkommen nicht berühre, 1975 behauptete, die KSZE sei keine Konferenz über Deutschland und kein Ersatzfriedensvertrag, erklärte Breschnew, sie sei eine »Abfassung der notwendigen politischen Bilanz des Zweiten Weltkrieges«, und Honecker: »die Fixierung der territorialen und politischen Ergebnisse des Zweiten Weltkrieges und der Nachkriegsentwicklung in Europa«. Die Bundesregierung hat weder eine Vorbehaltserklärung abgegeben, noch auf einer Fußnote zur deutschen Frage bestanden, sondern sich mit der Möglichkeit der friedlichen, einverständlichen Grenzrevision zufriedengegeben. Sie hat darauf verzichtet, den Widerspruch zwischen den in Korb III auch vom Osten anerkannten Menschen- und Selbstbestimmungsrechten und dem von uns verlangten Verzicht auf die Wiedervereinigung aktenkundig zu machen. Unter diesen Umständen hätten wir uns an der von Moskau seit den fünfziger Jahren mit unmißverständlicher Absicht geforderten Konferenz nicht beteiligen, noch gar sie als einen Erfolg der Entspannung bezeichnen dürfen. Eine andere Frage ist, ob man, nachdem das Unglück geschehen war, pragmatisch versuchen sollte – das war unter anderem das Bemühen der Folgekonferenzen –, aus den Zugeständnissen des Ostens wenigstens etwas herauszuholen.

Hier sei kurz das Dilemma des Westens angedeutet – es begann mit dem Aufstand in Ostberlin 1953 und erreichte einen letzten Höhepunkt mit den Ereignissen in Polen seit 1980, das in der Verkündigung freiheitlicher Prinzipien und der Ermunterung der unterdrückten Völker besteht, sich auf sie zu berufen bei gleichzeitigem Wissen ihrer Verweigerung durch die kommunistischen Regime, und dem mangelnden Willen oder der physischen Unfähigkeit, sie durchzusetzen – es sei denn durch Krieg. Das Problem der erweckten und durch Medieneinwirkung und Papstbesuche geförderten Hoffnungen und der nachfolgenden Enttäuschung und Resignation konnte und kann nicht gelöst werden. Hätte man Lech Walesa im Ausland nicht so früh als Befreiungshelden gefeiert und mit etwas mehr Bescheidenheit in den Zielen, gäbe es vielleicht die Gewerkschaft Solidarität noch heute! Bleibt die Hoffnung, daß das Blut der Märtyrer und die innere Destabilisierung des Sicherheitsgürtels doch eines Tages Früchte tragen. Eines steht fest: Man kann von kommunistischen Regimen, von Minimalkonzessionen abgesehen, nicht ihre Selbstaufgabe durch Menschenrechtspolitik erwarten. Eher sind in einem globalen Interessenausgleich Konzessionen möglich auf der alten Basis: »Cuius regio eius religio.« Das soll nicht heißen, daß der Westen die vereinbarten Menschenrechtsforderungen nicht anmahnen soll. Aber einklagen oder gar durchsetzen kann er sie nicht. Das gilt auch für das deutsche Selbstbestimmungsrecht.

Die deutsche Frage wurde ohne Not durch eine falsche Ostpolitik von der Tagesordnung abgesetzt und, so sah es zunächst aus, wahrscheinlich für lange Zeit in die »Tiefkühltruhe« der Geschichte verbannt. So sind die Deutschen. Zwanzig Jahre »keine Experimente«, dann werfen sie mit einem Mal alles über Bord. Seit dreißig Jahren haben wir den Nachweis geliefert, daß wir mit der Teilung ganz gut – das andere Deutschland eher schlecht – leben können. Die Welt hat das dankbar zur Kenntnis genommen. Walter Lippmann sagte einmal zum Verfasser: »Es dürfte wohl kein zweites Volk in der Welt geben, dessen getrennte Teile nicht hinter dem Rücken der Amerikaner und Russen miteinander sprechen könnten.«

Die von Moskau erzwungene Absage Honeckers zeigt den engen Handlungsspielraum der DDR; und die des bulgarischen Staatschefs die noch ungebrochene Disziplinierungsgewalt Moskaus. Der Spitzenkandidat der SPD für Berlin, Hans Apel, bestätigte unter Zustimmung Moskaus die russische Auffassung, die deutsche Frage sei nicht mehr offen. Guilio Andreotti zerstörte mit seiner Pangermanismus-Warnung die Illusion, die »Flucht nach Europa« ermögliche eine Lösung der deutschen Frage. Alles das hat aber ein Gutes: Die deutsche Frage wird von der Weltpolitik wieder wahrgenommen.

Die Wiederkehr des Nationalen
(1975-1984)

Reinhold Maier prophezeite 1959: »Eines Tages wird die schlafende Löwin, die deutsche Einheit, das Haupt emporrecken und zu brüllen anheben, daß die verschlafenen westdeutschen Spießbürger aus ihrer satten Selbstzufriedenheit aufgeschreckt und die protokollgetreuen Demokraten die Augen aufreißen werden.«

Man dürfe die Nation nicht zum zweiten Mal in falsche Hände fallen lassen, schrieb Horst Ehmke 1979 in Jürgen Habermas' »Stichworte zur geistigen Situation der Zeit«, sich allerdings im Gegensatz zu Martin Walser für die deutsche Frage nicht besonders erwärmend; es sei denn in einer Verbindung mit dem Sozialismus. Seine Warnung sollte wohl die Löwin Reinhold Maiers treffen, über die Rudolf Augstein zu Neujahr 1984 fragte: »Wer brüllt, wer reckt, wer schläft?«, um festzustellen, daß die Löwin noch immer schläft. Wieso dann die wachsende Unruhe im Ausland und die Sorge um die »falschen Hände« – wenn auch andere, als Horst Ehmke noch vor fünf Jahren vermutete –, nämlich die seiner linken Freunde? Wir erleben heute die sich seit längerer Zeit ankündigende Wiederentdeckung von Volk, Vaterland, Heimat, Nation und Deutschland durch die Linke. Peter Brandt, ein Sohn von Willy Brandt, und Herbert Ammon haben in:»Die Linke und die nationale Frage« (1981) einen Teil der Gründe dargelegt. Inzwischen sind die Stimmen lauter und fordernder geworden. Dabei handelt es sich nicht um »Gewisse Zirkel«, wie Augstein meint, sondern durchweg um die linken Vordenker, die sich wie Heinrich Böll nicht als Nationalisten, sondern als »Patrioten« sehen. Günter Gaus glaubt, daß in den Resten der Friedensbewegung der Jahre 1982/83 »in einer Minderheit, die jedoch auf die politische Kultur des Landes Einfluß hat, ein neues nationales Bewußtsein entstanden ist«.

Die Nation war als Kind der Französischen Revolution vornehmlich ein »linkes« Anliegen, von den schwarz-rot-goldenen Burschenschaften und dem Hambacher Fest noch über die gescheiterten Hoffnungen von 1848 hinaus; eine für den reaktionären »Status quo« von 1815 gefährliche Bewegung. Bismarck denunzierte noch in seiner Frankfurter Zeit den

»nationalen Schwindel«, den er später – nationalliberal domestiziert – vor seinen Wagen spannte, von wo er dann in andere Hände geriet. Sollte er nach der totalen Perversion durch Hitler zu einem längeren Dauerschlaf, wenn nicht gar zum Tode verdammt, früher als erwartet auferstehen? Geläutert, humanisiert, pazifistisch, europäisch, patriotisch wie unsere Linken meinen und somit auf der richtigen Seite; in falschen Händen, wie das besorgte westliche Ausland zu befürchten scheint? Was stimmt hier nicht?

»Wenn Ihnen ein Deutscher sagt, die Nation spiele keine Rolle mehr, dann seien Sie mißtrauisch«, riet Egon Bahr schon vor Jahren einem Ausländer. »Ich bin zuerst Deutscher und dann Europäer!« »Wo Deutschland liegt«, sucht 1983 Günter Gaus, der sich dem Verzicht auf sein Nationalgefühl – mehr »Mère patrie« als Vaterland – nicht anbequemen möchte. Martin Walser diagnostiziert 1979 eine »kollektive Identitätsstörung«. Er hält die deutsche Frage nicht für obsolet: »Ich habe ein Bedürfnis nach geschichtlicher Überwindung des Zustandes Bundesrepublik – ich weigere mich, an der Liquidierung der Geschichte teilzunehmen.« Er vermutet, daß »unsere nationale und geschichtliche Ratlosigkeit eine Folge unserer Entfernung von unserer Geschichte ist«. Auch Günter Grass warnte schon frühzeitig, »am Ort des Begriffs der Nation ein Vakuum entstehen zu lassen«.

Man kann die »Transformation halbherziger Linker in leidenschaftliche Patrioten« nicht als »Endstation Hoffnung« abtun und sie »in den Kräutergarten der Innerlichkeit« verweisen, wie W. Pohrt, oder die deutsche Frage »in das Belieben der Geschichte stellen« und vom Wiedervereinigungsgebot des Grundgesetzes schreiben: »Aber Papier ist geduldig«, wie Theo Sommer.

Ein großes Volk wie die Deutschen kann man trotz Fehlern, Versagen und Schuld nicht auf die Dauer geschichtlich sterilisieren, Geschichte durch Konsum und Archäologie ersetzen. Man kann nicht für den kleinsten Negerstamm in Afrika sogar unter Befürwortung von Gewaltanwendung Selbstbestimmung fordern oder wie England gar einen Krieg führen, um 1800 Falkländer dieses Recht zu sichern und es mit wechselnden Begründungen den Deutschen versagen.

Die Rechnung der »Tiefkühltruhe« ging nicht auf. Früher als erwartet kam die nationale Frage aus dem Untergrund hoch. Diesmal – nicht ganz überraschend – auf der linken Seite. Aber auch die Bundesregierung änderte den Ton. Anstelle des sterilen Deutschlandrituals von Festreden trat die deutliche politische Willenserklärung und zur Überraschung der Russen in Moskau besonders klar durch Bundeskanzler Kohl. Bundespräsident Carstens holte Versäumtes nach: In der Vollversammlung der Vereinten Nationen stellte er fest, daß es ohne die Lösung der deutschen Frage keinen sicheren Frieden in Europa geben könne. Dasselbe sagte er unter Beifall dem amerikanischen Parlament in Washington.

Während die Linke sich zunehmend konkrete Gedanken über das Wie einer Deutschlandpolitik macht, die Sorgen im Inland und Unruhe im Ausland auslösen, bleibt die Regierung bisher bei der ebenso schönen wie vagen Formel des Briefes zur deutschen Einheit, den Moskau sich 1970 weigerte, zur Kenntnis zu nehmen: »Auf einen Zustand des Friedens in Europa hinwirken, in dem das deutsche Volk in freier Selbstbestimmung seine Einheit wiedererlangt« – ohne zu überlegen, wie dieses Ziel zu erreichen ist. Die Versuchung der Flucht nach »Europa« als Alibi scheint immer noch nicht überwunden.

Überraschend – und mit Blick auf die Friedensbewegung auch wieder nicht – waren und sind die Stimmen aus der DDR, gipfelnd in dem offenen Brief, den der Regimekritiker Professor Havemann zum Ärger der westdeutschen »Status-quo«-Denker kurz vor seinem Tode an Breschnew richtete. Er trägt die Unterschrift vieler bekannter Namen, darunter hundert aus der DDR. »Die schreckenerregende Wettrüstung berge insbesondere für Europa unabsehbare Kriegsrisiken. Bei der Zuspitzung der militärischen Konfrontation spiele die Teilung Deutschlands eine wesentliche Rolle. Sie sei, statt die ursprünglich erhoffte Sicherheit zu schaffen, zur Voraussetzung der tödlichsten Bedrohung geworden, die es in Europa jemals gegeben habe. Europa müsse in eine atomwaffenfreie Zone verwandelt und die beiden Teile Deutschlands der Blockkonfrontation entzogen werden. Man solle sich vor der Lösung der deutschen Frage nicht mehr fürchten als vor dem Atomkrieg.« Der bekannte DDR-Schriftsteller Stefan Heym – um nur noch einen zu zitieren – bezeichnete 1983 die deutsche Frage als eine offene Wunde. »Sie wird eitern – auf die Dauer außer acht lassen können wir sie nicht, oder sie wird uns von anderen entrissen werden, von Gruppen, mit denen keiner von uns gern zu tun haben wird und zu einem Zeitpunkt, da wir am wenigsten darauf vorbereitet sind. – Soll just die Zweiteilung Deutschlands mit der zweigeteilten Stadt Berlin auf immer festgeschrieben sein? Welch' ein unmarxistischer Gedanke!«

Das alles hört sich gut an und müßte eigentlich das Herz jedes Patrioten höherschlagen lassen. Warum trotzdem Sorgen und Unruhe? Diese für unsere Zukunft kapitale Frage erfordert eine etwas eingehendere Analyse der Wiederkehr des nationalen Denkens, zumal auf der linken Seite. Sie hat mit dem Scheitern der Bundesrepublik zu tun in ihren beiden politischen Hauptanliegen: der Wiedervereinigung und der Einigung Europas.

Trotz des Wiedervereinigunggebots des Grundgesetzes – den nationalliberalen Vätern von 1949 war die Nation noch eine Selbstverständlichkeit – wäre wohl der Mehrheit der Westdeutschen, ohnehin mit Wiederaufbau und sich selbst beschäftigt, der Verzicht auf sie leichtgefallen. Man war bereit, vor sich selbst nach Europa zu flüchten, in dem die Nationen aufgehen sollten. Es stellte sich aber bald heraus, daß unsere Partner anders dachten. Die Nationen waren dauerhafter und stärker. Europa kann es nur auf der Basis gesunder, in eigener Identität ruhender Nationen geben. »L'Europe des Patries« war die Entscheidung Frankreichs.

Der deutsche Europatraum mit seiner Fluchthoffnung war ausgeträumt; die EWG kein hinreichender Ersatz, zumal sie jeden Tag mehr eine Erpressungs- und Nutznießungsgemeinschaft wurde. Im Westen der alte französische, im Osten der virulente polnische Nationalismus und in der Mitte – nichts? Nur zwei deutsche Satelliten zweier antagonistischer Welten, die auf die Dauer dort ihre Identität finden sollten? Vielleicht wäre das sogar gut gegangen, wenn dieses geteilte Europa ein friedliches, kooperatives geworden wäre und nicht das größte Waffenlager der Geschichte. Der Frieden ist unsicherer und das Mißtrauen gegenüber den Deutschen größer denn je. Man kann es sich einfach nicht vorstellen, daß wir uns so leicht abfinden, man glaubt uns unsere Enthaltsamkeit nicht, beobachtet mit Argwohn jedes Anzeichen von Selbständigkeit: »Les Incertitudes Allemandes« und das Rapallo-Gespenst sind wieder auf der Tagesordnung.

In der Bundesrepublik kamen mehrere Strömungen zusammen: Das *quid pro quo* für die Wiederbewaffnung war die Wiedervereinigungshoffnung und -zusage. Aber der Wechsel war ungedeckt. Eine Glaubhaftigkeitslücke blieb. Sie wurde zur Legende der verpaßten Gelegenheiten – geschichtsträchtig, wie wir heute sehen. Das Trauma Epplers, damals ein junger Mitstreiter Heinemanns, macht heute deutsche Politik. Wir sind in einem Teil unseres Volkes, zumal in der Jugend, auf das Jahr 1952 zurückgeworfen. Der mühsam gewonnene nationale Konsens über Sinn und Wert unserer Verteidigung und das westliche Bündnis droht verlorenzugehen. Aus der Zeit der ersten Atombewegung und der Ostermärsche blieb eine durch die Raketendiskussion plötzlich erneut und stärker hervorbrechende »Einsichtslücke«. Die Folge: eine irreale Diskussion über eine ihrer Natur nach irreale Waffe mit apokalyptischem Hintergrund.

Die militärtechnische Diskussion hat einen Abstraktionsgrad erreicht, den nur noch Eingeweihte nachvollziehen können. Selbst Kissinger sagt heute: »Ich bin im Grunde genauso ratlos wie 1958.« Die Zivilisationsangst, durch den zivilen Kernenergiegebrauch gesteigert, kulminiert jetzt in diesen Waffen, über deren Einsatz ein einzelner Mensch einsam entscheidet. Der stellvertretende CDU-Vorsitzende Kurt Biedenkopf, noch immer unbequem und zunehmend einsam in seiner Partei, weist seit Jahren vor allem in der Diskussion mit der Jugend darauf hin, daß das Vertrauen in die Fachleute brüchig geworden ist, daß die Menschen auf die Dauer in dieser Grenzsituation nicht leben können und daß die nukleare Strategie nicht mehr konsensfähig ist. MAD – Mutual Assured Destruction –, das Symbolwort für das atomare Gleichgewicht, heißt eigentlich »verrückt«. Die Atomwaffe ist militärisch Selbstmord. Ihre Abschreckungswirkung beruht auf der Bereitschaft und Fähigkeit, auf ihren Einsatz trotzdem gerüstet zu sein in der Hoffnung auf eine hinreichende Überlebenschance. Das ist die Absurdität dieser Waffe, mit der wir vorläufig leben müssen. Ihre Begleiterscheinungen sind Mißtrauen (wird sie auch für uns eingesetzt? Drohung mit Selbstmord ist nicht überzeugend!) und Holocaust-Ängste. Diese tödliche Antinomie bleibt, auch wenn man Abschreckung und Gleichgewicht zur Aufrechterhaltung des Friedens bejaht. Bundespräsident Carstens, Biedenkopf unterstützend, erklärte zum Jahreswechsel 83/84: »Dies darf sozusagen nur ein Zwischenstadium sein, auf das wir uns einrichten müssen. Das Ziel muß Abrüstung, die möglichst vollständige Beseitigung der atomaren Waffen sein.«

Die militärische und bündnispolitische Problematik mit ihren Auswirkungen besonders auf das deutsch-amerikanische Verhältnis wurde an anderer Stelle behandelt. Hier nur noch soviel: Die Atombombe ist eine politische Waffe. Sie macht aber Politik fast unmöglich und begünstigt den Skrupellosen.

Kissinger spricht über die Abmachungen mit Moskau Anfang der siebziger Jahre von dem »sehr schmalen Grat«. Das Koexistenz-Konfrontations-Paradigma – auch als Kondominium oder Komplizenschaft der Supermächte bezeichnet – kann nur funktionieren, wenn keiner mit gezinkten Karten spielt. Letzteres haben die Russen getan. Sie haben nicht nur unter Umgehung der vereinbarten Waffenbegrenzung weit über das Sicherheitsbedürfnis hinaus gerüstet – das Mittelstreckenproblem in seiner neuen Qualität der Bedrohung ist eine der Folgen. Die amerikanische Nach-Vietnam-Schwäche nutzend, haben sie in Südostasien, in Afrika und in Mittelamerika eine ideologisch und militärisch expansive Politik betrieben mit der Intervention in Afghanistan als vorläufigem Höhepunkt.

Gleichzeitig haben sie die Breschnew-Doktrin – das neue Völkerrecht der sowjetisch beherrschten Welt – weiter ausgebaut und verfeinert. Ergebnis: Polen 1981.

Seitdem beherrscht die Frage der atomaren Verteidigung mit zunehmendem Antagonismus feindlicher Lager die öffentliche Auseinandersetzung über die Innen- und Außenpolitik der Bundesrepublik. Die »Einsichtslücke« ist dabei nicht kleiner, sondern größer geworden trotz der Mehrheitsentscheidung in der Wahl 1983 und später im Bundestag.

Das Verhältnis der Supermächte zu ihren Verbündeten wird zunehmend schwieriger – deutlich im Westen zur Bundesrepublik, aber angesichts der Stationierungsfolgen auch im Osten, wie die Prawda-Warnungen an Honecker zeigen.

Völlig abwegig ist die durch die russische psychologische Kriegführung geförderte Behauptung der mit amerikafeindlicher Blindheit geschlagenen Friedensbewegung, gipfelnd in der Aufforderung zur Wehrdienstverweigerung als verfassungskonformen Widerstandsrecht (Grass!), die Amerikaner planten von der Bundesrepublik aus einen Angriffskrieg unter Schonung ihres eigenen Territoriums. Wie an anderer Stelle dargelegt, geht die Initiative für die westliche Reaktion auf die SS 20 (zweifellos eine politische Beherrschungswaffe!) auf Helmut Schmidts Sorge um die in den SALT-Verträgen ausgesparte Grauzone zurück. (Rede in London 1977.) Die Carter-Regierung folgt dieser Sorge nur unwillig und zögernd. Grund war das alte deutsche Mißtrauen in die Standfestigkeit Amerikas im Ernstfall – und die Unfähigkeit und mangelnde Bereitschaft Europas zur eigenen Verteidigung ohne atomaren Schutz Amerikas. Der Gedanke bei einigen Amerikanern – er wurde trotz leichtfertiger Äußerungen am Anfang der Reagan-Regierung nicht amerikanische Politik – ist nicht so völlig abwegig: Wenn sie uns trotz der Stationierung von 300 000 Soldaten schon nicht trauen, zu eigenen Opfern aber nicht bereit sind, dann sollen sie und nicht in erster Linie wir das atomare Risiko eines russischen Angriffs tragen. Und wer ist weniger bereit, den Preis der eine atomare Verteidigung überflüssig machenden konventionellen Rüstung zu bezahlen, als die pazifistischen Träger der Friedensbewegung und die nach links gerutschte SPD? Die intellektuelle und moralische Unredlichkeit kennt hier keine Grenzen – es sei denn, man ist ohnehin einseitig zur Unterwerfung bereit: Lieber rot als tot!

Cui bono? Der Vorsitzende der moskautreuen DKP (Deutsche Kommunistische Partei), H. Mies, machte es auf dem Parteitag in Nürnberg Anfang Januar 1984 in Gegenwart des Moskauer Politbüro-Mitglieds Romanow und anderer hoher Vertreter der kommunistischen Welt einschließlich der DDR klar: »Ja, die USA haben jetzt atomare Erstschlagswaffen in der Bundesrepublik stationiert. Aber zugleich haben sie einen großen Teil des Volkes gegen sich. – Das Wirken der Friedensbewegung hat die politische Szenerie in der Bundesrepublik wesentlich verändert.«

Es wäre aber zu kurz gedacht, den Antiamerikanismus unserer Linken nur den Pershing-Raketen zuzuschreiben, so sehr manche von ihnen das als Schutzbehauptung vorbringen. »Die Gefahr eines möglichen Kernwaffeneinsatzes in der Mitte Europas als denkbare Option der amerikanischen Verteidigungsstrategie ist die Ursache für das Aufkommen eines linken Nationalismus, nicht etwa die antiwestliche Kulturkritik. Die eigenen nationalen Interessen als unmittelbare ›Überlebensinteressen‹ stehen letztlich im Zentrum linken Nachdenkens«, schreibt ein Verteidiger des neuen Nationalismus. Das ist aber nur die halbe Wahrheit. Der »aggressive Undank«, von dem Manès Sperber bei der Verleihung des Friedenspreises 1983 sprach, hat tiefere Wurzeln. Für die Zivilisationsängste wurde Amerika, wie geschildert, bereits nach dem Ersten Weltkrieg das Zentrum des Bösen, mündend in der »seelenlosen jüdischen Plutokratie« Hitlers. Der Einfluß des Antiamerikanismus auf die 1968er Bewegung wird im Schlußkapitel noch eingehender behandelt. Hier nur soviel: Das Scheitern aller Diesseits- und Erlösungshoffnungen der linken Utopisten (Dritte Welt, China, Vietnam, Kuba) erfordert einen Sündenbock. Das Böse hat das Lager gewechselt. Der Feind, das eigentlich Böse, ist nun klar erkennbar: Amerika, personifiziert in Reagan. Daß Amerika durch seine manichäische Weltschau und seine moralisierende Außenpolitik selbst dazu beigetragen hat, ist keine Entschuldigung für Intellektuelle wie Günter Grass. Es sei denn, man handelt in intellektueller Unredlichkeit der Hypermoralisten wie E. Eppler: Amerika als Ersatzopfer und Sündenbock der eigenen Ängste, Ort der Verdrängung von Schuld und Fehlern. Oder ist es gar ein Ausweichen vor dem biologischen Druck des Stärkeren, dem man gleichzeitig eine bedauernswerte, zur Friedfertigkeit zwingende Schwäche bescheinigt und einen moralischen Rabatt gewährt? Bis zu der Unterwerfungs- und Demutsgeste, der Vorleistung, der einseitigen Abrüstung, der Unschulds- und Ohmachtspolitik, zu der die SPD heute zurück möchte, ist dann nur noch ein Schritt.

Die anderen großen Angstsyndrome unserer Zeit, die allseits gepflegte Untergangsstimmung, wie etwa durch den Bestseller des politischen Konvertiten Alt, der Überdruß an der Überfluß- und »Keine-Experimente«-Gesellschaft, enttäuschte Europa-Hoffnungen, heimatorientierte Öko-Bewegungen mit romantisch-konservativem Denkhintergrund, die Flucht der Kirchen vor Gott in das Moralische ergänzen und vergrößern die Glaubhaftigkeits- und Einsichtslücke.

Ein respektables Argument kommt hinzu: Die Hypermoralisierung der Politik wäre auf die Dauer noch unglaubwürdiger, schwiege sie zur Frage der deutschen Selbstbestimmung! Das Schreckgespenst des Holocaust in Deutschland mit der sicheren Auslöschung zumindest der Deutschen, wenn nicht der gesamten zivilisierten Welt, ausgehend von der atomaren Konfrontation auf deutschem Boden (West und Ost) hat die deutsche Teilung als Überlebensfrage zu einer unerwarteten, nun wohl kaum noch zu verdrängenden Aktualität gebracht. Rudolf Augstein stellt in seiner Neujahrsbotschaft 1984 »ohne jede Schadenfreude« fest: »Nichts geht in Europa, solange Deutschland geteilt und besetzt ist. Nichts – allenfalls der Krieg.«

Die Rückbesinnung auf die Versäumnisse der fünfziger Jahre führte zwangsläufig auch zu ähnlichen Lösungsvorschlägen, wie Havemann zeigt. Seitdem hat sich viel geändert – vor allem in der SPD. Noch im August 1982, als die Politik Helmut Schmidts in seiner Partei trotz seiner Kritik an Amerika bereits keine Deckung mehr hatte, warnte Egon Bahr, seit den gescheiterten Entspannungsbemühungen von 1970 ein gebranntes Kind, wenn auch immer noch zu neuen Ufern bereit, vor Illusionen. Amerika würde es niemals zulassen, daß Europa unversehrt in die Hände der Sowjetunion falle. Die dubiose »Sicherheitspartnerschaft« ersetzte er durch »gemeinsame Sicherheit« und, für manche linke Gesinnungsgenossen schwer verdaubar, aber richtig, stellte er fest: »Nichts ohne die Amerikaner, wenn uns das Leben lieb ist.« Er forderte die Unterordnung des militärischen Denkens unter das politische wie alle Nachdenklichen in beiden Lagern, stimmte aber der Strategiedoktrin zu: »Den Atomkrieg verhindern, aber doch zu ihm fähig sein.«

Damit müssen wir leben, moralisch und politisch fertig werden. Alles andere ist Utopie! Auf dieser Basis schlug Bahr eine atomwaffenfreie Zone der europäischen Staaten vor, die nicht über diese Waffen verfügen, darunter die beiden deutschen Staaten. Diese bleiben in den jeweiligen Bündnissen mit ihren Sicherheitsvorkehrungen. Atomare Angriffe in den freien Raum sind nicht ausgeschlossen, aber er ist als Ziel weniger attraktiv, wie Helmut Schmidt schon 1959 festgestellt hatte.

Bahr erkannte richtig, daß ohne die Bereitschaft zu konventionellem Gleichgewicht eine atomwaffenfreie Zone in Europa nicht realistisch ist. Das ist das Problem der Linken, denn diese Anstrengung wollen sie nicht machen. Das hatten schon 1982 die vier amerikanischen Weisen (darunter McNamara und Kennan) für den Fall des Verzichts auf den Ersteinsatz von Atomwaffen gesagt. »Nicht vorher«, sagte auch Bahr. Wären er und die SPD nur bei dieser Auffassung geblieben! Vergeblich haben international angesehene Wissenschaftler der Partei vor der Entwicklung gewarnt, die zu dem verhängnisvollen SPD-Parteitagsbeschluß vom November 1983 führte und 1984 in Essen noch verschärft wurde. Die sicherheitspolitisch ungedeckte Friedensutopie siegte nicht zuletzt auch wohl in der Hoffnung, auf der linken Woge der Friedensbewegung und der Ökopaxe eines nicht zu fernen Tages wieder mehrheitsfähig zu werden. Der Sieg der Ideologie und der Innenpolitik!

Muß das heißen, daß damit schon die deutsche Frage von nun ab in falschen Händen ist? Die Disengagement-Vorschläge an sich sind politisch nicht falsch. Sonst hätten sich alle klugen Köpfe im In- und Ausland in den fünfziger Jahren, die SPD- und FDP-Programme von 1959, die nicht weit auseinanderliegenden Analysen von Helmut Schmidt und F. J. Strauß im damaligen Bundestag geirrt. Nicht einmal das umstrittene Konzept der Neutralisierung ist an sich falsch. Es kommt nur auf die Prämissen an. Das hat Adenauer richtig erkannt, als er 1961 erklärte, die NATO habe keinen Ewigkeitswert, wenn die Zeit für andere Lösungen reif sei. Diese Prämissen sind allerdings entscheidend. An ihnen muß die Frage der »falschen Hände« gemessen werden.

Hierher gehört vor allem und zuerst die Einsicht, daß ohne Amerika in Europa und besonders in Deutschland keine Politik gemacht werden kann: keine Friedenspolitik, geschweige denn eine Deutschlandpolitik. Man mag die »Arroganz der Macht« nicht lieben; ohne Stärke und Kräfte-Gleichgewicht geht mit den Russen nichts. Amerika hat andere Optionen. Die Waffenentwicklung läuft zudem auf den Isolationismus zu. Rudolf Augstein irrt mit der Behauptung, Amerika habe uns zur Verteidigung seiner Interessen nötiger als wir seine Unterstützung und Stärke. Die sich antiamerikanisch gebenden Franzosen wissen das unabhängig von ihren jeweiligen Regimen seit je besser – zur Überraschung und zum Ärger unserer Linken. Wir sollten deshalb die warnenden und besorgten Stimmen von jenseits des Atlantik nicht überhören oder nur als Disziplinierungsmittel ansehen. Der alte, erfahrene amerikanische Botschafter in Bonn, Burns, warnte nicht ohne Grund Anfang 1984 in der »New York Times« vor einem Wahlsieg einer nicht mehr natotreuen SPD 1987.

Welches Ziel verfolgen die Russen – gleichgültig ob im Rahmen einer imperialen oder einer übersteigerten Sicherheitspolitik? Sie möchten nach

Möglichkeit Europa und auf jeden Fall die Bundesrepublik von Amerika abkoppeln unter Beibehaltung ihrer strategischen Offensiv-Position in dem Sperriegel DDR. Rußlands Interesse ist nicht ein kommunistisches Gesamtdeutschland, sondern wohl noch auf längere Zeit der *Status quo minus*. Am liebsten wäre ihnen eine atomwaffenfreie neutralisierte Bundesrepublik als Anzahlung auf ein vages Abrüstungsversprechen. Wer in Deutschland in Panik diese Politik des »Lieber rot als tot« vertritt, arbeitet Moskau in die Hände und riskiert neben der Freiheit auch das Leben. Jede Deutschlandpolitik, die diese Möglichkeit nicht ausschließt, ist in falschen Händen. Das gilt auch für jene, die wie Augstein solche Selbstmordgedanken nur zynisch äußern, ohne daran zu glauben, noch gar darauf zu hoffen.

Oskar Lafontaine ist nicht das Problem. Er ist ehrlich bereit, die Freiheitsminderung eines SED-Regimes in Kauf zu nehmen. Die eigentlich gefährliche Denkschule für die Deutschlandpolitik repräsentiert der politisch und publizistisch aktive und weit in die Friedensbewegung und die SPD hinein meinungsbildende Berliner WDR-Korrespondent Peter Bender. Mit Bahr und Gaus fordert Bender Politik statt Raketen-Arithmetik. Das ist richtig. Aber *welche* Politik? Der Titel seines Buches »Das Ende des ideologischen Zeitalters« gibt das Stichwort. Der Historiker K. D. Bracher hat Bender in »Zeitalter der Ideologien« 1982 überzeugend widerlegt. Bender und mit ihm die heute führenden Männer der SPD von Brandt über Glotz bis Eppler, die Friedensbewegung, die linken Kirchenkreise und linke Liberale haben die Lehren aus Prag, Afghanistan und Polen nicht gezogen und die Breschnew-Doktrin nicht zur Kenntnis genommen. Das Schicksal der Friedensbewegung in der DDR belehrt sie ebensowenig wie die Weiterexistenz des nur geringfügig durchlöcherten Eisernen Vorhangs, in Deutschland noch immer eine »Todeszone«. Sie wollen nicht wahrhaben, daß es in dem Konflikt zwischen West und Ost auch heute noch unverändert um den zwischen Freiheit und Unfreiheit geht, welche anderen Motive auch auf beiden Seiten mitspielen und wie unvollkommen unsere westlichen Demokratien auch sein mögen. Deshalb wird der Osten verharmlost und der Westen verteufelt. Daß dabei Enttäuschungen mitspielen wie bei Brandt oder Irritationen durch manche Aspekte der gelegentlich manichäischen Weltschau der Amerikaner, die auslaufende Geduld mit der nun fast vierzig Jahre dauernden Konfrontation oder einfach die atomare Todespanik, ist kein hinreichender Erklärungsgrund.

Die Propheten des Endes des ideologischen Zeitalters wollen mehr. Für sie hat das Böse das Lager gewechselt. Es handelt sich nicht mehr um die

»Äquidistanz«, sondern einen grundsätzlichen »Moralrabatt« für den Osten, wie ihn Bischof Scharf vor Jahren gegenüber dem Verfasser so ausdrückte: »Was wollen Sie, der Kommunismus ist doch nur eine christliche Häresie.« Nach Bender hat der Westen eine falsche Vorstellung von Liberalisierung im Osten; sie sei »völlig unrealistisch und in höchstem Grade unproduktiv«; ähnlich der Altliberale William Borm über die Schlußakte von Helsinki: »Jede Zeile muß mit dem gedanklichen Zusatz gelesen werden: ›in den jeweiligen Systemgrenzen‹.« (Das ist richtig, macht aber Helsinki zu einem einseitigen russischen Gewinn.) Die falsche Vorstellung von ideologischem Verfall und materieller Schwäche, aus denen ein russisches Friedensbedürfnis abgeleitet wird, führt zu der Behauptung, einer nur auf Verteidigung gesonnenen Sowjetunion stehe ein zunehmend aggressives Amerika gegenüber. Von hier ist nur ein Schritt bis zur Aufforderung zur »Wehrkraftzersetzung« durch den wohlmeinenden, aber außenpolitisch unbedarften Günter Grass. Rudolf Augstein fördert die Irreführung nach Kräften. Er sieht in den Machthabern drüben Leute, die wenig Macht haben, denen es vielleicht nicht sehr viel anders geht als uns. Leute, von denen wir annehmen dürfen, daß sie lieber ihr SED-Parteibuch verbrennen als selber brennen würden. »Wie auch wir lieber unter einem Erich Honecker leben als zum Beispiel für die Menschheit ausgelöscht würden.« West und Ost stehen nicht mehr für Gut und Böse. Die Feindbilder verblassen: Der amerikanische Kreuzzugsgeist ist aggressiver als die Sowjetunion.

Nach Bender will Washington das Gegenteil dessen, was man in Westeuropa und besonders der Bundesrepublik für richtig hält, wo man die Westbindung nicht mehr als Dogma ansieht. Das führt zu dem haarsträubenden Ergebnis, daß die Europäer »zwischen Portugal und Polen« keinen Ärger mit dem Osten haben, zumal der Unterschied der Systeme ideologischer Gleichgültigkeit gewichen ist. Die Entspannung funktioniert, Streit haben nur die Supermächte wegen der amerikanischen Aggressivität. Die Entspannung ist teilbar, an dem Machtkampf der Großmächte beteiligen sich die Europäer nicht. Die böse Weltpolitik darf die gutnachbarlichen deutsch-deutschen Beziehungen nicht stören. Radikal ausgedrückt: Mögen die Russen nach Afghanistan ruhig auch noch die Golfregion besetzen – wenn nur der Zwangsumtauschsatz nicht verändert wird. Sollte das der Fall sein, sind auf jeden Fall die Amerikaner schuld.

Und man gibt sich schneidig »gaullistisch«. Europa muß »europäischer« werden. De Gaulle würde sich über seine neuen deutschen Adepten wundern, von Brandt, Bahr, Eppler, Bender, Lafontaine bis Gaus, für den die Zeit für »gaullistische Antworten« gekommen ist. Unser linker »Neogaullismus« hat de Gaulle völlig mißverstanden. Er wollte nicht in erster Linie die Stärkung Europas, sondern Frankreichs mit deutscher Unterstützung. Aber er wollte sich nie ernsthaft von Amerika trennen. Mit dieser selbstverständlichen Rückversicherung wollte er französische und europäische Politik machen. Dafür war er bereit – und Frankreich ist es heute noch –, einen hohen Preis zu zahlen. Kein Wunder, daß die Beziehungen Brandts zu Mitterrand so schlecht sind! Europa kann sich von der atomaren Schutzmacht Amerika lösen, wenn es bereit ist, den Preis zu zahlen. Das wollten unsere Linken nie und wollen sie heute noch weniger denn je.

Das angebliche Ende des ideologischen Zeitalters, Wurzel vieler linker Irrtümer, erfordert noch eine Klarstellung: Der Kommunismus ist eine Pseudo-Religion mit allen Verhaltensweisen einer echten. Bis zum Erlöschen sind Häresie und Schisma die größten Sorgen. Fanatische orthodoxe Mönche verhinderten die beschlossene Aussöhnung von Ost- und Westkirche, als die Türken schon vor Konstantinopel standen. Der sunnitische Islam war dogmatisch seit langem erstarrt, als die Osmanen den Marsch nach Wien antraten. Das sowjetische Imperium wird vielleicht das Ende des Jahrhunderts nicht lange überleben. Es wird bis dahin – auch aus dogmatischen Gründen – besonders gefährlich sein. Auch wird die Ideologie als Bändigungsmittel weiter ein Instrument der russischen imperialen Politik sein. Sozialismus ist nach wie vor wichtiger als Modernität, von Freiheit ganz abgesehen. Polen beweist es jeden Tag.

Die Russen haben Clausewitz umgekehrt: Der Friede ist die Fortsetzung des Krieges mit anderen Mitteln. Das Feindbild – von Kindesbeinen an eingedrillt – ist unverändert der innere und vor allem der äußere Klassenfeind – auch in der nach Gaus und Bender so gewandelten DDR. Koexistenz ja, aber als Provisorium. Gleichzeitig: verschärfter ideologischer Kampf und Klassenkampf auf Weltebene. Das schließt Unterstützung von Befreiungskriegen ausdrücklich ein – andere kann es für Kommunisten nicht geben. Es kann deshalb mit kommunistischen Staaten keine Normalisierung geben, sondern nur einen »Modus vivendi«. Sie selbst sehen und halten es so. Das macht auch die atomare Sicherheitspartnerschaft problematisch. Auch die »Verantwortungsgemeinschaft« Honeckers und Kohls – kein neuer Krieg von deutschem Boden aus – setzt auf der anderen Seite vorläufig zuviel voraus. Wo blieb der DDR-Protest gegen die SS 20, und weshalb sperrt man die Friedensfreunde ein?

Das schließt natürlich nicht aus, daß man mit Sowjetrußland Politik machen kann und soll. Selbst die Todfeinde Hitler und Stalin schlossen einen Pakt. Die Russen sind in einem bestimmten Rahmen – solange es nicht um Machtpolitik, Ideologie oder Menschenrechte geht – als vertragstreu bekannt. Weder Verteufelung noch Verharmlosung sind angebracht. Es hat Koexistenz von feindlichen Religionen gegeben nach blutigen Glaubenskriegen. Ein Augsburger Religionsfriede ist auch in unserer Zeit nicht ausgeschlossen, wenn auch noch nicht in Sicht.

Der Autor möchte nicht mißverstanden werden. Das über die Entwicklung seit 1952 bisher Gesagte dürfte hinreichend bewiesen haben, daß er über die Notwendigkeit der Bändigung des Glaubenskonflikts, die Notwendigkeit eines globalen Interessenausgleichs mit dem Ziel der Beseitigung der Teilung Europas und Deutschlands und der Bannung des atomaren Wahnsinns ähnlich denkt wie viele Linke. Das Wort Frieden wird aber leider so mißbraucht, daß es mißtrauisch macht. Man spricht dem Andersdenkenden die Friedensfähigkeit ab oder unterstellt ihm »eine Geneigtheit zum Krieg« (Gaus). Wer in Deutschland ist nicht für den Frieden? Es geht nur um den am wenigsten risikoreichen Weg! Die Unterscheidung von Friedenserhaltung und Friedensgestaltung (A. Mertes) weist in die richtige Richtung. Und es geht um eine illusionslose, »realpolitische« Sicht der Welt und der deutschen Möglichkeiten in ihr. Kein Volk kann sich weniger »wishful thinking« leisten als wir. Deshalb bleibt der Verfasser heute mehr als damals bei der Warnung Paul Sethes von 1958: Nicht ohne oder gegen die Amerikaner! Wer kritisches Denken und Handeln in Abkoppelung umwandelt, verfehlt die wenigen Chancen, die wir Deutsche noch haben. Mit dieser entscheidenden Einschränkung kann der Verfasser der Zielvorstellung von Günter Gaus durchaus zustimmen: »Könnten in einer atomwaffenfreien Zone, abgesichert von einem europäischen Gleichgewicht und garantiert von Washington und Moskau in Mitteleuropa, wo auch Deutschland liegt, Ansätze zu Konföderationen auf Teilgebieten sich bilden?«

Mitteleuropa und die deutsche Zukunft

Gaus stellt den zu lange tabuisierten Begriff »Mitteleuropa« in den richtigen Zusammenhang. Er wurde mißbraucht, seit Friedrich Naumann ihn im Ersten Weltkrieg schuf. Die Frage ist unverändert dieselbe. »Es ist nicht wahr, daß einem zur deutschen Frage nichts mehr einfällt. Seit kurzem ist der Begriff Mitteleuropa wieder zu Ehren gekommen«, schrieb Hans Schwab-Felisch in der FAZ.

Bundespräsident Richard von Weizsäcker hat noch als Regierender Bürgermeister von Berlin in seinem Buch »Die deutsche Geschichte geht weiter« (1983) das Stichwort aufgenommen: »Die geopolitische Lage Deutschlands hat sich durch den Zweiten Weltkrieg nicht verändert. Zwar ist die Westbindung endgültig und unwiderruflich, aber Deutschland ist zugleich der Osten des Westens und Westen der geteilten Mitte, die aber nach wie vor die Mitte ist.« Er wollte damit klarstellen, daß unsere Werte die des Westens sind, unsere geopolitische Lage aber die Mitte Europas. Das war nötig, weil bei einem Teil unserer Historiker die Erwähnung von Nation, Wiedervereinigung und Mitteleuropa allergische Reaktionen auslöst. »In der deutschen Fachhistorie tobt ein Glaubenskrieg«, diagnostiziert der Erlanger Historiker Michael Stürmer. Zwei Schulen verteidigen den Status quo des geteilten Deutschland.

Die einen – besonders aggressiv Professor H. U. Wehler – sind mehr oder weniger noch heute der Meinung, die Deutschen hätten durch Verbrechen, Fehlverhalten und den »Sonderweg« das Recht auf Selbstbestimmung verwirkt. Sie haben die Umerziehung verinnerlicht und schreiben postkatastrophale Geschichte. Ihr Schreckgespenst ist der Neutralismus und der »linke Aussteigernationalismus« jeder Prägung. Selbst der sonst kluge Kurt Sontheimer meinte noch 1983 in »Zeitwende?«, es könne nach den Umbrüchen der deutschen Nationalgeschichte von der Französischen Revolution bis heute nur schwer, wahrscheinlich überhaupt nicht gelingen, ein identitätsstiftendes deutsches Geschichtsbild zu entwickeln. Wie er denkt der eher bayrisch-konservative Augsburger Historiker Josef Becker: »Wenn es zutrifft, daß die Chancen der nationalen Selbstbestimmung der Deutschen in der Hybris der nationalsozialistischen Politik untergegangen sind; wenn es zutrifft, daß die nationale Einheit der Deutschen im überkommenen Sinne nach der Rolle der preußisch-deutschen Großmacht auf dem Kontinent von 1870–1945 in Widerspruch zu den Interessen der europäischen Nachbarn und der dominierenden Westmächte steht«, dann, so meint der Historiker vorsichtig – »kann nur die Zukunft erweisen, ob die Bundesrepublik nicht doch das Modell zur Lösung der deutschen Frage ist.«

Deutschland muß nach dieser Schule in der westeuropäischen Identität der Bundesrepublik seinen Sinn und seine Bescheidung finden. Man muß da unwillkürlich an Rathenau denken: »Ein behäbiger Rheinbund größten Stils von Konstanz bis Hannover wird pfleglich behandelt und in einer

Republik Brandenburg bleibt das Nest der Sünde übrig, außerhalb deutscher Beziehungen und menschlicher Gemeinschaft; ein Wendenland, dem man es überläßt, zum Heidentum zurückzukehren oder sich nach den Methoden Bela Kuns zu verhalten.«

Der Havemann-Brief brachte Professor Wehler so in Rage, daß er sich zu der Behauptung verstieg, die Teilung Deutschlands spiele keineswegs eine wesentliche Rolle für die internationalen Spannungen der Gegenwart. Ihre völkerrechtliche Anerkennung trage vielmehr zur Spannungsminderung bei. Alles andere sei »ein typisch deutsches apolitisches Wunschdenken und Wolkenkuckucksheim. Die Illusion, daß nach der neueren deutschen Geschichte – das national-sozialistische Regime als radikalste, zerstörerischste Ausprägung deutschen Wesens – ausgerechnet in Mitteleuropa der neue Sonderweg eines neutralisierten Deutschlands zwischen den Blöcken möglich sei, kann man sich nach all dem nicht energisch genug entgegenstellen.« Und noch 1983 fiel ihm zum »Hambacher Fest« nichts Besseres ein: »An dem Ergebnis des Zweiten Weltkrieges darf nicht mit leichtfertigen Parolen gerüttelt werden, die in Mitteleuropa ein neutralisiertes Gesamtdeutschland fordern.« So hatte Konrad Adenauer 1952 gesprochen: »Wer die Neutralisierung und Demilitarisierung in Deutschland hier bei uns will, ist entweder ein Dummkopf allerersten Ranges oder ein Verräter.« Aber schon zur gleichen Zeit erklärte er in einem Friedländer-Interview eine deutsche Neutralität für sinnvoll, wenn sie von allen Großmächten ehrlich gewollt, ehrlich garantiert und von uns mit ausreichender Kraft verteidigt wäre. Die Wiedervereinigung sei nicht isoliert möglich, solange der Weltkonflikt im übrigen andauere. Aber sei dieser einmal beigelegt: »Innerhalb einer solchen globalen Friedensregelung sieht das deutsche Problem völlig anders aus.« Ähnlich äußerte er sich 1961.

Man muß bei dieser Historikerschule unwillkürlich an die Mahnung Kants denken: »Es ist etwas Ungereimtes, von der Vernunft Aufklärung zu erwarten und ihr doch vorher vorzuschreiben, auf welche Weise sie notwendig ausfallen müsse.« Es überrascht nicht, daß ausländische Historiker in der Behandlung der deutschen Frage der Vernunftaufforderung näher sind, wohl auch, weil sie noch altmodisch versuchen, zu sehen, wie es war, und sich nicht von der Methode des »erkenntnisleitenden Interesses« verführen lassen. Der bekannte Althistoriker Prof. Alfred Heuss hat vor kurzem in »Versagen und Verhängnis« (1984) mit der intellektuellen Unredlichkeit dieser Schule »im Zorn« abgerechnet.

Wer die Geschichte nur postkatastrophal als Schuldzuweisung und Zukunftswarnung betreibt, wobei nicht selten Selbsthaß und Selbsterniedrigung die Erkenntnis leiten, sündigt ebenso wie der, der – Schuld und Verbrechen verdrängend – sich mit dem Status quo zufriedengibt. Diesen Historikern läuft die Geschichte davon; ja in die falschen Hände, wie Andreas Hillgruber befürchtet. Man mag die erneute Unruhe der Deutschen tadeln, mag ihre Gründe und Motive nicht teilen. Man mag sie »Chlorophyllfaschisten« oder »rechte Leute von links« nennen. Sie wollen sich zu Recht oder Unrecht mit vielem nicht mehr abfinden. Dazu gehört auch die Teilung Deutschlands. Die Gefahr, daß die deutsche Frage in falsche Hände gerät, besteht. Zum Schweigen bringen kann man sie aber nicht mehr oder als einen Geisterkampf abtun. Das hat man im Ausland eher gespürt als bei uns.

Europäisches Gleichgewicht?

Ernster zu nehmen, weil weniger moralisierend, ist die Gleichgewichtsschule, wenn sie auch zu demselben Ergebnis führt: Der Status quo der Teilung ist die beste aller möglichen Welten. Danach war die deutsche Frage noch nie »Eigentum der Deutschen« (Michael Stürmer) oder, wie Prof. G. Schöllgen in der FAZ meint: »Einmal mehr stellt sich die Spaltung Deutschlands als Garantiefaktor der europäischen Ordnung dar.« Die Stichworte der Schule sind: »Normale Lage«, »Ruhelage« oder »die Konsolidierung des bipolaren Weltsystems an der mitteleuropäischen Bruchstelle«, gegen die der 17. Juni 1953 der letzte, vergebliche Aufstand war. Stürmer ist im übrigen seiner Sache nicht völlig sicher. Er arbeitet häufig mit Fragesätzen und stellt neuerdings fest: »Jede Nation kehrt zu ihren Anfängen zurück, die revolutionär waren« und weiter: »Die Kategorien des historischen Denkens müssen sich dem schwierigen Begriff der Nation wieder stellen« und an anderer Stelle: »Kein Weg nach Rapallo, aber eine neue Suche nach Identität und die Notwendigkeit neuer Antworten.«

Sebastian Haffner setzt nach jahrelangen Bemühungen um die deutsche Frage resigniert unter einen Beitrag »Nationalstaat in der Mitte« den Untertitel »Ein abgeschlossenes Kapitel deutscher Geschichte«. Er wertet nicht moralisch, teilt nicht den Aufopferungsanspruch unserer Nachbarn im Rahmen eines europäischen Gleichgewichts, aber er kommt zu dem pessimistischen Schluß, daß es für Europa nur eine Alternative gibt: Entweder durch Deutschland geeint oder unter Amerika und der Sowjetunion geteilt.

Die Bundesregierung hat – im völligen Widerspruch zu ihren Wiedervereinigungs-Beteuerungen – die Argumentation der Gleichgewichtsschule übernommen. So heißt es in dem Bericht des Bundeskanzlers zur Lage der Nation 1983: »Die deutsche Frage war zu jeder Zeit auch eine existentielle Frage des europäischen Gleichgewichts. Dies wird immer so sein. Wer dies verkennt, wer einen neutralistischen deutschen Sonderweg in der Mitte Europas für möglich hält, der steigt aus der geschichtlichen Erfahrung aus. Er erliegt einem unseligen nationalistischen Irrtum.«

Wird diese statische Geschichtsbetrachtung Bestand haben? Oder gar die naive Vorstellung der Friedenssicherung durch Teilung als der den Deutschen gemäße, wenn nicht gar idyllische Zustand? Bundespräsident Carstens kam im Rückblick auf die vergangenen dreißig Jahre am 17. Mai 1983 zu einem anderen Schluß: »Dabei ist deutlich geworden, daß wir Deutschen nur ein gemeinsames, die gesamte Nation umfassendes Nationalbewußtsein haben können.«

Bevor die Schlüssigkeit des Gleichgewichts-Paradigmas kritisch geprüft wird, deshalb die Frage: Wie halten es die Deutschen mit der Nation, über die nun wieder nicht nur in »kleinen Zirkeln« der linken Szene »patriotisch« nachgedacht und gesprochen wird? Natürlich gilt auch heute noch Karl von Rottecks Dictum von 1832, daß im Zweifel die Freiheit der Einheit vorzuziehen sei, was für ihn nicht hieß, daß deshalb das Ziel aufgegeben werden muß. Das war, ergänzt durch Friedenspflicht und Gewaltverzicht, die status-quo-orientierte Politik der Bundesrepublik seit 1952. Ist deshalb aber die wiederauflebende Diskussion um die Nation nur ein Geisterkampf?

Zu dieser Diskussion nur so viel: Sie ist überflüssig. Die Deutschen sind eine Nation, und sie wollen in einem Staat leben. Sie sind nur an der Ausübung ihrer Identität durch äußere Gewalt gehindert. Sie haben darüber als »plébiscite de tous les jours« mit den Füßen abgestimmt, als sie das noch konnten. Und sie würden es heute genauso tun. Müßte man sie sonst mit den mörderischsten Mitteln, die die zivilisierte Welt bisher gekannt hat, getrennt halten? Die Deutschen wurden spät, vielleicht zu spät eine Nation. Aber dann wollten sie es nach der Katastrophe des Ersten Weltkrieges und auch unter schwierigen Umständen bleiben. Die Deutschen Österreichs wurden mit Gewalt von den Siegermächten gehindert, sich ihnen anzuschließen. Die folgende, noch größere Katastrophe und die leidvollen Erfahrungen eines übersteigerten Nationalismus, die Aufteilung in Zonen, Trennung in West und Ost hatten viel in den Deutschen zerstört. Aber zusammen wollten sie bleiben und eine Nation sein, wahrscheinlich ein Nationalstaat, so wie ihn jüngst der Papst in Polen definiert hat: In dem die Menschen ihre politische und kulturelle Identität verwirklichen können.

Zum Aufopferungsanspruch im Interesse eines friedenssichernden Gleichgewichts, zur Rückkehr zur Normallage des Westfälischen Friedens 1648 nur so viel: Die »Libertés Germaniques« des Richelieuschen Testaments – einer der Gründe für die unglückliche deutsche Reichsgeschichte – waren französische Hegemonialgarantien im Kampf gegen Habsburg. Mit Gleichgewicht hatte das wenig zu tun. Wer die deutsche Geschichte im Lichte von Gleichgewichtsvorstellungen behandelt, muß sich vor einer Konfusion hüten: Er darf globales Gleichgewicht – darum geht es heute – nicht mit dem europäischen durcheinanderbringen. Schon Canning hatte kurz nach dem Wiener Kongreß gesagt: »Ich mußte eine neue Welt ins Leben rufen, um das Gleichgewicht der alten wiederherzustellen.« Die Zeiten Metternichs sind nur noch eine nostalgische Erinnerung – und so großartig waren sie im übrigen nicht! Das geopolitische Zentrum Europas und das Gleichgewicht des Kontinents, in den die russische Supermacht hineinreicht, wird immer ein Problem sein. Aber es ist heute sekundär gegenüber dem globalen, gegenwärtig eher unstabilen Ungleichgewicht.

Außerdem sollte man sich vor einer nostalgischen Betrachtung des neunzehnten Jahrhunderts hüten. Man kann nicht die – zweifelhaften – Segnungen der Französischen Revolution preisen, die deutsche Nachholverfehlung als Katastrophenursache tadeln und gleichzeitig die friedenserhaltende Wirkung des nur durch das böse Preußen gestörten Mächtegleichgewichts loben. Dieses Gleichgewicht beruhte nicht zuletzt auf dem Einfrieren der das Jahrhundert bewegenden Ideen und Forderungen durch die Heilige Allianz, die nicht durch Preußen, sondern durch den Krimkrieg zerbrach. Die spätere Entwicklung geht machtpolitisch weitgehend auf diesen Krieg zurück. Durch den gewaltsamen reaktionären Rückstau der freiheitlichen und nationalen Anliegen – vornehmlich im österreichischen und russischen Interesse – entstand ein revolutionäres Potential, das, von Bismarck vorübergehend gebändigt, in die Katastrophe von 1914 einmündete mit dem Ergebnis der Zerstörung der alten Ordnung und Europas.

Man sollte sich daher von einer »Ruhelage« nicht zuviel erhoffen. Die Geschichte kennt keine Ruhe. Wer nicht will, daß die deutsche Frage in falsche Hände kommt, sollte nicht zu sehr auf die Anästhesie der Teilung setzen! Es könnte sonst böse Überraschungen geben. Auch hier gilt – allerdings in atomarer Steigerung –, daß man mit Bajonetten alles machen kann, nur nicht sich darauf setzen. Zur »kritischen Masse« der Deutschen in Mitteleuropa – da liegt sie unabänderlich; zu groß für das Gleichgewicht und zu klein für die hegemoniale Beherrschung – ist festzustellen, daß das Scheitern der Lösung Bismarcks nicht primär dieser Masse, »des Zementblocks in den weichen Teilen der europäischen Mitte« (Paul Frank), sondern dem Versagen der deutschen Führungsschicht und einer falschen Politik zuzuschreiben ist. Europa hatte sich mit dem Kaiserreich abgefunden. Deshalb war es auch kein »Wunder«, daß es als Nation in Versailles überlebte. Für die damalige nationalstaatlich denkenden Staatsmänner war die Vorstellung eines aufgeteilten Deutschlands einfach nicht denkbar.

Ich teile nicht die Auffassung, daß der Ausfall Rußlands 1919 den deutschen Nationalstaat rettete. Er war inzwischen zu selbstverständlich geworden – Sicherheitsvorkehrungen wie Locarno vorausgesetzt. 1917 bedeutete keine neue Krim-Krieg-Situation, sondern den Einbruch der Weltrevolution – später kombiniert mit alten russischen imperialen Interessen und Zielen – in die bisherige Staatenwelt und ihre Außenpolitik. Die damit erzeugte und bis heute anhaltende Angst war die Chance Deutschlands mit der Folge der Bereitschaft des Westens zur Hinnahme sogar eines friedlichen großdeutschen Reiches als Gegengewicht. Hitler hat diese Chance verbrecherisch vertan. Die Grundsituation ist aber unverändert dieselbe – nur dramatischer zugespitzt im globalen Konflikt mit einer atomaren Konfrontation im geteilten Deutschland und Europa.

Das europäische Gleichgewicht in Ehren – es war gewiß eine Leistung des Wiener Kongresses, die Russen von der Seine hinter die Weichsel zu bringen. Man fragt sich, ob sie das nicht auch von sich aus getan hätten; die polnische Frage blieb ohnehin ungelöst. Aber ihr Schatten blieb über der europäischen Mitte. Die Sorge Cannings war nur zu begründet. Der Angriffskrieg Hitlers hat Rußland an die Elbe gebracht und weiß Gott mit einem anderen Gewicht als dem des Zaren. Die Frage ist, ob die Sowjetmacht dort bleiben soll oder ob man sie mit friedlichen Mitteln, das heißt mit Stärke und Politik, dazu bringen kann, sich eines Tages hinter den Bug zurückzuziehen, ohne aufzuhören, als Weltmacht und europäische Macht zugleich ihre Rolle in einer neuen europäischen Ordnung zu spielen. Diese kann nicht ohne das ausgleichende Gewicht Amerikas zustande kommen noch leben. Einer der wenigen Gewinne der Helsinki-Konferenz für Sicherheit und Zusammenarbeit in Europa (1975) war die von Moskau nicht gewünschte, aber wegen des Ziels der Sanktionierung der Kriegsbeute hingenommene Teilnahme Amerikas als europäischer Macht. Das ist ein revolutionärer Vorgang für Europa und für Amerika. Nichts zeigt besser den veränderten globalen Charakter des Gleichgewichts.

Das volle Ausmaß dieser Veränderung brachten aber erst die atomaren Waffen. Sie machten alle früheren Gleichgewichtsvorstellungen obsolet und veränderten die Problematik der deutschen Frage. Das wirtschaftlich und nach den Russen auch militärisch stärkste Land in Europa ist aus Zwang und eigenem Entschluß keine Atommacht, das heißt allein in modernem Sinne machtlos. Nur im Bündnis und mit der atomaren Macht Amerikas ist es ein Faktor. In einer Welt, in der Mitteleuropa in ein paar Minuten in eine atomare Wüste verwandelt werden kann, sieht das deutsche Problem anders aus. Das Wohlverhalten, zumal im Vorfeld der beiden atomar gerüsteten anderen europäischen Mächte Frankreich und England, braucht nicht einmal erzwungen zu werden; es ist die Voraussetzung des Überlebens. Es ist Zeit, daß die Historiker, die aus den Denkkategorien des vorigen Jahrhunderts glauben, Verhaltensanweisungen für das Ende des zwanzigsten Jahrhunderts geben zu können, die Gegebenheiten des atomaren Zeitalters zur Kenntnis nehmen, und mit ihnen die Politiker, die auf sie hören. André Glucksmanns atomares Strategiekonzept kann hier Nachhilfeunterricht geben, ohne daß man allen seinen Folgerungen zustimmen muß.

Europa ist und bleibt geteilt, solange Deutschland geteilt ist und atomare Supermächte sich an der Elbe gegenüberstehen. Sie stehen dort nicht wegen ihrer außereuropäischen, weltweiten Gegensätze, wie Bender und andere uns heute glauben machen wollen. Ihr Konflikt begann im übrigen nicht erst mit der deutschen, sondern der polnischen Frage, die der Auslöser des Zweiten Weltkrieges war. Sie ist mit der deutschen heute unlösbar verbunden! Richtig ist, daß diese in einem ganz anderen Sinne als in der Vergangenheit nicht »Eigentum« der Deutschen ist, sondern Europas. Nur in einer neuen europäischen Ordnung kann es eine Lösung in Freiheit geben. Aber man kann sie nicht gegen die Mitte Europas finden. Deshalb sind – anders als in der Vergangenheit – die europäischen und die deutschen Interessen identisch. Mitteleuropa kann auf die Dauer weder ein Gefahrenherd durch Supermächte-Konfrontation noch ein Vakuum sein, das durch ersatzloses Auseinanderrücken der Blöcke entstehen und bald von den Russen ausgefüllt würde. Der Rückgriff auf das europäische Gleichgewichtsparadigma ist ein Irrtum rückwärtsgewandter Geschichtsbetrachtung, die, zumindest bei Bundeskanzler Helmut Kohl, wohl nur aus mißverstandenen und überbewerteten französischen Ängsten zu erklären ist. Man sollte noch einmal de Gaulles Pressekonferenz von 1965 über die Deutschlandfrage nachlesen: Er befürwortete die Wiedervereinigung im Interesse des Friedens und des europäischen Gleichgewichts, mit Rußland(!) und Frankreich als Garantiemächten.

Es geht heute und noch für längere Zeit nicht um die Wiedervereinigung oder eine Neuvereinigung. Wir sind viel bescheidener und realistischer geworden. Zunächst geht es um weniger: Die Bundesrepublik muß den amerikanischen atomaren Schutz behalten, solange Europa sich nicht selbst konventionell verteidigen kann. Gleichzeitig muß aber die Gefahr eines Atomkrieges gebannt werden. Das scheint die Quadratur des Zirkels zu sein – unlösbar ist das Problem nicht. Ein atomwaffenfreier Korridor genügt nicht. Egon Bahrs Vorschlag einer atomwaffenfreien Zone aller europäischen Länder, die diese Waffe nicht besitzen – also von Polen bis zur Bundesrepublik –, geht in die richtige Richtung eines ernsthaften Abrüstungsprogramms, das aber unabdingbar den Abbau der auf uns gerichteten russischen Mittelstreckenraketen zur Voraussetzung hat. Bis dahin müssen die amerikanischen Atomwaffen bleiben. Die Frage des »doppelten Schlüssels« ist nach den Erfahrungen der sechziger Jahre nicht leicht zu lösen. Sie sollte aber vorsorglich gestellt werden für den Fall des Einsatzes dieser Waffen in einem außereuropäischen Konfliktfall.

Der bedeutende SPD-Außenpolitiker Fritz Erler stellte 1966 fest: »Wir möchten aber nicht, daß andere glauben, man könnte Entspannungspolitik machen auf einer falschen Grundlage, nämlich der Beibehaltung der Spannungen durch die Teilung Deutschlands.« Und im Harmel-Bericht, der 1967 Verteidigungsanstrengung und Entspannungsbemühungen als NATO-Aufgaben zusammenfaßte, heißt es: »Die Möglichkeit einer Krise kann nicht ausgeschlossen werden, solange die zentralen politischen Fragen in Europa, zuerst und zunächst die deutsche Frage, ungelöst bleiben.«

Warum deshalb die Aufregung bei uns und die wachsende Unruhe im Ausland, wenn Deutsche heute, unabhängig von ihrem politischen Standort, aber deutlicher auf der linken Seite, an diesen Zusammenhang erinnern? Hatte man, durch unsere Ostpolitik irregeführt, tatsächlich geglaubt, die deutsche Frage sei – abgesehen von Lippenbekenntnissen – erledigt? Oder die Deutschen seien bereit, die ihnen von S. Haffner zugedachte Rolle der Stabilisatoren ihrer eigenen Teilung zu spielen?

Die deutsche Frage sei deshalb noch einmal so klar wie möglich, nun nicht im Hinblick auf das obsolete europäische, sondern auf das globale

Gleichgewicht gestellt. Die Unruhe, vor allem bei unseren Verbündeten, beruht auf der Möglichkeit der Deutschen, dieses Gleichgewicht zu verändern. Das für den Westen Neue dabei ist, daß diesmal die Gefahr nicht, wie eigentlich zu erwarten, von rechts kommt, sondern von einem linken deutschen Humanismus und Pazifismus, der, wenn regierungsfähig, zur Finnlandisierung der Bundesrepublik führen könnte. »Wenn es so weitergeht, ist Deutschland in zehn Jahren rosarot«, prophezeit der Emigrantensohn und ehemalige französische Linksintellektuelle A. Glucksmann in seiner Analyse unseres »grünen« Pazifismus.

Die Interessenlage der Mächte

Die Wiedervereinigung wird, wenn überhaupt – nur im Einvernehmen mit unseren Verbündeten zu erreichen und nicht gegen die Sowjetunion durchzusetzen sein. Sie muß im Interesse aller Beteiligten liegen.

Zur Interessenlage der Mächte schrieb schon Bismarck über die Einwirkungsmöglichkeiten Preußens auf die Politik der Großmächte 1856 an Leopold von Gerlach: »Wir vermögen es nicht, die gegenseitigen Beziehungen der übrigen Großmächte zueinander nach unserer Wahl zu gestalten, aber wir können uns die Freiheit bewahren, die Gestaltungen, welche sich ohne unser Zutun und vielleicht gegen unsere Wünsche entwickeln, nach den Anforderungen unserer Sicherheit und unserer Interessen ausnutzen.« Einen besseren Rat für die Deutschlandpolitik der Bundesrepublik gibt es nicht. Wie ist nun die Interessenlage der Mächte, aus der wir unter Umständen zu gegebener Zeit Nutzen ziehen könnten? Die Möglichkeit eines »roll back« – der deutsche Irrtum der Dulles-Zeit – hat es nie gegeben; sie wird es nie geben, außer vielleicht in einem Krieg, nach dem es nichts mehr zu vereinigen gibt.

Am leichtesten ist noch die britische Interessenlage zu beschreiben. *England* hat den deutschen Nationalstaat hingenommen, solange er seine vitalen Interessen nicht bedrohte. Als Gegengewicht gegen Frankreich und Abschirmung gegen Rußland war er willkommen. Letzteres sogar so sehr, daß England 1938 bereit war, ein Großdeutschland Hitlers zu akzeptieren, bis dieser in der polnischen Frage die Grenzen des Tragbaren überschritt. Nach dem Krieg hat man nicht für die deutsche Einheit gekämpft, man hätte sie wohl hingenommen, falls sie nicht kommunistisch gewesen wäre. Daran hat sich nichts geändert. England möchte die Russen auf keinen Fall am Rhein und sähe sie lieber so weit als möglich im Osten, vorausgesetzt, daß das ohne Krieg möglich ist.

Über die Interessenlage *Frankreichs* wurde bei der Behandlung seiner Europa- und Deutschlandpolitik bereits das Wesentliche gesagt. Unverändert gilt die Maxime des Außenministers Ludwigs XV.: »Avec la Russie entente et éloignement.« Ganz aktuell aber sind die Überlegungen Tocquevilles – 1848 für kurze Zeit französischer Außenminister – in seinen 1852/53 geschriebenen »Erinnerungen«:

»Eine ernstere Frage, die ich mir stellte, war diese (ich erinnere daran, weil sie immer wieder gestellt werden muß): Liegt es im Interesse Frankreichs, daß das Band des Deutschen Bundes enger oder lockerer wird? Mit anderen Worten, sollen wir Franzosen wünschen, daß Deutschland in gewissen Hinsichten eine einzige Nation wird oder eine schlecht zusammengehaltene Verbindung einiger Völker und Fürsten bleibt? Es ist eine alte Tradition unserer (französischen) Diplomatie, wir sollten bestrebt sein, daß Deutschland unter einer großen Zahl unabhängiger Mächte geteilt bleiben muß; und das war in der Tat evident, als sich hinter Deutschland nur Polen und ein halbbarbarisches Rußland befanden. Aber ist das auch heute so? Die Antwort, die man auf diese Frage geben soll, hängt ab von der Antwort auf jene andere Frage: Welche Gefahr für die Unabhängigkeit Europas stellt in unseren Tagen Rußland dar? Was mich angeht, so denke ich, daß der Westen davon bedroht ist, über kurz oder lang unter das Joch oder zumindest unter den direkten und unwiderstehlichen Einfluß des Zaren zu fallen; und ich urteile, daß es unser erstrangiges Interesse ist, die Einigung aller deutschen Stämme (races germaniques) zu begünstigen, um diese Union dem Zaren entgegenzustellen. Der Zustand der Welt ist neu: Wir müssen unsere alten Maximen ändern und dürfen uns nicht fürchten, unsere Nachbarn stark zu machen, damit sie in der Lage sind, eines Tages mit uns den gemeinsamen Gegner zurückzudrängen.«

Frankreich hatte diese Ermahnung lange vergessen und schien 1945 das Ziel seiner historischen Wünsche erreicht zu haben. Bis 1948 hat es zäh für die Zerstückelung Deutschlands gekämpft. Dann stellte sich heraus, daß das allein noch keine Sicherheit brachte. Frankreichs Generäle forderten deutsche Soldaten. Ergebnis: die später abgelehnte EVG. Aber eigentlich sollte die deutsche Armee größer als die russische, aber kleiner als die französische sein! Die Franzosen fürchten ein wiedervereinigtes Deutschland, aber noch mehr die Russen am Rhein. Sie wollen bei sich keine amerikanischen Truppen und keine NATO, aber das deutsche Glacis soll von Amerikanern verteidigt werden; neuerdings sogar mit Mittelstreckenraketen. Daß dieses Glacis »finnlandisiert« werden könnte, setzt auch die sozialistische Regierung Mitterrand in panischen Schrecken. Deshalb gibt man sich stramm atlantisch, macht aber weiter antiamerikanische Politik, wo es paßt. Man tadelt die Deutschen wegen ihrer Lauheit in der Polenfrage, ohne allerdings selbst auch nur einen Finger zu rühren. Diese unerfreuliche Liste ließe sich beliebig verlängern. Die Widersprüche können nur den erschrecken, der Frankreich nicht kennt und von ihm nur Logik und Rationalität ausgerechnet in der Deutschlandfrage erwartet. Auch hier gilt der Satz von Paul Valéry: Man muß nicht die Wellen sehen, sondern das Meer! Wenn alles gesagt ist, kann man drauf setzen, daß Frankreich seinen Interessen folgt; zumal wenn sie, wie in der Frage der Selbstbestimmung, moralisch begründet sind. Außerdem hat das deutsch-französische Verhältnis, trotz noch vorhandener Interessengegensätze in manchem, im Volk so Wurzeln geschlagen, daß man ihm – im richtigen Augenblick auf die richtige Weise angesprochen – einiges zumuten kann. Der frühere Botschafter in Bonn, H. Fromment-Meurice, hat in seinem bedeutenden, wohl die Meinung der meisten seiner nachdenklichen Landsleute wiedergebenden FAZ-Artikel »Für uns Franzosen ist die deutsche Frage nicht gelöst« wohl recht mit seiner Vermutung, daß die Mehrheit der Franzosen einer Wiedervereinigung zustimmen würden, unter der Bedingung, daß sie weder die Nachbarn noch den Frieden gefährdet. Der Alt-Gaullist Couve de Murville hatte 1983 dasselbe gesagt.

Außerdem sollte man bei den Franzosen die Treue zu einmal eingegangenen Verpflichtungen nicht unterschätzen. Ihr Mißtrauen wird durch zwei Haltungen geweckt: Einmal die Behauptung der Deutschen, sie seien an der Wiedervereinigung nicht mehr interessiert, oder bereit sich aufzuopfern. Das ist für national denkende Franzosen unglaubhaft, so sehr es auch scheinbar ihren Interessen entsprechen könnte. Die andere, heute aktuellere Sorge: Die Bundesrepublik könnte eigene Wege gehen, sich dem Osten zuwenden und in einem Finnlandisierungsprozeß die Russen und den Kommunismus an den Rhein bringen. Diese Furcht ist so groß, daß Fromment-Meurice die Deutschen für diesen Fall daran erinnert, daß sie nur beschränkt souverän sind, »daß die Alliierten für die Zukunft des gesamten Deutschland immer noch verantwortlich sind«. Man fragt sich natürlich, wie eine solche Intervention aussehen soll, wenn der Prozeß der Bündniserosion demokratisch, langsam, schleichend vor sich geht! Nicht ohne Grund ist Frankreich immer an seiner Präsenz in Berlin interessiert! Hier ist das Besatzungsrecht noch voll intakt.

Wir sollten uns durch alle diese scheinbar unauflöslichen Antinomien nicht zu sehr irritieren lassen und zu dem Schluß kommen: »Die Deutschen können gehen, wohin sie wollen, ihr Weg wird in Frankreich immer mit Mißtrauen betrachtet« (Weidenfeld). Gegen dieses Mißtrauen hilft nur eine klare, glaubhafte Politik, die darauf verzichtet, Frankreichs Mißtrauen durch Vorleistungen zu beschwichtigen. Die Franzosen fürchten nicht die deutschen Interessen, sondern unsere »Ungewißheiten«; daß wir von gestern und übermorgen sind und kein Heute haben, den periodischen Ausbruch von Irrationalität und Maßlosigkeit. Letztere glauben sie im übersteigerten Pazifismus unserer Linken, den Äquidistanztheoremen und der Verharmlosung der Sowjetunion zu sehen: »Eine abenteuerliche, riskante Art hinter dem Rücken des Westens.«

Der neue deutsche Pazifismus hat durch die Erweckung des nationalen Denkens eine segensreiche Wirkung: Er hat die deutsche Frage im französischen Bewußtsein so aktualisiert wie zu keiner Zeit seit den fünfziger Jahren. Die besten Beiträge in der internationalen Diskussion kommen meist nicht von Deutschen, sondern von Franzosen und nicht zuletzt solchen, die wenig Grund haben, uns zu lieben, wie Professor J. Rovan. Der französische Jude und Europäer Raymond Aron hat bis zu seinem Tode (1983) um Verständnis für Deutschland und die Unfertigkeit seines nationalen Zustandes geworben. Die jüdische Präsidentin des Europaparlamentes, Simone Veil, hat 1984 in Übereinstimmung mit den Gaullisten ihre Landsleute aufgefordert, die Deutschen nicht mehr in der dritten Generation mit ihrer Vergangenheit zu belasten, sondern mit ihnen zusammen ein europäisches Verteidigungssystem aufzubauen, in dem ihr Interesse gewahrt wird. (Über die Rückbesinnung auf die EVG in Frankreich möglicherweise im erneuerten Gehäuse der WEU wurde an anderer Stelle berichtet.)

Wichtiger aber noch ist der Wandel des militärischen Denkens. Die Vorstellung des westdeutschen Glacis: »Die Freiheit an der Elbe, die Sicherheit am Rhein« (Augstein) weicht zunehmend der des gemeinsamen Interesses, zumal man uns nach der eigenen Rückbesinnung auf Amerika nicht mehr vor die Alternative Washington oder Paris stellt. Botschafter Fromment-Meurice hat in seinem Buch »Une puissance nommée Europe« diese Interessenlage überzeugend dargelegt. Der Verfasser bleibt bei seiner seit den fünfziger Jahren beharrlich vertretenen Auffassung, daß es zwischen den deutschen und französischen, das heißt den europäischen Interessen mehr Gemeinsames als Trennendes gibt. Das gilt auch für die deutsche Frage.

Und die beiden Supermächte, von denen letztlich unser Schicksal abhängt? *Amerikas* Interessen sind weltweit. Der Pazifik wird für eine in erster Linie maritime Macht wichtiger als der Atlantik. Amerika sieht Europa mit anderen Augen als vor dreißig Jahren. Die große Wende von 1961 ist irreversibel. Aber trotzdem bleibt – der amerikanische Historiker Gordon Craig weist immer wieder darauf hin – die für Amerika völlig neue Konstante seit dem Zweiten Weltkrieg: das Engagement in Europa und vor allem in Deutschland. Trotz der Dauerkrise der NATO deutet noch nichts auf einen baldigen Rückzug hin. Es sei denn, die Entwicklung in der Bundesrepublik in den nächsten Jahren zwingt Amerika zum Rückzug auf die maritime Randverteidigung Europas. Mit ihr können die Amerikaner nicht zuletzt in Anbetracht der Waffenentwicklung durchaus leben. Sie sind keine Römer. Daß sie eines Tages ihre Truppen aus Europa und Deutschland abziehen, ist wahrscheinlicher als eine dauernde »Limes-Verteidigung« an der Elbe. Der Rückzug könnte als Folge eines Ausgleichs mit der Sowjetunion und einer neuen Interessenabgrenzung geschehen. Er kann aber auch einseitig die Folge einer schleichenden Finnlandisierung der Bundesrepublik sein. Der Verfasser teilt nicht die selbstmörderisch zynische Auffassung Augsteins, daß wir noch eher den Anschluß an die DDR als die Amerikaner den Rückzug aus der Bundesrepublik ertragen können. Im Falle eines russischen Angriffs – aber auch nur dann – kann Amerika immer Zentraleuropa in eine für die Russen nutzlose atomare Wüste verwandeln! Diese für uns tödliche Alternative wird weitgehend nicht von dem Supermächte-Konflikt selbst, sondern von der Entwicklung in Deutschland in den nächsten Jahren abhängen. Für Amerika ist die Deutsche Frage nur ein Teil des globalen Gleichgewichtes. Wir sollten aber den freiheitlichen Impuls amerikanischen Denkens nicht gering achten, sondern ihn zu nutzen wissen. Ohne ihn wäre das Dritte Reich kaum besiegt worden.

Wie ist die Interessenlage der *Sowjetunion* im Lichte dieser Möglichkeiten? Kurzfristig ist sie an dem *Status quo minus,* das heißt einer langsamen, risikoarmen Finnlandisierung oder gar Neutralisierung nicht Gesamtdeutschlands, sondern der Bundesrepublik und der Abkoppelung Europas von Amerika bzw. Verdrängung der Amerikaner aus ihm, interessiert unter Aufrechterhaltung des Sperrgürtels DDR. Russisches Interesse ist nicht ein kommunistisches Großdeutschland. Ob es aber eine nicht seinen Interessen dienende kommunistische Wiedervereinigung verhindern kann, mag offenbleiben. Sie hat eine echte Chance, wenn nach den Wünschen unserer Linken die politische, gesellschaftliche und wirtschaftliche Widerstandskraft der Menschen in der Bundesrepublik erlahmt. Erich Honecker sagte 1981 unter großem Beifall: »Wenn eines Tages der Sozialismus an die Tür der Bundesrepublik klopft, dann stellt sich das Problem der Wiedervereinigung in einem ganz anderen Licht.« Das gilt trotz mancher freundlicher Gesten auch heute noch.

Wie aber ist das langfristige Interesse der Sowjetunion? Wie ist die Zukunft des russischen Imperiums und seiner Ambitionen und Möglichkeiten zu beurteilen? »To manage the decline of the Soviet Empire«, heißt es in einer Studie. Adenauer und Dulles haben vor dreißig Jahren mit der Politik der Stärke zu früh auf die Schwäche der Sowjetunion gesetzt. Heute ist das »overcommitment« deutlich spürbar. Das heißt nicht, daß Rußland weniger gefährlich ist. Im Gegenteil: Ausweglosigkeit und ein übersteigerter Einkreisungskomplex können Kurzschlußreaktionen hervorrufen.

Stalin hat die Kriegsbeute bis zur Elbe in einen Sicherheitsgürtel kommunistischer Staaten verwandelt, damit gleichzeitig russisch-imperialen und weltrevolutionären Interessen dienend. Ihm kamen später Zweifel, ob dazu ein geteiltes oder ein neutrales, wohlgesonnenes Deutschland nützlicher sei. Die Zeit hat diese Sicht nur scheinbar verändert. Die Vorgänge in Polen berühren unmittelbar russische Sicherheitsinteressen, zeigen aber auch die Fragwürdigkeit des Sicherheitsgürtels. Moskau kann deshalb – hier irrt die Bender-Schule völlig – auf die Disziplinierungsfunktion der Ideologie, deren Ausfluß die Breschnew-Doktrin des proletarischen Internationalismus ist, nicht verzichten, so brüchig und abgenutzt sie sein mag. Auf keinen Fall kann sie auf den Sperriegel der systemtreuen DDR verzichten, überdies ein Sprungbrett für weitergehende Pläne in Europa.

Die Kernfrage für die Deutschen und das Hauptstück ihres politischen Denkens und Handelns muß sein: Können das russische Deutschlandtrauma und das übersteigerte Sicherheitsbedürfnis auf andere Weise befriedigt werden? Diese Frage können die Deutschen nicht, wie 1970 versucht, im Alleingang beantworten, sondern nur mit ihren Verbündeten und besonders Amerika: Nicht durch eine Politik der Stärke, aber mit dieser im Rücken! Letzlich kann sie nur eine Lösung in einem russisch-amerikanischen Ausgleich finden, in den die Neugestaltung der Verhältnisse Mitteleuropas eingebracht ist. Bei diesem Gedanken wird sofort klar: Die Politik mag sich ändern, die Geopolitik nicht. Wie so oft in den letzten zweihundert Jahren sind die polnische und die deutsche Frage nicht zu trennen –

die »europäische Verfügungsmasse«, wie die Apologeten des alten Gleichgewichts sie zynisch nennen. Die Deutsche Frage kann nicht getrennt von dem Schicksal der osteuropäischen Völker gelöst werden – es sei denn im kommunistischen Sinne.

In dem ersten Versuch eines globalen Ausgleichs durch Nixon und Kissinger wurde nicht nur die deutsche Frage – Brandt hatte sie allein verhandelt – und die Gegensätze im Nahen Osten sowie der Dritten Welt ausgeklammert, sondern auch die Lage der osteuropäischen Satelliten. Die später als unamerikanisch, weil unmoralisch verschrieene Realpolitik ging sogar noch weiter: Kissingers Mitarbeiter Sonnenfeld verbreitete, wohl nicht ohne Billigung seines Herrn, die Doktrin, Moskaus unbestrittene und ungetrübte Herrschaft, das heißt Ruhe im Sicherheitsgürtel, fördere die imperiale Zusammenarbeit, wenn sie nicht gar ihre Voraussetzung sei. Welch ein Fehler der russischen Politik, diese Bereitschaft Amerikas durch Hochrüstung und Übersee-Expansion zu torpedieren und das Vietnam-Elend für das Zeichen eines dauerhaften Abstiegs zu halten! Noch in die Zeit von Carters moralisierender Menschenrechtsvision fiel der Doppelbeschluß von 1979. Der Ohnmachts- und Moralkrise folgte in einigen amerikanischen Köpfen die Idee des »Totrüstens«, von der Präsident Reagan in seiner Friedens- und Versöhnungsbotschaft 1984 abrückte. Die Russen haben sich in jeder Hinsicht übernommen. Sie mußten auf dem scheinbaren Höhepunkt ihrer Macht schwere Schlappen einstecken. Ihre psychologische Kriegsführung in Europa und der Bundesrepublik brachte zunächst nicht das gewünschte Ergebnis. Ihre Wunderwaffe der Rundum-Bedrohung wurde in Europa neutralisiert. Das bedeutet noch lange kein schwaches und ungefährliches Rußland.

Aber bedeutet es vielleicht doch eines Tages die Möglichkeit des Nachdenkens über eine andere Politik in Mitteleuropa, eine andere Lösung für seine Sicherheitsinteressen? Noch ist das Urteil verfrüht. Ein ausgezeichneter Kenner des Ostblocks, Professor W. Seiffert – bis 1978 DDR-Völkerrechtler und COMECON-Experte –, sieht das russische Interesse in einer Aktivierung der Deutschlandpolitik mit der – und vielleicht auch ohne die DDR. Der Westen sollte Optionen für einen Wandel anbieten, die das schillernde und bisher einseitig genutzte Wort Entspannung mit mehr Inhalt füllen als Besitzgarantie und Gewaltverzicht. Moskau hat mit der Raketenrüstung und der damit verbundenen und von ihm geschürten Angstkampagne nicht nur zur Friedensbewegung, sondern auch zum neuen deutschen Nationalismus beigetragen. Es möchte ihn seinen Zwecken dienstbar machen bei gleichzeitiger Unterdrückung der Friedensbewegung in der DDR. Der Havemann-Brief blieb ohne Antwort. Wenn die Stockholmer Konferenz über »Vertrauen und Abrüstung in Europa« mehr Sinn haben soll als nur ein weiteres Begegnungs- und Streitforum, sollte sie auf beiden Seiten mit konkreten Vorschlägen angereichert werden als bisher. A. Mertes hat folgerichtig verlangt, daß unter anderem die deutsche Frage eingebracht werden sollte, das Versäumnis von Helsinki reparierend.

Die seit 1952 über diesem Kapitel stehende Frage bleibt, wenn auch unter veränderten Bedingungen: Gibt es in Mitteleuropa Lösungen, die ein langsames, schrittweises Auseinanderrücken der Blöcke ermöglichen, ohne die eine oder die andere Seite mit einem unerträglichen Risiko zu belasten? Wie kann »der Zustand des Friedens in Europa« aussehen, von dem die Deutschen so viel und ohne weiteres Nachdenken sprechen? Was können wir tun, um bei den Russen die Erkenntnis wachsen zu lassen, daß ihr Interesse auf die Dauer nicht ein durch einen Eisernen Vorhang geteiltes Europa mit dem Sperriegel und Sprungbrett DDR sein kann, sondern ein zur Verteidigung hinreichend starkes, aber zum Angriff unfähiges, atomwaffenfreies, politisch neugeordnetes Mitteleuropa?

Was können, was sollten wir tun?

Professor Hillgruber hat einmal geschrieben, an deutsche Staatsmänner würden höhere Anforderungen gestellt als an andere. Das Spiel mit fünf Bällen gehört dazu. Wahrscheinlich sind wir dazu »nicht schlau genug«. Nicht sicher ist, ob es andere besser gemacht hätten. Sähe die Welt besser aus, wenn an der Stelle der Deutschen 80 Millionen Deutsch-Schweizer oder Schweden gesessen hätten? Nahezu alle großen Konfliktherde der Welt stammen aus dem früheren britischen Kolonialreich. Nur heillose Anglomanen können die britische Irland-, Falkland- oder Gibraltarpolitik verteidigen!

Unterstellt man politische Unfähigkeit der Deutschen oder durch die geographische Lage bedingte Wankelmütigkeit, dann ist eine garantierte, aber kontrollierte atomwaffenfreie Neutralität doch wohl ungefährlicher als zwei deutsche Staaten, von denen man nicht weiß, wohin sie gehen werden. Die »incertitudes allemandes« hören in einem neutralisierten Mitteleuropa auf. Auch überzeugt das Argument nicht, eine große Wirtschaftsmacht könne man auf die Dauer nicht politisch sterilisieren. Das sind wir bereits heute. Man verkennt außerdem die Größenordnungen der Zukunft. Japan müßte eigentlich schon ein Augenöffner sein. Europa wird in naher Zukunft von Asien aus gesehen eine ähnliche Dimension haben, wie für uns heute Griechenland. Die Geisterbeschwörung verzerrt die Perspektiven. Und überdies: Wer den Status quo als die beste aller realpolitischen Welten ansieht – Selbstbestimmungsrecht und die Identitätswünsche der Menschen gering achtend –, sollte dann auch so ehrlich sein, Europa den Abschied zu geben. Handelt es sich gegenwärtig in Polen nicht auch um Europa?

Unterstellen wir einmal – wir müssen es, wenn wir nicht untergehen wollen –, wir Deutschen hätten gelernt und seien für unsere Aufgaben hinreichend klug geworden. Was können und sollten wir tun? Wir sollten nüchtern Bilanz machen über Vergangenheit und Gegenwart, unsere Lage und unsere Möglichkeiten realistisch einschätzen, alle Illusionen verbannen, aber nicht jede Fantasie und Risikobereitschaft. Dann sollten wir versuchen, über Ziele, Wege und Methoden einen möglichst breiten Konsens zu erreichen. Nur so kann man außenpolitisch klar denken und handeln. Das setzt einen Konsens der unseren Staat tragenden Parteien über die Grundfragen unserer Existenz und Zukunft voraus. Die große Wende der letzten Jahre ist der Verlust dieser Übereinstimmung. Das macht unseren Freunden Sorge und könnte katastrophale Folgen haben. Die Mehrheit des Volkes sieht das. Andere Völker hätten in unserer Lage eine gemeinsame nationale Außenpolitik. Unser Hauptproblem ist, daß Atomwaffen nur beschränkt konsensfähig sind und Außenpolitik im alten Sinne fast unmöglich machen. Bis der Traum ihrer Abschaffung in Erfüllung geht, müssen wir mit ihnen leben und nach bestmöglichen Lösungen suchen. Diese können nicht durch die Politik des öffentlichen Marktes, durch Gipfelkonferenzen, durch die Mobilisierung der Angstgefühle der Straße, sondern nur durch nüchterne, stille, klassische Mittel der Diplomatie gefunden werden. Die Wähler haben dazu der gegenwärtigen Regierung einen Auftrag gegeben. Ist ein Konsens mit der SPD nicht mehr möglich, muß sie nach bestem Wissen und Gewissen im Interesse der Nation handeln. Sie muß sich dabei von der Erkenntnis leiten lassen, daß mit der alten »Keine-Experimente-Politik« die deutsche Frage nicht auf den Weg einer Lösung gebracht werden kann. Es sei denn, man erwartet ein Wunder. Wir können nicht auf die »Mauern-von-Jericho-Politik« setzen in der Hoffnung, daß sich durch die Stärke unserer Verbündeten und unsere Verläßlichkeit und Berechenbarkeit – unverzichtbare Selbstverständlichkeiten – uns eines Tages alles von selbst in den Schoß fällt. Wir müssen die leere

Formel des »Zustandes des Friedens in Europa« mit Inhalt füllen, der für die Supermächte tragbar und für uns und Europa erträglich ist. Oder wir laufen Gefahr, daß wir eine Wiedervereinigung der Nation nicht verhindern können, die von den falschen Händen kommt und in Unfreiheit und Untergang endet.

»Gelegentlich darüber sprechen, nicht darüber nachdenken«, scheint leider – von den unruhigen Linken abgesehen – weiter die Devise in Bonn zu sein. Karl Feldmeyer (FAZ) berichtet von der 30. Jahrestagung des Kuratoriums Unteilbares Deutschland: »Dort, wo das Denken über die eigentliche politische Aufgabe begann, waren die Politiker verschwunden. Theoretische Denkmodelle seien müßig«, war der Kommentar zu der Aufforderung des alten Berliner Deutschlandpolitikers B. Gradl, gedankliche Vorarbeit für mögliche Lösungen zu leisten. Wie er warnte A. Hillgruber vor Resignation und der Illusion, die DDR habe ihre »Piemont«-Vorstellung aufgegeben. Er forderte die Aktivierung eines geläuterten national-liberalen Deutschlandkonzeptes. Professor Seiffert schloß nicht aus, daß Moskau neben der DDR-Karte aus wohlverstandenem eigenen Interesse eines Tages auch eine andere ausspielen könne. Professor K. Hildebrand kommt vermutlich der Wirklichkeit der kommenden Jahre ziemlich nahe, wenn er die Frage: Wollen die Deutschen die Wiedervereinigung? umkehrt in: »Können wir ihr entgehen?« Dazu genügt die Politik des »gelegentlich davon sprechen, aber nie daran denken« nicht. Der Staatsminister im Auswärtigen Amt Alois Mertes – ein Fachmann – hat das Verdienst, seit den ersten Tagen seines Amtes die deutsche Frage von allen Seiten klar und nüchtern, aber nicht ohne Leidenschaft, beleuchtet, erläutert und ins deutsche und europäische Bewußtsein gebracht zu haben. Bundespräsident Carstens und Bundeskanzler Kohl haben die Zweifel beseitigt, wir hätten uns abgefunden. Gegen die Raketen-Arithmetik der atomaren Konfrontation gibt es nur ein Mittel: Rückkehr zur Politik. Nur: Es muß die richtige Politik sein. Die durch die Friedensbewegung und die Linke geschaffene Unruhe im Ausland hat einen Nutzen gebracht, »a blessing in disguise«: Die deutsche Frage ist wieder aktuell. Die Bundesregierung sollte das nicht unnötig abwerten, sondern über die bisherigen Lippenbekenntnisse in Kommuniqués hinaus nutzen.

Richtige Politik heißt: Nichts ohne oder hinter dem Rücken der Verbündeten. Wir können aber nicht von ihnen erwarten, daß sie unsere Interessen vertreten. Das müssen wir selbst tun. Wir müssen ihnen unsere Interessenlage klarmachen und sie für mögliche Lösungsvorstellungen gewinnen. Vielleicht wäre es das beste, die Deutschlandfrage mit einem neuen, auf das Kerneuropa (mit England) beschränkten Integrationsansatz zu verbinden, wie er in Frankreich zunehmend erörtert wird. Auch Fromment-Meurice kommt in seiner Analyse zu diesem Ergebnis.

Unsere Bemühungen werden nur zum Ziel führen, wenn die Interessen der Supermächte eines Tages in diese Richtung gehen. Deutschland wird trotz aller notwendigen Anstrengungen nicht wiedervereinigt, weil wir es wollen, sondern nur dann, wenn andere Lösungen als der Status quo in Mitteleuropa für die Supermächte sicherer und billiger sind. Es ist eine unerlaubte Illusion und Verkennung der Lage zu glauben, die deutsche Frage habe mit dem Großmächtekonflikt nichts zu tun und könne deshalb von diesem abgekoppelt werden. Ohne einen globalen Interessenausgleich der Supermächte – vielleicht eine Art neuer Papst-Alexander-Linie von 1494 –, der nicht von der Teilung Europas oder einem neuen Jalta ausgeht, gibt es keine für uns annehmbare Lösung. Der Verfasser hat die Schwierigkeiten gezeigt, Amerika für einen so »europäischen« Gedanken zu gewinnen. Der imperiale Präsident Nixon war mit Kissinger auf dem richtigen Wege. Sein schlimmes Ende diskreditierte seine Politik, die wieder in die normalen Bahnen amerikanischen Denkens und Handelns zurückkehrte.

Das Problem Amerikas ist zudem das Fehlen einer Konstanz verbürgenden außenpolitischen Elite, die Dominanz von ethnischen Gruppen, der Neuanfang mit jedem Präsidenten, der nur für zwei Jahre voll handlungsfähig ist. Die verhängnisvolle Neigung zur »öffentlichen« Außenpolitik kommt hinzu. Die Politik eines Interessenausgleichs mit der Sowjetunion aber ist nur hinter verschlossenen Türen zu betreiben. Die Aufgabe der Europäer, vor allem aber der Deutschen, muß es sein, Amerika zu dieser Politik zu ermutigen und zu helfen. »Wir müssen die Amerikaner erziehen«, sagen die Franzosen, ohne daß es ihnen bisher gelungen wäre. Wir müssen sie vor allem so nehmen, wie sie sind, und ehrlich mit ihnen umgehen! Bessere Amerikaner bekommen wir nicht. Sie sind im übrigen weitaus besser als der »aggressive Undank« sie darstellt oder verteufelt. Die Wahrheit bleibt: Vieles ist möglich in Mitteleuropa – aber nichts in Freiheit ohne die Amerikaner.

Und unser Verhältnis zur Sowjetunion? Sie wird in einem übersehbaren Zeitraum auch ohne amerikanischen Druck in Bedrängnis kommen, die sie zu einem präventiven Schlag im Westen verleiten könnte. Aufgabe einer geduldigen und vor allem stillen deutschen Politik muß es sein, den Russen, solange sie nicht aggressiv sind, das Gefühl zu vermitteln, daß sie in einer schwierigen Lage nichts von uns zu befürchten haben. Dazu braucht man nicht von Amerika abzurücken noch Interessen preiszugeben, noch Rapallo-Politik zu betreiben. Amerika muß für eine solche deutsche Rolle gewonnen werden. Ohne das geht es nicht.

Die derzeitige Politik, aus der zeitlich und taktisch verfehlten Ostpolitik Brandts das Beste zu machen, ist richtig. Dazu sind weder Anpassung noch nachlaufender Eifer, noch Demutsgesten nötig. Vor allem hier sollte das Gesetz der stillen Arbeit gelten. Für eine Umarmung der DDR mit Hintergedanken spricht viel. Sie ist aber mit Geld nicht zu kaufen noch auszulösen. Illusionslose Gewöhnung an eine engere deutsch-deutsche Zusammenarbeit kann aber nützlich sein.

Die Russen haben für die Weltpolitik ähnliche konstitutionelle Schwierigkeiten wie die Amerikaner. Die Art der Bildung und Auswahl ihrer Machteliten geschieht nicht nach außenpolitischen Kriterien, wenn auch russisch-imperiale und weltrevolutionäre eine nicht geringe Rolle spielen. Das übersteigerte Sicherheitsbedürfnis fördert zudem militärische Denkschulen. Lenin und Stalin haben bisher keine ebenbürtigen Nachfolger. Die Gerontokratie einer verkrusteten Führerschaft ist vielleicht risikoscheu, aber durch einen engen Handlungsspielraum wenig beweglich. Zudem kommen Handlungsfähigkeit und -bereitschaft auf der einen selten mit der auf der anderen Seite zusammen. Krisenhafte Zuspitzungen und die Beschleunigung des geschichtlichen Geschehens können aber vielleicht doch einmal eine günstige Konstellation herbeiführen, ohne daß wir hundert Jahre warten müssen, wie Sebastian Haffner befürchtet.

Wir Deutschen können und sollten nicht auf die günstige Stunde warten. Wir dürfen uns nicht das Denken über die deutsche Zukunft verbieten. Das war allzulange der Fall, um dann ins Gegenteil umzuschlagen. Das Aufbegehren des nachdenklichen, wenn auch vielleicht irregeleiteten Teiles unserer Jugend gegen das politische Establishment ist ebensowenig grundlos wie die Suche nach neuen Idealen. Der Mensch lebt nicht vom Brot allein. Die Bundesrepublik ist eine Geschichte großer Erfolge, aber auch großen Scheiterns.

Das letztere tritt nun deutlicher in Erscheinung, weil immer weniger durch den Wohlstandswahn verdeckt. Der Geschichtsmythos der versäumten Gelegenheiten, die begründete oder unbegründete Existenzangst und die verstärkte Suche nach Identität sollten eingebracht werden in ein nach Möglichkeit gemeinsames Nachdenken und Handeln in dem engen Spiel- und Zeitraum, der uns noch bleibt. Die Geschichte der Bundesrepublik könnte sich sonst herausstellen als ein weiteres Kapitel deutscher Daseinsverfehlung in einem Übergangs- oder Untergangsdrama. Dann behielte Günter Gaus recht mit seiner Prophezeiung: »Deutschlands Unglück hat sein volles Maß noch nicht erreicht« – oder auch die Behauptung der »Untergangskassandra« Günther Anders: »Es gibt nichts Unvernünftigeres als auf die Vernunft zu spekulieren.« Dieser Frage soll der dritte Teil dieses Buches gewidmet sein.

III. Untergang oder Übergang?

»Wie es mit dem Aufwärtssteigen des menschlichen Geschlechts ist, so ist es auch mit seinem Abwärtssteigen. Untergehenden Völkern verschwindet zuerst das Maß. Sie gehen nach Einzelnem aus, sie werfen sich mit kurzen Blicken auf das Beschränkte und Unbedeutende, sie setzen das Bedingte über das Allgemeine; dann suchen sie den Genuß und das Sinnliche; sie suchen Befriedigung ihres Hasses und Neides gegen den Nachbarn; in ihrer Kunst wird das Einseitige geschildert, das nur von einem Standpunkt Günstige, dann das Zerfahrene, Unstimmige, Abenteuerliche, endlich das Sinnenreizende, Aufregende, und zuletzt die Unsitte und das Laster; in der Religion sinkt das Innere zur bloßen Gestalt oder zur üppigen Schwärmerei herab, der Unterschied zwischen Gut und Böse verliert sich; der Einzelne verachtet das Ganze und geht seiner Lust und seinem Verderben nach, und so wird das Volk eine Beute seiner inneren Zerwirrung oder die eines äußeren wilderen, aber kräftigen Feindes«... »Wir wollen dagegen das sanfte Gesetz zu erblicken versuchen, wodurch das menschliche Geschlecht geleitet wird.«

Adalbert Stifter, 1852

Der Geist der Zeit (1960)

Die vorausgehenden Kapitel über Europa, Amerika, Frankreich, die Zukunft der freien Welt und die deutsche Frage ließen viele Fragen offen. Sie schließen die Möglichkeit des Scheiterns nicht aus. Sie sind aber auch nicht ohne Hoffnung. Sie müssen im Ton der Grundmelodie des Jahrhundertendes gesehen werden: von den Fortschrittsmythen über das Ende aller Sicherheit und neuen Zukunftsutopien zu Untergangsmythen. Hat das alles überhaupt noch einen Sinn? Ist es nicht längst zu spät? Sind wir nicht alle in der einen oder anderen Weise verurteilt? Steht der vielbeschworene Untergang bevor? Erleben wir das Ende oder den qualvollen Übergang in eine neue Zeit? Oder verlieren wir Deutschen, verführt durch linke Sinnproduzenten und Unheilspropheten, nur die Nerven?

Man könnte einwenden: Was soll all dieser abgestandene Pessimismus? Das deutsche Volk hat bisher mit überzeugender Mehrheit trotz zweieinhalb Millionen Arbeitslosen den Angst- und Panikmachern eine klare Absage erteilt. Diese optimistische Meinung vertritt der sozialdemokratische Professor Kurt Sontheimer in »Zeitenwende?« (1983). Seine kritische Auseinandersetzung mit der Utopie- und Untergangsstimmung deckt sich in vielem mit der Auffassung des Verfassers. Eine »Zeitenwende« will er nicht sehen; ihre Vorstellung sei ein ausschließlich deutsches Krankheitssymptom, ein Ergebnis unserer »pathetischen Anfälligkeit« (W. J. Siedler). Nichts spräche dafür, daß wir in einer Zeit des Umbruchs leben.

Es ist sicher verdienstvoll, die Angstpropheten mit der Wirklichkeit zu konfrontieren. Man sollte aber nicht in das Gegenteil verfallen und den Status quo mit gewissen Abstrichen und notwendigen Verbesserungen für die beste aller möglichen deutschen Welten halten.

So einfach kann man sich die Beurteilung nicht machen. Man darf nicht übersehen, daß im März 1983 über zwei Millionen meist junge Wähler mit einem gewissen Bildungsgrad sich für eine politische Gruppe entschieden haben, die unsere Gesellschaftsordnung und die Demokratie ablehnt, in Zweifel zieht oder gar zerstören will. Die Europawahl 1984 hat diesen Trend deutlich verstärkt. Das Protest-, Widerstands- und Gewaltpotential war noch nie so groß, auch wenn es sich zur Zeit friedlich gibt. Zur voreiligen Beruhigung ist kein Anlaß, auch wenn unser Staat noch nicht unregierbar geworden ist – noch nicht.

Man braucht sich nicht die leider in manchem auf uns zutreffende Dekadenzvision Adalbert Stifters als unabänderliches Schicksal zu eigen zu machen, um, wenn auch ohne die modische Angst, besorgt zu sein. Der die Bundesrepublik seit fünfundzwanzig Jahren zu einem Hort der Stabilität machende Konsens über die Grundfragen unserer Existenz und unseres Staats- und Verfassungsbewußtseins ist im Schwinden. Die SPD versucht mit erklärten Gegnern unserer demokratisch-gesellschaftlichen Ordnung und unserer Sicherheit wieder regierungsfähig zu werden. Der langjährige hessische Finanzminister Reitz begründete nach dem Bündnis Holger Börners mit den Grünen seinen Rücktritt: »Ich befürchte einen Dauerkonflikt über den Rechtsstaat und rechtsstaatliches Handeln, solange die Grünen ihr Verhältnis zur Gewalt nicht geklärt haben.« Die Gewerkschaften führen wirtschaftlich törichte Streiks mit gesellschaftsverändernden Absichten. Die Regierung hat keine überzeugende Politik. Der Verrat vieler Intellektueller ist manifest.

Sündenbock Staat?

Die Frage liegt nahe: Wieso konnte es dahin kommen? Was ist in den vergangenen fünfundzwanzig Jahren eigentlich passiert? Was ging schief und aus welchen Gründen? Wie weit sind wir auf der Dekadenz-Skala Stifters bereits abgestiegen? »Was ist mit den Deutschen los?« schrieb Arnulf Baring im Mai 1984 unter den Eindrücken einer Amerikareise.

Der Verfasser stellte sich diese Frage Ende der fünfziger Jahre, als er aus dem noch immer konservativ-bäuerlichen Frankreich die »Enrichissez-vous«-Euphorie seiner Heimat betrachtete. In der damals mit dem Ziel der Erneuerung liberalen Denkens gegründeten Zeitschrift »liberal« machte er den Versuch einer Zeitanalyse: »Sündenbock Staat?«

Der ursprüngliche Anlaß war die bald nach dem Kriege bei ihm aufkommende Sorge, der Staat könne durch den Mißbrauch der ihn tragenden Werte durch das Dritte Reich auf die Dauer Schaden leiden, zumal nicht erkannt wurde, daß Hitlers Herrschaft nicht der totale Staat, sondern die totale Partei, die Revolution in Permanenz gewesen war. Orwell schrieb in diesen Jahren sein berühmtes, oft falsch gedeutetes, heute aktuelles Buch »1984«.

Mein Anliegen war die Rehabilitierung des Staates als unverzichtbares Gehäuse unseres gesellschaftlichen Zusammenlebens und die Versöhnung der Liberalen mit ihm. Ich schrieb damals:

»Wir Deutschen sind zwar ein gebranntes Kind und mißtrauisch geworden gegen erhabene Staatsideen. Aber auch ohne eine ›Staatsräson‹ ist dennoch der Staat mehr als die Summe seiner Teile. Auch ist die Polis weder Aktiengesellschaft, noch Konsumverein noch beides!... Gewiß ist der Staat heute herausgenommen aus seinem religiösen Ursprung, der im Gottesgnadentum nachwirkte. Auch seine Einbettung in das Naturrecht ist fraglich geworden. Andererseits kann er, obgleich nur berufen, ein ethisches Minimum zu bewirken, dennoch einer sittlichen und religiösen Sinngebung nicht entbehren. Er kann nur leben verwurzelt in Religion, Geschichte und Tradition. Auch als Demokratie kann er starker hierarchischer Elemente nicht entraten. Nur auf dieser Basis können wir ihm Macht über Leben und Tod, die Führung des Schwertes, die Wahrung des Rechts und die Erziehung unserer Kinder anvertrauen. Der Staat ist wie die Freiheit dem Menschen nur als Möglichkeit, als Aufgabe gegeben. Diese Aufgabe muß jeden Tag neu gelöst werden.

... Die Definition des Gemeinwohls kann daher nicht statisch sein. Sie muß in jeder konkreten geschichtlichen Situation aus dem dialektischen Verhältnis zwischen Staat und Gesellschaft neu gestaltet werden zusammen mit der Freiheit, die uns nicht geschenkt wird, sondern stets neu gewonnen werden muß... Aber es wäre ein Irrtum zu glauben, daß sein Wesen hinreichend bestimmt ist mit: Institutionelle Durchführung von Gemeinschaftsaufgaben, die anders nicht oder nicht so gut erledigt werden können.«

Mir ging es vor allem darum, klarzumachen, daß die Bürger begreifen müssen, daß sie der Staat sind und daß in einer Demokratie das Maß des Staates bestimmt wird durch das Maß der Ansprüche. Oder aber man verschreibt sich der Illusion, daß jedermann auf Kosten jedermanns leben kann, ohne daß der einzelne davon betroffen wird: der Staat als Selbstbedienungsladen vom Wohlfahrtsstaat bis zum Verbändestaat. Mit anderen Worten: Das Individuum muß vor seine Verantwortung gestellt werden, oder es wird in einer neuen totalitären Ordnung untergehen.

»Der Staatsbürger verlangt drei Dinge gleichzeitig: Freiheit, Sicherheit und eine mit großer Gefährdung verbundene Lebensform unter Benutzung komplizierter und für ihn und die Umwelt gefahrvoller technischer Mittel. Unbekümmert um die Gegensätzlichkeit dieser Ansprüche verlangt er ihre Garantie durch den Staat. Im Konfliktfall ist er geneigt, der materiellen Sicherheit und der Möglichkeit eines gefahrvollen Lebens – die Verkehrstoten übersteigen die Verluste früherer Kriege! – den Vorzug zu geben vor der Freiheit.«

Aus liberaler Sicht sah ich mit Sorge, daß zu dem Vorrang der Sicherheit vor der Freiheit der der Gleichheit als Anspruch auf distributive Gerechtigkeit trat. Dieses Paket von Widersprüchen sollte der Staat garantieren. Gleichzeitig sollte er aber kein Staat sein, sondern nur ein Dienstleistungsbetrieb. Liberale Aufgabe müßte es deshalb sein, diese Widersprüche aufzudecken; den Bürger vor seine eigene Verantwortung zu stellen; den Staat auf die unverzichtbaren Aufgaben zurückzuführen; der Schizophrenie ein Ende zu machen, der Wohlfahrts-, Anspruchs- und Gleichheitsstaat könne dennoch ein liberaler Staat sein. Mein Fazit: Jede Gesellschaft hat den Staat, den sie verdient. »Entweder das Individuum entscheidet sich für eine Definition des Gemeinwohls, die auf das hinausläuft, was Röpke die komfortable Stallfütterung der domestizierten Massen nannte, und damit für eine Lebensform, die sich auf die Dauer in ihrer Freiheitseinengung von der kommunistischen nicht wesentlich unterscheidet, oder aber es entschließt sich, im Verhältnis zum Staat, das heißt den Ansprüchen an ihn und damit seinen Aufgaben, Grenzen zu ziehen. Dieser Staat kann seine Aufgabe nur als liberaler, aber starker Staat erfüllen. Nur er kann dem Druck der Ansprüche der partikularen Interessen, der pluralistischen Mächtegruppierungen, der Vergesellschaftung aller Lebensvorgänge im Interesse der Freiheit des Individuums und dem wohlverstandenen Gemeinwohlinteresse widerstehen. Es kommt darauf an, die Grenzen der Staatsmacht klar zu ziehen und vor allem zu garantieren, was er unter keinen Umständen tun darf.«

Unvermeidlich führte das Nachdenken über die noch verbleibende Chance des freien Menschen in der von der Technik beherrschten Massengesellschaft zu den Grundfragen des Überlebens. Bei der Betrachtung des geistigen Umfeldes – mit Jaspers: der geistigen Situation der Zeit – wurde bald klar, daß die damals tonangebenden linken Intellektuellen zu den Überlebensfragen wenig beizusteuern hatten. Dem »restaurativen« Adenauer-Staat standen sie ohnehin distanziert oder ablehnend gegenüber.

Anders die angeblich durch das Dritte Reich diskreditierte und deshalb verfolgte oder – wo das, wie bei Röpke, nicht möglich war – totgeschwiegene liberal-konservative Kultur- und Gesellschaftskritik. Lange bevor die Frankfurter Schule und der Neomarxismus, deren pessimistisches Kulturverständnis im übrigen unverkennbar konservative Züge trägt, Mode wurden und einen dominierenden Einfluß auf die späteren Ereignisse bekamen, hatten die Liberal-Konservativen die Rolle des Seismographen übernommen. Zur neuen Demokratie hatten sie anders als zu Weimar ein positives Verhältnis. Wesentlich neue Erkenntnisse kamen später kaum noch hinzu. In einem Rückblick auf zehn Jahre Bundesrepublik (1959) warnte Zehrer: »Aber hier ist bisher nur eine äußere Form geschaffen worden aus Betonwänden, Neonröhren und chromglänzenden Apparaten, denen der geistige und geschichtliche Inhalt fehlt. Die innere Leere und die Gefahr, ein geschichtsloses Fellachenvolk zu werden, ist unübersehbar.«

Die Gleichzeitigkeit des Ungleichzeitigen wiederholte sich wie vor dem Schicksalsjahr 1914 – nur radikaler: das Janusgesicht der Zeit. Fortschritt, Aufstieg, Wohlstand, Glück, das technisch gesicherte automatische Schlaraffenland, die Überwindung des Reiches der Knappheit, der Angst, der Notwendigkeit durch das des Überflusses, der Gleichheit und, wenn möglich, sogar der Freiheit. Und auf der anderen Seite das »Nachtgesicht«; die Frage nach dem Preis, die immer stärker werdende Ahnung der Grenzsituation oder gar des Untergangs, lange bevor die »Titanic« wieder Schlagzeilen machte.

Alfred Weber sprach vom Ende der bisherigen, Arnold Gehlen vom Ende der Geschichte. Friedrich Georg Jünger warnte vor der Überwältigung des Menschen durch die Technik. Sein Bruder Ernst – beide überzeugte Grüne – sah uns vor der »Zeitmauer«, Alfred Weber den »dritten« und »vierten« Menschen, Günther Anders »die Antiquiertheit« des Menschen überhaupt. Röpke schrieb in großer Sorge schon im Kriege »Zur Gesellschaftskrise der Gegenwart« und mitten in der beginnenden Wohlstandseuphorie der fünfziger Jahre »Jenseits von Angebot und Nachfrage«. Sedlmayr deutete das Ende der Kunst und Freyer Jahre vor Marcuse die Veränderung des bisherigen Menschenbildes. Theodor Litt konfrontierte das Bildungsideal der deutschen Klassik mit der modernen Arbeitswelt. Schelsky sprach von der »skeptischen Generation«. Mit seiner Absage an Ideologie und Utopie traf er die innere Gestimmtheit unserer nüchtern und pragmatisch gewordenen Generation.

Das Ende der Ära Adenauer, das mit einer veränderten weltpolitischen Konstellation zusammenfiel, bot sich zu einer Bilanz an. Ich stellte sie unter die Frage: Ist es schon zu spät? »Die Lage ist ernster, als die meisten Pessimisten annehmen.« Ich war mit dieser Sorge nicht allein. Während Jaspers wenige Jahre später ein totales Verdammungsurteil über die Bundesrepublik fällen sollte, sah Heidegger zunächst nur »Holzwege«. Bald führte ihn sein Menschheitspessimismus aber zu radikaler Verzweiflung. »Da kann nur noch ein Gott helfen«, war das Ergebnis eines langen Gesprächs mit Rudolf Augstein, das dieser auf Heideggers Wunsch erst zehn Jahre später, nach dessen Tode (1976), veröffentlichte. Seinsverlassenheit, totale Entfremdung, Überwältigung des Menschen durch die technische Maschinenwelt ließen keine Hoffnung.

Ich sah 1960 noch keinen hinreichenden Anlaß zu einem Krisen- und Endzeit-Pessimismus. Ich hatte Sorgen, aber keine Angst. Liberaler Zukunftsoptimismus behielt die Oberhand. Auch ich sah die Symptome: das Doppelgesicht der Zeit. Aber das Ende des zweiten Jahrtausends kündigte sich mir noch nicht als Untergangsvision an, zumal die mögliche atomare Katastrophe durch das Gleichgewicht des Schreckens gebannt schien. Im Gegenteil: »Der Bürger der erfolgreichen, funktionierenden Konsumgesellschaft macht keineswegs den Eindruck der Krise oder gar des Untergangs. Er hat sich am Rande der möglichen Katastrophe, zwar auf Abbruch, aber doch ganz wohnlich und sorglos eingerichtet, ohne sich über das Woher und Wohin tiefere Gedanken zu machen. Dies trifft allerdings nur so lange zu, als in seinem Bestreben nach einem ständig steigenden Anteil am Konsum kein Rückschlag eintritt.«

Die Perfektion des Menschen durch die Technik und die Biologie schien möglich, der Aufbruch in den Weltraum stand bevor. Das Wünschbare wurde machbar und das Machbare wünschbar. Der Übermensch schien keine gottlose Hybris: »Unsere Füße schleifen noch sehr im Schlamm, während unser Kopf bereits die Luft des Bewußtseins atmet, aber im Unterschied zu unseren amphibischen Vorfahren sehen wir schon ein Stück des gelobten Landes, das uns erwartet... unser Fernrohr ist unbegrenzter Verbesserungen fähig«, prophezeite der Biologe Sir Julius Huxley. Bis zur Einsicht in den tragischen Charakter der Geschichte und der Einbeziehung der Möglichkeit des Scheiterns schien noch ein weiter Weg. Die großen Heilsutopien des Westens und des Ostens begannen zwar zu verblassen, aber noch herrschte die Zuversicht, daß, wo Not ist, auch die Mittel der Heilung nicht fern sind.

Durch die Unmöglichkeit der Austragung des Konflikts schien der Ost-West-Gegensatz abzuflachen, wenn nicht gar unter dem Zwang der technischen Systeme einer Konvergenz bei beiderseitigem Abbau der Ideologien Platz zu machen. Heute sehr aktuell stellte der Verfasser damals fest: »Das Gleichgewicht des Schreckens macht auf unabsehbare Zeit die Hoffnung illusorisch, der anderen Seite den eigenen Glauben aufzuzwingen. Die mangelnde Bereitschaft, für diesen Glauben zu sterben auch um den

Preis der teilweisen Vernichtung beider Antagonisten, muß zwangsläufig zu einer Abschwächung seines Wahrheits- und Wirklichkeitsgehaltes führen, zumal die ›Koexistenz‹ über einen längeren Zeitraum beweist, daß man auch mit dem gegnerischen Glauben durchaus leben und ungeahnte technische Fortschritte machen kann.«

Daß der vermutliche Freiheitsverlust im Westen größer sein würde als der Gewinn im Osten und daß die Konsumgesellschaft der Opfergesellschaft unterliegen könne, mußte als Risiko in Kauf genommen werden, zumal beide Systeme nach dem Gesetz der Entropie wahrscheinlich in einer freiheitsarmen Fellachenwelt des angepaßten Menschen enden würden.

Und es blieb die große Hoffnung auf das »Licht aus dem Osten«: Indien und China, je auf ihre Weise, könnten nach dem Scheitern der religiösen und technischen Heilserwartungen des Westens der Welt neue Wege weisen. Auch der Verfasser verfiel eine Zeitlang dieser Versuchung. Insbesondere das chinesische Experiment der Umformung des Menschen schien bei einem allerdings hohen Preis eine Möglichkeit zu sein. »Die Chinesen aber gehen auf den ganzen Menschen los. Sie wollen sich nicht mit Anpassung begnügen. Unser Schicksal und das der gesamten Menschheit wird weitgehend von Erfolg oder Mißerfolg dieses Versuches abhängen. Einige allerdings sehr spekulative Geister halten es nicht für völlig undenkbar, daß dieser Zusammenstoß zwischen zivilisatorischem westlichem Denken in seiner abstraktesten Form im Marxismus und jahrtausendealter chinesischer Erfahrung überleitet zu einem neuen Menschenbild der Zukunft, wo der Mensch wieder Abstand gewinnt von seiner Schöpfung und uns unbekannte Formen der Freiheit als späte Abbauresultate des Zwanges Gestalt gewinnen.« Erwin Wickert warnte als Kenner Asiens schon damals vor dieser Fehlbeurteilung.

Diese Nothelfer waren ohnehin noch nicht gefragt: Das materialistische Schlaraffenland war in greifbare Nähe gerückt. Nur die feinen Seismographen spürten das sich ankündigende Beben, durch Unruhe und Unbehagen sich anzeigend, ein Unbehagen mehr im Konsum als in der Kultur. Doch schon unübersehbar: Substanzverluste, Systemzwänge, Anpassung, Entfremdung und Vermassung. Man brauchte nicht auf Marcuses »eindimensionalen Menschen« zu warten, um festzustellen: »Gerade im Hinblick auf die Gefahr der Relativierung aller Werte durch Verzicht auf Austragung der Gegensätze sind die bereits zu verzeichnende Freiheitseinbuße und der Substanzverlust im Westen beängstigend. Leitbild der von Amerika geförderten und von Europa rasch übernommenen Lebenshaltung ist die ›Anpassungsphilosophie‹, die aus denselben materialistischen Wurzeln stammt wie der Kommunismus. Der Unterschied ist der staatliche Zwang an Stelle des gesellschaftlichen und der Gewöhnung, die den äußeren Habitus der Freiheit läßt und daher den Grad der Anpassung und Unfreiheit in gefährlicher Weise wenig oder gar nicht fühlbar macht. Nicht-Auffallen, Nicht-Anderssein als die Umwelt, Reibungsverluste bei der Verfolgung des materiellen Aufstiegs vermeiden, den von der Reklame mit weitgehend zwingender Wirkung vorgeschriebenen Konsumgewohnheiten folgen und damit den Wirtschaftsablauf nicht stören, jede Art von Schmerz und anderen Unlustmotiven ausschalten und ein hygienisch einwandfreies Leben führen, dessen Ablauf von Sozialingenieuren, Psychoanalytikern und Werbefachleuten mit nur geringen Unsicherheitsfaktoren festgelegt ist. Aber man braucht nicht diesen fortgeschrittenen Anpassungstyp des ›entfremdeten‹ Menschen als Maßstab, um festzustellen, daß der von dem Kreislauf der Industriewelt, dem ›zweiten System‹ (Freyer) absorbierte und auf ›Produktions- und Konsumfaktor‹ reduzierte Mensch eine unerhört plastische Masse für von außen an ihn herantretende und von ihm kaum zu beeinflussende Einwirkungen ist.«

Die zentrale Frage liberalen Denkens mußte deshalb das Verhältnis von Freizeit zu Freiheit sein. Für Kultur schaffende und tragende Muße im alten Sinne hatte das System keinen Platz. Konnte Freizeit sie ersetzen? »Die Entscheidung über die Aufrechterhaltung individueller Freiheiten fällt weitgehend in den Gebrauch, den die Menschen in Zukunft von ihrer Freizeit machen. Unterstellt man, daß die Einspannung in das ›System‹ besonders während der Arbeit so stark ist, daß Abstand und Bildung von Abwehrkräften nicht möglich sind, müßte theoretisch jede Ausdehnung der Freizeit ein Gewinn für die Freiheit sein. Träfe dies zu, würde der technische Fortschritt durch die weitere Verkürzung der Arbeitszeit gleichzeitig der Garant der Freiheit und der Spender von ungeahnten Regenerationskräften der Menschheit sein. Dann müßte die rasch zunehmende Freizeit das Reservat der Persönlichkeitsbildung, der Behauptung gegen die zwingenden Faktoren, der Ruhe, der Einsamkeit, des Nachdenkens und vor allem der schöpferischen oder kontrollierenden Anteilnahme am öffentlichen Geschehen im weitesten Sinne sein. Der dunkelste Posten in der für die Freiheit ohnehin negativen Bilanz ist die Feststellung, daß das Individuum die größere Freizeit in zunehmend geringerem Maße zur Persönlichkeitsentwicklung benutzt, und daß vor allem Staat und Gesellschaft aus ihr kaum freiheitliche Kräfte zuwachsen.«

Diese pessimistische Vermutung, die heute in der vor uns stehenden »Teilfreizeitgesellschaft« durch Dauerarbeitslosigkeit Wirklichkeit zu werden droht, konnte damals die optimistische Hoffnung auf die Kräfte der Freiheit nicht völlig trüben. Trotz mancher Warnzeichen schienen weder chiliastische Zukunftsvisionen noch Untergangspessimismus am Platze. Die Geschichte hatte gezeigt: »daß der Mensch, das zerbrechlichste, empfindlichste Wesen der Schöpfung zugleich auch das härteste, ausdauernste und am meisten auf Überleben angelegte ist. Gerade wir Deutschen konnten diese Erfahrung in unserer Katastrophe machen. Trotz aller Absurdität unserer Existenz und trotz der Ohnmacht des Menschen gemessen an seinen Aufgaben, fühlen wir, daß die Welt zuinnerst auf Harmonie angelegt ist. Unser Los ist es, die unerträglich scheinenden Spannungen auszuhalten in der Hoffnung auf die ›coincidencia oppositorum‹. Der heutige Mensch ist gewiß von einer unheimlichen Plastizität, formbar, einpaßbar, – aber das ist vielleicht auch eine Garantie des Überlebens, allerdings unter der Voraussetzung, daß der Kern erhalten bleibt. Und dieser Kern ist auf Freiheit angelegt. Der Mensch ist ein Hohlgefäß aus plastischer Masse, das nach vorn, zur Zukunft hin, offen ist. Ebenso ist die Geschichte, trotz ihres radikalen Gestaltwandels, wie bisher nach vorn offen. Alles ist immer noch möglich. Der Mensch ist nicht, er wird. Seine Schöpfung ist nicht abgeschlossen.

Die Attitüde der snobistischen Kulturpessimisten und Krisenapostel bringt keine Heilung, da auch sie den Weg nicht weisen können, zumal es ihnen zumeist dazu an Substanz mangelt.

Das Naserümpfen über den Materialismus der Wettbewerbswirtschaft allein ist noch kein Rezept. Blut- und Bodenromantik und Schrebergärtenhoffnungen verkennen die Radikalität der Entwicklung. Ebensowenig hilft das gedankenlose Herbeten des freiheitlichen Vokabulars, dessen Tabus zunehmend ihre Wirkung verlieren, weil hinter ihnen kein bergeversetzender Glaube steht.«

Hoffnung sah der Verfasser nur unter einer Voraussetzung: keine Illusion, keine Flucht in Vergangenheit oder Zukunft. »Wir müssen lernen, in absoluter Ungewißheit über den Ausgang auszuharren in dem Bewußtsein der Möglichkeit der Katastrophe. Wir müssen mit der Bombe und den Kommunisten leben. Die Übergangszeit kann lange dauern, Jahrhunderte – trotz der rasanten Beschleunigung der Geschichte. Wir werden das Gelobte Land nicht mehr sehen; wir sind mitten im Strom und sehen das andere Ufer nur in nebelhaften Umrissen. Wir wissen nicht, ob die Hoffnung auf den neuen Menschen sich bestätigen wird, ob und wann der verborgene Gott sich der Menschheit erneut offenbaren und welcher Gefäße er sich dabei bedienen wird. Aber wir sind nicht ohne Tröstung, trotz – und vielleicht wegen – des Nihilismus, den wir aushalten und in Schöpfung verwandeln müssen. Ob ein Übermensch die Technik eines Tages einholen und beherrschen wird, wissen wir nicht.«

Aber diese Hoffnung auf den Menschen und seine Zukunft schien nur berechtigt um einen Preis. Frei kann man sein – nur den Preis muß man zahlen. Opfer und Triebverzichte waren gefordert. Die Entfremdung war zwar größer, der Bewegungsraum enger geworden, aber der Mensch war trotzdem kein hoffnungsloser Fall. »Der Mensch, auf Freiheit angelegt, ist ausgerichtet auf die Urvernunft allen Seins. Wir leben in einer Zeit, in der die Wissenschaftler fromm werden und die Frommen begreifen, daß sie die Wissenschaft in ihre Botschaft einbeziehen müssen, wenn sie ›ankommen‹ soll. Es ist eine schlimme, aber auch eine große Zeit. ›Für den, der viel hineinzustecken hat, hat jeder Tag hundert Taschen!‹ (Nietzsche). Wer will, kann auch in dieser Zeit frei sein und für seine Person versuchen, die Kluft zu überbrücken, die das begrenzte Erkenntnisvermögen des Menschen, seine mangelhafte politische und soziale Intelligenz und seine im Vergleich zur Entwicklung der Technik zurückgebliebene Moral aufgerissen haben. Dazu brauchen wir nicht auf den Übermenschen zu warten.«

Aufgabe des liberalen Staates mußte es sein, die Zukunftsmöglichkeiten der freien Menschen offenzuhalten und zu schützen. Das Überleben einer freiheitlichen Ordnung schien dem Verfasser keine aussichtslose Hoffnung, aber nur unter einer Voraussetzung: »Der Mensch ist den Mächten, die auf ihn einwirken, rettungslos ausgeliefert, wenn nicht seine große Plastizität ausgeglichen wird durch Stabilisatoren. Diese kann, wenn sie nicht Unfreiheit bringen sollen, nur der liberale Staat handhaben in einem richtigen Verhältnis von Freiheit und Bindung. Dieser Staat muß nach modernen rationellen Grundsätzen strukturiert sein, wenn er seine Herrschafts- und Schiedsrichterfunktionen erfolgreich ausüben soll. Er muß auf der Höhe der technischen Welt sein, mit der er es zu tun hat. Er muß den Mut haben, Verzichte und Opfer zu verlangen – nur dann wird er auf die Dauer Gefolgschaft finden. Und er muß Sorge tragen, daß die nichtkonformistischen Menschen, die sich ihrer Natur nach nicht oder nur schwer zu Interessengruppen organisieren, im Kampf der pluralistischen Mächtegruppen nicht zerrieben und bei der Aufteilung des sozialen Kuchens immer mehr benachteiligt werden. Die Freiheit hat keine eigene ›pressure group‹.

Nichts wäre gefährlicher für sie als eine Entwicklung, bei der die Menschen, die noch bereit sind, für sie Opfer zu bringen, zum Lumpenproletariat der Konsumgesellschaft herabsinken. Deshalb ist die ständige Wiederherstellung der Gleichheit der Startbedingungen die große soziale Aufgabe des liberalen Staates in dem Wissen, daß die Freiheit auch deshalb so gefährdet ist, weil sie die Tendenz hat, ihren Mißbrauch zu decken.

Hier liegt die große liberale Aufgabe unserer Zeit.«

Der Jugendprotest

Wie sieht das heute nach Ablauf fast eines Vierteljahrhunderts aus? Haben sich die Grundannahmen als richtig erwiesen? Waren sie zu optimistisch? Welche Irrtümer sind zu korrigieren?

Zunächst: Damals hatte die Arbeit praktisch keine Resonanz, nicht einmal in den liberalen Kreisen, für die sie gedacht war. Nur von Thomas Dehler, Carlo Schmid und einigen Freunden kam Zustimmung und Ermutigung. Sie war offensichtlich nicht zeitgemäß. Der Verfasser konnte das 1962, als er nach fünfeinhalb Jahren aus Frankreich nach Bonn zurückkehrte, mit einem nahezu physischen Unbehagen fühlen. Die heroische Aufbauperiode, der es im Gegensatz zu den verächtlichen Denunzierungen nicht an idealistischem Schwung gefehlt hatte, war fanatischem Materialismus gewichen, fast abstoßend sichtbar in den Freß- und Schmuckwellen und der bis heute anhaltenden Reisewelle. Eine »Status-quo«-Gesellschaft ohne Unbehagen am Konsum und noch ohne Lust am Untergang; international nobiliert als Musterdemokratie und Wirtschaftswunder. Die Künstlichkeit und Bedrohtheit des Gebäudes waren vergessen. Das Scheitern der großen deutschen Anliegen: die Wiedervereinigung und Europa, selbst der Mauerbau, gingen in der Wohlstandseuphorie unter. Die Jugend schien restlos angepaßt, die Sozialdemokratie auf Reformkurs, die Gewerkschaften durch wachsenden Anteil am Kuchen gebändigt. Alles war käuflich. Der Arbeiter wurde ein am Wohlstand und der Eigentumsbildung partizipierender Kleinbürger, was die Linke zu ihrem Schaden bis heute nicht begriffen hat.

Der »Fetisch-Charakter« der Waren war offensichtlich. Der von den Neomarxisten der Frankfurter Schule behauptete »Verblendungszusammenhang« – die Erkenntnis war, wie die Analyse von 1960 zeigt, ebensowenig neu wie die der instrumentellen Vernunft und der repressiven Toleranz – schien in der Tat perfekt. Die selbsternannten linken Heils- und Unheilsverkünder und Fortschrittspriester (die »Priesterklasse«, wie Schelsky sie später nennen sollte) und die »Pinscher« Ludwig Erhards lehnten ohnehin das Ganze ab. Außerdem gab ihnen die Wirklichkeit jeden Tag mehr unrecht. Auch die große Koalition von 1966 blieb beim Status quo.

Die Studentenrevolte von 1968 mußte deshalb wie ein Einbruch in eine heile Welt erscheinen. Man stand ihr zunächst hilflos gegenüber. Der damalige Bundesverteidigungsminister Helmut Schmidt fragte 1970 den Verfasser, seit 1968 Botschafter in Südafrika: »Herr Sonnenhol, was ist eigentlich bei uns los, wie sieht das aus, wenn man von außen kommt?« Nach einiger Überlegung antwortete ich: »Die Deutschen gedeihen am besten unter einem Regime des aufgeklärten Absolutismus bei mäßiger Armut« – damit auf die Adenauerzeit anspielend. H. Schmidts Antwort: »Dann aber für Sie die mäßige Armut und für mich den aufgeklärten Absolutismus.« (Der Verfasser hat Helmut Schmidt bei der Übernahme des Kanzleramtes an seine Warnung erinnert!)

Wo hatte sich der Verfasser und mit ihm viele seiner skeptischen Generation 1960 geirrt? Wir hatten angenommen, die Katastrophenerfahrung mit den totalitären Regimen und ihren Heilslehren sowie die Annahme der liberalen westlichen Wert- und Weltvorstellungen hätten eine dauernde Veränderung der deutschen Grundeinstellung, wenn nicht gar des Charakters herbeigeführt und das Land gegen irrationale Einbrüche weitgehend gefeit – eine erneute große Wirtschaftsdepression allerdings ausgeschlossen. Dabei hatte er angenommen, das Zeitalter der Ideologien und Utopien sei ohnehin vorüber, und die ideologischen Gegensätze zwischen Ost und West im raschen Abbau. Er hatte der Konvergenztheorie Kredit gegeben in der Vorstellung, die Sachzwänge der technischen Industriewelt führten zu einer Annäherung der Systeme, mit Freiheitsverlusten auf der einen und Freiheitsgewinnen auf der anderen Seite. Beide Seiten bewegten sich auf eine angepaßte technische »Fellachenwelt« zu, an deren Ende vermutlich der »Wärmetod« stehen würde. Diese Welt biete aber für den dazu Entschlossenen in einem starken Rechtsstaat und einer kämpferischen Demokratie vorläufig noch hinreichend Freiheitsraum. Außerdem sei diese Entwicklung nicht unabwendbar, da die Geschichte – zumal als Schöpfungsgeschichte – nach vorn offen und eine höhere Menschenart, mit der die Moral die Technik einholen könnte, nicht ganz ausgeschlossen sei.

Diese allerdings nur als Möglichkeiten angedeuteten Heilsannahmen haben sich als Irrtum erwiesen. Als fraglich erwies sich die alte idealistische Hoffnung – von dem verzweifelten Hölderlin dichterisch beschworen –, daß dort, wo Not ist, auch die Mittel der Heilung bereitstehen. Ebenso trügerisch war die Vermutung einer religiösen Erneuerung. Sie sollte in Sekten und Drogenszenen entarten. Das gilt auch für die vage Hoffnung, das Licht könne vielleicht noch einmal aus dem Osten kommen, das heißt aus einer von Haus aus der Technik nicht verfallenen Welt.

Die optimistischen Hoffnungen waren bereits 1968 nicht mehr haltbar, als Marcuse sie in radikal übersteigerter Form zum Ausgangspunkt seiner revolutionären Heils- und Gewaltlehre machte. Wohl war schon 1960 klar, daß die Anbetung des Goldenen Kalbes nicht das letzte Wort sein würde und daß dem Fortschrittsoptimismus Grenzen des Machbaren gesetzt seien. Nicht voraussehbar aber war der brutale Einbruch des Irrationalen in so kurzer Zeit: eine Romantik-, Rousseau- und Bakunin-Renaissance, ein neuer Jugendwahn mit einer zum religiösen Rang erhobenen Gewaltanbetung zur Gesellschaftserneuerung sowie einer Verwerfung der wesentlichen Elemente der westlichen Kultur und ihrer politischen und gesellschaftlichen Ausprägungen, sei es auch nur durch die totale Verweigerung, mit der wir es trotz der »Tendenzwende« und dem linken Katzenjammer der siebziger Jahre noch heute zu tun haben.

Für eine Bilanz des Einbruchs des »Nachtgesichts« in eine sich als heil verstehende Welt ist hier nicht der Ort, und dazu ist es wohl auch noch zu früh. Der Versuch von Habermas, in »Stichworte zur geistigen Situation der Zeit« (1979) Jaspers Leistung von 1931 zu wiederholen, mußte – schon vom einseitig ideologischen Ansatz her – scheitern und in Wehleidigkeit mit Schuldzuschiebung an die »Reaktion« oder den »Linksfaschismus« enden.

Eine im wesentlichen anderen, wenn auch mit dem »Zeitgeist« eng verbundenen Themen gewidmete Betrachtung kann nur einige weiterwirkende Aspekte herausgreifen. Auf ein durchgängiges geschichtliches Phänomen, die Gleichzeitigkeit von Fortschrittsoptimismus und Untergangsstimmung, wurde bereits hingewiesen. Das Doppelgesicht der Zeit kam Ende der sechziger Jahre zu einer extremen Ausprägung. Eine von der Menschheit bisher nicht gekannte Wohlstandsperiode, ermöglicht durch die technischen Neuerungen der zweiten und dritten industriellen Revolution – keine Rede von Spätkapitalismus oder spätbürgerlicher Gesellschaft – und ein weltweiter Warenaustausch in einer langen Friedensperiode schienen erstmals den Menschen aus der ihm bisher gewohnten und seine Verhaltens- und Glaubensweise bestimmenden Mangelsituation herauszuführen in eine Überfluß- und Wegwerfgesellschaft mit der greifbar nahen Chance, das Glück (Lebensqualität) dingfest zu machen und in anderer Weise als Marx vermutete, ins Reich der Freiheit überzugehen. Der damalige Präsident der EG-Kommission, Mansholt, sprach bereits von einem »Bruttosozialprodukt des Glücks« gleich »Lebensqualität«.

Mit den pessimistischen Prognosen des Clubs von Rom (1970) theoretisch und dem Ölschock (1973) kam praktisch der Umbruch. Noch auf dem Höhepunkt der ungebrochenen Wachstums- und Glückseuphorie kam aber schon der »Ausbruch« einer anderen Welt. Sie war zwar in noch höherem Maße Glücks- und Heilserwartungen verschrieben – aber ganz anderer Art. Sie wollte in paradoxer Weise das Huhn töten, das die goldenen Eier gelegt hatte, letztere aber noch mehr und besser als bisher aus dem Füllhorn der Liebe des angebrochenen tausendjährigen Reiches verschenken. Professor Scheuchs Titel »Die Wiedertäufer der Wohlstandsgesellschaft« trifft den Vorgang genau.

Unter den kurz zu behandelnden Einzelaspekten verdient einer besondere Beachtung: Wie konnte es in diesem weltweiten, in Amerika beginnenden Vorgang zu der bis heute anhaltenden besonderen Ausprägung bei uns kommen im Unterschied zum Ausland, wo inzwischen weitgehend Normalität herrscht? Wie konnte das totgeglaubte »deutsche Wesen« wieder Urstände feiern und die Welt erneut in Erstaunen – und Furcht – versetzen? »Unseren Freunden in Paris, London und New York kommen die Deutschen plötzlich arg teutonisch vor, wie sie sich da erbittert und todernst Anklagen von Verrat, Heimtücke und mit politischer Mordlust an die Köpfe werfen«, schrieb Melvin Lasky 1983. Wie konnte es so schnell wieder die brutale Form von Gewalt, Terror und Mord in berserkerhafter idealistischer Verblendung annehmen, tödlichen Nihilismus mit Befreiungspathos und religiöser Gewaltverklärung verbinden, unter dem Applaus der »klammheimlichen« Freunde der Sympathisanten-Intelligenzija?

Wer waren die geistigen Urheber und Verführer? Wer lieferte die Leitbilder, zog die Drähte? Sind die Deutschen vielleicht wieder die Künder tieferer, endgültiger Vorgänge? Oder ist es der alte, qualvolle, selbstzerstörerische deutsche Seelenbrei mit Todessehnsucht; eine Reprise unseres Unerlöstseins jetzt im Überfluß, mit Ökopax-Federn neu geschmückt?

Nur in der Bundesrepublik blieben tiefgreifende Folgewirkungen – sichtbar im Terror der bürgerkriegsähnlichen Verweigerungsstrategie von utopiegeladenen Randgruppen mit dominierender Jugendbeteiligung. Was kam hier zusammen? Vietnam- und Atomgegner, Feinde der Industriegesellschaft, Neuromantiker, Naturapostel, Alternative, Grüne, Friedensfreunde, Neureligiöse, Staatsfeinde, Anarchisten, Glückspropheten, Umverteiler und Kommunisten jeder Observanz.

Der Jugendprotest war angeblich erfolglos und das Jahr 1968 ohne Folgen. Dies ist eine Entschuldigung gewisser Intellektueller für den Terror. In Wirklichkeit war der von Dutschke geforderte Marsch durch die Institutionen ein voller Erfolg, auch wenn die intellektuellen Väter sich enttäuscht abwandten und einige Revolutionäre angepaßte Funktionäre wurden. Die Entgleisung der Bildungsreform und die Zerstörung unserer Bildungsfundamente waren begleitet von einer erfolgreichen Unterwanderung oder Besetzung von Schule, Universität und zunehmend der Justiz. Die öffentlichen Medien sind weitgehend durch die 68er Generation bestimmt; der Sozialstaatsapparat und zunehmend die Gewerkschaften sind in ihren Händen. Die Politik nicht nur der Jugendorganisationen der Parteien, sondern auch der Kirchen wird maßgeblich von ihnen bestimmt. Der Glaube herrscht, man müsse dem Jugendwahn Tribut zahlen: »Auf die Jugend zugehen«; das heißt auf potentielle Wähler. Die Demontage der Vatergesellschaft durch die Väter und Mütter, die Hofierung von Randgruppen, die Diffamierung der moralischen Grundlagen unserer Gesellschaft, die Ausbeutung der Fleißigen durch die Faulen, die Übernahme von alternativen Leitbildern durch die Erwachsenen, die Selbstanklage, der Zweifel am Neuaufbau, die neue Entnazifizierungswelle waren die Folge.

Die Ursachen der Dauerwirkung bei uns im Unterschied zu Ländern wie Amerika und Frankreich sind noch ungenügend geklärt. Der Abstand ist noch zu gering. Folgende Feststellungen kann man aber wohl schon treffen: Die Protestbewegung setzte ein, als Reform- und Demokratisierungsprogramme eingeleitet waren: in Amerika in der Rassen- und Sozialpolitik (Kennedy/Johnson), in Frankreich durch den Übergang in eine moderne Industriegesellschaft mit deutlichem Reformwillen (de Gaulle), in der Bundesrepublik mit der großen Koalition. Der Machbarkeits- und Wachstumsglaube war ungebrochen. Der Wohlstand schien dauernd gesichert, der Übergang von der Leistungs- zur Glücksgesellschaft durch den Erfolg des Kapitalismus schien möglich.

Der Einbruch utopischer Heilsideen in die Welt materialistischer Konsumverherrlichung war wohl unvermeidlich, mit Langzeitwirkungen besonders in der Bundesrepublik. Hinzu kam eine ungewöhnlich lange Friedenszeit und ein durch den Sport nur ungenügend abgeleiteter Aggressionsstau sowie die tägliche Gewaltverherrlichung in den Medien und erneut in der Ideologie.

Der Vietnamkrieg aktivierte ein weitgehend objektloses Moralbedürfnis. Es gab dem seit langem aufgestauten Amerika-Undankbarkeits- und Haßkomplex und in Amerika selbst dem Unschuldsbedürfnis freien Lauf. Heilserwartungen auf die Dritte Welt und insbesondere China kamen hinzu. Trotz des russischen Einmarsches in Prag und der Distanzierung der kommunistischen Parteien von der Protestbewegung, wie in den Mai-Unruhen in Frankreich, blieb Amerika der Bösewicht. Es verkörperte die »spätkapitalistische« Welt.

Der normale Generationenkonflikt bekam durch die »Zivilisationssprünge« eine andere Dimension und entartete in den gelungenen »Vatermord«, die vaterlose Gesellschaft.

In Deutschland kamen die angeblich unbewältigte Vergangenheit, die Schuld der Väter, die Katastrophenfolgen, die Diskreditierung konservativer und religiöser Werte durch Hitler, die Lädierung des Geschichts- und Kulturbewußtseins, die Identitätskrise des geteilten Landes, der Neureichtum mit seinen krassen Erscheinungen und die angeblich »restaurative« Gesellschaft hinzu. Rousseau-Romantik (selbst Arnulf Baring hat hier noch heute eine weiche Stelle!), Jugendbewegung- und Anarchie-»Reprisen« boten den erneut zu Extremen und Realitätsverlusten neigenden Teilen des Volkes einen breiteren Raum als in anderen Ländern.

Neben den marxistischen Aktionsgruppen verschiedener Provenienz – sie bilden autonom oder ferngesteuert seitdem den harten Kern der Protest-, Gewalt- und Friedensbewegung – hatte auf den Hochschulen die Frankfurter Schule der neomarxistischen Gesellschaftskritik einen vorbereitenden und besonders der Soziologe H. Marcuse einen auslösenden Einfluß. Als die Bewegung außer Kontrolle geriet, in Gewalt überging und selbst ihre Väter bedrohte, haben diese – im Falle Adorno nicht ohne Tragik – ihre Vaterschaft bestritten mit eben dem Argument, das sie den nach ihrer Meinung für den Faschismus verantwortlichen konservativen Intellektuellen nicht abzunehmen bereit waren: »Das haben wir nicht gewollt!«

1933 nach Amerika emigrierte Soziologen, insbesondere der Frankfurter Schule, haben in diesem Prozeß eine prominente Rolle gespielt. Der Emigrationshintergrund der Anti-Amerika-Bewegung ist bis heute wenig beachtet worden. Der Fall Theodor W. Adornos erscheint exemplarisch auch für so unterschiedliche Persönlichkeiten wie Fromm, Bloch, Marcuse, Anders oder Brecht. Bei den Juden unter ihnen, auch den atheistischen, spielen zudem bewußte oder unbewußte messianische Erwartungen eine zusätzliche Rolle. Adornos »minima moralia – Reflektionen aus einem geschädigten Leben«, 1944/45 in Amerika geschrieben, sind die pessimistische An- und Wehklage eines Intellektuellen in der Emigration. Das Ausgestoßensein aus einer verbrecherisch gewordenen, aber trotz aller Anklagen geliebten geistigen Heimat, in deren Sprache – und nur in ihr – man weiter denken und schreiben mußte; angewiesen auf einen bettelhaften, oft erniedrigenden Broterwerb in einem fremden Lande mit einer fremden Kultur, war allein schon Schicksal genug – auch ohne Auschwitz.

Hinzu kam die Konfrontation mit der zwar verwandten, aber doch fremden Welt Amerikas, die für die meisten ein traumatisches Erlebnis wurde. Man denke zudem an das damalige Zivilisationsgefälle Amerika – Europa.

Zurück blieb der Haß auf die glänzende, aber seelenlose Fassade einer übertechnisierten Industriezivilisation mit ihren Schrecken und sozialen Widersprüchen; auf ein menschenfeindliches Konsumparadies, dessen Untergang wünschenswert und wahrscheinlich war. (Spätbürgerlich, spätkapitalistisch.) Zur Emigrations- und Verbrechensverwundung kam der Amerikaschock der ohnehin schon marxistisch-kritischen Zivilisationsankläger.

Die Übertragung dieses Amerika-Feindbildes auf die trotz der Amerikanisierung seit 1945 noch immer anderen Verhältnisse in der Bundesrepublik muß man zum Verständnis der Gesellschaftsanklage vor Augen haben. Der Vietnamkonflikt und die amerikanische Widerstandsbewegung gegen ihn lieferten den bis dahin fehlenden Treibsatz der antikapitalistischen und antiamerikanischen Anklage (Henry Miller: »The air-conditioned nightmare«). Bei Adorno ist sie von pessimistischer Verzweiflung, bei Anders »das Ende«. Bei anderen – so Marcuse und Bloch – ist sie trotz allem von einem unerschütterten apokalyptisch-messianischen Hoffnungspathos – so recht nach dem Geschmack einer romantisch-aufständischen Jugend. Aber das glaubens- und hoffnungslose Stichwort eines tief verletzten, im Inneren trotzdem gläubigen Mannes lieferte Adorno: »Es gibt kein richtiges Leben im falschen.«

Viel weiter und mit viel fatalerer Wirkung gerade in der Bundesrepublik ging Sartre mit dem offenen Aufruf zu Gewalt und Mord in der Einleitung zu Fanons »Die Verdammten der Erde« (1961): »Denn in der ersten Zeit des Aufstandes muß getötet werden; einen Europäer erschlagen heißt zwei Fliegen auf einmal treffen: nämlich gleichzeitig einen Unterdrücker und einen Unterdrückten aus der Welt schaffen. Was übrig bleibt, ist ein toter und ein freier Mensch!« (Egon Holthusen hat in »Sartre in Stammheim« [1982] die intellektuelle Verantwortung Sartres überzeugend dargelegt.)

Der verzweifelte Satz Adornos wurde der revolutionäre Sprengsatz, über dessen Wirkung der Autor sich hätte klar sein müssen, zumal man ihm als einem der wenigen wohl einen falschen Denkansatz, aber kaum geistige Unredlichkeit vorwerfen kann. Die Folge: Die mit Not errungene pluralistische

Demokratie der Deutschen mußte, damit die Ideologie recht behielt, zur Karikatur eines Unrechtsstaates diffamiert werden. Das ist sie in den Augen der Jünger, der verführten Jugend und der Terroristen, bis heute geblieben.

Es war fast zwangsläufig, daß diese Umsturz- und Bürgerkriegsstrategie sich in erster Linie gegen den so denunzierten und verächtlich gemachten Staat als Repressionsinstrument der spätbürgerlichen »kolonialistischen« Gesellschaftsordnung richtete. Es half wenig, daß er mit dem richtigen Hinweis verteidigt wurde, es sei der freieste Staat, den die Deutschen je gehabt hätten und trotz seiner besonderen Gefährdung in einem geteilten Land vielleicht der freieste in der Welt überhaupt. Das wurde mit der »repressiven Toleranz« abgetan und die »strukturelle« Gewalt als Legitimation für Gegengewalt behauptet.

Der Haß auf den Staat

»Der Bonner Atomstaat ist ein Schwein; es lebe das freie Wendland!« Dieser Spruch erschien vor wenigen Jahren in großen roten Sprühdosenlettern (die neue Ästhetik des Schreckens!) auf den Mauern in Bonn. Hier ist das Wesentliche zusammen: die nicht bewiesene Denunziation, die tierische Sprache als Kulturaffront und die bodenlose Utopie. Einige der gebräuchlichsten Staatsdenunziationen: Atom-, Gewalt-, Notstands-, Terror-, Mord-, Militär-, NATO-, Faschisten-, Berufsverbot-, Sachzwänge-, Computer-, Überwachungs-, Schnüffel-, Orwell-, Sonnen-, Einschalt-Staat. Nur der Rechtsstaat kommt nicht mehr vor; es sei denn im diffamierenden Gewande der F.D.G.O. (soll stehen für: Freiheitlich-Demokratische Grundordnung). Gleichzeitig möchte man den Staat als Verteilungs- und Versorgungsanstalt: Versorgungs-, Umverteilungs-, Selbstbedienungs-, Rechtsmittel-Staat. Daher die Ambivalenz: Überforderung durch Ansprüche als Verteilungsinstrument bei gleichzeitiger Minimierung der Ordnungsfunktion.

Woher kommt dieser Haß? Der Ex-Terrorist Mahler gab nach seiner »Bekehrung« den Grund: »Entwöhnung vom Gehorsam gegen die bürgerliche Rechtsordnung ist wesentliche Voraussetzung für die Revolte der Massen« – »der eingeschliffene Gehorsamsreflex muß durch wiederholte, bewußte und praktische Normenverletzung überwunden werden« – »fanatische Feindschaft gegen den Staat« – »wahnbefangene Abenteurerei« – »Überschuß an revolutionärer Fantasie bei gänzlicher Abwesenheit einer revolutionären Situation«.

Die Unterscheidung zwischen Legalität und Legitimität des »Faschisten« C. Schmitt mußte nun helfen, das Legitimitätsdefizit der pluralistischen Parteiendemokratie nachzuweisen. Der Unterschied zwischen Herrschaft und Gewalt wurde verwischt, allein schon, weil erstere das verpönte Wort »Herr« enthält, der negativ besetzte Gewaltbegriff aber usurpiert und ausgedehnt. In alledem leisteten besonders linksliberale Intellektuelle Argumentations-, Entscheidungs- und Entschuldigungshilfe. (Die Hoffnungen des Autors auf eine Versöhnung von Liberalismus und Staat hatte sich ins groteske Gegenteil verkehrt!) Gewalt gegen Sachen wurde auch von denen gebilligt, die behaupteten, auf dem Boden des Gesetzes zu stehen.

Gewalt gehört dem Wortsinne nach eher in den Bereich von Willkür und Verbrechen. Man sollte deshalb einen »manipulierten« Gewaltbegriff scheuen. Herrschaft ist ein legitimes Mittel der rechtsstaatlichen Ordnung. Die Franzosen gebrauchen »pouvoir«; Gewalt ist »violence«. Vielleicht könnten die alten römischen Begriffe von »auctoritas« und »potestas« nützlich sein.

Hier ist bereits jene intellektuelle Unredlichkeit sichtbar, die sich als roter Faden durch das Denken und Handeln unserer Zeit zieht. Daß die Unterscheidung von zwei Arten von Gewalt sowohl rechtlich wie faktisch unhaltbar ist, war natürlich auch dem Dümmsten klar. Der »dolus eventualis« kann deshalb nicht ausgeschlossen werden. Er erklärt auch die beleidigt bestrittene Sympathie für die »klammheimliche Freude« beim Buback-Mord und die Zweifel an der Richtigkeit der Selbstmorde in Stammheim. Vier bekannte Professoren erklärten 1967 als Gutachter im Prozeß gegen die Anarchisten Teufel und Langhans, deren Verherrlichung der Kaufhausbrandstiftung in Brüssel (250 Tote) und die Aufforderung zur Nachahmung (burn, warehouse, burn) seien als ästhetische, nicht als kriminelle Tatbestände anzusehen, worauf das Gericht die Angeklagten freisprach.

Die intellektuelle Schützenhilfe zur Aufweichung unserer rechtsstaatlichen Ordnung und ihrer Grundwerte durch angesehene Publizisten, auf das Grundgesetz vereidigte Professoren und neuerdings hohe Richter kann nicht hart genug gebrandmarkt werden. Die den Staat bisher noch tragenden Werte, von dem preußisch denkenden und handelnden sozialdemokratischen Bundeskanzler Schmidt zur Richtschnur seines an Kant orientierten Pflichtbegriffes erklärt: »Politik ist pragmatisches Handeln zu sittlichen Zwecken«; Pflicht, Dienst, Gehorsam, Treue wurden als sekundäre, als »KZ«-Tugenden diffamiert und dem Kanzler von dem Mitglied des Bundesvorstandes der SPD, Lafontaine, als bedauernswerte Untugenden – es fehlte nur das Wort faschistisch – vorgehalten.

Subtiler, aber gefährlicher sind die vielleicht wohlgemeinten Umdeutungen unserer Verfassung in ein überholtes Relikt der spätbürgerlichen Gesellschaftsordnung, gipfelnd in der Zukunftshoffnung des moralisierenden Klassenkämpfers Professor Walter Jens: »Wenn der Rechtsstaat sich im Sozialstaat aufgelöst haben wird.« Die freiheitlichen Grundrechte des Individuums, zu denen nun einmal auch das Eigentum gehört, werden hier preisgegeben zugunsten des jakobinischen Gleichheitsprinzips eines totalen Zwangsstaates. Oder wie sollte die Sozialutopie anders verwirklicht werden?

Daß dieser so diffamierte und zur Demontage freigegebene Staat nicht verteidigungswürdig ist, versteht sich von selbst. Der Feind steht – so Peter Rühmkorf – weniger an der Grenze als im Innern! Daß der Eid auf die Verfassung – er wird auch von SPD-Ministern noch überwiegend sogar in religiöser Form abgelegt – und das öffentliche Gelöbnis der Soldaten eine Quelle von Ärgernis und beschönigten Gewaltdemonstrationen wurden, kann kaum überraschen. »Lieber rot als tot« hat eine innere Logik auch ohne Mittelstreckenraketen.

»Legal – illegal – scheißegal! Macht aus dem Staat Gurkensalat!« Das stand vor einiger Zeit an den Mauern der Stadt Zürich. Die Gewaltanwendung in Friedenszeiten und die Mobilisierung von Aggressionspotential – Kennzeichen revolutionärer und besonders totalitärer Bewegungen – haben entgegen der Annahme, sie würden mit dem Ende des Nationalsozialismus abnehmen, einen bisher in der Geschichte der zivilisierten Menschheit ungeahnten Umfang und den Charakter von kalter Grausamkeit angenommen in einer von Humanismus triefenden Welt. Die Verherrlichung der Gewalt wird uns durch die Kulturindustrie jeden Abend ins Haus gebracht. Am Tage des Buback-Mordes erschienen im deutschen Fernsehen drei Krimis mit mehreren Gewaltopfern.

Der »Psycho-Boom« hat sich, um die eigene Verantwortung nicht bloßzulegen, gescheut, nach den Ursachen zu forschen. Die Faschismustheorie hilft auch hier aus der Klemme. Da es sich um ein weltweites und welterschütterndes Problem handelt, wäre eine Untersuchung zum Beispiel durch eine UN-Kommission oder den Internationalen Gerichtshof längst fällig. Ihr Unterbleiben ist nicht zufällig.

Hier kann der Kürze halber nur ein Aspekt angedeutet werden: Die Verherrlichung des Guerilakrieges und seiner Helden in und nach dem Zweiten Weltkrieg hat der bis dahin durch das Völkerrecht verdammten »illegalen« Gewalt Rechtschaffenheit und Ruhm eingebracht. Die Russen und Chinesen machten den Guerillakrieg zu einem wichtigen Instrument der Kriegführung. Alle Befreiungsbewegungen sind an diesen Vorbildern geschult, bis zu den in unseren Buchhandlungen käuflichen Anweisungen für die Stadt-Guerilla. Marxistische Befreiungstheoretiker wie Fanon, von Intellektuellen wie Sartre unterstützt, haben die Gewalt als legitimes und einzig wirksames Mittel zur Erzwingung von Veränderungen gepriesen. Auf eine gewisse Art von Intellektuellen hat Gewalt von jeher einen nahezu erotischen Reiz ausgeübt, was ihre Beteiligung an Revolutionen erklärt, deren Opfer sie dann meist wurden.

Die Theorie der Gewaltanwendung folgt einem einfachen Schema. Der Gegner (Staat, Gesellschaft) ist der Teufel, gegen den jedes Mittel recht ist. Gibt sich der Teufel unter Verbergung seiner wahren Natur friedlich, muß er provoziert und dadurch zur Reaktion, möglichst Überreaktion, veranlaßt werden. Er zeigt dann sein wahres, brutales Gesicht. Die eigenen Opfer sind Märtyrer, die des Teufels nur »Bullen« oder »Schweine«. Angreifer ist auf jeden Fall der Gegner. Durch die beabsichtigte gegenseitige Steigerung der Mittel und Maßnahmen wird die Bürgerkriegsstrategie – Befreiung – in Gang gebracht und gehalten. Dieses Modell ist – unter Einschaltung von Verbrecherbanden, die Übergänge sind ohnehin fließend – zur weltweiten Anwendung gekommen.

Ein Beispiel der unredlichen Gewaltverherrlichung sind die Opfer der »Fosse Adreatine« bei Rom, denen jeder deutsche Bundespräsident bisher bei Besuchen als »kaudinischem Joch« italienischen Selbstverständnisses Tribut leisten mußte. Der Vorgang ist einfach und beispielhaft: Angehörige einer deutschen (Südtiroler) Polizeieinheit fuhren in Rom unbewaffnet zum Mittagessen. Ein Partisanenüberfall tötete 33. Der völkerrechtlich legale Repressionsmechanismus (zehn zu eins) lief wie erwartet ab (der bedauerliche Fall Kappler hat den eigentlichen Vorgang leider verdeckt). Die Täter waren später angesehene kommunistische Politiker. Von den 33 unschuldigen Opfern spricht niemand – auch kein deutscher Bundespräsident. Auch hier hilft Sartre: 1943 konnte er mit Hilfe des deutschen Zensuroffiziers in Paris »Die Fliegen« aufführen. Nach der Befreiung 1944 danach befragt, sagte er: »Das wahre Drama, das ich hätte schreiben wollen, ist das Drama des Terroristen, der auf der Straße ein paar Deutsche umlegt und dadurch die Exekution von fünfzig Geiseln bewirkt.«

Die Terror- und Bürgerkriegsszene in der Bundesrepublik hat sich genau an das Modell gehalten. Erst wurde der Staat als Unrechtsstaat verteufelt, dann durch kriminelle Akte provoziert. Zunächst war der Staat der schwächere, zumal die Angreifer seinen Organen (Polizei, Staatsanwälte, Richter) intellektuell deutlich überlegen waren und sie breite Sympathisanten-Unterstützung fanden. (Wie Fische im Wasser! – Mao.) Jetzt war aus der »strukturellen« Gewalt der Angreifer geworden und die Terroristen die armen verfolgten Opfer. Da ohnehin für eine »fortschrittliche« Rechtsauffassung im Zweifel das Opfer und nicht der Mörder schuldig ist, ist der Staat auf jeden Fall der Angeklagte. So schrieb noch im Januar 1983 eine deutsche Zeitschrift (»Muttersprache«) unter dem Stichwort »Die verhinderte Trauerarbeit« von der brutalen Unterdrückung öffentlicher Trauer, sofern die Toten (Straßenunruhen in Berlin und Zürich), die man beweint, Opfer institutioneller oder staatlicher Gewalt sind.

Unsere linken Intellektuellen haben den bürgerlichen Rechtsstaat zu allen Zeiten abgelehnt und verächtlich gemacht, ohne die Mahnung Gandhis zu beherzigen, daß nur zerstören darf, wer aufbauen kann – das verpönte Folgedenken! Weder Weimar noch die Bundesrepublik konnte ihr Staat sein. Schlimmer ist, daß die Hoffnung des Verfassers von 1960, die Liberalen würden ein konstruktives Verhältnis zum Staat finden, sich nicht erfüllt hat. Die linken Liberalen, weit über das fällige Maß an Reformen hinausgehend, bereit, der Gleichheit die Freiheit zu opfern – die liberale Jugend sogar mit marxistischen Denkansätzen –, haben wesentlich beigetragen zu der Zerstörung der Fundamente unseres Schul- und Bildungswesens. Die Folge war unter anderem eine unerträgliche Bürokratisierung und eine Aufblähung des Staatsapparates, verursacht von denen, die behaupteten, für weniger Staat zu kämpfen. Aber alle Parteien sind schuldig. Im hemmungslosen Wettlauf um die Wählergunst hat eine entartete »Geschenkdemokratie« nicht nur die Staatsfinanzen ruiniert, sondern unter Lähmung der Eigenverantwortung durch eine nicht abreißende Flut von Gesetzen den Leviathan in einer Weise aufgebläht – bei gleichzeitiger Untergrabung des Leistungswillens und Verkürzung der Arbeitszeit –, daß man ohne »Nettokreditaufnahme« nicht einmal mehr die Gehälter bezahlen kann. Trotzdem hält man aber die Fiktion aufrecht, daran sei »der Staat« schuld.

Schlimmer sieht es bei den neuen Jugendbewegten, Anarchisten, Umweltfanatikern, ihren intellektuellen Sympathisanten und Einbläsern aus. Sie sind zum Totalangriff gegen den Staat angetreten, den sie angeblich durch basisdemokratische Herrschaft und freie Diskussions- und Lebensformen überflüssig machen wollen. In unausrottbarer deutscher Manie zum Absoluten diskreditieren sie richtige Gedanken – im übrigen meist alte konservative – durch maßlose Utopien und durch Unredlichkeit. Wer ihre Glücksvorstellungen durchsetzen will, braucht den totalen Staat noch stärker als den »Großen Bruder« Orwells. Nicht einmal die Terrorsysteme der kommunistischen Welt wären ausreichend – abgesehen davon, daß diese, noch ganz auf den technischen Fortschritt setzend, gar nicht daran denken, unseren grünen Unheilspropheten zu folgen. Was Tugend sein könnte und müßte, wird in den Händen der Deutschen Wahn-Sinn. Es ist vielleicht vertretbar, die apokalyptischen Ängste des Atomstaates zu beschwören, wie es richtig ist, dem technischen Perfektionismus und Technikerübermut Grenzen zu setzen. Aber unterstellt, die in zwanzig Jahren auf über sechs Milliarden angestiegene Erdbevölkerung verhungert nicht zuletzt durch Energiemangel – glaubt man dann die gerechte Verteilung der Armut mit weniger Staat bewältigen zu können? Der Armutsstaat – von den zu erwartenden Kriegen um die Energie- und Wasserquellen ganz abgesehen – wird nicht weniger schrecklich sein als der atomare Überwachungsstaat. Die im Auto durch Deutschland rasenden Verweigerer und Aussteiger sollten sich an unserem kaum mit unserer Rechtsordnung zu vereinbarenden Verkehrsstrafrecht orientieren: Kriminalisierung und Speicherung selbst geringfügigen – auch schuldlosen – Fehlverhaltens, um zu wissen, was uns noch bevorsteht. Aber eigenartigerweise wird das schweigend ertragen. Der Götze Auto muß sein. Statt dessen werden Volkszählung und Kennkarte verteufelt!

Auf eine gefährliche Entwicklung durch Unterhöhlung unserer Rechtsordnung sei hier hingewiesen: Man kann nicht Teile zur Disposition stellen oder ihre Verletzung sogar, wie bei den Hausbesetzern oder angeblich gewaltfreien Demonstrationen, durch Zustimmung höchster Richter in Frage stellen ohne Auswirkungen auf das Ganze. Die Eigentumsdelikte haben eine Größenordnung angenommen, vor der Polizei und Gerichte machtlos sind. 500 000 Fahrraddiebstähle im Jahr! Auch die zunehmende Autoraserei ist ein Symptom.

Ein letztes Argument: die gewaltsame Durchsetzung von partikularen gegen Gemeinwohlinteressen unter sonst nirgends in der Welt möglicher Strapazierung des gehaßten »Rechtsmittelstaates«. Verteidigt aber ein Gericht unsere rechtsstaatliche Ordnung wie im Falle des Startbahngegners Schubarth – seine Strafe wurde zur Bewährung ausgesetzt –, kann dieser auf einer Massenkundgebung das Urteil als »im Kern faschistoid« bezeichnen. In jedem angelsächsischen Land käme dieser gelernte Jurist und Beamte allein deshalb hinter Schloß und Riegel. Bei uns ist ihm das öffentliche Bedauern der linken Sympathisantenszene sicher. (Das Gericht: »Ein schwerer Fall von Rechtsblindheit.« Schubarth: »Eigenartiger Beitrag zum fünfzigsten Jahrestag der Machtergreifung des Faschismus.«)

Verantwortung oder Gesinnung?

Tut dem Geist nicht weh; denn Geist ist schon eine unheilbare Wunde!
Georg Kaiser

Sartre, Adorno, Marcuse, Bloch – um nur einige zu nennen – stellen erneut die alte Frage nach der Rolle des Intellektuellen und seiner Verantwortung. Jürgen Habermas hat sie – mit seinen 32 Co-Autoren in »Stichworte zur geistigen Situation der Zeit« und neuerdings in »Neokonservative Kulturkritik« zum roten Faden seiner Analysen gemacht. Gehlen, Schelsky, Lübbe und Sontheimer haben ihre Arbeiten und Sorgen diesem Thema gewidmet. R. Aron hat – mit vielen anderen – die Frage gestellt: »Was ist in den letzten zwanzig Jahren eigentlich vor sich gegangen?« Er macht die Intellektuellen als »ideologische Opiumraucher« verantwortlich.

Trotz der zentralen Rolle der Intellektuellen in einer Untersuchung über Gründe von »Untergang oder Übergang« können hier nur einige Aspekte angesprochen werden. Der Begriff »Intellektueller« konnte nie befriedigend geklärt werden. Habermas zitiert ein neueres »Hieb-und-Stichwort«-Verzeichnis mit tausend Titeln von »abstrakt« bis »zynisch«. Bleiben wir bei Karl Mannheims »relativ frei schwebender Intelligenz«, der Unterscheidung seines Lehrers Max Weber von »Verantwortungs- und Gesinnungsethik« und dem »Eigensinn« der ästhetischen Wertsphäre. Nützlich für die Erhellung der Funktion dieses »Eigensinns« können zwei Rollenzuweisungen sein: die der »Bandscheibe« als Frühwarnsystem der Gesellschaft oder die des »Seismographen«, auf den man nach Ernst Jünger nicht einschlagen soll, wenn er etwas Unpassendes anzeigt. Das ist sicher richtig. Aber Schmerz-, Unruhe- und Gefahranzeiger setzen ein Bezugssystem voraus, an dem die Ausschläge gemessen werden können. Unser Problem ist, daß es keinen entsprechenden Bezugsrahmen gibt und deshalb auch keinen Konsens über die Deutung der Warnsignale!

Nicht ohne Grund hat der liberal-konservative amerikanische Soziologe D. Bell seiner Untersuchung – die wohl beste seit Max Weber – über Industriegesellschaft und Kultur »Die Zukunft der westlichen Welt – Kultur und Technologie im Widerstreit« (1976) Nietzsches berühmte Prophezeiung vorangestellt über die »Heraufkunft des Nihilismus« (1888) und die »schlechtweg irrsinnige Tat« aus Josef Conrad, »Der Geheimagent« (1907): die Sprengung des Nullmeridians im Observatorium Greenwich als einzig noch sinnvolle Tat des Nihilismus; die symbolische Zerstörung von Zeit und Geschichte.

In der Moderne trennten sich nach Bell zwei Entwicklungslinien der Rationalität: die des wirtschaftlich-gesellschaftlichen Prozesses und die der jetzt autonomen Kultur. Letztere löste sich schneller von ihrem christlichen Hintergrund und schließlich von allen Bindungen überhaupt, um zum Schluß nur noch das sich selbst in Frage stellende, orientierungslose Subjekt übrigzulassen. Die gesellschaftlich-ökonomische Entwicklung zehrte indes noch lange von den in die innerweltliche Askese übertragenen religiösen Werten, bis diese auch hier durch die Rationalität des Systems, die Einflüsse aus dem feindlichen Kulturbereich und die materiellen Erfolge des Kapitalismus – den Hedonismus – ausgehöhlt wurden. Nach Bell ist die Moderne in beiden Ausprägungen durch die in ihr angelegte rationalistische Selbstzerstörung ans Ende ihrer Möglichkeiten angelangt.

Seine Analyse trifft, mehr oder weniger, früher oder später für die ganze westlich-kapitalistische Welt zu mit einer Besonderheit in Deutschland. Während in den anderen Ländern noch lange, teilweise bis heute, trotz der unterschiedlichen Entwicklung der beiden Stränge der Moderne ein weitgehender Konsens in Fragen des nationalen Zusammenlebens erhalten blieb, ging bei uns durch die frühzeitige Trennung von Idee und Wirklichkeit und die Realitätsverfehlung der deutschen Geschichte bereits im 19. Jahrhundert ein immer größer werdender Bruch durch die Nation. Die Verteufelung nicht nur der Macht, sondern der Wirklichkeit überhaupt durch einen großen Teil unserer Intellektuellen (mit dem Markenzeichen: »Der Geist steht links«) ist eine sich bis heute steigernde deutsche Besonderheit. Dieser jenseits der Realität angesiedelte abstrakte Idealismus war von Anfang an gekennzeichnet durch einen ans Religiöse grenzenden Hochmut und eine intellektuelle Unredlichkeit. Seit der Aufklärung und der Französischen Revolution glaubt eine sich selbst gegenüber unkritische Linke sich im Besitz einer unumstößlichen Wahrheit: des Fortschritts, was man bei dessen ambivalenter Natur auch immer darunter verstehen mag. Seine Entfaltung rechtfertigt alle Opfer. Weil er im Sinne Hegels der objektive Geist der Geschichte ist, können seine Propheten nicht unrecht haben und nichts Böses denken oder tun. Wer links steht oder handelt, hat recht. Deshalb ist man gegenüber Kritik so empfindlich und sucht sich ihrer meist durch Diffamierung zu entledigen.

Rechts oder links will heute nicht mehr viel sagen; zumal die Linke durch nicht mehr zu leugnende Realitätserfahrung und Substanzschwund gezwungen ist, bei den Konservativen Anleihen zu machen. Bereits das Dritte Reich hatte diese Begriffe obsolet gemacht. Es war im übrigen mehr links als rechts und bestimmt nicht konservativ. Und stand der Geist wirklich links und der Ungeist rechts? Ein Blick auf die unbestritten großen Geister des Abendlandes genügt. Es gab Ungeist auf beiden Seiten, aber die gefährlichen falschen Propheten kamen nicht aus dem liberal-konservativen Denken.

Die ungeliebte Republik von Weimar wurde nicht nur von rechts zerstört. Sie wurde aufgegeben, bevor Hitler ernsthaft die Bühne betrat. Die linken Intellektuellen haben sie nicht verteidigt, sondern in den zu Unrecht glorifizierten »roaring twenties« mitgeholfen, sie in der zynischen Lauge ihres Relativismus und Nihilismus aufzulösen. Daß der konservative Geist sich mit diesem Staate nicht versöhnen konnte und sich für eine Revolution mißbrauchen ließ, die nicht die seine war, ist ein anderes Blatt der deutschen Tragödie.

Man hätte annehmen können, daß die »postkatastrophale« Bundesrepublik, wenn auch nur Provisorium und als Staatswesen fraglich, durch die Übernahme liberaler bis sozialdemokratischer westlicher Wertvorstellungen, denen Deutschland in der Vergangenheit kritisch, wenn nicht ablehnend gegenübergestanden hatte, die freudige Unterstützung der neuen linken Intellektuellen gefunden hätte. Das Gegenteil war der Fall. Die gegenüber Weimar kritischen Liberal-Konservativen bekannten sich – soweit sie sich zunächst überhaupt äußern konnten – zu dem neuen Staat unter Beibehaltung und Neubewertung ihrer alten kultur- und zivilisationskritischen Positionen angesichts der nun einen neuen Siegeslauf antretenden technisch-industriellen Konsum- und Massenwelt. Die Linke hingegen lehnte das neue Gemeinwesen und seine Gesellschaft als »restaurativ« – häufig in Verbindung mit Adenauer gebraucht – weitgehend ab, zog sich in den Schmollwinkel sich elitär verstehender, wenn auch kleinbürgerlicher Zirkel zurück und beschäftigte sich mit Vergangenheitsbewältigung und der Verteidigung ihrer Monopolposition im neuen Kulturbetrieb (Habermas in »Stichworte zur geistigen Situation der Zeit«: »die bis in die siebziger Jahre hinein die Kultur in Deutschland, so sagt man, gemacht hat«). Ausnahmen waren später im wesentlichen nur Grass und Walser.

Der Vorwurf der Restauration und der Verfehlung der Stunde Null zeugt von Realitätsblindheit oder ideologischer Voreingenommenheit. In den für die Nachkriegsentwicklung entscheidenden vier ersten Jahren bestimmten die Besatzungsmächte in Politik und Wirtschaft völlig, in Gesellschaft und Kultur, gestützt auf die zurückgekehrten Emigranten und die wenigen unbeschädigten Intellektuellen des Widerstandes und der inneren Emigration, weitgehend das Geschehen. In der Ostzone führte das in die Zwangsjacke eines totalitären Satellitenkommunismus, im Westen zu einer umfassenden Rezeption westlich-pluralistischen Kulturgutes jedweder Provenienz, aber mit merklich linkem Einschlag. Bis in die Mitte der fünfziger Jahre beherrschte es das deutsche Kulturleben fast völlig, zumal überzeugende eigene Leistungen noch lange ausblieben und die Schubläden der Emigranten – bis auf einige große Ausnahmen – leer waren. Worauf richtet sich also der Vorwurf der Restauration, der maßgeblich zu dem späteren Schreckensbild der Bundesrepublik beigetragen hat? Daß man zu dem Staatsneubau auf die verbliebenen Persönlichkeiten der Weimarer Zeit und die unentbehrlichen Fachleute zurückgreifen und dabei die bitteren Erfahrungen über die Gründe des Untergangs der Republik beherzigen mußte – »Keine Freiheit für die Feinde der Freiheit!« –, ist doch wohl selbstverständlich. Die kommunistische Gewaltherrschaft in dem anderen Teil Deutschlands bestimmte wesentlich die Toleranzgrenzen dieses freiheitlichen Staates, der im Gegensatz zu Weimar von der rechtsradikalen Seite noch auf lange Zeit – wenn überhaupt – nichts zu befürchten hatte. Insoweit hatten die Deutschen ihre Lektion gelernt. Die neue »Freund-Feind«-Fixierung war eine Reaktion auf die Politik des Ostens. Sie wird im übrigen von der gesamten westlichen Kultur- und Staatengemeinschaft bis heute geteilt und ist keine Erfindung der Restauration Adenauers und seiner »militaristischen« oder »nazistischen« Berater, wie man die Welt glauben machen möchte.

Das völlig Neue war, daß die Sozialdemokratie, die um eine Stimme die politische Führung der Bundesrepublik verfehlte, mit dieser Lagebeurteilung übereinstimmte und daß, trotz unterschiedlicher Auffassungen in Teilbereichen, ein breiter Konsens diesen freiheitlichen Staat trug und trägt. Die großen Leistungen und die Zielverfehlungen der Bundesrepublik wurden an anderer Stelle geschildert. Die Version der Linken möchte glauben machen, der neue Staat habe nichts anderes im Sinn gehabt, als im Auftrage und zum Nutzen der Amerikaner und der alten und neuen deutschen kapitalistischen Ausbeuter dem widerstrebenden Volk einen primitiven Materialismus und krassen Klassenegoismus aufzuzwingen. Alles demokratische Beiwerk sei nur Schein und Verblendungszusammenhang zur Verschleierung der Machtverhältnisse.

Man sieht, worum es geht: Man konnte dem neuen Gemeinwesen nicht verzeihen, daß es gegen alle Voraussetzungen in so unerlaubter Weise erfolgreich war: weil nicht sein kann, was nicht sein darf! (Die Sorge um die »Enrichissez-vous«-Folgen waren keine linke Domäne. Sie befiel sogar Ludwig Erhard schon 1956.) Der Grund ist: Man wollte eine andere Gesellschaft und einen ganz anderen Staat. Bloß, wie er zu schaffen sei und wie er aussehen sollte, konnte keiner sagen, zumal man den realen Sozialismus des Ostens, trotz unverkennbarer Sympathien, auch nicht wollte. Sonst hätte man sich ja dort betätigen können. Das Gegenteil war der Fall: Erfolglose Sucher nach dem Kommunismus mit menschlichem Gesicht kamen in den Westen, um, alle Vorzüge unserer Freiheit genießend, unseren Staat und seine Gesellschaft anzuklagen und zu unterminieren.

Die Folge war das »unglückliche« Bewußtsein, das heißt die Heimat- und Ortslosigkeit. Nicht ohne Grund macht Heinrich Böll, in dem – frei nach Nietzsche – das Ressentiment des Kleinbürgers schöpferisch wurde, den Eindruck eines traurigen, gefallenen Engels, dem der nach Habermas »abtrünnige jungkonservative« Bohrer eine »böse Demut« bescheinigt. Diese macht den Nobelpreisträger wohl auch zu einem Prozeßhansel bei nichtigem Anlaß. Gegen Kritik ist diese vorgetäuschte Heilsgewißheit der Linken ohnehin allergisch. Sie wollen nur Hiebe austeilen, keine empfangen. Und sie wollen nicht mit der Wirklichkeit konfrontiert werden – ja nicht einmal mit ihr in Berührung kommen, wie ihr negatives Verhältnis zur Bundesrepublik beweist. »Hier herrscht Erb- und Todfeindschaft. Böll muß gegen Schmidt sein«, schrieb H. Kremp 1975 in der »Welt«. So ist es nicht erstaunlich, daß die neben dem Staats-, Gesellschafts- und Wirtschaftsneubau und der Vergangenheitsbewältigung bedeutendsten, nicht restaurativen, sondern revolutionären Ereignisse: im Innern die Aufnahme, Eingliederung und Versöhnung von zwölf Millionen Vertriebenen und Flüchtlingen und nach außen die entschlossene Beteiligung am Aufbau eines neuen Europa, für diese Linken kein Interesse, geschweige denn einen literarischen Niederschlag fand (Ausnahme auch hier: Grass). Der Grund liegt nahe: Die Vertriebenen waren – obgleich besitzlose Opfer – nicht zur »Erkenntnis ihrer Klassenlage« gekommen und verdienten deshalb weder Interesse noch Sympathie. Und das neue Europa war das der klerikalen Kapitalisten und der amerikanischen Konzerne.

Bei diesem Realitätsverzicht, der zu einem Verlust wurde – er sollte sich später ins Utopische steigern und im Nihilismus enden –, hat erneut mitgespielt das nach der Katastrophe von 1945 für tot gehoffte deutsche Grundübel des »Alles oder Nichts«; die Diskreditierung des Kompromisses der typisch deutsche Spruch: »Das Bessere ist der Feind des Guten.« Aber das schafft ein gutes, reines Gewissen: »Wie schön ist es, so gut zu sein!« Man kann Humanität tragen, ohne sie praktisch zu erproben: Humanitarismus, die Welt des reinen Geistes; aber auch der unverbesserlichen, weil unwiderlegbaren Selbstgerechtigkeit. Diese trägt in sich das Gift der geistigen Unredlichkeit und wurde deshalb stets als Todsünde betrachtet. Die »böse Demut« – wie Bohrer schrieb.

Als dann die SPD 1959 sich im Godesberger Programm auf den Boden dieses verbesserungsbedürftigen, aber verteidigungswürdigen Staates und der, wenn auch reformbedürftigen, Gesellschaft der freien Marktwirtschaft stellte, war das selbstverschuldete und gewollte »Abseits« der neuen Linken total. Staat und Gesellschaft wurden für sie, wie Weimar für die Nationalsozialisten, zum »System« (Böll: »Der Staat: ein Misthaufen, dessen verfaulende Reste in gnadenloser Macht die Terroristen verfolgen« – aus dem Gedächtnis hoffentlich richtig zitiert!). Hier trat als Nothelfer die Frankfurter Schule und der Neo-, besser: Spätmarxismus ein mit einer angeblich neuen Gesellschaftskritik und neuen, wenn auch utopischen Heilslehren. (Wo die Gesellschaftskritik zutreffend war, beruhte sie auf den alten Zivilisationswarnungen der Konservativen.)

Der sich überschlagende Materialismus der Wohlstands- und Konsumgesellschaft, die unvermeidliche Reaktion einer Jugend, die den Preis der Waren, aber nicht mehr den der Freiheit kannte, und das Danaer-Geschenk des Vietnam-Krieges füllten vorübergehend die alten brüchigen Schläuche mit schäumendem neuen Wein. Aber die Trunkenheit endete mit Mord, Totschlag und Aufstand nicht nur gegen das nunmehr völlig verteufelte »System«, sondern auch gegen die eigenen geistigen Väter, denen man sich wie den leiblichen Vätern als letztlich doch nur intellektuellen Scheißern verweigerte. Als dann auch noch die Heilshoffnungen auf China, Vietnam und die geborgte Not der Dritten Welt entschwanden, war zwar nicht der ideologische Glaube gebrochen, aber die Ratlosigkeit total. Das »unglückliche Bewußtsein«, das diese Linke von Anfang an beherrscht hatte, schlug in der enttäuschten jungen Generation um in Subjektivismus, Romantik, Utopie, Nihilismus und Destruktion.

Mit der geistigen Ohnmacht, der Realitätsverfehlung und dem Utopieverfall ist nicht leicht in Einklang zu bringen die zunehmende Herrschaft eben dieser Intellektuellen in den Medien und dem Kulturbetrieb. Ihr nicht selten mittels »Anbräunung« (E. Jünger) gesichertes politisches Monopol und die technische Entwicklung der Medien – insbesondere des Fernsehens – zu einer Staat und Gesellschaft weitgehend beherrschenden, unkontrollierten Macht ermöglichte erst das, was Habermas richtig beschreibt: »Von einer intellektuellen Linken, die das kulturelle Milieu mit einer gewissen Selbstverständlichkeit prägen konnte.« Schelsky hat den Tatbestand treffend definiert: »Die Arbeit tun die anderen.« Ob es sich bei den Sinnvermittlern um eine neue Priesterkaste oder -klasse handelt, ist dabei nebensächlich. Wie hoch die Selbsteinschätzung dieser neuen Schicht in den audiovisuellen Medien ist – Klassenvorstellungen sind hier nicht zu verkennen –, zeigt das von den Rechnungshöfen erfolglos monierte Einkommensniveau. Obgleich aus öffentlichen Abgaben finanziert, soll es sich nicht am öffentlichen Dienst, sondern an vergleichbaren Positionen der kapitalistischen Industrie orientieren. Der Intendant verdient mehr als der Bundeskanzler! Die Parteien billigen seit Jahren diese Entwicklung – wohl aus Respekt vor der Medienmacht. Auf der einen Seite Anklage und Armutsgelübde, auf der anderen Seite Bereicherung und überhöhter Lebensstandard: auch das ein Kapitel der Unredlichkeit.

Im Zusammenhang mit der intellektuellen Vorherrschaft im Kulturbetrieb, Medien- und Bildungsbereich und der Massenproduktion von Aufsteigerbildung ist ein Aspekt von Bedeutung, den Karl Mannheim in »Mensch und Gesellschaft im Zeitalter des Neubaus« bereits angesprochen hatte. Obgleich er damals wohl in erster Linie die im Nationalsozialismus zur Macht gekommenen unteren und kleinbürgerlichen Schichten mit ihren nicht durch Kulturerziehung gebändigten Gewaltinstinkten meinte, sind seine Erkenntnisse auch heute noch von allgemeinem Wert gerade in bezug auf unsere neue linke Intelligenz. Karl Mannheim stellte 1935 in der Emigration fest: »Die erste negative Konsequenz der modernen Demokratie, des sozialen Aufstiegs durch Bildung, ist die Proletarisierung der Intelligenz. – Die eigentliche Bedrohung unserer Massengesellschaft scheint gar nicht darin zu bestehen, daß das Leistungsprinzip plötzlich allgemein wird, sondern umgekehrt darin, daß diese Gesellschaft neuerdings für bestimmte Gruppen gewissermaßen als Prämie im Konkurrenzkampf um die Macht das Leistungsprinzip fallenläßt. – Jetzt macht eine negative Selektion diejenigen tonangebend, die den modernen zivilisatorischen Ansprüchen bisher nicht gewachsen und in ihrer Triebbeherrschung und Selbstzucht zurückgeblieben waren. – Diese negative Selektion löst die in langen Generationen vollzogene Sublimierung allmählich auf und kehrt immer mehr die chaotisch ungeformte Seite der Seele nach außen. – Auch in dieser Gesellschaft der funktionellen Rationalisierung leben eine maximale äußere Ordnung und ein unverarbeiteter und stets zur

Anarchie tendierender Rest unverbunden nebeneinander. – Die Folge davon kann sein, daß neben der formalen Ordnung und der funktionellen Rationalität eine innere Verwahrlosung und Richtungslosigkeit bestehen bleibt, von der die wichtigen gesellschaftlichen Einrichtungen stets bedroht werden.«

Um das zu verhüten, erscheint Mannheim eine gewisse Kontinuität zwischen älteren und neueren Eliten unverzichtbar. »Man kann die Träger des angesammelten alten Kulturgutes nicht ausschalten, wenn man nicht eine kulturelle Katastrophe heraufbeschwören will. – Niemals hat die Geschichte bisher eine erreichte Kulturstufe aufrechterhalten können, ohne eine Kontinuität mit Trägern des alten Bildungsgutes und ihrer Rationalisierungs- und Sublimierungstechnik herzustellen.« Ist das nicht der Fall, ist nach Mannheim die Proletarisierung und die Barbarisierung unvermeidlich.

Daß dieser Sublimierungsvorgang nach dem Bruch durch das Dritte Reich und die Katastrophe nicht mehr möglich war, mag einen Teil der linken Verirrungen erklären. Hinzu kommt das Fehlen einer einschmelzenden, läuternden und Leitbilder gebenden Hauptstadt als Kulturmetropole. Kultur und Politik haben sich bei uns so getrennt, als ob sie auf verschiedenen Sternen lebten (Johannes Gross spricht treffend von »Neureichen« und »Neuintellektuellen«).

Die Rebarbarisierung zeigt sich deutlich im Sprachverfall. Auch hier – wie in der Auflösung aller Formen – ging die linke Intelligenz voran: unverständliches Soziologen- und Psychologenchinesisch auf der einen und Anal- und Fäkal-Sprache auf der anderen Seite (die »Sprache des Unmenschen« ist vergleichsweise eine harmlose Angelegenheit!). Wer hoffte, sich mit dieser Sprache als Intellektueller bei den umworbenen Arbeitern beliebt zu machen, erlebte allerdings nur Enttäuschungen, wie bereits Brecht mit seinem teuren, maßgeschneiderten Proletarier-Look.

Die Barbarisierung – in der Sprache und der Kunst sich zuerst ankündigend – durchdrang bald den ganzen äußeren Habitus der neuen Jugend, deren extremer Subjektivismus mit einem ebenso extremen Uniformbedürfnis eigenartig kontrastiert. Was den Umgang mit ihr unter anderem so schwer macht, ist der Kult des ungewaschenen, unästhetischen Äußeren als Teil der Protesthaltung gegen eine zu polierte Gesellschaft. Aus der »Ästhetik des Schreckens« (Bohrer) wurde der »Schrecken der neuen Ästhetik« – in der Anti-Kunst als neueste Avantgarde vermarktet.

Die intellektuelle Unredlichkeit

Konfuzius hatte auf die Frage, was er tun würde, wenn man ihm die Macht im Lande übertrüge, geantwortet: »Ich würde den Sprachgebrauch verbessern.« – »Wie das? Das hat doch nichts mit den wirklichen Dingen zu tun!« – »Wenn die Worte nicht stimmen, dann ist das Gesagte nicht das Gemeinte. Wenn das, was gesagt wird, nicht stimmt, dann stimmen die Werke nicht. Gedeihen die Werke nicht, so verderben Sitten und Künste. Darum achte man darauf, daß die Worte stimmen. Das ist das Wichtigste von allem.« Margret Boveri widmete 1956 eine noch heute gültige Untersuchung dem zwielichtigen Bereich des Verrats: »Der Verrat im 20. Jahrhundert«. Verrat hat es zu allen Zeiten gegeben. Häufig ist er eine Frage des Datums. Man ist versucht zu sagen, er sei harmlos im Vergleich zu dem umfassenderen, tiefer gehenderen, destruktiven Stigma unserer Zeit: der intellektuellen Unredlichkeit. Margret Bovery deutet beide: »Der Inhalt des Verrats wechselt, indem sich das Rad der Geschichte dreht. Heute werden als Helden und Märtyrer die gefeiert, die gestern als Verräter gehenkt wurden und umgekehrt. Aber der Verrat bleibt bei uns, als sei er der dauernd sich wandelnde Schatten, der den stärker oder schwächer werdenden, höher oder tiefer steigenden Lichtern unserer Epoche zugehört.« Die Doppelzüngigkeit charakterisiert sie als ein Zeichen des Wandels: der doppelzüngige und der gespaltene Mensch. »Heute befinden wir uns in einer Epoche der Doppelzüngigkeit und damit Zerrisssenheit, Gespaltenheit, Zwielichtigkeit, wie sie vielleicht keine frühere Epoche gekannt hat.«

Der Franzose Julien Benda beklagte Ende der zwanziger Jahre den Verrat der Intellektuellen an der Wahrheit (»la trahison des clercs«). Kurt Sontheimer hat in »Gefangene der Theorie« (1982) und erneut in »Zeitenwende?« (1983) das Stichwort aufgenommen und, um dem stets bereitliegenden Vorwurf der Intellektuellen-Hetze zu begegnen, unmißverständlich klargemacht, worum es geht: »Die Idee einer Universalität der Vernunft verbietet es, daß die Kriterien der Wahrheit durch Engagement ersetzt werden. Dieses Verbot mißachten, bedeutet, was man treffend den Verrat der Intellektuellen nennen könnte.«

Den Begriff des Intellektuellen sollte man in diesem Zusammenhang so weit wie möglich fassen. Die Unredlichkeit reicht von der bewußten Unwahrheit Brechts bis zur absichtslosen Täuschung. Redlich handelt, wer nach bestem Wissen und Gewissen handelt. Das gilt auch für das Sagen. Dabei braucht man sich nicht dem Schweigegebot Wittgensteins zu unterwerfen, der nur das klar Erkannte als Rede zulassen wollte. Wissen heißt: Kenntnis der Fakten, ihres Zusammenhangs und ihrer möglichen Folgen. Eine Definition des Gewissens (Gewissensprüfung!) ist heute fast unmöglich, da es keine allgemeinverbindlichen und als solche anerkannten Normen gibt. Der Pflichtbegriff Kants ist zu einer »sekundären« Tugend abgewertet und die Moral zu einer »Grenzmoral« abgesunken.

Man führt den guten Zweck ein, der die Mittel heiligt. Und vor allem das gute Gewissen, das die Gefängnismauern von Ideologie und Utopie geben. Wo Religionsersatz zur Ersatzreligion wird – gegen jede Falsifikationsmöglichkeit abgeschirmt –, kann es keine Unredlichkeit im Denken und Handeln geben. Die Inquisition aller Regime hat ein gutes Gewissen – auch wenn angebliche Aufklärung als Inquisition betrieben wird. Mit den guten Absichten sind bekanntlich die Wege zur Hölle gepflastert, und die machen die Erde zur Hölle, die sie zum Himmel machen wollen. Mehr Leid geschah im Namen des absolut Guten als des absolut Bösen: »Ein Teil von jener Kraft, die stets das Gute will und stets das Böse schafft!«

Max Weber hat es mit dem gespaltenen Gewissen versucht: Gesinnungsethik und Verantwortungsethik. So hilfreich das ist und sosehr Gesinnung und Denken frei sein müssen, heißt das aber nicht: Wer nicht handelt, sündigt nicht? Aber Reden, Schreiben und Kunst sind auf Folgen zielendes Handeln. Gesinnung und Verantwortung können deshalb nicht getrennt werden. Hans Jonas hat in »Prinzip Verantwortung« recht: Mit dem alten Pflichtbegriff kommen wir nicht mehr aus. Wir brauchen eine in die Zukunft zielende Verantwortung. Auf jeden Fall muß der Satz von Edmund Burke gelten über den Vorrang der Folgen vor den Absichten. Theodor Adorno hat sich gegen den Begriff der intellektuellen Unredlichkeit verwahrt, der auf ein Denkverbot hinauslaufe und das Wächteramt des Geistes gefährde. Die Antwort ist einfach: Man mag den, der behauptet, zwei und zwei seien fünf, für einen Narren halten. Aber man muß bis zum letzten dafür kämpfen, daß er es sagen kann. Gleichzeitig muß man ihn aber bekämpfen, wenn er seine Narretei andern aufzwingen will. Der gescheite Adorno war in der Seele – bis in den Tod – getroffen, als die revoltierenden Studenten ihn mit faulen Eiern bewarfen. Er habe doch nur ein Denkmodell gegeben. Wie hätte er annehmen können, daß das Molotow-Cocktails zur Folge habe? Habermas spricht von der »semantischen Bürgerkriegsfront«. Das kommt der Wirklichkeit nahe, wenn man totale gesellschaftliche Veränderung beabsichtigt. An dieser Front spielt

Rolle. Sie ist das Ferment der Dekomposition: als offene Zerstörungsabsicht (macht kaputt, was euch kaputtmacht!) oder als Unsauberkeit, Verführungs-, Diffamierungs-, Denunziations-, Enthüllungs-, Verschleierungs-, Empörungs-, Unterstellungs-, Entrümpelungs-Strategie. Mit einigen Strategen und vielen bös- oder gutgläubigen Helfern!

Wie schrieb doch Jaspers 1931 in seinem »Geist der Zeit«? »Über den modernen Sophisten: man kleidet sich in die unerbittliche Wahrhaftigkeit, welche in ihrer Wurzel doch Lüge ist – im Gewande der Entrüstung wendet er seinen Haß gegen den Adel des Menschen – es wird verurteilt, nicht gefragt – die Revolte eines pathetisch vorgetäuschten Überzeugtseins – weiche Humanität, in der die Humanitas verloren, rechtfertigt mit blutleeren Idealen das Elendigste und Zufälligste – im Bildungschaos läßt sich alles sagen, aber so, daß nichts mehr eigentlich gemeint wird. – Sophistische Maskerade der Verschleierung, Revolte scheinbarer Wahrhaftigkeit, Unsicherheit des Meinens und Wollens.«

Man glaubt nicht richtig zu lesen – vor über einem halben Jahrhundert! Haben wir einen grauenhaften, blutigen Um- und Irrweg gemacht, nur um wieder da zu sein? Nur daß die Lage – trotz des noch anhaltenden schönen äußeren Scheins – heute ernster ist. Die sich aufklärerisch gebenden Fortschrittsmythen überlassen den Zerstörungsmythen das Feld (auch das erinnert an 1931). Das »positive Barbarentum« und das unerschrockene Plädoyer für Destruktivität werden wieder modern. Die Terroristen, verführte und verzweifelte Kinder der Unredlichkeit, machen aus der Theorie blutige Wirklichkeit, »der destruktive Charakter ist jung und heiter«. Das Zerstörungspathos Nietzsches wird wieder zitatfähig: »Zu solchem apollinischen Zerstörungsgebilde führt erst recht die Einsicht, wie ungeheuer sich die Welt vereinfacht, wenn sie auf ihre Zerstörungswürdigkeit geprüft wird.« Und es war derselbe Nietzsche, der ein Plädoyer für Verräter hielt, die die Lösung von verkrampften Loyalitätsverhältnissen betreiben: »Vom Feuer erlöst, schreiten wir dann, durch den Geist getrieben, von Meinung zu Meinung, durch den Wechsel der Parteien, als edle Verräter aller Dinge, die überhaupt verraten werden können, und dennoch ohne ein Gefühl von Schuld.«

Konfuzius wußte, warum er die Erneuerung der Sprache an den Anfang setzte. Sie ist das Medium der Aufklärung, aber auch der Verdunklung, Verführung und Irreführung. Orwell hat die Umfunktionierung der Sprache und mit ihr der politischen Begriffe im kommunistischen System plastisch geschildert: Das Schlüsselwort von »1984« ist »Zwiedenk«; kein Begriff hat mehr seinen ursprünglichen Inhalt; die Geschichte wird nach den

Erfordernissen des Tages ständig neu umgeschrieben. Der gefeierte französische kommunistische Schriftsteller Aragon, der von sich berichtet, daß er abends aus der kommunistischen Partei austrat, um morgens wieder einzutreten, wählte als Buchtitel: »Le vraimentir«, das Wahr-Lügen! Unsere Weltveränderer sind auf diesem Wege weit gekommen. Aus Gewalt wird Frieden und aus Frieden Gewalt, gewaltlos meint Provokation und Nötigung des Staates, Gewalt gegen Sachen ist legitim. Was daraus folgt, ist Notwehr. Die verletzten Polizisten sind keine Menschen, sondern Bullen und Schweine.

So sind wir bei einer irrlichternden, flackernden Moral angekommen, die heute hier, morgen da Objekte findet – einäugig. Günther Anders fand eine Faustregel: Die Größe einer Stupidität ist stets proportional zur Größe der nicht gesehenen Folgen. Eine wissenschaftliche Untersuchung ergab, daß immer weniger Menschen über die Folgen ihres Handelns nachdenken noch sich dafür interessieren. Wer von den linken Vietnam-Protestanten will heute noch etwas von diesem Lande wissen? Die Konzentrationslager dort seien gerechtfertigt, meint Peter Weiß, und Pastor Gollwitzer: »Es hätte schlimmer kommen können.« Schweden weigerte sich, »boatpeople« aufzunehmen. Südafrika und Chile sind Dauerkunden der Empörung – nicht aber Afghanistan oder Polen. Grass bestreitet Amerika nach Vietnam jedes moralische Recht, über die russische Invasion zu urteilen. Und als ob Amerika in Kuba einmarschiert wäre, behauptet Augstein, die Herrschaft Amerikas in Mittelamerika sei nicht schlimmer als die der Sowjetunion in Afghanistan. Der Andersdenkende ist Faschist, das Recht des bürgerlichen Staates »faschistoid«. Die linken Terroristen werden, weil sie nicht ins Bild passen, zu »Reaktionären« oder »Linksfaschisten« umfunktioniert. Der Sprachschöpfer ist leicht zu erkennen. Vor 1933 waren die Sozialdemokraten »Sozialfaschisten«. Erstaunlich – oder auch nicht – ist, daß Intellektuelle, die den Kommunismusverdacht weit von sich weisen, diesen bewußt der Irreführung dienenden Sprachgebrauch übernommen haben. Die Methoden sind so einfach wie subtil. Erste Voraussetzung: »Kein Feind links« (Volksfrontparole von 1936). Einäugigkeit ist Prinzip, wir haben gesehen, daß sie sich aus dem utopischen Heilsgedanken rechtfertigt. »Man scheut sich, den Linksextremismus mit der gleichen Unerbittlichkeit zu analysieren, wie sie dem Rechtsextremismus zuteil wird«, schrieb vor einiger Zeit Arnulf Baring. Linke können nur gut sein! Man arbeitet mit semantischer Denunziation oder Verschweigen. Eine redliche Auseinandersetzung mit Andersdenkenden ist unmöglich und unerwünscht, da man besser ist und alles besser weiß. Wie der Friede wird die Humanität zu einem manipulierten Begriff. Dem Andersdenkenden wird Friedensfähigkeit und humanes Bewußtsein abgesprochen.

Das seit Hegel als immanentes Strukturgesetz des Weltgeistes überstrapazierte Denkmittel der Dialektik – ehrlich und hausbacken nur: Versuch und Irrtum – vornehmer: falsifikationsfähig – dient als Betrugs-, Rechtfertigungs- und universales Beweismittel; das »Sesam, öffne dich!« des niederen Verstandes ohne Vernunft. Das »bürgerliche« Recht ist institutionelle Repression, strukturelle Gewalt (der Begriff stammt von dem »Friedensforscher« Galtung!); im besten Falle eine dort überholte Konvention, wo es emanzipatorischen Ansprüchen im Wege steht. Zur Durchsetzung systemverändernder Forderungen oder Bürgerkriegsstrategien wird aber der liberale Rechtsstaat, der die Schwäche hat, auch seinen Feinden Freiheitsgarantie zu gewähren, als Rechtsmittelstaat aufs äußerste strapaziert, nicht selten unter Verhöhnung der Gerichte.

Die Theologie des »oben ohne« erniedrigt sich zur Dienstmagd des Zeitgeistes. Mit der Bergpredigt wird jede Revolution gerechtfertigt. Wer als Christentum ausgibt, was damit nur noch wenig gemein hat, ist intellektuell unredlich – der Antichrist ist dann nicht weit. Dorothee Sölle ist eine Prophetin dieses Diesseits-Christentums, der Erlösung vom Bösen in der Zeit. (Das Böse: meist die ausbeuterischen Kapitalisten, die Industrieländer und besonders Amerika.) Hatte sie schon früher im Ausland die Bundesrepublik als »ägyptische Finsternis« denunziert, steigerte sie diese Horrorvision auf der Weltkirchenkonferenz in Vancouver (1983): »Ich spreche zu Ihnen als eine Frau, die aus einem der reichsten Länder der Erde kommt, einem Lande mit einer blutigen, nach Gas stinkenden Geschichte, die einige von uns Deutschen noch nicht vergessen konnten; ein Land, das heute die größte Dichte von Atomwaffen in der Welt ›bereithält‹. Ich möchte etwas sagen über die Ängste, die in meinem wohlhabenden und militaristischen Lande herrschen.« Und dann malt sie ein irdisches Paradies, sobald diese Mächte der Finsternis durch Widerstand überwunden sind. Selten wurde mit so schönen, einseitig ausgewählten Bibelzitaten so Schindluder getrieben: »Wege zum Leben in seiner Fülle.« Vom realen Sozialismus natürlich kein Wort.

Da möchte Erich Kuby nicht nachstehen: »Hingegen gibt es in der Bundesrepublik einen nazistischen Sumpf. Der Sauerteig Nazismus aktiviert die gesamte Bevölkerung in einem reaktionären Sinn«, heißt es in: »Der Fall ›Stern‹ und die Folgen« (1983). Der sonst recht gescheite H. von Ditfurth stimmt dem mit anderen linken Schriftstellern und Publizisten zu und schreit »Zensur«, weil der Verleger das so nicht veröffentlichen wollte. Ein Fall von Unredlichkeit und Meinungsterror.

Die »Anti-Kunst« verläßt in zerstörerischer Absicht ihre berechtigte Aufgabe der Darstellung des luziferischen Charakters der Zeit zugunsten der Denunziation als Bestehendem und der letzten Restwerte unserer Kultur. (Das ästhetisch Schöne ist schon längst in Form und Farbe in die Technik abgewandert. Achtzig Prozent der modernen Kunstartefakte können übrigens ebensogut oder besser von Automaten angefertigt werden.) Das Theater wird zum Revolutions- und Umfunktionierungs-Instrument. Da die eigene schöpferische Potenz meist nicht ausreicht, die Probleme der kranken Zeit mit katharsischer Absicht und Wirkung darzustellen, müssen Meisterwerke unserer Literatur über eine zeitgemäße, berechtigte, aber werktreue Interpretation hinaus umfunktioniert, verfälscht, nicht selten in ihrer Absicht ins Gegenteil verkehrt werden. »Wie lange müssen wir noch die Subversion des subventionierten Theaters ertragen?« fragte ein verzweifelter Kritiker. Leider hat ein Bonner Gericht die Betrugsklage (Konsumentenschutz!) eines Bonner Theaterbesuchers abgewiesen.

Dem Gewaltcharakter der Zeit im Gewande eines humanitären Pathos entspricht das Unmenschliche der Avantgarde-After-Kunst, in der das Tödliche, Abartige, Obszöne Triumphe feiert. Der Verteidiger und kritische Interpret der modernen Kunst, Werner Haftmann, urteilt heute: »Protest, Kritik, Anklage und Hohn ringsum – Kennzeichen der Denunziation und der Rudelkunst: Wo eine Wunde blutet, packt das Rudel zu.« Im übrigen: Wir haben viele »Avant-« und neuerdings »Post-Avantgarden« gesehen. Nur die Garde sahen wir nie! Zur Stilbildung hat es nicht gereicht.

Die Postavantgarde-Kunst hat einen besonderen Typ der Unredlichkeit hervorgebracht: Fast jeder weiß, daß es sich nicht um Kunst handelt, wenn auch der Kunstbetrieb und vor allem das bisher noch lukrative Geschäft sie als solche ausgeben. Nun war der Snobismus der Dekadenz und der kleinbürgerliche Eifer, um keinen Preis als Banause zu gelten, stets mit einem hohen Grad von Unredlichkeit verbunden. Leider hat Hitler auch der Kunst einen schlechten Dienst erwiesen durch die Einstufung großer Kunstwerke der noch guten Moderne als entartete Kunst. Seitdem segelt hier unter der falschen Flagge der Verfolgung selbst die absurdeste Produktion. Der ebenso umstrittene wie berühmte Beuys verzichtet ehrlich auf den Begriff Kunst. (Magnus Enzensberger: »die selbstdeklarierte Kunstscheiße«.)

Schon durch eine fachmännische Kritik – so ist es Sedlmayr ergangen – wird man als faschistoid eingestuft. Die Unredlichkeit auf der Konsumentenseite ist aber schlimmer. Viele öffentliche und private Plätze der Bundesrepublik sind mit scheußlichen, sogenannten Kunstwerken entstellt. (Auch das Centre Pompidou im ehemals schönen Marais in Paris gehört hierher!) Die meist kleinbürgerlichen Stadträte finden diese Kunstprodukte genauso scheußlich wie jedermann. Sie geben dafür aber viel Geld der Steuerzahler aus, um nur ja als fortschrittlich zu gelten. Wohl in erster Linie aus diesem Grunde füllen sich auch gute Museen mit solchen Objekten, die in einigen Jahren mit Scham in den Kellern verschwinden werden. Der Snobismus einer gewissen Kunstschickeria, die dem Handel das Geschäft besorgt, spielt dabei eine große Rolle. Der französische Satiriker Daninos beschrieb den Vorgang schon in den fünfziger Jahren: Die Comtesse steht vor dem Kunstobjekt eines weißen Blattes Papier und ruft voll Entzücken: »Quelle présence!« Daninos hatte vielleicht an das weiße Quadrat auf weißem Hintergrund von Malewitsch gedacht.

Das Schockmittel der »Publikumsbeschimpfung« ist ein häufiger Fall erfolgreicher Aggressionshandlung. Bekannt ist der Typ der sich gebildet gebenden, müßiggängerischen Gattin des vielbeschäftigten Unternehmers, die sich den Künsten widmet. (Dostojewski hat ihn in den »Dämonen« in der avantgardistischen, unter dem Einfluß von Terroristen stehenden Frau des Gouverneurs von Lembke meisterhaft dargestellt.) Je kräftiger sie mit obszönen Ausrufen und Kapitalismusbeschimpfungen in ihr Hinterteil getreten wird, je größer ist der Orgasmus in Kopf und Unterleib. Vielleicht liegt hier aber nicht nur ein Fall von Unredlichkeit, sondern nur von snobistischer Dekadenz vor.

Unredlich handelt, wer den Staat verteufelt und Anarchismus predigt, gleichzeitig aber jede Masche des Wohlfahrts- und Gefälligkeitstaates ausnutzt; wer diesen Staat zerstören, aber in diesem »Berufsverbotstaat« Beamter werden will. Hierher gehört auch der grüne Aussteiger aus meist gutem Hause, der alle Segnungen der technischen Welt, den Geldbeutel seines Vaters und das soziale Netz als selbstverständlich voraussetzt. Der Anarchist mit Rentenanspruch! Die Objektivität gebietet die Feststellung, daß die sich konservativ Gebenden dem Anspruchsdenken nichts schuldig bleiben.

Und der Parteienstaat? Unsere Republik ist das Spiegelbild der kranken Gesellschaft. Die Demokratie und ihre Politiker sind unglaubwürdig geworden, auch ohne das »Legitimationsdefizit« der Radikaldemokraten.

Leider ist keine bessere Demokratie in Sicht. So müssen wir uns mit der schlechten begnügen, weil bittere Erfahrung gelehrt hat, daß der mögliche Ersatz noch schlechter ist. Aber eine Demokratie ohne Tugend kann auf die Dauer keinen Bestand haben (daß Industrie und Gewerkschaften nicht besser sind, zeigen Flick- und Neue-Heimat-Skandale). Der Bürger hat das Gefühl, daß – über die normalen lässigen Sünden des politischen Konkurrenzkampfes hinaus – nichts stimmt. Und daß man nichts ändern kann – ein Grund für die Staatsverdrossenheit besonders der Jugend. Bei uns kommt erschwerend hinzu, daß wir nahezu ständig Wahlkampf haben mit einem entsprechend hohen Grad von Unredlichkeit, da man mehr verspricht, als man halten kann. Gleichzeitig haben wir praktisch eine ständige große Koalition, was bisher auch zur Stabilität unserer Republik beigetragen hat. Der Konsens in den Grundfragen ist allerdings die Voraussetzung. Der Staat ist eine Republik der Berufspolitiker mit Pensionsanspruch, in der alles, was die Parteien angeht oder sie belasten könnte, unter den Teppich gekehrt wird. Und die unpopulären Entscheidungen schiebt man nach Möglichkeit den damit überforderten Gerichten zu. Daß die Grünen hier Wandel schaffen, ist kaum anzunehmen, zumal auch sie selbst, wenn auch in anderer Weise, unredlich sind.

Eine Demokratie der kollektiven Verantwortungslosigkeit, in der ein Mehrheitsbeschluß alle Sünden heilt. Die Ohnmacht der Rechnungshöfe schreit gen Himmel. Von der Ungeheuerlichkeit des Aachener Klinikums (finanziell, technisch, menschlich) sagt der ohne schlechtes Gewissen regierende Ministerpräsident Rau: »Wir hatten nicht das richtige Problembewußtsein.« Die großen Aufgaben und Gefahren der technischen Massengesellschaft sind Langzeitprobleme. Der Politiker rechnet aber nur mit dem Zeitraum einer Legislaturperiode. Die letzte Wahrheit des pensionsberechtigten Berufspolitikers ist seine Wiederwahl – alles andere sind vorletzte. Die leeren Parlamentsbänke bei lebenswichtigen Debatten – zum Beispiel zur Lage der Nation oder zu Europa – sprechen Bände. Natürlich gibt es in den Parteien noch Politiker, die sich in der Pflicht der republikanischen Tugend fühlen und auf die das dunke Bild nicht zutrifft. Aber sie haben, wie der Fall Schmidt beweist, zunehmend einen schwierigen Stand. Die Krankheitssymptome breiten sich aus. Waren wir nur eine gute Demokratie, solange es viel zu verteilen gab?

Demokratien bekommen Seltenheitswert. Es wird Zeit, daß wir über eine bessere nachdenken, ohne das Gute der bisherigen zu verlieren. Dabei gilt der Satz, daß es nicht schwierig ist, das Gute und Richtige zu wollen, sondern es zu tun.

Wir haben eine Deformationsform der Demokratie: die Telekratie, den »Einschaltstaat«. Damit ist die Frage der Mittel der Unredlichkeit gestellt. Zu den harmloseren, wenn auch nicht ungefährlichen, gehören die manipulierte Statistik, die Meinungsforschung und die Experten, die für alles und gegen jedes zu haben sind.

Das Problem des Fernsehens – »unser aller Bildzeitung« (Professor Schwarz) – ist angesichts seines nahezu »übermenschlichen« Einflusses – das Medium ist die Wahrheit – ernster. In ihm herrscht »funktionelle Unredlichkeit«. Es kann durch das Mittel des Bildes nur Halbwahrheiten vermitteln, und auch nur solche, die »bildwürdig« sind. Der Auswahlzwang fördert die Suche nach publikumswirksamen Bildern, wobei das Extreme, Erschreckende, Katastrophale, Anomale – kurz: die Horrorschau eines großen Teils unserer Nachrichtensendungen – überwiegt. Das Normale ist langweilig und deshalb nicht bildwürdig. Das führt zum Beispiel zu einer Überbewertung von Randgruppen der Jugend und von Gewaltszenen und Spektakel jeglicher Art, bei denen das Fernsehen stets dabei ist. Dem Publikum wird der Eindruck einer falschen Wirklichkeit vermittelt. Dazu kommt die Faustregel, nach der eine Nachricht im Fernsehen die wirkliche Bedeutung des Geschehens um ein Vielfaches vergrößert. Ein Teufelswerk der Desinformation, wenn die technische Unredlichkeit nicht durch radikales Bemühen um Objektivität ausgeglichen wird – notfalls durch Konkurrenz. Bei diesem Instrument nimmt es nicht wunder, daß viele Agenten der Unredlichkeit und Einäugigkeit hier eine Wirkungsstätte fanden.

Um dem Vorwurf eigener Unredlichkeit zu begegnen, hier einige Beispiele aus der letzten Zeit: 1984 war das Orwell-Jahr. Der »Spiegel« brachte Anfang 1983 eine längere Abhandlung über das berühmte, hochaktuelle Buch über den »Großen Bruder«. Wie schon die Einleitung der Taschenbuchausgabe im Suhrkamp-Verlag, verfälscht auch der Spiegel-Autor – man sollte meinen, er habe das Buch nicht gelesen – das Werk zu einer Anklage gegen den totalen »Überwachungsstaat«. Dabei kommt der Staat in dem Buch kaum vor. Die erwähnten Staatsgebilde sind diffus, ohne feste Grenzen, von Staatsorganen ist nicht die Rede. Orwell hat klar gesagt, worum es dem ehemaligen Kommunisten ging: »Überall auf der Welt haben sich totalitäre Ideen in den Köpfen der Intellektuellen festgesetzt, und ich habe versucht, diese Ideen logisch zu Ende zu denken.« Ausgangspunkt seiner Analyse ist der »Engsoz« – unmißverständlich als englischer Sozialismus zu erkennen. Aus ihm zieht er die letzte Konsequenz: die totale Partei und der große Bruder als Inkarnation der linken Intellektuellen-

Herrschaft. Die Repressions- und Verfälschungsorgane sind Instrumente dieser Intellektuellen. Das Thema ist der intellektuelle Zweifel und die Abweichung im inneren Kreis. (Der ehemalige Kommunist Koestler behandelte in »Darkness at Noon« dieselbe Frage.) Es geht um die Zerstörung des Menschen durch eine totale Ideologie, nämlich den Kommunismus. Die Instrumente sind dabei gleichgültig – wie bei Hitler. Und es geht um die Intellektuellen. Die »Proles«, das heißt die dumme ungefährliche Masse, hat trotz sinkenden Lebensstandards erstaunliche Freiheiten, um sie bei guter Laune zu halten, besonders im Konsum.

Aber um alles das geht es dem Spiegel-Autor nicht. Er verschweigt es. Er will sich auch gar nicht mit Orwell auseinandersetzen, sondern mit dem »Überwachungsstaat Bundesrepublik«, dem die ganze Arbeit gilt. Die salvatorische Vorbehaltsklausel täuscht nicht: »Die Bundesrepublik ist nicht der Orwell-Staat, natürlich nicht. Aber ist sie dagegen gefeit, einer zu werden?« Und dann: »1983 ist 1984.«

Der Film »Die weiße Rose« von Verhoeven (1982) über den Widerstand und Tod der Geschwister Scholl und ihrer Gruppe endet mit dem Nachsatz: »Nach Auffassung des Bundesgerichtshofes bestehen die Urteile zu Recht. Sie gelten auch heute noch.« Für den unkundigen Zuschauer bleibt nur ein Schluß: Im Bundesgerichtshof herrscht derselbe Geist wie im berüchtigten Volksgerichtshof Hitlers. Dr. med. M. Probst, Sohn eines der Hingerichteten, bittet unter Hinweis auf den geistigen (christlich europäischen) Hintergrund der Widerstandsgruppe um Streichung des Nachsatzes. Ohne Erfolg!

Rudolf Augstein nimmt am 9. Juni 1980 unter dem Titel »Clausewitz und Wahnwitz« zu den blutigen Demonstrationen bei dem öffentlichen Gelöbnis der Bundeswehr in Bremen (230 verletzte Polizisten) Stellung. Nach der unvermeidlichen Schutzklausel, so etwas solle man besser nicht tun, heißt es: »Diejenigen aber, die nicht mit Steinen schmeißen, sondern nur sauer sind, empfinden dann eben dies: klammheimliche Freude« (Mescalero zu dem Buback-Mord).

Der Bundesverfassungsrichter und ehemalige SPD-Bundestagsabgeordnete Martin Hirsch brach in einer öffentlichen Diskussion in der FAZ eine Lanze für die »ehrlichen, idealistischen Hausbesetzer«. Es gehe um die Erfüllung des richtig verstandenen (guten) Grundgesetzes. Die Sensibilität gegenüber dem Grundgesetz sei bei den jungen Leuten besonders groß. Die idealistischen Hausbesetzer hätten sich ein Verdienst erworben. Natürlich auch hier: »Allerdings, der Zweck heiligt nie die Mittel.«

Der sich als Radikal-Demokrat verstehende Walter Jens, der die Gleichnisfähigkeit des politischen Wesens mit dem Reiche Gottes vertritt, sagte auf dem SPD-Parteitag 1979 unter Hinweis auf Verfolgung und Angst in der Bundesrepublik von der »F.D.G.O.«; für einen Großteil der kritischen Generation sei sie längst zu einer Panzerfaust des Staates geworden.

So weit möchte der sonst nicht zimperliche K. H. Bohrer nicht gehen, obschon er in seinem Beitrag zu Habermas' Sammelwerk hinter den Selbstmorden in Stammheim ein Fragezeichen läßt und den Mescalero-Geist als »ungezügelte intellektuelle Phantasie« zulassen möchte. Unsere Rechtsordnung ist für ihn nichts anderes als eine »Normen gehorchende Konvention«. »Letztere hat ihr gutes Recht. Sie sollte aber nicht im Namen des Geistes oder der Kultur auftreten oder selbst gar wirklich glauben, daß sie in irgendeinem intelligiblen Sinne spreche. Wenn die Normen gehorchende Konvention prätendiert, im Namen des Geistes zu sprechen, dann sind wir mitten in der Lüge der Ideologie als banalem Machtimpuls.« Der bekannte Bildungsexperte Hartmut von Hentig möchte so weit nicht gehen. Aber auch er meint, daß wir das Grundgesetz so heute nicht mehr machen würden. Ein sozialdemokratischer hessischer Justizminister sorgte für Klarheit: Die Justiz sei ein Dienstleistungsbetrieb wie jeder andere!

Aus Anlaß der Verleihung des Goethepreises der Stadt Frankfurt an Ernst Jünger im August 1982 gab es Demonstrationen und vehemente Angriffe. Die Bundesregierung und die hessische Landesregierung mieden die Veranstaltung (an der Trauerfeier für den französischen Schriftsteller Aragon, Mitglied des Exekutivkomitees der Kommunistischen Partei, nahm praktisch die ganze französische Regierung teil!). In einem Kommentar der Süddeutschen Zeitung von Michael Rutschky, der schon früher die Terroristen als »die Autoren einer anderen Geschichte« gerühmt hatte, hieß es zu Ernst Jünger: Genausogut hätte man auch Ulrike Meinhoff den Preis verleihen können. 1970 erhielt der kommunistische Literaturkritiker Lukács denselben Preis – im übrigen für sein literarisches Werk wohl verdientermaßen. Dabei spielte es keine Rolle, daß Lukács zwar gelegentlich gegen die Exzesse des kommunistischen Regimes protestiert hat, aber sich trotzdem bis zu seinem Ende über alle Enttäuschungen hinweg zu Partei und Glauben bekannte. Vor 1933 gehörte er zu den entschiedenen Bekämpfern der SPD. Und handelte W. Dirks redlich, als er eine Ehrung der Stadt Frankfurt mit Hinweis auf Ernst Jüngers Goethepreis ausschlug?

Der bekannte Publizist Günther Deschner berichtete 1982 in der »Welt« in einer Untersuchung »Von der Pünktlichkeit der Züge oder das Kainsmal der Ordnung« über den Mißbrauch des Faschismus-Begriffs und den Mißbrauch von Meinungsumfragen durch manipulierte Fragestellungen. Wollte man einer vom Bundeskanzleramt bestellten Sinus-Studie über das faschistische Potential in der Bundesrepublik Glauben schenken, dann hatten dreizehn Prozent »ein ideologisch geschlossenes rechtsextremes Weltbild«; weitere 37 Prozent wurden zwar nicht als Nazis eingestuft, aber doch für rechtsextreme Denkinhalte empfänglich. Gegen diesen ungeheuerlichen Befund gab es keinen Protest der Bundesregierung. Was lag dem falschen Befund zugrunde? Die Hälfte der Deutschen war als rechtsextrem oder als zumindest faschistoid eingestuft, weil sie sich nicht damit abfinden wollen, daß Deutschland in zwei deutsche Staaten gespalten ist.

Das alles ist aber fast harmlos im Vergleich zur Unredlichkeit Erhard Epplers – er wird den Vorwurf energisch zurückweisen –, der aufgrund von Stellung (Vorsitzender der Grundwertekommission der SPD, ehemaliger Minister), Bildung und Erfahrung sowie besonders der christlichen Wahrheitsverpflichtung sich eine so einäugige Darstellung wie die seines Bestsellers »Die tödliche Utopie der Sicherheit« (1983) nicht leisten dürfte. Wegen seiner Bedeutung als Vordenker der militanten linken Kreise der Evangelischen Kirche und großer Teile der Friedensbewegung können seine Halbwahrheiten und vielleicht bewußten Unwahrheiten nicht ohne Kommentar bleiben.

Eppler ist – als »schrecklicher Vereinfacher« – ein begabter Pamphletist mit einer vordergründig überzeugenden, engagierten Einäugigkeit. Der pietistische Schwarmgeist (Wehner soll ihn einmal »Pietcong« genannt haben) scheint aus jeder Seite, aber auch das Pendant: der Fanatismus. Im übrigen liegen Schwarmgeisterei und Aggressionstrieb häufig nicht weit auseinander. Das Richtige ist mit dem Falschen so täuschend gemischt, daß es Uneingeweihte beeindrucken muß. Die Einäugigkeit ist, wie nicht anders zu erwarten, mit einem hohen Maß unchristlicher Selbstgerechtigkeit verbunden. Welcher vernünftige Mensch ist nicht zu Tode erschrocken über die Vernichtungsmöglichkeiten der atomaren Welt! Wer ist deshalb nicht für den Frieden – besonders in Zentraleuropa? Die Befürworter der Nachrüstung sterben genauso wie ihre Gegner. Sie haben keine größere Selbstmordneigung, im Gegenteil: Sie glauben einen sichereren Friedensweg zu sehen als Epplers Utopie. Wer, von ein paar blinden technisch-militärischen Perfektionisten abgesehen, sieht nicht die Gefahr der zunehmenden Vorherrschaft militärischen Denkens zu Lasten einer vernünftigen Außenpolitik? Nicht den Teufelskreis? Diese Erkenntnis entläßt uns noch nicht aus der atomaren Konfrontationssituation und aus der Zwangslage, daß wir auf unabsehbare Zeit mit der Bombe leben oder sterben müssen. Aus dem Teufelskreis aussteigen? Durch Vorleistung? Schön wäre es – Eppler weist keinen gangbaren Weg Freiheit; er tut nur so, als ob es einen gäbe; nach dem Prinzip Hoffnung.

Seine Welt ist einfach. Er hat seit 1952 ein Amerika-Trauma, das sich seit Reagan zur blinden Besessenheit gesteigert hat. »Ein lebensgefährliches Gemenge aus technokratischem Übermut, fanatischem Haß und ökonomischem Imperialismus.« Die Bösen sind die Amerikaner, die weniger Bösen, wenn zwar nicht die Guten, so doch die Harmloseren, sind die Bolschewisten, denen jener »moralische Rabatt« der Diesseits-Christen gewährt wird, der an anderer Stelle noch eingehender zu behandeln ist. »Die Bolschewisten sind nicht mit den Nazis zu vergleichen – es handelt sich nur um die Folgen der grauenhaften Deformierung einer im Ansatz humanistischen Ideologie durch Stalin« (und seitdem? fragt man sich). Hier herrscht nicht einmal mehr Äquidistanz, was Eppler nicht bestreitet. Mit dem Nachrüstungsbeschluß begann für ihn erneut der kalte Krieg, nicht mit der Aufstellung der SS-20-Raketen. Die russische Sprachregelung wird kritiklos wiedergegeben (etwa mit dem Begriff »Enthauptungswaffe«). Die bekannte russische militärische Strategiedoktrin wird unterschlagen. Rußland ist eine »normale« Großmacht, ideologisch müde, saturiert und ohne Feindbild: »Vom Zwang zur Feindschaft gegen Andersgläubige befreit.« Die Amerikaner hingegen sind einer virulenten, aggressiven Ideologie verfallen. Sie scheuen den atomaren Angriff, zumal aus Europa, nicht, wenn eine Erfolgschance besteht. Die »Pax Americana« ist deshalb mehr zu fürchten als eine »Pax Sowjetica« (Eppler folgt hier durchgehend dem »ausgezeichneten« Ostexperten Bender!). Natürlich kommt gleich die unredliche Einschränkung: »Keine ideologische Neutralität« – aber: »Wenn es einmal kein ernsthaftes Gegengewicht gegen Amerika gäbe, hätten wir auch daran keine Freude.« (Eppler scheint, von Hiroshima einmal abgesehen, die Zeit des amerikanischen Atommonopols ganz vergessen zu haben – es war die Zeit des Marshall-Plans, des Verzichts auf die Bombe in Korea und leider die Zeit der Inaktivität in Berlin, Budapest und Warschau.) Dann aber kommt gleich wieder der salvatorische Rückzieher: »Für die amerikanische Außenpolitik zählen Menschen zwar ebensowenig wie für die sowjetische – sie läßt aber doch schließlich Raum für Diskussion.« Mehr bleibt von der Freiheit der westlichen Führungsmacht nicht übrig.

Da erscheint der irregeleitete Idealist Lafontaine sympathischer, ehrlicher, wenn auch ebenso verworren (Willy Brandt: Ein prima Kerl!). Er bekennt im Fernsehen: Lieber rot als tot. – »Wenn damit das Leben erhalten werden kann, würde ich Einschränkungen der Freiheit hinnehmen – den Vorwurf des nützlichen Idioten muß ich hinnehmen, die Erhaltung des Lebens rechtfertigt alles.«

Schlimmer noch ist der Pastor Albertz, ehemaliger Bürgermeister in Berlin. Ihm paßt die Blutbesudelung eines amerikanischen Generals durch einen grünen Parlamentarier auch nicht – aber: »man müsse die Verzweiflung verstehen«. Wo wäre Berlin ohne Amerika? Wer könnte es besser wissen als der Pastor? Das ist die »aggressive Undankbarkeit«, die Manès Sperber anklagte.

Zum Schluß dieser Unredlichkeits- und Dekadenzdokumentation die Satire: Der Filmregisseur H. J. Syberberg ging auf fünf Seiten der französischen Zeitung »Libération« der Frage nach, wie Europa nach einem Siege Hitlers ausgesehen hätte. Syberberg rechnet dabei vor allem mit Kollegen und Kritikern ab, die ihm politisch eher nahestehen dürften. Meldungen zum 30. Januar 1983: »Günter Grass erklärt sein Leben: Wie ich Nazi wurde.« Nur Syberberg fehlt – wie die FAZ bemerkt – unter den Mitläufern. Er ist immer im Widerstand. Eine Satire nicht zu schreiben ist wirklich schwierig. Wie immer man zu Syberbergs Bosheiten stehen mag, eins kann man mit ziemlicher Sicherheit vermuten: Wenn morgen die Rote Armee einmarschieren würde, wäre neben den Gläubigen und Agenten die Zahl der Überläufer groß. Hatten nicht die »Lieber-rot-als-tot«-Propheten es schon immer gesagt? Bis sie hinter Stacheldraht über ihre Irrtümer nachdenken können. Als der damalige Vorsitzende des sowjetischen Schriftstellerverbandes, Twardowski, gebeten wurde, für einen verhafteten intellektuellen Dissidenten zu intervenieren, sagte er: »Jetzt, wo Ihr an der Reihe seid, schreit Ihr. Als zwanzig Millionen umgebracht wurden, habt Ihr geschwiegen.«

Die selbstgewählte Realitätsferne der Intellektuellen (Graf Kielmansegg spricht von einem »intellektuellen Kult der Nichtintegration«) wird durch die immer komplizierter und undurchschaubarer werdende technische Welt ständig vergrößert und damit die Urteilsfähigkeit entsprechend kleiner. Konnte noch vor hundert Jahren ein gebildeter Intellektueller sich aus eigener Erkenntnis ein besseres Bild der Probleme seiner Zeit machen als der durchschnittliche »Banause« und deshalb mit einem gewissen Anspruch den »Frühwarner« spielen, ist heute das Gegenteil der Fall. Daß man seinen Weltschmerz in wohlgesetzten Worten ausdrücken kann, gibt noch keine bessere Einsicht in die Probleme der Kernenergie, der Mittelstreckenraketen oder komplizierter außenpolitischer Fragen. Der vielbescholtene Kleinbürger ist als Handwerker, Facharbeiter, Monteur von Industrieanlagen – um nur einige, auch Nichtfachleute, zu nennen – in einer besseren Urteilsposition, die man nicht als Verblendungszusammenhang abtun sollte.

Das Intellektuellen-Urteil hat meist keinen größeren Wert als den der gehobenen Bierbank. Es ist ein vages Vermuten, im Ernstfall von schwer überprüfbarer Expertenmeinung abhängig. Es sollte deshalb bescheiden sein und weder durch hohe Buchauflagen noch den Pfarrertalar eine falsche Kompetenz vortäuschen oder gar »ex cathedra« sprechen wollen. Eine Meinung wie jede andere – sonst ist es Unredlichkeit. Es sei denn, Gott habe in seiner großen Weisheit einige Menschen oder Völker mit einem höheren Erkenntnisgrad ausgestattet, was zum Beispiel die Schweden offenbar von sich annehmen.

Ideologie und Utopie

»In den Jahren, die des 17. Jahrhundert beschlossen, hat eine neue Ordnung der Dinge begonnen«, schrieb unter bezug auf Leibniz vor fünfzig Jahren der französische Kulturhistoriker Paul Hazard in »Krise des abendländischen Geistes«. Die vom Christentum bestimmte abendländische Welt bekam einen neuen Herren: die Vernunft mit der Wissenschaft als Dienerin. Natürlich hatte das viel früher angefangen: vielleicht schon, als ein einsamer Mönch in seiner Zelle über die Eigengesetzlichkeit der Natur nachdachte. Mit den apokalyptischen, als Endzeit erfahrenen Kriegen, Seuchen und Wirren des 14. Jahrhunderts schloß das magische Zeitalter. Mit Renaissance und Reformation betrat der neue Mensch, das Individuum, die Bühne. Der die Größe und die Gefahr des Abendlandes ausmachende Streit zwischen Glauben und Wissen – nur hier wurde er ausgetragen – strebte seinem Höhepunkt zu. Das Wissen siegte. Aber es war ein Pyrrhus-Sieg, wie bereits das 19. Jahrhundert zeigen sollte. Zum Schluß blieb weder der Glaube noch das Wissen. Vor diesem Nichts stehen wir heute. Der Vernunftglaube war von vornherein nicht unbestritten. Der Gegensatz zwischen den beiden großen französischen Mathematikern Descartes und Pascal verbarg Tieferes. Mit Descartes siegte ein verkürzter Vernunftbegriff, die bloße Rationalität, der kleine Logos Platons, nicht der große. Seine Alleinherrschaft war nur kurz – wenn auch seine Folgen lang. Bereits das Erdbeben von Lissabon 1758 gab das Zeichen des Umbruchs. Mit Rousseau betrat die unchristliche Unvernunft, der erste »moderne« Mensch, die Bühne; die »Bestialität«, wie Voltaire wohl richtig vermutete. Bereits die Französische Revolution gab ihm recht: die Erziehungsdiktatur der »Guten« endete in Strömen von Blut und löste die Gegenbewegung aus – vor allem in Deutschland.

Kaum war die Religion als Sinngeberin der Welt entthront, kam auch ihre Schwester, die Philosophie, an ihr Ende. Mit Kant und Hegel erreichte sie ihren Höhepunkt, aber auch die Grenzen der möglichen Welterklärungen. Mit Schopenhauer kam bereits die Psychologie; und im übrigen mit den Naturwissenschaften und der Technik die Wissenschafts- und Gesellschaftslehren. Die Wirtschaft folgte ihren eigenen Gesetzen, das heißt denen des rationalen Marktes. Auch die Kunst verlor die Orientierung. Sie konnte nicht mehr der »Spielmann Gottes« sein, wie Bach sie genannt hatte. Hegel stellte nüchtern fest: »Für uns ist die Kunst nach ihrer höchsten Bestimmung ein Vergangenes.« In Deutschland gab es seitdem kein bedeutendes religiöses Kunstwerk. Bald wurde der Mensch aus dem Bilde verbannt und nach ihm auch die Natur.

Der Siegeslauf der Naturwissenschaften schien unaufhaltsam und grenzenlos, ihre Sinngebung und Rechtfertigung in sich selbst wissend. »Der Mensch als Maschine« war das Stichwort der Aufklärung.

Aber auf den leeren Altären hausen die Dämonen. Der Platz der Religion konnte nicht leerbleiben. An ihre Stelle traten, die Wissenschaft überhöhend, Ideologien und Utopien; im Politischen: der Nationalismus. Jedes Jahrhundert hat die Utopien, die seinen Grundströmungen entsprechen. Das gilt besonders für das 19. und 20. Jahrhundert. Der Christengott wurde durch den Fortschrittsmythos ersetzt. Er verfolgte zwei Ziele: die sich ständig vervollkommnende Herrschaft des Menschen über die Natur und die Verbesserung des Menschen selbst; der neue Mensch – sogar mehr als das, eine neue Gesellschaft, das neue Jerusalem, die Erlösung durch die Wissenschaft. Die neue Kirche hatte ihren Kult und ihre Gläubigen – zunächst vor allem in Frankreich: Saint-Simon, Fourier, Comte, Proudhon, Blanqui. Eins war allen gemein: Die bisherige Gesellschaftsordnung mußte radikal geändert, alle Schlacken der Entfremdung mußten beseitigt werden. Dabei mußte das Gleichheitspostulat den Vorrang vor dem der Freiheit haben, die ohnehin nicht im Individuum, sondern nur in der Gesellschaft zu verwirklichen sei. Hegel hatte nicht nur das Stichwort gegen die Vergangenheit, sondern auch das Entwicklungsgesetz der zukünftigen Geschichte geliefert. Man brauchte ihn nur vom Kopf auf die Füße zu stellen. Das tat Marx, der nicht nur bei Hegel, sondern auch bei den französischen Weltverbesserern in die Schule ging: »Der Kommunismus ist das aufgelöste Rätsel der Geschichte und weiß sich als Lösung.« Nach Marx fängt der Mensch erst mit dem Sozialismus an; alles andere ist Vorgeschichte. Das Instrument dieser Heilsgeschichte sollte das Proletariat sein.

Als der Aufklärungs- und Fortschrittsoptimismus um die Mitte des 19. Jahrhunderts brüchig zu werden begann, brachte die Evolutionstheorie Darwins – nun aus der Naturwissenschaft selbst – dem »fatalistischen Optimismus« eine neue revolutionäre Schubkraft. »Die Menschheit brach in Begeisterungsstürme aus bei dem Gedanken, daß sie vom Affen abstammt«, hat Erwin Chargaff boshaft bemerkt. Die Hoffnung auf den neuen Menschen, sowohl als Gattung wie als Individuum, war nicht mehr nur ideologisch, sondern naturwissenschaftlich begründet. Zu der Vorstellung, daß der Mensch besser wird, wenn es ihm bessergeht, trat nun das Darwinsche Entwicklungsgesetz. Wie stark seine Ausstrahlungskraft war, zeigt das Werk Nietzsches. Der Übermensch, der allerdings schon bei den erwähnten französischen Heilslehren am Horizont auftauchte, wäre ohne Darwin wahrscheinlich zahmer ausgefallen, wenn nicht ganz unterblieben. Aber noch bei Trotzki sah er folgendermaßen aus:»Der Mensch wird unvergleichbar viel stärker, klüger und feiner; sein Körper wird harmonischer, seine Bewegungen werden rhythmischer und seine Stimme wird musikalischer werden. Die Formen des Alltagslebens werden dynamische Theatralik annehmen. Der durchschnittliche Menschentyp wird sich bis zum Niveau des Aristoteles, Goethes und Marxs erheben. Und über dieser Gebirgskette werden neue Gipfel aufragen.« Aus einem tragischen Mißverständnis des Buches des elitär-pessimistischen französischen Grafen Gobineau über die »Ungleichheit der Rassen« entwickelte sich, besonders in Deutschland, eine Rassenlehre, die im Verbunde mit dem Sozialdarwinismus die Ideologie des Nationalsozialismus werden sollte.

Neben der optimistischen, auf eine lineare Aufwärtsentwicklung setzende Fortschrittsidee lief seit Rousseau die gut gemeinte, aber unvernünftige und daher negative, zerstörerische Nacht- und Schattenseite des 19. Jahrhunderts. Bei den einen lag das Paradies in der Zukunft, bei den anderen in der fernen Vergangenheit, dem goldenen Zeitalter der Menschheit. Für sie mußte Rückschritt Fortschritt sein, und nur aus der Zerstörung des Bestehenden konnte ein neuer Anfang für eine neue, diesmal nicht mißratene Schöpfung kommen. Es war kein Zufall, daß ihr größter Prophet ein Russe war: Bakunin. War nicht Rußland das mit einer missionarischen, welterlösenden Aufgabe betraute dritte Rom, nach dem es kein viertes geben sollte? Jedes Werk Dostojewskis ist von diesem Gedanken durchdrungen. Seine »Dämonen« sind im übrigen das Textbuch für das, was sich hundert Jahre später bei uns ereignen sollte: Mord, Selbstmord und Hinrichtung von Abtrünnigen einschließlich der trüben Rolle der Intelligenzler.

Die Nachtseite des europäischen Denkens schien indes, trotz mancher ungelöster Probleme, durch den weltweiten triumphalen Siegeszug von Naturwissenschaft, Technik und Industrie endgültig widerlegt. Es gehört zu den großen Überraschungen einer von Mischformen durchsetzten Übergangszeit, daß – als das technisch Machbare nach dem Zweiten Weltkrieg im »Spätkapitalismus« seinen ungeahnten Höhepunkt erreichte (was würde Marx wohl gesagt haben?); als das Besser-Werden durch das Bessergehen in einer Überflußgesellschaft greifbar nahe war – aus dem Untergrund als historische »Reprise« das Nacht- und Schattenpotential mit Gewalt an die Oberfläche kam. Bei uns waren die Folgen dauerhafter als in anderen Industrieländern.

Liegt hier eine besondere deutsche Affinität vor? Vielleicht der deutsche Sonderweg? Hatte nicht schon die Romantik Schlimmes ahnen lassen? Hatte Rousseau nicht in Deutschland eine größere Resonanz gefunden als in Frankreich, von England nicht zu reden? Hatte nicht Bakunin die Deutschen als Anarchisten par excellence bezeichnet?

Man hat behauptet, in Deutschland habe es keine Aufklärung gegeben. Diesen törichten Kritikern kann man nur antworten: Mußte denn Kant von Königsberg nach Paris fliehen, oder aber mußte Voltaire in Preußen und Genf und Rousseau im damals preußischen Neuenburg Zuflucht suchen? Weil die Hoffnungen des jungen deutschen Idealismus auf die Französische Revolution so hoch waren, wurde er so tief enttäuscht. Ist das nicht der Grund der Verzweiflung des heute als links interpretierten Hölderlin und nicht so sehr sein Leiden an der deutschen Wirklichkeit?

War es nicht vielmehr so, daß die Zivilisations-, Wissenschafts- und Technikgläubigkeit bei uns frühzeitig auf ein kritisches Echo stieß, das durch die spätere Entwicklung bestätigt wurde? Herder, Goethe, Schopenhauer, Pestalozzi, Hebbel – um nur einige zu nennen – erhoben warnend ihre Stimme. Auf einem anderen Blatt steht die Frage, daß der deutsche Idealismus politisch weitgehend wirkungslos blieb, sich in die Innerlichkeit flüchtete. Aus dem Volk der Dichter und Denker wurde das der Naturwissenschaft, der Industriellen und der Kaufleute.

Adorno und Horkheimer haben das Stichwort: »Dialektik der Aufklärung« geliefert. Man zögert die sich so gescheit gebende Vokabel »Dialektik« zu übernehmen; enthält sie doch immer den Verdacht des sich Hoch- und Herausmogelns. Handelt es sich nicht vielmehr von Anfang an um Ambivalenz, ein Doppelgesicht? Keiner hat das besser gesehen als Goethe, dessen langes Leben den Bogen von der beginnenden Aufklärung bis zum Anfang des Industriezeitalters umspannte. In seinem Kampf gegen Newton in der Farbenlehre, die er, für uns erst heute verständlich, für sein bedeutendstes Werk hielt, ging es nicht um einen Methodenstreit, sondern um Grundfragen des Menschseins. Seine letzten Arbeiten – vor allem Faust II – sind durchdrungen von düsteren Ahnungen über die neue Zeit: »Alles, was unseren Geist befreit, ohne uns Herrschaft über uns selbst zu geben, ist verderblich.« Da sind wir heute, das ist die Dialektik der Aufklärung.

Die deutsche Sprache ist reich und »verräterisch«. Wir sagen »Fort-Schritt«; nicht »progress«. Der Fortschritt ist immer auch ein »Weg-Schritt«; fort von einem vielleicht für immer Verlorenen. Der Preis wird angedeutet. Erklärt das nicht die große Wehklage und Angst des Bergwerks-Ingenieurs Hardenberg-Novalis – besser als je ein Grüner es heute ausdrücken könnte?

Ungerührt von diesen Sorgen und Ängsten gingen die bürgerliche Emanzipation und die Entwicklung des Kapitalismus ihren Weg. Es sollte noch lange dauern, bis die Spaltung von wirtschaftlich-gesellschaftlicher Wirklichkeit einerseits und Kultur andererseits sowie die immanenten Zerstörungstendenzen des Kapitalismus sich voll auswirken konnten. Ungleichzeitigkeit und Phasenverschiebung, Merkmale der Übergangszeit, führten dazu, daß die Verhaltensnormen der sich säkularisierenden Religion und insbesondere des Protestantismus noch lange, bis in die Gegenwart, Schubkraft und Rechtfertigung zugleich für die wirtschaftliche Entwicklung lieferten.

Das Doppelgesicht der Zeit wurde in der Mitte des 19. Jahrhunderts deutlicher. Die Fortschrittsmythen nahmen »messianische« Gestalt an. Die Voraussagen des kalabresischen Abtes Joachim von Fiore aus dem 12. Jahrhundert über die drei Zeitalter (Vater, Sohn, Heiliger Geist) schienen Wirklichkeit werden zu wollen. Das dritte Reich des »Geistes« schien, wenn nicht schon angebrochen, so doch als reale Utopie in die Nähe gerückt. Die Aufhebung der Zeit in einem paradiesischen Endzustand – das größte Glück der größten Menge – oder der Sozialismus der aus der Entfremdung erlösten Menschen – erschienen nicht nur machbar, sondern zwangsläufig. Für Marx hatte das leidende Proletariat eine Messias- und Erlöserfunktion.

Die Zeit des Höhepunktes der Fortschrittsmythen jeder Art und des beginnenden Siegeslaufes der Technik war auch schon die des Umbruchs, des Zweifels, der Möglichkeit des Unterganges. Darwin triumphierte – gleichzeitig wurde aber das Entropie-Gesetz (Wärmetod) gefunden, das geschichtlich gesehen einen Endzeitcharakter hat. Einer der französischen Propheten der Moderne, Proudhon, schrieb 1860: »Die Zivilisation ist in einer echten Krise. Sie hat nur eine Parallele: in der Krise, die das Christentum zum Durchbruch brachte. Alle Traditionen sind verbraucht, alle religiösen Hoffnungen vernichtet, das ›neue Programm‹ ist nicht verwirklicht, das heißt, es ist nicht in das Bewußtsein der Massen gedrungen und daher kommt, was ich die Auflösung nenne: Es ist der grauenhafteste Moment in der Existenz der Gesellschaften.«

Der Autor verdankt das pessimistische Zitat, wie manches andere in diesem Zusammenhang, dem Buch von André Rezler, Professor am Universitätsinstitut für Europäische Studien in Genf: »Mythes Politiques Modernes« (1977). Da wir trotz bitterer Erfahrungen seit einiger Zeit erneut mit Endzeitutopien beglückt werden, mag eine kurze Betrachtung der Urheber erlaubt sein. Die moderne Marxforschung ist zu dem wohl richtigen Ergebnis gekommen, daß die, allerdings ziemlich vagen, Endzeitvisionen des Marxismus-Vaters nicht so sehr das Ergebnis der wissenschaftlichen Konsequenz seines Denkens, sondern seines christlichen und besonders jüdischen Erlösungserbes waren, ohne daß er sich dessen bewußt war. Es scheint so zu sein, daß der jahrtausendealte, tief ins kollektive Unterbewußtsein eingeprägte Messias-Glaube auch in letzter Instanz das Denken selbst der atheistischen jüdischen Geister beeinflußt. Man betrachte dabei in der Gegenwart so verschiedenartige Geister wie Bloch, Lukács, Benjamin, Marcuse, Adorno. Die Utopie als messianische Sicht – wie immer sie im einzelnen aussehen mag! Das mag auch, gegen Vernunft und Erfahrung, das Festhalten an der marxistischen Heilslehre erklären. Der Atheismus wird hier religiös. Adorno schließt seine »Minima Moralia« unter dem Stichwort »Zum Ende«: »Erkenntnis hat kein Licht, als das von der Erlösung her auf die Welt scheint.«

Schon in der ersten Hälfte des Jahrhunderts hatte sich der dänische Grübler Kierkegaard der Heilslehre Hegels und dem säkularisierten Christentum wie eine Vogelscheuche der Angst und Verzweiflung quer in den Weg gestellt. Er wurde überhört. Aber es dauerte nicht lange, bis die Untergangsstimmung deutlicher hervortrat: mit Burckhardt in der Geschichte, Wagner in der Musik, Nietzsche in der Philosophie. Der einsame Adalbert Stifter hatte schon 1852 seine Untergangsprophezeiung ausgesprochen, die diesem Teil voransteht.

Der Wettlauf zwischen der sich immer mehr perfektionierenden, erfolgreichen technisch-industriellen Außenwelt und den ihr entgegenlaufenden geistigen Untergrundströmungen hatte 1914 einen Höhepunkt erreicht, der manchen Geistern den Krieg als eine Erlösung erscheinen ließ. Spengler schrieb sein Buch mit dem irreführenden Titel »Der Untergang des Abendlandes« schon vor 1914, Karl Kraus 1920 »Die letzten Jahre der Menschheit«. Der Historiker Bracher hat vor kurzem die abendländische Geistesgeschichte der letzten hundertfünfzig Jahre bis zur Gegenwart noch einmal in ihren Hauptsträngen nachgezeichnet, dabei die Rolle der Ideologien für den Totalitarismus der Gegenwart überzeugend belegt und der These ihres Endes widersprochen. Zum Krieg von 1914 stellt er richtig fest: »Er war die eigentliche Katastrophe, von der sich auch das politische Denken bis heute nicht erholt hat.« Seine Darstellung der Ideologien als Heilslehren und Religionsersatz schließt sich lückenlos und überzeugend an die des Genfer Professors Rezler an.

Als Ergebnis des Ersten Weltkrieges wurden die ebenso entgegengesetzten wie verwandten Ideologien des Kommunismus und des Nationalsozialismus blutige Wirklichkeit. Nach der Katastrophe des Zweiten geschah das Unwahrscheinliche und Unerwartete: Der totgesagte Kapitalismus und die freiheitliche Demokratie im Bunde brachten den bisher größten materiellen Aufstieg der Menschheit. Der amerikanische Traum von der Machbarkeit der Dinge und der Besserung des Menschen durch Freiheit und Wohlstand schien in Erfüllung zu gehen. »Paradise now« hieß ein amerikanischer Buchtitel der sechziger Jahre. Der Übergang vom Reich der Notwendigkeit in das Reich der Freiheit – nicht hintereinander, wie Marx angenommen hatte, sondern nebeneinander – war greifbar nahe; für die Hedonisten das automatische Schlaraffenland.

Aber gleichzeitig mit der Landung des ersten Menschen auf dem Mond – noch bevor die Grenzen des Überflußmythos richtig sichtbar wurden – revoltierten 1968 die Studenten. Der alte dunkle Strom, die Nachtseite des europäischen Denkens, die Absage an die technische Welt und den erst durch sie ermöglichten »Konsumismus«, kam zum Durchbruch – bei einem allerdings weiter hohen Erwartungs- und Verteilungshorizont. Die Untergangs-, Zerstörungs-, Gewaltmythen- und Titanic-Ängste überholten die Fortschrittsmythen, während gleichzeitig in den neuen Utopien alte wiedererstanden. Das war die eigentliche Tendenzwende, nicht der folgende Katzenjammer der intellektuellen Väter. Die Konservativen hatten die Wende nicht herbeigeführt, sondern nur vorausgesagt. Eine nicht für möglich gehaltene Rousseau- und Bakunin-Renaissance brach über Deutschland herein. Mit großen roten Lettern hieß es auf den Mauern: »Das Chaos ist machbar, Herr Nachbar!« Die leidende Dritte Welt sollte den unbrauchbar gewordenen früheren Messias »Proletariat« ersetzen.

Der verwesende Gott

> *»Rede des toten Christus vom Weltgebäude herab, daß kein Gott sei.« »Christus! Ist kein Gott?« – Er antwortete: »Es ist keiner. Starres stummes Nichts – alte ewige Notwendigkeit – wahnsinniger Zufall – ach, wenn jedes Ich sein eigener Vater und Schöpfer ist, warum kann es nicht auch sein eigener Würgengel sein? – Und es kommt kein Morgen, keine heilende Hand, kein unendlicher Vater.«*
>
> *Gott sei Dank war es nur ein Alptraum! »Meine Seele weinte vor Freude, daß sie wieder Gott anbeten konnte. – Und von der ganzen Natur um mich flossen friedliche Töne aus, wie von fernen Abendglocken.«*
>
> *Jean Paul*

Der böse Traum sollte bald Wirklichkeit werden. Hegel, Hölderlin und Schelling trennten sich bei ihrer Entlassung aus dem Tübinger Stift mit den Worten: »Auf das Reich Gottes!« Hegel nahm später die Idee des »toten Gottes« in seine Geschichtsvorstellung auf, die ihm zur »Schädelstätte Golgathas« wurde. Der tote Gott stand ausgesprochen oder nicht hinter den großen Denkströmen des 19. Jahrhunderts. Aber erst Nietzsche, der gottlose Gottsucher, machte mit seinem Schreckensruf: »Gott ist tot, wir haben ihn getötet« radikal Schluß. Er zog die Konsequenzen: der Übermensch war die eine und die Denunziation des verwesenden Gottes die andere. Denn dieser war tot, aber nicht begraben. Das überstieg die Kraft des Zerstörers, Sehers und Sängers. Auch war die Zeit noch nicht reif. Der Verwesungsgeruch lag aber überall in der Luft. Er half, Nietzsche in den Wahnsinn zu treiben.

Nietzsche war der radikale »Krückenzerstörer«. Denn auf den Krücken des verwesenden Christengottes bewegt sich das abendländische Denken seit dem Umbruch des 18. Jahrhunderts. »Kant ist eine Vogelscheuche – irgendwann einmal«, schrieb Nietzsche. Natürlich ist Kant ohne den christlichen Glauben undenkbar. Er ist die Rückversicherung der praktischen Vernunft. Das Sittengesetz ist säkularisiertes Christentum und als abgesunkenes, immer dünner werdendes Kulturgut bis heute geblieben. Es ist das abendländische Erbe auch ohne das Kreuz. Goethe und Wagner nahmen in letzter Instanz Zuflucht zum Glauben im Mythos. Das führte bei Wagner zum Bruch mit Nietzsche. Schopenhauer suchte – insoweit ganz modern – für seinen Pessimismus Religionsersatz im Buddhismus. Aber auch er, und mit ihm die erklärten Atheisten, waren in der Praxis Rückversicherer auf die christliche Ethik. Erst Nietzsche machte lachend *tabula rasa*, ohne sich um die Folgen zu kümmern. Und erst heute schicken wir uns an, die Reste des verwesenden Gottes zu begraben, soweit sie nicht in die Diesseits-Ideologien und -Utopien aufgenommen wurden. Die kommunistische Welt ist ein letztes, großes Stück des durch Rationalismus verwesenden Christengottes.

Wie immer erfüllte die Kunst ihre Rolle als Frühwarnsystem. Sie war schon Totengräber, als der Glaube noch strahlend schien. Große Kulturen sterben oder verwandeln sich nur langsam. Man muß mit langen Übergangszeiten rechnen, in denen Altes scheinbar noch im Blut und in Kraft steht, das Neue sich aber schon mit Unruhe ankündigt. In einem weiteren Stadium – dem unseren – stehen zwar die christlichen Institutionen noch. Ein polnischer Papst versucht unter Rückgriff auf das »Absurde« des Glaubens neue Glut in die Asche zu blasen. Kirchentage versammeln Hunderttausende von Menschen. Aber diese Supermärkte zur Befriedigung meist vager religiöser Sehnsüchte mit Jesus als Sozialanwalt, auf die Marxens Diktum »Opium für das Volk« zutrifft, schaffen keinen neuen Glauben. Gleichzeitig sind aber die Kirchen leer; die Wirkung des Glaubens im Alltag wird immer geringer; Angst und Verzweiflung beherrschen die Menschen, und das »Fürchtet Euch nicht« wird ins Gegenteil verkehrt. »Sein Geist ist zweier Zeiten Schlachtgebiet, wen wundert es, daß er Dämonen sieht!«

Das große Paradoxon ist das 19. Jahrhundert: Als in den Köpfen der großen Geister der Christengott schon im Sterben lag, trat dieser, im Bunde mit dem die Erde umspannenden wirtschaftlichen, zivilisatorischen, imperialistischen Weltauftrag Europas, erst eigentlich seinen Siegeslauf an, fremde Völker kolonialisierend, alte Kulturen bedrückend oder zerstörend und uns das fragwürdige Erbe hinterlassend, das wir heute die Probleme der Dritten Welt nennen. Es gibt eine vergleichbare Periode: der Sieg des Hellenismus über die ganze damals bekannte Welt, als Athen bereits ein Provinzdorf war.

Seit Gibbons Geschichtswerk über den Aufstieg und Fall des Römischen Weltreiches werden die Gründe diskutiert und Vergleiche mit unserer Zeit gezogen. Was Livius für das Ende der Römischen Republik feststellte, könnte über unsere Lage geschrieben sein. Toynbee sieht als Grund für den Verfall das Nachlassen der Wirkungskraft von schöpferischen Minderheiten und – wohl zu schematisch – die Zerstörung durch das innere und äußere Proletariat (Barbaren an den Grenzen und als Hilfsvölker im Innern). Der Prozeß erstreckte sich über Jahrhunderte. Noch stand das Römische Reich in großer Blüte, als im Innern die Kräfte des Wandels und Untergangs bereits weit vorangekommen waren – darunter in Konkurrenz mit anderen Heilshoffnungen das Christentum. Die Agonie bis zur festen Etablierung einer nun christlichen neuen Ordnung dauerte lange. Frank Thiess hat diese schreckliche Übergangszeit in »Das Reich der Dämonen« in ihrem ganzen Grauen geschildert.

Besonders hellsichtig hat Dostojewski in »Dämonen« das Problem der Übergangszeiten in der Geschichte behandelt:

»In Zeiten des Übergangs und Durcheinanders treten die unterschiedlichsten kleinen miesen Persönlichkeiten auf. Wir sprechen von den Fortschrittlichen, deren Hauptsorge es ist, nicht zurück zu sein, und die immer ein Ziel irgendeiner Art haben, so idiotisch es sein mag. Wichtiger ist das, was ich die ›Kanaille‹ nenne. Sie existiert in jeder Gesellschaft, aber sie kommt erst an die Oberfläche in Übergangszeiten. Sie verfolgt kein Ziel, hat nicht die Spur einer Idee, sie drückt nur die Ungeduld und die Konfusion der Gesellschaft aus. – Sie unterwirft sich aber fast immer – ohne sich Rechenschaft abzulegen – den kleinen, aktiven, fortschrittlichen Gruppen, die ein klares Ziel haben und diesen Haufen in die Richtung lenken, die ihnen paßt.«

Hier können nur ein paar gegenwartsrelevante Parallelen zu den großen Übergangsepochen der Geschichte gezogen werden.

Der Niedergang der griechischen Polis und Philosophie brachte neben dem Hedonismus die Kyniker hervor. Sie verachteten Götter und Kultur und verschrieben sich, wie Diogenes, der Armut und den Lumpen. Ihren Namen hatten sie von »Hund«, weil sie wie Straßenköter die Menschen in die Waden bissen. Bissig, verdreckt, bettelnd, parasitär, Moral predigend, stürmten sie die Haustüren, um ihre Meinung an den Mann zu bringen (das Wort »zynisch« stammt von Kyniker – ähnlich verwandt wie Haß und häßlich). Untergangsstimmung war schick. Diogenes antwortete auf die Frage, wie er begraben werden wollte: »Mit dem Gesicht nach unten, da ohnehin demnächst das Untere zuoberst gekehrt wird.« Elias Canetti bemerkte dazu: »Das Kynische als eine Massenbewegung unserer Zeit. Ein riesiges Faß des Diogenes, in dem sich hunderttausend beisammenfinden.«

Die Jahrhunderte des Übergangs von der Antike zum Christentum gehören zu den grauenhaftesten der Geschichte. Als die Christen die Oberhand gewannen, rächten sie sich an den Heiden. Bald aber wandte sich ihre Verfolgung noch schärfer gegen andersdenkende Glaubensbrüder, insbesondere in Nordafrika (ein Grund für den raschen Erfolg der Muslime!). Das ganze dritte Jahrhundert war erfüllt mit dem Kampf gegen die häretischen Donatisten, die als »Reine« das Märtyrertum der Unterwerfung vorzogen. Ihnen schlossen sich fanatisierte, von Mönchen aufgehetzte Pöbelhaufen an, die »Circumcellionen« (wörtlich übersetzt: die um die Speisekammern streichen). Sie suchten, angeblich gewaltlos, das Martyrium im Kampf gegen Heiden und »römische« Christen. Frank Thiess berichtet: »Männer und Weiber gemischt, zogen sie ohne festen Wohnsitz als Wallfahrer zu den Gräbern der Heiligen, um sich an deren Beispiel zu begeistern und durch Gebet auf den Tod vorzubereiten. So gestärkt erschienen sie bei den Jahrmärkten und Festen der Heiden und störten deren Gottesdienst, um sich von ihnen totschlagen zu lassen. Doch ehe sie dies glorreiche Ende fanden, genossen sie das Leben so gut es ging durch Orgien, Massensaufereien und heilige Prostitution an den Gräbern. – Getötet durfte niemand werden, aber ihre Häuser konnte man plündern und anzünden, und während der Gottesdienste in den Kirchen über sie herfallen, sie prügeln, ihnen die Knochen zerbrechen und die Vernünftigen auf jede mögliche Art quälen. Mit Gebrüll und Knüppeln, geführt von tobsüchtigen Einsiedlermönchen, fielen die Horden über ihre eigenen Glaubensbrüder her, sich als Sachwalter Gottes fühlend.«

Die Grauen des ausgehenden Mittelalters stehen dem nicht nach. Sie sind jüngst mit deutlichen Gegenwartsbezügen geschildert worden in zwei Büchern: dem der amerikanischen Historikerin Barbara Tuchman: »Der ferne Spiegel« und dem Bestseller des italienischen Professors für Semiotik, Umberto Eco: »Der Name der Rose«.

Die Auflösung jeder kirchlichen und weltlichen Ordnung, Kriege, Glaubenskriege, Bürgerkriege, Ketzerverfolgungen, Hexenwahn, Güter- und Weibergemeinschaft, und zu alledem die Geißel Gottes: die Pest mit schätzungsweise zwanzig Millionen Toten, schienen die Endzeit anzukündigen. In den Höllenszenen des Hieronymus Bosch und den Totentänzen wurden sie im Bilde festgehalten. Unschuldige mußten als Sündenböcke herhalten, die Juden als »Brunnenvergifter«. Für den unmittelbaren Gegenwartsbezug sei hier das »begeisterte« Geständnis eines häretischen Minoriten-Bruders bei Professor Eco zitiert:

»Wir zogen plündernd und brandschatzend durch das Land, weil wir die Armut zum allgemeinen Gesetz erhoben hatten und weil wir das Recht besaßen, uns den unrechtmäßigen Reichtum der anderen anzueignen. Wir wollten das giftige Unkraut der Habgier, das sich von Sprengel zu Sprengel verbreitete, ein für allemal ausrotten mit Stumpf und Stiel. Aber wir plünderten niemals, um zu besitzen, und wir töteten niemals, um zu plündern! Wir töteten, um zu strafen, um durch das Blut die Unreinen reinzuwaschen. Wir waren ergriffen von einem vielleicht zu starken Gerechtigkeitsstreben; man sündigt auch aus übertriebener Liebe zu Gott, aus Überfluß an Vollkommenheit. – Wir waren das Schwert des Herrn, und mußten auch Unschuldige töten, um Euch alle töten zu können, so schnell wie möglich, denn es war Eile geboten. Wir wollten eine bessere Welt errichten, eine Welt in Frieden und Freundlichkeit, eine Welt, in der alle glücklich sind, wir wollten den Krieg vernichten, den Ihr mit Eurer Habgier in die Welt gebracht habt. Und Ihr wollt uns vorwerfen, ausgerechnet Ihr, daß wir in unserem Kampf für Glück und Gerechtigkeit zwangsläufig auch ein bißchen Blut vergießen mußten?«

Das hätte auch in Stammheim gesagt sein können. Wir müssen unwillkürlich an die amerikanische Mason-Sekte denken und den Massenmord-Propheten Jones, der im Urwald von Guayana tausend Menschen mit endzeitlichen Ängsten in den Selbstmord trieb.

Terror, Mord, Gewalttaten, Drogensucht, sexuelle Promiskuität und betonte Häßlichkeit sind, auf dem Höhepunkt des Konsumismus, unser täglicher Umgang geworden. Sie werden als berechtigte Revolte gegen die Familie, die Gesellschaft, den Gewaltstaat, die Technik entschuldigt, wenn nicht gerechtfertigt, oder gar als Selbstverwirklichung und Bewußtseinserweiterung angepriesen. Roberto Rosselini: »Wir erleben einen phantastischen Moment der Zeitgeschichte, den Tod einer Zivilisation!«

Das Bild unserer Zeit wäre deshalb unvollständig ohne einen erneuten Blick auf ihre Nachtseite, ihren satanischen Zug. »Mach mir den Teufel nicht zu klein«, hatte Goethe gemahnt. Ohne Gnade von oben hätte Mephisto seinen Faust gehabt! Thomas Mann hat in »Doktor Faustus« den Pakt mit dem Teufel – das Dritte Reich steht hier für mehr – noch einmal beschworen. Bakunin wollte Satan rechtfertigen, den zu Unrecht verfolgten Luzifer, den Menschenfreund. Kain wurde neu interpretiert. Der gegen Gott revoltierende Mensch (Camus) gleicht Kain, der Abel erschlägt, weil er sich von Gott ungerecht behandelt fühlt. Das eigentliche Motiv wird übersehen und das Kains-Mal: Neid und Gleichheitsanspruch, unterschlagen! Das Böse wird freigesprochen und Gott ins Unrecht gesetzt. Gott ist natürlich die Gesellschaft; seine mißlungene Schöpfung. Die mißratene oder nicht vollendete Schöpfung ist seit Hiob eine ständige Anklage gegen Gott. Sie ist heute mehr denn je aktuell. Cioran in »Verfehlte Schöpfung«: »Der Mensch ist ein Irrweg; er hätte ein nachdenkliches Tier bleiben müssen.« Sartre: »L'homme est une passion inutile.«

Das Böse wird als Gesellschaftskrankheit verharmlost; Leid, Schmerz und Tod werden anästhesiert oder verdrängt. Der Mensch nimmt die Reparatur oder die Vollendung selbst in die Hand. »Noch nie lagen Paradies und Hölle so nahe beieinander wie heute«, schreibt der alte, einsame christliche Rebell Paul Schütz, der sich mit einem säkularisierten Christentum als Glaubensersatz nicht abfinden will. Auschwitz, der Selbstmord Hitlers in den Trümmern von Berlin nach Opferung von Volk und Reich, die Selbstmorde in Stammheim und die hysterischen Massenselbstmorde im Urwald von Guayana müssen im satanischen Nachtgesicht der Zeit gesehen werden. Die absolut gesetzte, von allem freisprechende Ideologie oder Heilserwartung ist vom Teufel. Der Judenmord als satanisches Kultopfer ist keine ganz abwegige Interpretation.

Schwieriger zu durchschauen ist das betont Gute als Böses. Die Bibel ist hier eindeutig: Der Antichrist tritt nicht als großer Böser, sondern als falscher Christus auf. Daran fehlt es heute nicht. Hierher gehören schon die Selbstgerechtigkeit und die falsche Humanität: »Kein Geruch ist so schlecht wie der, der von fauler Güte aufsteigt«, schrieb einer der liebenswertesten Väter der Grünen, Thoreau. Das Problem ist aber ernster als der Einzelfall. Wer das Christentum ohne Gott und Kreuz, aber mit dem Christus der Bergpredigt – kurz ohne Gott, aber mit Christus – als Christentum ausgibt, ist auf dem Wege des Antichristen. Das gilt auch für einen so bewundernswerten Mann wie Bonhoeffer, der diese Auffassung angesichts des Todes vertreten hat: »Wir gehen einer völlig religionslosen Zeit entgegen. Die Menschen können, so wie sie nun einmal sind, nicht mehr religiös sein. Die ›mündige‹ Welt ist gottloser und darum gerade Gott näher als die unmündige.« Das mag durchaus vertretbar sein – nur als Christentum sollte man es nicht ausgeben. Gott wird »der Nächste« – die Soziologen die Heilsvermittler.

Die Figur des Antichrist wird deutlicher, wenn man, Kreuz und Grab leugnend, statt dessen das Kreuz in die Gesellschaft verlegt, in der Christus geopfert wird und in Gestalt des leidenden Proletariats als Messias aufersteht. (Oder die leidende Menschheit, die Dritte Welt.) Die zunehmende Neigung breiter christlicher Kreise – bisher besonders protestantischer –, alles, was sich in der kommunistischen Welt ereignet, mit milderen Augen, wenn nicht einäugig zu beurteilen, hängt mit der Affinität des Kommunismus mit dieser Art von Christentum zusammen: der »modische Rabatt« Epplers. »Was wollen Sie«, sagte Bischof Scharf, »der Bolschewismus ist doch nur eine christliche Häresie.« An diesem Maßstab müssen sich auch die Friedensbewegung und das Schlagwort »Lieber rot als tot« messen lassen. Die Sympathie mancher Intellektueller für den Bolschewismus – trotz gelegentlichen Aufbegehrens gegen Einzelaspekte – hängt mit dieser Verführung zusammen: Das Gute, unserer christlichen Grundstimmung letztlich Verwandte, rechtfertigt auch die bösen Mittel. »Was hat er getan, daß Ihr ihn erschossen habt?« – »Er wollte das Richtige und tat das Falsche – da doch nur mit Gewalt diese tötende Welt zu ändern ist!« – so Bert Brecht in: »Die Maßnahme«. Das ist mehr als intellektuelle Unredlichkeit – besonders wenn man den Andersdenkenden verteufelt, der für Leid und Ungerechtigkeit nicht weniger blind ist, aber sie anders einordnet und sich täuschende Heilmittel versagt.

Unumgänglich ist hier ein Blick auf das Problem der Zeit. Wir leben in der »Post-Histoire«; in reiner Gegenwart: »Paradise now« oder »Apokalypse heute«. Die Relativierung der Zeit-Raum-Vorstellung Kants durch Einstein war ein tiefer Einbruch in das menschliche Befinden. Wir Abendländer haben durch das Christentum eine lineare Zeit- und Geschichtsvorstellung auf ein Ende hin. Der Fortschrittsglaube hat sie übernommen. Die zyklisch denkenden Kulturen – und das sind die meisten – leben in einem ganz anderen Zeitbefinden. Für das Gestern und Morgen gilt häufig dasselbe Wort (zum Beispiel in Indien). Die Auflösung der Zeit in subjektive, beliebig meßbare Vorstellungen mußte für unsere Kultur tiefe Wirkungen haben. Letztlich gilt dann nur noch der Augenblick, die pure Gegenwart, ausgedrückt in der Digitaluhr, die ohne Ziffernblatt nur noch die Stunde anzeigt.

Auch das Christentum kennt das Ende der Zeit – die Wiederkunft, die Rückgängigmachung der Individuation, das heißt der Geburt und des Todes. Der Tod bestimmt unseren Zeitbegriff: ein Leben zum Tode. Das einzige *factum brutum* des Menschen ist der Tod. Heidegger hätte sein bekanntes Werk besser »Sein und Tod« genannt. Für unsere »Utopie des Augenblicks«, die Avantgarde-Kunst, die Glückserwartungen, die Forderungen an die Gesellschaft (Pariser Studenten 1968: »Prenez vos désirs pour des réalités!«), die Ablehnung von Triebverzicht oder -aufschub, den Neid, das radikale Gleichgewichtsverlangen, das »Bruttosozialprodukt des Glücks«

und auch die »Lebensqualität« muß der Tod und damit der Zeitbegriff verschwinden. So dachte schon der Mathematiker und Aufklärer der Französischen Revolution, Condorcet. Er war der Überzeugung, daß das irdische Paradies durch Vernunft und Erziehung des Menschengeschlechts erreicht und daß auf diese Weise der Tod auf die Dauer überwunden werden könne, den er als ein mathematisches Infinitesimalproblem ansah. Am Ende würde der »Unfug des Sterbens« aufhören.

Der alte Zeitbegriff lebt fort in »Freizeit«, die »Zeit totschlagen« und »unzeitgemäß« – nicht aber im alten Sinne von kostbarem Gut, knapper Ressource, die genutzt und über die Rechenschaft abgelegt werden muß. Früher einer der Motoren unserer bürgerlichen Wirtschaftsordnung, tut diese heute alles, um das Glück des Augenblicks zu ermöglichen: Genieße heute, bezahle morgen! (Die Werbung einer kleinen Kreissparkasse für den Dispositionskredit: »Nichts entgehen lassen – selbst bei Kontostand Null – und noch weniger können Sie damit problemlos zahlen. Sie überziehen einfach Ihr Konto.«) Das hedonistische Paradies der Gegenwart, die aufgezehrte Zukunft!

Wenn es schon keine objektive Zeit mehr gibt, bleibt die absolute, uns gesetzte Zeit, der Tod und für den Christen die Zeit Gottes. Über den Zeitbegriff, nicht für die Physik, aber den Menschen, sollte noch einmal gründlich nachgedacht werden. Vielleicht hören wir von C. F. von Weizsäcker – Physiker und Philosoph – darüber noch etwas. Bis dahin rettet der liebenswerte romantische Utopist M. Ende in »Momo« die gute alte Zeit vor den »Zeitdieben«.

Die Utopie der reinen Gegenwart ist von Ängsten beherrscht. Diese wurden trotz oder gerade wegen der Verdrängung des Todes in apokalyptischer Weise gesteigert durch die Folgen eben der Wissenschaft, die den alten menschlichen Zeitbegriff zerstörte: die mittlere Verfallszeit atomarer Brennstoffe! Diese hat ein neues Zeitbewußtsein gebracht, das gekoppelt mit den nuklearen Waffenängsten die Daseinsangst der als glücklich erhofften Gegenwart bestimmt und die bisherige Ethik und Politik in Frage stellt. Es sei denn, man bleibt bei der alten Vorstellung, daß der Tod der Herr der Geschichte ist, der Kampf des Lebens mit ihm unser Schicksal und die Meisterung der Todesangst, selbst der atomaren, unsere Aufgabe.

Furcht und Angst

Wir leben in einem Zeitalter der Angst, welche sich von Jahr zu Jahr steigert. Wir gefallen uns in der Angst, wir pflegen sie. (G. Anders: »Wir müssen Mut zur Angst haben – keine Angst vor der Angst.«) Die neuen Heilsvermittler – zu denen Anders nicht gehört – sind vor allem Angstvermittler. Man betreibt das Geschäft mit der Angst. »Allenthalben gepflegte Panik«, schrieb Professor D. Marquardt vor einiger Zeit in der FAZ: »Die real gegenstandslos gewordene Furcht verwandelt sich durch Entgegenständlichung in Angst.« Deutlicher ausgedrückt, kann man sagen, wir haben Angst, weil wir keine Furcht mehr haben: keine Gottesfurcht, Ehrfurcht, Todesfurcht – sondern nur noch die Existenzangst unserer unbefriedigenden subjektiven Befindlichkeit. »Wenn Gott einfach Gott und nicht ›der Herr‹ hieße, wäre alles einfacher«, hat ein bekannter Schriftsteller gesagt. Die durch das unheimliche, überwältigende, apokalyptische Wesen der modernen – insbesondere atomaren – Technik verursachten Ängste sollen hier nicht verkleinert werden. Aber in welcher Angst lebte der primitive Mensch, der hilf- und schutzlos der Natur und ihren geheimnisvollen, bedrohlichen Kräften ausgeliefert war? Oder der Mensch des »schwarzen Todes« im 14. Jahrhundert? Die Summe der Angst dürfte immer gleich sein.

Die Angst, der Schmerz, das Leiden gehören zu den Grundtatsachen des menschlichen Lebens – auch wenn man sie nicht als Folge des Sündenfalls sieht (»in dieser Welt habt Ihr Angst«). Eine glücksorientierte Gesellschaft kann deshalb keine Zukunft haben, es sei denn eine kranke. Individuum und Gesellschaft müssen sich dieser Tatsache stellen. Der englische Historiker H. G. Wells hat vor über fünfzig Jahren in seinem Zukunftsroman »Die Zeitmaschine« – die Engländer waren stets gut im Voraussagen – durch einen Flug in die Zukunft ein ähnliches Horrorbild gezeichnet wie sein Landsmann Huxley: eine zwielichtige Welt, Tag und Nacht, oben und unten. An der Oberfläche die scheinbar Erlösten, die Guten. Sie haben aber nur eine vegetabile, eher schemenhafte Existenz, und bei näherem Zusehen leben sie in panischer Angst, herabgezogen zu werden in die Unterwelt der Bösen, der Fleischfresser, der Maschinenbeherrscher, denen der Zukunftsforscher mit seiner Zeitmaschine nur mit großer Not entkommt.

Eine Folge der Vernichtung der Zeit und der Geschichte durch reine Gegenwart ist die vaterlose Gesellschaft. Die technischen Zivilisationssprünge machen die Übertragung von Lebenserfahrung fast unmöglich. Das

Neue ist schon veraltet, bevor es verarbeitet ist und der Mensch Zeit hat, sich anzupassen. Das gibt dem Generationenproblem einen ganz anderen Charakter. Der Junge wächst nicht mehr in die unveränderte Welt des Vaters hinein, sondern – allerdings nur technisch, zivilisatorisch, äußerlich – in eine völlig andere, mit ganz anderen Problemen und Aufgaben, die beispiellos zu sein scheinen. Und doch ist das ein fundamentaler Irrtum, vor dem schon Goethe warnte: »Neue Erfindungen können und werden geschehen, allein es kann nichts Neues ausgedacht werden, was auf den sittlichen Menschen Bezug hat.« Die Umwelt des Menschen ändert sich – er nicht. Das ist das ungelöste und wahrscheinlich unlösbare Problem. Deshalb ist die vaterlose Gesellschaft ein Irrtum.

Die Mütter haben im übrigen ihren Anteil an der Vaterdemontage, ohne – trotz allen Feministeneifers – eine »Mütterzeit« an die Stelle setzen zu können. Die Frauenemanzipation ist neben der unbewältigten Zukunft der Dritten Welt eines der großen Zeitprobleme. Während sie für die Dritte Welt Voraussetzung für den Fortschritt ist, muß man bei uns mit dem »Unbehagen in der Kultur« Freuds befürchten, daß ein über die Natur der Frau hinausgehendes Emanzipationsbestreben der Meisterung der uns gestellten Aufgabe im Wege steht. Daß in der vaterlosen Gesellschaft für die Familie kein Platz mehr ist, versteht sich von selbst. Ihr gilt deshalb der Haß der Moderne. Keine Ehe, keine Kinder war die Parole aller Übergangszeiten.

Der Jugendwahn

»Vergebens werden ungebundene Geister nach der Vollendung reiner Höhe streben. Wer Großes will, muß sich zusammenraffen. In der Beschränkung erst zeigt sich der Meister. Und das Gesetz nur kann uns Freiheit geben.«

Goethe

Die Diskussion über den Jugendprotest füllt Bibliotheken, ohne Klarheit gebracht zu haben, weil man entweder vertuscht und nach dem Munde redet oder an Unklarheit und Manipulation interessiert ist. Außerdem gehen die meisten Untersuchungen und besonders die veröffentlichte Meinung von Minderheiten, meist nicht repräsentativen Randgruppen aus. Wer fragt schon nach der Meinung der Arbeiter- oder Bauernjugend? Zudem haben die Parteien den möglichen Wähler im Auge; die Anbiederung liegt nahe.

Der Jugendprotest ist Ausdruck der Verworrenheit der Epoche – wie soll aus ihr Klarsicht scheinen? Mehrere Aspekte müssen auseinandergehalten werden. Da sind einmal das normale Generationenproblem und das immerwährende Vorrecht der Jugend – noch relativ frei von Verantwortung und Resignation – zu träumen, wie die Welt sein müßte. Und es gibt den bereits erwähnten Zivilisationssprung mit seiner rasanten Beschleunigung, der Tradierung von Werten und Verhaltensweisen immer mehr erschwert.

Die Jugend ist das Spiegelbild der Welt, in der sie lebt: die Umwertung aller Werte, die Fragwürdigkeit jeder Ordnung, die Sinnlosigkeit des Daseins, die Kälte der technischen Industriewelt mit ihren Sachzwängen, ihrer Heimat- und Lieblosigkeit und die Hoffnungslosigkeit einer sich apokalyptisch ankündigenden Zukunft.

Als Sonderproblem kommt in Deutschland, wo der Protest länger dauert und tiefer geht, die postkatastrophale Welterfahrung mit der Vorstellung des Versagens der Väter hinzu. Und noch ernster: der Verlust der Identität, ohne den gerade die Jugend nicht leben kann. Günter Gaus hat das richtig gedeutet. Die Folge der Teilung ist der permanente Ausnahmezustand der Nation, die sich nicht aufgeben, aber auch nicht wiederfinden kann, und nicht zuletzt deshalb das getrübte Verhältnis der Jugend zu dem westlichen Teilstaat »Bundesrepublik«. Das Wiederaufkommen des nationalen Gedankens ist ganz natürlich. Das Gefühl der Heimatlosigkeit in einer fremden, feindlichen Zivilisationswelt erklärt einen Teil der Faszination des »ET«-Films »Nach Hause« oder Endes »Momo«. Die Arbeitslosigkeit ist ein ernstes Sonderproblem; sie ist aber nicht die Ursache. Leistungsverweigerung und Muße werden trotzdem noch großgeschrieben. Die »Grünen« zur 35-Stunden-Woche: »Mehr Zeit zu leben« – als gehöre die Arbeit nicht zum Leben. Der Protest gegen den Materialismus der Wohlstandsgesellschaft und des Elternhauses entstand im Überfluß und in der Aussicht auf das automatische Schlaraffenland. Die Wiedertäufer und Terroristen kommen meist aus den wohlhabenden Mittelschichten, aus der permissiven Gesellschaft des orientierungslos gewordenen Bürgertums. Der Versuch, sich bei der Arbeiterjugend anzubiedern, scheiterte.

Das Bild ist – entsprechend der Zeit – von Widersprüchen durchsetzt. Man verweigert, lehnt Leistung ab, läuft Sturm gegen die Technik, möchte aber die Segnungen der bekämpften Zivilisation behalten: der »grüne« Protest auf dem BMW-Motorrad als Statussymbol. (Eine Minderheit ehrlicher Alternativer ausgenommen!) Man ist für Frieden, Menschlichkeit, Gefühl, Hilfe – übt gleichzeitig Gewalt als Heilmittel; man ist wehleidig, aber gefühlsarm. Ein ausländischer Beobachter schreibt: »Sie erscheinen pluralistisch und verspielt in ihrer Duldsamkeit gegenüber anderen alternativen Formen, aber fanatisch und bar jeden Humors, wenn es um die feindliche Welt der Erwachsenen und der Bürgerlichen geht.« Gott ist der Nächste, und einige sind auch bereit, für diesen etwas zu tun. Aber man sah noch nie eine so egoistische, egozentrische »Me«-Generation, deren extreme Subjektivität der Selbstverwirklichung im Narzißmus landet. Man will die Welt verändern, verbessern – meist aber nur verbal. Gleichzeitig flieht man in obskure Heilslehren, Drogenerfahrung und Drogenverfall, Bewußtseinserweiterung, Musikberauschung als Daseinserlebnis: eine promiskuitive Subkultur, der uniformierten Häßlichkeit verschrieben; mit Friedensmienen und -getue; aber jederzeit für Gewalt mobilisierbar und jeder Verführung offen.

Natürlich ist das Bild einseitig und im Einzelfall ungerecht. Generell läßt sich wohl sagen: Unsere Jugend ist besser als das, was sie sagt und tut. Aber so stellt sich die »Szene« nun einmal dar. Daß die »Ökopaxe« echte und ernste, von ihnen idealistisch überhöhte Anliegen haben – wer wollte das bestreiten? Wer würde nicht die Blumenkinder und die Sanften gern haben, wenn ihre schönen Seelen auch nur ein wenig im Äußeren sichtbar würden? Warum muß der Idealismus gar so widerwärtig aussehen?

Das Suchen nach einer neuen Religiosität – auch ein Ausdruck der Heimatlosigkeit – ist unverkennbar. Aber zur Religion langt es meist nicht. Es bleibt beim »Weltschmerz des technischen Zeitalters« (Kaltenbrunner) und bei einer vagabundierenden Religiosität. »Wenn da, wo Du jetzt stehst, in hundert Jahren kein Leben mehr sein wird, dann wird es das Werk der Vernunft gewesen sein«, schrieb Nicolas Born 1976. Das könnte Novalis sein, aber er hat es vor bald hundert Jahren besser und schöner gesagt.

Überhaupt sind nicht mehr für möglich gehaltende Reprisen das Hauptmerkmal und das intellektuelle Arsenal. Hier lohnt ein Blick auf Rousseau, das »Monstrum«, den »tollwütigen Hund« Voltaires. Besser Nietzsche: »Der erste moderne Mensch – Idealist und Kanaille in einer Person.« Rousseau entfloh mit sechzehn Jahren einer ihm zu harten Lehre in Genf, stieg aus und verließ die Vaterstadt, als er eines Abends ihre Stadttore verschlossen fand. Aber ein Leben lang behauptete er, daß er eigentlich ein guter Bürger, Familienvater und Handwerker hätte werden mögen. Dieses gehätschelte Schoß- und Wunderkind meist mütterlicher adeliger Frauen, die er hinterher beschimpfte, beglückte die Welt mit einem Erziehungsroman, hinterließ aber gleichzeitig seine fünf Kinder im Findelhaus der Fürsorge der von ihm bekämpften Gesellschaft. Krank an Leib und Seele, wie Zeitgenossen berichten, ein Psychopath, der Weltgeschichte machte. Meinte doch schon Friedrich der Große: »Was ließe sich nicht von den Paradoxen sagen, mit denen Rousseau uns beschenkt hat! Und doch hat er manchen guten Vätern das Gehirn so verrückt, daß sie ihren Kindern die Erziehung seines ›Emile‹ geben.«

Damit sind wir bei der Verantwortung der älteren Generation. Daß es in Deutschland einen länger anhaltenden Jugendprotest gibt, ist in erster Linie die Schuld der permissiven Elternhäuser, die ihre Kinder mit Konsummöglichkeiten überhäufen, an die die frühere Oberschicht nicht im Traum gedacht hätte. Eltern, die selbst weder Vorbild noch Autorität sein können, weder gefürchtet noch geliebt, Ausdruck der vaterlosen Gesellschaft, können der Jugend oft nur wenig geben. Schulen setzen auf antiautoritäre Erziehung, vermitteln Halbbildung und als Aufklärung drapiertes Ressentiment; sie hinterfragen ohne Faktenkenntnis kritisches Bewußtsein zur Gesellschaftsveränderung. Sie sind ebensowenig wie das Elternhaus in der Lage, eine Richtung zu weisen. Der frühere Bildungsreformer Dahrendorf – »Bürgerrecht auf Bildung« – hält heute den »Lehrersozialismus« für ein wesentliches Element der Dekomposition.

Die Jugend ist verführt von Utopisten, Angstagenten, nihilistischen Sinnvermittlern, die die Verteidigungswürdigkeit unseres freiheitlichen, aber angeblich repressiven Atomstaates bestreiten. Wen wundert es, daß 75 Prozent der befragten Studenten die »kaputtmachende« Leistungsgesellschaft ablehnen und 50 Prozent den Wehrdienst verweigern. Eins bringt man ihnen nicht bei: daß man der Düsternis des technischen Zeitalters, auf dessen Früchte man nicht verzichten möchte, begegnen muß mit Willen, Mut, Standfestigkeit, Selbstzucht. Statt dessen werden die zur Lebenstüchtigkeit unentbehrlichen Werte als »sekundäre, Kitsch- und KZ-Tugenden« demontiert. Entsprechend wird, von der Post-Avantgarde-Antikunst unterstützt, das nationale Kulturerbe interpretiert.

Das sind die gesellschaftsverändernden Früchte des blinden Reformeifers und des Marsches durch die Institutionen. Pansoziologismus und Panpsychologismus mit griffigen Vokabeln bei Dauerpubertät und Angstneurose! Ergebnis: der seelisch kranke, arbeitslose Berufs-Jugendliche, der auf jeden idealistisch drapierten Leim hereinfällt; oder das richtig Gute – wie zum Beispiel den Umweltschutz – durch Verabsolutierung ad absurdum führt. Askese? Aus einer Rotte von Stadtstreichern macht man noch keinen Bettelorden! Märtyrer? Bernard Shaw: »Martyrdom is the only way in which man can become famous without ability.« Der Rat Arthur Millers liegt näher: »Ich will Gott, den Menschen, der Zeit, der Liebe und der Schönheit in den Hintern treten!«

Zeiten des Jugendwahns sind kranke Zeiten. Das wissen wir spätestens seit dem Dritten Reich. Das heute gern von Politikern und der verunsicherten Oberschicht zur Schau getragene »härene Gewand« der Anpassung soll das schlechte Gewissen zeigen, erwachsen zu sein: die Rolle abgestiegener Adeliger und entlaufener Priester in Revolutionszeiten. Der junge Graf Saint-Simon ließ 1793 seinen Namen in »Bonhomme« ändern aus Scham und zur Buße – aber natürlich nur, solange das gefragt war. Was Schopenhauer vorausgesagt hat, ist eingetreten: »Man versetze dieses Geschlecht in ein Schlaraffenland ... da werden die Menschen zum Teil vor Langeweile sterben oder sich aufhängen, zum Teil aber einander bekriegen, würgen und morden und so sich mehr Leid verursachen, als jetzt die Natur ihnen auferlegt.«

Michael Ende zieht in »Unendliche Geschichte« eine ähnliche Parallele. Die »Schlamuffen« rebellieren gegen ihr Glück und bedrohen den Wohltäter: »Aber jetzt hängen wir uns selbst zum Halse heraus – jetzt langweilen wir uns zu Tode – wir flattern so herum und haben nichts, woran wir uns halten können. – Wir wollen, daß Du uns Befehle gibst, daß Du uns herumkommandierst, daß Du uns zu irgendetwas zwingst, daß Du uns irgendetwas verbietest. Wir wollen, daß unser Dasein zu irgendetwas da ist. – Dann mußt Du uns zurückverwandeln!«

Die Jugend – wenn man sie einmal nicht ausschließlich von den neurotischen Randgruppen her sieht – ist besser als ihr Ruf. Verdorben sind die Erwachsenen, die nicht fähig sind, sie richtig zu verstehen, der Jugend Ideale zu geben und vor allem, sie zu fordern. Denn Jugend will gefordert werden: Der Leistungssport, hohe Anforderungen in gewissen Künsten, aber auch der Zustrom zu religiösen Sekten mit besonders hohen Ansprüchen beweisen es noch immer. Nicht gefordert, richtet sich das Aggressionspotential auf sinnlose Zerstörung. Das Gegenteil geschieht: Man sucht die Jugend als potentiellen Wähler, senkt Wahlalter und Volljährigkeit auf achtzehn Jahre, obgleich körperliche Frühreife, aber psychische und intellektuelle Spätreife manifest sind. Das hohe Gerede vom »mündigen Bürger« wird zur Farce. Wir waren noch nie so weit vom »Citoyen« entfernt. Im übrigen war er bei Lichte besehen auch nicht, was er sein wollte und sollte. Man sehe das französische 19. Jahrhundert! Wie weit entfernt war man vom »honnête homme« des Ancien régime!

Für den Autor, Jahrgang 1912, sind die Parallelen zur Zeit seiner Jugend vor 1933 frappierend: Romantik, Jugendbewegung, Antikapitalismus, Technikfeindschaft, alternative Lebensformen, »grüne« Begeisterung (im wesentlichen Ausprägungen konservativer Kulturkritik!), Idealismus, Einsatzbereitschaft, freiwilliger Arbeitsdienst, Bünde, später HJ und SA, Irrationalität, Zerstörungs- und Verführungsbereitschaft für eine Idee (rechts und links), Machbarkeitsoptimismus, Verachtung des Alters und des »Systems« (ungeliebte, nicht überzeugende Demokratie), Jugendwahn, Todessehnsucht. Es gab Ideen und Bewegungen, die alles zu bieten schienen, für die das Opfer und auch die Gewalt sinnvoll waren, die rechten und linken Ideologien, die Nation und die Internationale. Eine bessere Zukunft schien bei vollem Einsatz der Person machbar. Den Preis achtete man gering. Das Dritte Reich stand bis zum Schluß im Zeichen des Jugendwahns – betrogene Hoffnungen, mißbrauchter Idealismus. War diese tödliche Erfahrung umsonst? Haben wir nichts gelernt?

Die Zeit des Übergangs

»Wir leben in einer Zeit, in der wir weder unsere Verderbnis, noch die Mittel dagegen ertragen können.«

Livius

»Ein Narr ist der Prophet und wahnsinnig der Mann des Geistes.«

Hosea 9, Vers 7

Unsere Schlußbetrachtung begann mit der Fragestellung: Hat das alles noch einen Sinn: das Ringen um die Zukunft Deutschlands, Europas, die Verteidigung einer freien Welt; oder sollen wir nicht der unabänderlichen Entwicklung ihren Lauf lassen; uns anpassen; lieber rot als tot, um dann doch vor dem katastrophalen Ende zu stehen? Ist der Untergang schon vorprogrammiert, oder ist er noch aufzuhalten: »Der abwendbare Untergang«, wie Giselher Wirsing sein letztes Buch betitelte? Oder sind wir noch mitten in einer unübersehbar langen Übergangszeit und nur dabei, die Nerven zu verlieren? Handelt es sich um ein Menschheitsproblem oder die lebensmüde Sicht eines sterbenden Europa, das sich noch immer für den Nabel der Welt hält? Weltschmerz des technischen Zeitalters oder gar nur ein spezifisch deutsches Angstsyndrom? Das Wort »Angst« ist in den angelsächsischen Sprachgebrauch eingegangen. Deutschland sei nicht mehr das Land der Arbeitswütigkeit, sondern der Angst, schrieb die »Times«. Ist das vielleicht nur eine apokalyptisch vergrößerte Krankheit unserer Intellektuellen, die nicht ertragen können, daß die übrige Welt noch gesund ist oder sich zumindest so fühlt? Sind die Untergangssyndrome nicht weit überbewertet? Hat es trotz der Bombe nicht schlimmere Zeiten gegeben? Was ist so außergewöhnlich? Reden wir uns nicht in den Untergang hinein als eine »self-fulfilling prophecy«? Ist zudem nicht jeder Untergang ein Neuanfang?

Untergang? Der zugkräftige, aber unzutreffende Titel des Buches von Oswald Spengler hat viel Verwirrung gestiftet. Es ging damals noch nicht um das physische Ende, sondern um eine bestimmte Vorstellung vom Wesen und der Aufgabe des abendländischen Menschen. Heute ist der atomare Selbstmord der Menschheit nicht ausgeschlossen – wenn die apokalyptischen Angstmacher auch übertreiben. Das ist eine völlig neue menschliche Erfahrung, mit der wir leben müssen und vorläufig nicht fertig werden können. Die Pest im 14. Jahrhundert war ein größeres Übel; aber sie war nicht des Menschen Werk; eher die Geißel Gottes oder des Teufels.

Die Welt hat ohne den Menschen begonnen, sie wird auch ohne ihn enden. Für den Christen ist das nicht neu; es gehört zu seiner Heilserwartung. Für den zyklisch denkenden und glaubenden Menschen sind Untergangs- und Neuschöpfungsperioden selbstverständlich und deshalb nicht besonders beängstigend. In Angst und Not sind vor allem die, die ohnehin ohne Sinn und Hoffnung leben wie der »No-future«-Teil unserer Jugend. Das ist aber in der westlichen Welt – um die geht es zunächst fast ausschließlich – nur eine Minderheit. Die breite Masse, der normale Mensch, fühlt sich nach wie vor ganz gesund. Sie hat sich »wohnlich am Randes des Untergangs eingerichtet«, wie der Verfasser 1960 feststellte. Das ist zum Glück auch heute noch so und, wie Enzensberger kürzlich richtig betont hat, wahrscheinlich die Chance unseres Überlebens. Enzensberger hat übrigens eine interessante Wandlung hinter sich: vom Vorsänger der Protestgeneration zum stoisch-verzweifelt Überlebenden seines Titanic-Unterganges.

Leider bestimmen Minderheiten das Schicksal von Völkern. Kulturen sterben nicht – sie begehen Selbstmord. Die Fäulnis des Fisches beginnt am Kopf. Dekadenz, Fin-de-siècle-Ängste, Endzeitsorgen – wir leben mit ihnen seit über hundert Jahren. Sie erreichten einen Höhepunkt vor dem Ersten Weltkrieg, der zugleich der entscheidende Einbruch war. Alles spätere waren nur katastrophale Folgen, mit Auschwitz und der Atombombe das menschliche Maß verlassend und das luziferisch-satanische Nachtgesicht des Fortschritts offenbarend. (Auch Hitler sah sich als Fortschritt und Retter vor dem Untergang!) Die besondere Katastrophenerfahrung der Deutschen, ihr Identitätsverlust, die vorläufig stärkste Konzentration der Atomgefahr, der Ängste und der Friedenshoffnungen auf deutschem Boden erklären einen Teil der deutschen Angst. Die andere ist alt, unserem Wesen im Guten und Bösen zugehörig; die Romantik, der antizivilisatorische Affekt, die Todessehnsucht, die Lust am Untergang, die Angst, die die Tiefe des Absoluten und den Mangel an Humor hervorbringt! Es ist deshalb kein Wunder, daß wir den Angstrekord halten.

In Europa stehen, nicht überrraschend, die Franzosen an letzter Stelle der Angstskala. Die Menschen in Amerika – trotz der Ängste von kleinen Minderheiten – sind mit sich und ihrer Welt offenbar noch ganz zufrieden; wahrscheinlich, trotz Deutschlandtrauma und Chinesensorgen, auch die Durchschnittsrussen, obgleich russische Intellektuelle vor hundert Jahren mit als erste das Zeitalter der Angst angekündigt hatten. Die Japaner scheinen trotz Hiroshima durch Religion, Tüchtigkeit und Erfolg vorläufig gegen Untergangsängste gefeit und von einer für uns bedrohlichen Zukunftssicherheit. China und Indien – mehr als ein Drittel der Menschheit – sind aus unterschiedlichen Gründen trotz Alltagssorgen und vielen Nöten wenig angstanfällig in unserem Sinne des Wortes. Und die Revitalisierung des Islam – eine Reaktion auf unsere technische Welt – ist alles andere als ein Anzeichen von Angst. »Allah ist mit den Standhaften«, nannte Peter Scholl-Latour sein letztes Buch, das, nach einer Unterhaltung des Autors mit türkischen »Fundamentalisten« in Kreuzberg, mit dem Bibelwort endet: »Herr bleibe bei uns, denn es will Abend werden.« Für Afrika ist nicht die Bombe das Problem, sondern der Hunger. Die Dritte Welt steht ratlos vor einer unbewältigten Zukunft, die der Menschheit die größten Sorgen bereiten wird. Aber sie hat Hoffnungen, zu große Erwartungen – kaum aber Existenzangst. Deren Zentrum ist Europa und in der Mitte die Deutschen der Bundesrepublik.

Wie stellen sich die Existenz- und Untergangsängste bei uns konkret dar? Die Bändigung der selbständig gewordenen technischen Mittel durch den Menschen erweist sich als unmöglich. Die Wissenschaft gibt keinen Sinn für menschliches Verhalten, kann den Menschen aber auch nicht ersetzen. Der atomare Holocaust mit der Vernichtung eines Teiles der Menschheit – auf jeden Fall der Mehrzahl der Deutschen – ist möglich, wenn nicht wahrscheinlich. Die voraussehbare Unbewohnbarkeit der Erde durch die Zerstörung der lebensnotwendigen Ressourcen scheint kaum abwendbar. Diese wird durch die Überbevölkerung beschleunigt. Der Prozeß führt gegen allen Machbarkeitsoptimismus zu Mangellagen, die zusammen mit anderen Konfliktsgründen zu atomaren Auseinandersetzungen führen können. (Es ist zu vermuten, daß in nicht ferner Zukunft Miniaturatombomben auf dem schwarzen Markt auch für Terroristen erhältlich sind!) Das Zerstörungs- und Aggressionspotential wird das Ordnungspotential übersteigen, Demokratie unmöglich machen und totalitäre Lösungen erzwingen. Trotz einer Weltzivilisation ist eine ihr entsprechende Weltregierung weniger denn je in Sicht. Der antizivilisatorische Aufstand geht auf das Kleine, Private, Heimliche; »small is beautiful«. Nicht Herrschaft – Anarchie ist Trumpf. Oder erneut: Heimat, Volk, Nation. Im Fall des Überlebens muß mit einer Erlahmung der schöpferischen Kräfte und einer Erstarrung der Zivilisation gerechnet werden, in der für christlich-abendländische – auch säkularisierte – Wert- und Weltvorstellungen kein Platz mehr ist und – auf jeden Fall bei uns – neue vorläufig nicht sichtbar sind.

Ist das nur eine Horrorvision kranker Intellektueller und einer verängstigten Jugend? Für ein Land, das ohne fremde Hilfe seine Kranken nicht mehr pflegen und seine Toten nicht begraben kann; in dem die Pfarrer über alles reden, nur nicht über Gott (kein Wunder, daß er sich verbirgt!); in dem 90 Prozent befragter Studenten gegen Pflicht und Leistung sind, allerdings auch nur 15 Prozent an den Fortschritt glauben und 50 Prozent den Staat als verteidigungsunwürdig ansehen; in dem über 90 Prozent bekannter Intellektueller in einem demaskierenden Fragebogen eines Zeitungsmagazins zur Frage nach dem Sinn einer militärischen Leistung nur Negatives einfällt; in dem der Staat gefahr- und folgenlos provoziert werden kann; in dem hohe Richter zum Widerstand gegen die verfassungsmäßige Ordnung ermuntern; in dem eine harmlose Volkszählung ein Problem ist und der Kampf gegen sie als »Aufstand der mündigen Bürger gegen den ›Orwell-Staat‹« deklariert wird (der Nachhol-Widerstand zum Null-Tarif!); in dem Kultur nicht mehr zu definieren ist und die Kunst der Fuge durch die Kunst des Unfugs ersetzt wurde; für ein Land, das zudem geteilt in einer feindlichen Umwelt lebt, sind die Überlebenschancen nicht sonderlich groß.

Unvermeidlich stellt sich noch einmal die Frage: Ist Bonn schon Weimar? Die Beantwortung wird erschwert durch das wiederholt erwähnte Phänomen der Gleichzeitigkeit des Ungleichzeitigen: kraftstrotzende Gesundheit und Optimismus neben Krankheit, Verwesung und Untergang. Man kann sagen: Bonn ist nicht Weimar. Wir hatten über dreißig Jahre eine der solidesten und stabilsten Demokratien der Welt, ein pluralistisches demokratisches System mit einem hohen Konsensgrad über Grundwerte, der aber jetzt durch Linksdrift abzunehmen droht. Wir haben trotz der hohen Arbeitslosenzahl und der Krisensymptome eine Wirtschaft, die sich national und international wesentlich von der von 1930 unterscheidet; wir haben Krisenerfahrung, ein nie gekanntes Maß internationaler Zusammenarbeit; trotz aller Enttäuschungen ein Europa, das wir uns vor fünfzig Jahren nicht hätten träumen lassen. Wir haben durch die technischen Mittel der innovationsreichen zweiten industriellen Revolution in einer freien

Gesellschaft einen bisher in der Geschichte trotz zunehmender Arbeitslosigkeit nicht gekannten Massenwohlstand. Aus Proletariern wurden Kleinbürger. Von einigen Verrückten abgesehen, werden Staat und Gesellschaft – im Gegensatz zu Weimar – von rechts bejaht und verteidigt. Der offen erklärte Kommunismus (der in Weimar zum Schluß zusammen mit den Nationalsozialisten über 50 Prozent der Wähler erreichte) ist zwar eine aktive, aber kleine Minderheit.

Bonn ist aber auch Weimar und schlimmer. Wir leben seit 1968 in einer latenten Vor-Bürgerkriegssituation mit Terror, Mord, Brand, Raub, Erpressung, Eigentumsverweigerung. Das Unruhepotential der Gastarbeiter wächst. Die linken Intellektuellen bekämpfen den demokratischen Staat mit utopischen Heils- und Glücksideologien. Für die alternative, aber aktive Minderheit der Jugend hat unsere Art von Demokratie ihre Legitimation verloren, wozu die Unglaubwürdigkeit der Parteien beigetragen hat. Die Linken sprechen vom »System«, wie die Nazis von Weimar. Gleichzeitig erwartet man aber von diesem Staat die höchsten Umverteilungsleistungen in der angestrebten Muße- und Freizeitgesellschaft. Neu ist: Nicht mehr die Reichen beuten die Armen aus, sondern die Faulen die Fleißigen. Ideologien, Utopien, Irrationalität sind, obgleich durch die Wirklichkeit hinreichend widerlegt, erneut im Schwange. Ratlosigkeit und Verzweiflung sind deshalb wohl größer als in Weimar, zumal man damals zwar die großen Jahrhundertängste hatte, aber noch nicht die Atomangst der physischen Vernichtung. Das Reich litt unter Versailles, wurde aber von niemandem ernsthaft bedroht. Heute ist unser Land aufgeteilt in sich bekämpfende Weltsysteme, mit feindlichen Lagern auf deutschem Boden, in einer ständigen inneren und äußeren Bedrohung; zwar abgesichert in dem Bündnis mit dem Westen, aber trotzdem ohne Sicherheit und Frieden. Dazu das völlig neue Jahrhundertproblem der Dritten Welt als Aufgabe und Gefahr.

Alles in allem, trotz der scheinbaren Gesundheit, mit Adenauer gesprochen: »Die Lage war noch nie so ernst.« Es ist nicht Weimar, und doch schlimmer. Ist unser Optimismus nicht wie das Pfeifen im dunklen Wald?

Sind wir durch die schrecklichen Grauen der Ideologie- und Utopieerfahrungen, der enttäuschten Hoffnungen und der katastrophalen Folgen gegangen, nur um gefährdeter und voller Ängste auf die Zeit vor 1933 zurückgeworfen zu sein, bar jeder Hoffnung und in Verzweiflung? War das große freiheitliche Erfolgs- und Friedenswunder nur ein halkyonischer Zwischenakt in einem unabwendbaren Untergangsdrama? Konnten wir nicht lernen, als Individuum und Gesellschaft?

Die »Wunderzeit« hatte zu falschen Hoffnungen und Erwartungen auf allen Seiten geführt: dem Machbarkeits-, Fortschritts- und Wachstumswahn eines nahezu perfekten »perpetuum mobile« und der Schlaraffenland-Glückserwartung der sozialistischen Heils-, Muße- und Lebensqualitätsverkünder. Der Verzehr der säkularisierten Restbestände der christlichen Ethik und Moral machte überproportionale Fortschritte. Das »mit den Beständen rechnen« war vergessen. Die Werte wurden noch schneller eine knappe Ressource als die Rohstoffe der Natur. Und unvermeidlich ließ der Innovations- und Selbstbehauptungswille der schöpferischen Minderheit, von der letztlich das Ganze lebt, sichtbar nach – wenn auch, gestützt auf eine solide Arbeiterschaft und das von den Intellektuellen ständig denunzierte Kleinbürgertum, noch immer große Leistungen erbracht werden, von denen wir trotz Arbeitslosigkeit noch eine Zeitlang werden zehren können. Erst wenn die bisher noch schöpferische Minderheit die Lust verliert, streikt oder auswandert, wird es wirklich ernst. So weit ist es aber noch nicht.

Wege aus der Angst

Aber überschattet die Nacht nicht schon den Tag? Hat uns der Würgeengel schon an der Kehle? Wie finden wir einen Ausweg aus dem »Gehäuse der Hörigkeit«, dem »Fliegenglas« von Paul Schütz, in das eine unseren Händen entlaufende Technik, ein eher durch Überforderung als durch Übermut aufgeblähter Leviathan und eine scheinrationale, aber vernunftlose Gesellschaft uns eingeschlossen haben und an dessen Wänden wir »Eintagswesen« uns in sinnlosen Fluchtversuchen die Köpfe einschlagen? Sind die Zukunfts- und Untergangsvisionen der Wells, Huxley, Orwell und Anders noch zu vermeiden, nachdem wir durch die von Spengler zwar beunruhigt, aber nur halb überzeugt wurden?

Nach C. F. von Weizsäcker bleibt nur die Wahl: Bewußtseinsveränderung oder Untergang. Was heißt Bewußtseinsveränderung? Ist das nicht auch nur die alte Frage nach dem neuen Menschen? Oder ein geschärftes ethisches Bewußtsein im Sinne der über Kant hinausgehenden Verantwortungsethik für die Zukunft? Bei Weizsäcker nicht Moral, sondern Liebe! Das wäre schon viel, bleibt aber im Vorhof des Problems. Sollte es sich jedoch um die Vorstellung eines Paradigma-Wechsels handeln in eine antitechnische Entsagungsgesellschaft – das »asketische Zeitalter« Weizsäckers deutet in diese Richtung –, ist vor Illusionen zu warnen. Der Fortschritt ist zwar auf längere Sicht ein Nullsummenspiel – wo eine Tür aufgeht, geht eine andere zu. Wie Alice in Wonderland müssen wir immer schneller laufen, um auf der Stelle zu bleiben. Liegt das Paradies hinter uns, ist Rückschritt Fortschritt! Aber wer ist dazu schon bereit? Der Glaube, die Menschen würden – außer durch die große Katastrophe gezwungen – wegen ihrer Schadenskomponenten und des abnehmenden Grenznutzens auf die süßen Früchte der technischen Welt verzichten, ist eine unerlaubte Illusion.

Die Rekordziffern der 50. Automobilausstellung (1983) mit fünfzig Prozent Besuchern unter dreißig Jahren sind eine Warnung. Das »arme« Glücks- und Errettungskind »Momo« (Michael Ende) ist eine literarische Meisterleistung bester deutscher romantischer Tradition, aber trotz Millionenauflagen und Übersetzungen in dreißig Sprachen leider kein Bewußtseins- und Wirklichkeitstransformator. Wir sind in einer scheinbar ausweglosen Zwickmühle: weder bereit, die Folgen unserer zu hohen Ansprüche in Kauf zu nehmen, noch willens, auf sie zu verzichten. Wir müssen aufhören, die Technik zu verteufeln, aber ihren ambivalenten Charakter erkennen. Für uns gibt es kein: »In die Ecke, Besen, Besen – sei's gewesen!« Keine Beschwörung und keine Wunderformel steht zu Diensten. Wir sollten aufrichtig sein: So negativ, wie die Unheilspropheten behaupten, sind die Auswirkungen der Technik auf den Menschen nicht. Bei einer ehrlichen Bilanz überwiegen heute und noch für längere Zeit die positiven Seiten bei weitem – von dem atomaren Untergang einmal abgesehen. »Heute sterben die Wälder – wann sterben wir?« – das macht gute Schlagzeilen. Aber wir dürfen übersteigerte intellektuelle Ängste nicht zum Maßstab nehmen, wenn wir für das Mögliche, das nie ganz das Nötige sein wird, Gefolgschaft haben wollen. Wir müssen nicht weiter ein Maximum, sondern nur ein dem Menschen und der Natur verträgliches Optimum anstreben bei größtmöglicher Schadensminderung und Zukunftsverantwortung. Verantwortung heißt hier auch: Nicht alles wissen und machen wollen, was wir wissen und machen können. Auch das verlangt schon einen großen Bewußtseinswandel.

Von dem totalen Untergangspessimismus abgesehen, gibt es grob folgende Möglichkeiten: Entweder weitermachen wie bisher – vermutlich eine Untergangsperspektive. Oder die Steigerung der Systemrationalität unter Schadensminderung mit Hilfe denkender Maschinen und eines systemgerechten Menschentyps mit höherer Vernunft. Oder die Paradigma-wechsel-Utopie des Sonnenzeitalters und verwandter Glücks- und Heilshoffnungen. Und schließlich der Versuch des menschenmöglichen Wandels in einer zukunftsverantwortlichen Haltung mit stoisch-asketischer Beispielwirkung in der Gewißheit einer lange dauernden Übergangszeit ohne kurzfristige Tröstungen, aber nicht ohne Hoffnung.

So weit sind wir noch lange nicht. Noch herrschen Technik-Optimismus oder Technik-Verteufelung. Die Technik-Optimisten denken an das Hölderlin-Wort: »Wo Gefahr ist, wächst das Rettende auch.« Da sind noch immer und erneut wieder die Wissenschaftsgläubigen mit der Hoffnung, daß durch eine »List der Idee« aus dem System selbst dem Menschen die verlorene Herrschaft über die Mittel, wenn nicht gar die notwendigen Verhaltensnormen zuwachsen. Eine bekannte amerikanische Zeitschrift machte 1982 einen Computer zum »Mann des Jahres« – der Mensch als Maschine verwirklicht! Man spricht von einer Computer-Gesellschaft; die Info-Maschine nicht mehr als Instrument, sondern als Partner des Menschen; wobei das Über- oder Unterordnungsverhältnis offenbleibt. Die Hoffnung geht dahin, daß das, was dem unvollkommenen Mängelwesen Mensch abgeht, von der intelligenten Maschine geliefert werden kann. Die Schäden der Technik an Mensch und Natur können, »wenn auch zu einem hohen Preis, klein gehalten werden«, wie ein Apologet der Industriewelt kürzlich schrieb. Das erfordert einen, teilweise schon vorhandenen, neuen Menschentyp, der kalt, nüchtern, furchtlos, vorausschauend, beherrscht, vorprogrammiert, aber trotzdem entscheidungsbereit, mit dem Streß fertig werdend, halb Generalstabsoffizier, halb Mönch mit seinen technischen Gehilfen das Ganze wieder unter Kontrolle bekommt und hält. Man muß dabei unwillkürlich an Ernst Jüngers Gestalt des »Arbeiters« denken, der hier in neuem Gewande aufersteht.

Und der große Paradigma-Wechsel? Noch haben die Untergangsmythen die Hoffnungsutopien nicht ersetzt. Wir sehen sie im Diesseits-Christentum, aber auch in Neuauflagen der 1968er Hoffnungen in anderem Gewande. Wegen der Bedeutung für die Meinungsbildung in weiten Teilen der Friedensbewegung, der Ökopaxe und besonders der Jugend sei hier stellvertretend für andere Heilsverkünder der aus Amerika zu uns gekommene Bestseller des jungen österreichischen, in Kalifornien lehrenden Atomphysikers F. Capra, »Wendezeit« (1982), kurz kommentiert. Amerikanische »Green-peace«-Hoffnungen und -Verdammungen (»Das Pentagon plant die Menschheit sowie die meisten anderen Lebewesen auszurotten«), die Women's-Lib-Bewegung, westliche und östliche Mystikbegeisterung (ein chinesischer Guru) und Cohn-Bendit-Beratung (radikale Beseitigung des ausbeuterischen Kapitalismus) haben der Gemeinschaftsarbeit die Feder geführt.

Der Professor bürgt für den Schein wissenschaftlicher Solidität, und sein überzeugter Lebensoptimismus hat etwas sympathisch Ansteckendes. Man kann durchaus seine Meinung teilen, daß die Welt an dem Sündenfall des verkürzten Vernunftbegriff Descartes' erkrankte und den mechanischen Newtonschen Gesetzen verfiel, die den Menschen in den Kerker einer tödlichen Rationalität sperrten. Und wer – wie auch der Verfasser 1960 – hätte nicht Hoffnungen gehegt, daß aus dem Paradigma-Wechsel der Naturwissenschaft uns neue menschliche Möglichkeiten zuwachsen könnten? Ist nicht C. F. von Weizsäcker ein Kronzeuge? Auch er war auf der Suche nach der »Blauen Blume« im Osten.

Für Capra ist das Böse die Yan-Welt (vom chinesischen Gegensatzpaar Yan-Yin: männlich-weiblich als Strukturprinzip der Welt). Die Welt der Macht, des Habenwollens, der Gewalt, des Machbaren, der Sachzwänge, des Materienverfallenseins – kurz die patriarchalische Welt des Männlichkeitswahns mit der Atombombe als nekrophiler Apotheose. Diese Welt ist mitsamt dem linearen Weltverständnis verurteilt. Die neue, die Yin-Welt, die friedliche, die weibliche, die natur- und welterhaltende und -erneuernde eines matriarchalischen »Sonnenzeitalters«, ist angebrochen, wenn auch noch in Geburtswehen. (Capra sieht bereits viele kleine Ansätze, die in nicht allzu ferner Zukunft zu einer starken Umwälzbewegung zusammenwachsen werden.) Das Entropie-Gesetz ist überwunden, ein neues »dynamisches Gleichgewicht« – die Energiezufuhr der Sonne macht es möglich – ist im Entstehen. Eine neue Menschheits- und Kulturgeschichte beginnt; der neue Paradigma-Wechsel, die Aussöhnung von Natur und Mensch. Das »Wassermann-Zeitalter« ist eingeleitet.

Das Rezept ist einfach: Man verdamme Descartes, die Vernunft, das Patriarchat und die Amerikaner sowie die technisch-materialistische Welt und ihre politischen, wirtschaftlichen und militärischen Ausgeburten. Man habe Mut zu der großen »Kehre«. Man nehme einen guten Schuß Neuplatonismus, Bergpredigt, west-östliche Mystik, Teilhard de Chardin, Laotse und »small is beautiful«, halte Yin und Yan im Gleichgewicht, aber mit einer starken feministisch-mutterrechtlichen Prise: »Der spirituelle Gehalt der ökologischen Weltanschauung findet seinen idealen Ausdruck in der von der Frauenbewegung befürworteten feministischen Spiritualität – – – nicht nur einen tiefen Einfluß auf Religion und Philosophie, sondern auf unser ganzes politisches und gesellschaftliches Leben – – – eine der stärksten kulturellen Strömungen unserer Zeit – Schlüssel für das Zusammenwachsen der verschiedenen Strömungen – – – Vorstellungsbild einer weiblichen ›Gottheit‹.« Der Aufbruch in das neue goldene Sonnenzeitalter ist nicht aufzuhalten! Der Blut-und-Boden-Geruch ist unverkennbar – Wandervogel und Naturheilapostel »redivivus«. Was als Flucht- oder Ersatzreligiosität den »Morgenlandfahrern« durch Versöhnung von Himmel und Erde, Mensch und Natur Halt, Trost und Erfüllung geben mag – hier wird es als das »Arcanum mundi« den Gläubigen einer neuen Kirche angeboten.

Ein Wort zum »Ewigweiblichen«, der neuen sanften Gottheit. Von den beiden zur Zeit regierenden Inkarnationen, Mrs. Thatcher und Indira Gandhi, einmal abgesehen: Waren weibliche Gottheiten nicht häufig besonders blutig? Von der furchtbaren indischen Kali nie gehört? Nie von Iphigenies Opferung zur Besänftigung der beleidigten Artemis? Wäre Hitler ohne das Frauenwahlrecht zur Macht gekommen? Ist nicht der Neid – der Hauptmotor der Konsumgesellschaft: to keep up with the Joneses – ein besonders weiblicher Charakterzug? Paradigma-Wechsel durch die Frau? Petra Kelly in allen Ehren! Die neue Gottheit? – Man lese den mutterrechtsbegeisterten Bachofen über die Entartungen nach! Vor der »mangelnden Hygiene der Ideale« (Ortega) muß gewarnt werden. Zu der Frauenbefreiung in der Dritten Welt, unabdingbar für ihren Fortschritt in unserem Sinne, und zur Gleichberechtigung bei uns sagen wir ja, aber zu den mutterrechtlichen Heilserwartungen der durch die Pille – ihr kulturrevolutionärer Charakter ist in seinem ganzen Umfang noch nicht erkannt – vom Joch der Fortpflanzung befreiten Frau sagen wir nein. Hat in unserer Männer-Haben-Welt eine Versklavung und Deformation der Frau stattgefunden? Man denke nach über die Rolle der Frau in der abendländischen Geschichte. Sie ist von Natur aus das erhaltende konservative Element. Aber wie war das mit dem Apfel des Paradieses? Ist das nicht ein starker Antriebsfaktor der männlichen Aktivität? (Steh auf! Werde was!) Eine neue Gottheit? Dorothee Sölle, Uta Ranke-Heinemann, Alice Schwarzer und Petra Kelly als Vestalinnen einer neuen Religion?

Und der Glaube an das sanfte Gesetz der Mutter Natur? Verachtet mir die Erde nicht! Man tut sich schwer, zu soviel Richtigem und Schönem nein zu sagen; zu dem neuen Jerusalem, wo die Löwen mit den Lämmern weiden. (Eppler ist hier noch mehr Christ: »Wir werden den neuen Menschen nicht sehen!«)

Kehren wir zurück zu den weniger schönen, aber ernsten Angelegenheiten der Wirklichkeit. Diese Wirklichkeit besteht darin, daß die Verantwortlichen in Politik, Wirtschaft und Gewerkschaften sich ratlos um kleinere Reparaturen bemühen und vor den langfristigen Problemen die Augen schließen. Das war schon der Fall des Versagens – besonders unserer liberalen Politiker der Koalition Brandt-Scheel – bei der Ölkrise 1973. Die Warnungen des »Club of Rome« konnte man noch überhören, nicht jedoch das Warnsignal der teuren Energie. Man hätte den Mut aufbringen müssen zu sagen, daß wir von diesem Tage an Abschied nehmen mußten von der Schlaraffenland-Utopie, daß wir nicht mehr reicher, sondern nur noch ärmer werden konnten. Statt dessen ging das große »Pumpen« erst richtig an – mit dem Staatsbankrott als Ultima ratio.

Unsere Manager und Bankiers – von zum Glück noch zahlreichen Ausnahmen abgesehen – scheinen nicht mehr auf der Höhe der Herausforderung zu sein. Das mag Ermüdung nach Überanstrengung sein. Aber dahinter verbirgt sich doch wohl mehr. In den Chefetagen unserer wirtschaftlichen »Nomenklatura« macht sich Blutarmut bemerkbar (»nicht fit« – »verkrustet«, sagte Ministerpräsident E. Albrecht). Sonst wären die Skandale AEG, Neue Heimat, Flick, Gerling, Esch und die Dauerkrisen bei Stahl, Werften und Kohle – nur Warnsignale für mehr – nicht möglich gewesen. Wenn die Pensionsrückstellungen das Eigenkapital überschreiten, ist eine kritische Marke erreicht. Daß der Kontrollmechanismus nicht mehr funktioniert, ist offensichtlich.

Weit ernster aber ist der Eindruck, daß die Unternehmer noch wenig über die immanenten Zerstörungsfaktoren des kapitalistischen Systems nachzudenken scheinen, die, wie Schumpeter voraussagte, Folgen des Erfolges sind. Auf den gefährlichen Konflikt zwischen Arbeits- und Freizeitmoral – Leistung und Genuß – wurde an anderer Stelle hingewiesen. Über die Tatsache der »ausgehenden Arbeit« und des Übergangs in eine »gespaltene« Gesellschaft – ein Teil erarbeitet mit immer besseren Maschinen ein hinreichendes Sozialprodukt, um dem arbeitslosen Teil ein Existenzminimum zu sichern in einer Freizeit-Schattenwirtschaft, die ökonomisch völlig neue Probleme stellt – scheint man sich bisher nicht viel Gedanken zu machen. Daß die Gewerkschaften die Arbeitszeitverkürzung zum Angelpunkt machen, zeigt, daß sie nur ihre Interessenlage sehen. Sie verdrängen das eigentliche Problem, daß nämlich, selbst in einer Roboter-Wirtschaft, genug Arbeit da ist, aber nicht zu dem Preis unseres jetzigen Lebensstandards. Statt dessen betreiben sie, zunehmend aufgestiegene halbintellektuelle Gesellschaftsveränderer, sich im Typ übrigens den Managern angleichend, das Geschäft des »leidenden Arbeiters«, der längst ein konservativer Kleinbürger ist.

Sind Unternehmer und Gewerkschaften die Innovationshemmer in einer immobil werdenden Gesellschaft? Wo bleibt der humanistisch gebildete Ingenieurtyp mit genug menschlicher und technischer Phantasie, sich die Welt einer erfolgreich humanisierten Technik und die Gesellschaft im Wandel vorzustellen? Und wo sind die Arbeiterführer, die helfen, diesen Wandel mitzuvollziehen? Wo ist die neue liberale Vorstellung einer zukunftsverantwortlichen Zusammenarbeit zwischen Staat, Wirtschaft und Gesellschaft?

Die Lernfähigkeit – nicht nur die technische, für sie sorgt der Computer, sondern die individuelle und die soziale – spielt bei diesen Überlegungen eine entscheidende Rolle. Das Problem des »Eintagswesens« Mensch sind seine kurze Lebensdauer, daher begrenzte Lernfähigkeit, und die immer schwieriger, wenn nicht unmöglich werdende Übertragung von Erfahrungen (»Dazu ist der Mensch nicht schlau genug!« – B. Brecht).

Seit langem gibt es zwei Schulen: Das Kollektiv ist immer dümmer als der intelligente einzelne – außer in sehr langen Zeiträumen. Oder aber: Das Kollektiv ist allemal intelligenter und lernfähiger als der einzelne. Dazu der Technokrat Jean Monnet, der Vater der EWG: »Die Erfahrung eines jedes einzelnen Menschen fängt von vorn an. Nur die Institutionen werden weiser. Sie akkumulieren kollektive Erfahrung. Die Natur der gemeinsamen Regeln unterworfenen Menschen wird zwar durch diese Erfahrung und Weisheit nicht umgeformt, aber ihr Verhalten ändert sich schrittweise.« – Die Institutionen der EG haben leider das Gegenteil bewiesen!

Von dem »angepaßten« Menschen Monnets zu dem »Übermenschen« von Karl Marx ist es nur ein Schritt. Und um den Übermenschen handelt es sich letztlich seit dem Tode Gottes vor zweihundert Jahren, lange bevor Nietzsche ihn verkündete. Jetzt soll ihn die Naturwissenschaft schaffen. Die »Bildzeitung« – von Hitlers Tierzuchtadel nicht abgeschreckt – machte schon vor Jahren auf: »Kind von Nobel-Preisträger-Samen kommt mit der Post«. Die Gen-Manipulation schafft den Rest. Wer nicht so weit gehen will, setzt auf die noch im Gang befindliche Schöpfung, auf Mutationssprünge, die das bisherige Mängelwesen Mensch zum Herren der Schöpfung und seiner eigenen Werke machen. Selbst Benn, der eher zu Untergang und Bankrotterklärung neigte, dachte gelegentlich an Gehirnmutationen als Fortschrittssprünge! Und der nicht gerade leichtfertig optimistische Konrad Lorenz schrieb 1973 in der »Rückseite des Spiegels« in der Hoffnung auf eine neue »Fulguration«: »Dennoch aber glaube ich, daß der Mensch als Spezies an einer Wende der Zeit steht, daß eben jetzt potentiell die Möglichkeit zu ungeahnter Höherentwicklung der Menschheit besteht – – – potentiell aber ist unsere Kultur durch die ihr von der Naturwissenschaft geleistete Reflexion in die Lage versetzt, dem Untergang zu entgehen, dem bisher alle Hochkulturen zum Opfer gefallen sind. Zum ersten Male ist das in der Weltgeschichte so.« In welchen Zeiträumen, wird wohlweislich nicht gesagt. Auf den »Untergangshorizont 2000« ist das alles nicht eingestellt. Es ist nicht nur ein unbrauchbares, sondern ein verwerfliches Denken. Die »Antiquiertheit« des Menschen wird nicht durch den Übermenschen überwunden, sei er ein Produkt der Gesellschaft, der Retorte oder der evolutionären Mutation. (Inzwischen sieht Lorenz allerdings die Zukunftsaussichten als »außerordentlich trübe«!)

»Den Untergang abwenden, heißt zum Bewußtsein der Wirklichkeit führen«, schrieb Giselher Wirsing, und ähnlich denkt C. F. von Weizsäcker: »Nur eine wahrheitsorientierte Gesellschaft überlebt, nicht eine glücksorientierte.« Es kommt letztlich darauf an, falschen Glücksvorstellungen, die letztlich falsche Vorstellungen vom Menschen sind, abzusagen. Die Epochen des Glücks sind nach Hegel in der Geschichte leere Blätter.

Wir müssen den Menschen so nehmen, wie er ist. Er ist mehr als nur ein kritisches oder ein denkendes Tier: »L'homme dépasse infiniement l'homme!« (Pascal). Aber er ist kein Gott, und er wird keiner werden. Er ist der herausgehobene Teil einer Schöpfung, die nach christlicher Auffassung durch Schuld gefallen ist. Verzweifelt mag man diese einen mißratenen Versuch nennen oder ein Teufelswerk; optimistisch: noch im Schöpfungsvorgang begriffen oder zyklisch: auf Untergang und Neuschöpfung angelegt. Der Mensch ist, biologisch gesehen, eine lebensunfähige Frühgeburt, ein Mängelwesen, das nur unter bestimmten Bedingungen existenzfähig ist. Er braucht einen vorgegebenen Rahmen. Nur in ihm, mit vertikalen und horizontalen Bindungen, kann er frei sein und über sich hinaus transzendieren. Aber es bleibt ein Leben auf den Tod hin, unvollkommen, mit Scheitern und Angst. Es ist eine »pathetische«, tragische Existenz: Schmerz und Leiden sind ihr eigen. »Gesundheit ist nicht Abwesenheit von Störungen, sondern die Kraft, mit ihnen zu leben«, hat Ivan Illisch gegen die neue »Gesundheitsreligion« richtig bemerkt. Das Recht auf Gesundheit ist deshalb eine unmenschliche Utopie.

Die Mega-Maschine ändert daran nichts. Sie bringt keine Transzendenz. Damit muß der Mensch leben und fertig werden. Diese Existenz muß er bejahen. Für den Weisen war nie Glück das Ziel des Lebens, sondern Schmerzlosigkeit durch Überwindung und die Vorbereitung auf die richtige Art des Sterbens. Das Wesen der Kultur ist deshalb nicht, wie Marcuse behauptet, Triebbefriedigung, sondern Triebverzicht. Das hat Freud richtig gesehen. Wir wissen es jetzt: Hemmungslose Triebbefriedigung schafft und steigert Angst. Nur mit Glauben, Mut und Haltung kann man ihr begegnen.

Hoffnung gegen Angst

Für diesen Glauben ist der mögliche Atomtod nichts Neues. Pseudohumane Ersatzbefriedigungen helfen nicht viel weiter. Auch nicht falsche Sehnsüchte, vage Religiosität – alles das steigert nur die Angst eines als sinnlos empfundenen Daseins. »Die Wüsten des Nichtseins sind mit Sehnsucht erfüllt!« Der verborgene Gott kann auf keine Weise herbeigezaubert und das Heilige herbeigezwungen werden. Auch die Hoffnung auf »östliche« Kulte ist zwar individuell interessant und bereichernd, aber keine Lösung. Die Existenzphilosophie war Ausdruck, aber zugleich eine unzulängliche Antwort auf die Verzweiflung des Lebens. Erschüttert, aber ohne Überraschung, vernahmen wir die letzten Worte Heideggers, den ein guter Kenner den ersten wirklichen Atheisten unter den Philosophen nannte: »Da kann nur ein Gott helfen!«

Ob Gott sich uns abendländischen Menschen je wieder und wann zeigt, wissen wir nicht. Auch die Wette Pascals hilft nicht weiter. Wir müssen für eine ungewisse, wahrscheinlich lange Übergangszeit auf uns allein gestellt im Ungewissen leben. Das erfordert vor allem Mut und Gelassenheit und die Entwicklung ganz bestimmter Lebensqualitäten, für die der Imperativ Kants noch immer gut, aber nicht mehr ausreichend ist. Wir brauchen eine unserer Bedrohung angemessene Ethik der Wahrhaftigkeit und der Verantwortung. Dabei sollte man von der Moral, dem Sozialen und der Solidarität nicht so viel Aufhebens machen: sie verstehen sich von selbst!

Die Liebe als höchster Wert? Doch wohl nur in dem ihr eigenen christlichen Gehalt. Urvertrauen und Harmonieverständnis trotz einer ambivalenten, widerspruchsvollen Welt könnte dem entsprechen. Aber man sollte sich vor zu schnellen Tröstungen und Überbrückungskompromissen hüten. Auch der christliche Darwinismus Teilhard de Chardins führt nicht weit. Die »coinzidencia oppositorum« ist bei Gott, nicht bei den Menschen. Wir müssen den Mut und die Kraft haben, mit den Widersprüchen und dem »Yin« und »Yan« der Chinesen in uns und um uns zu leben; die Spannungen aushalten, nicht sie verwischen. Und, soweit es geht, dabei heiter und zufrieden sein. Mehr ist uns nicht beschieden.

Zur Seelenruhe ist unabdingbar, daß wir der kainitischen Revolte widerstehen, das heißt dem Neid und dem falschen Gerechtigkeits- und Gleichheitsanspruch; daß wir mit dem uns zugeteilten Lose zufrieden sind, aber mit dem Pfunde wuchern. Und daß wir nicht unser Glück von anderen erwarten oder geschenkt bekommen wollen!

Wie reagiert man auf den Entzug von Hoffnung? Mit Weinerlichkeit, Wehleidigkeit, Angst, Verbreitung von Angst (»Ängstige Deinen Nächsten wie Dich selbst.« – G. Anders), Gewalt oder Katzenjammer die einen. Mit stoischer Gelassenheit die anderen, deren Weltschau von jeher tragisch, das heißt realistisch war. Auf den Hedonismus und seinen Widerpart, den Kynismus, folgte die Stoa, die in einem Jahrhunderte dauernden Vermittlungsprozeß ihr Bestes in das Christentum einbrachte. Ihr letztes Leuchten erfahren wir noch in den Tröstungen des Boëthius im Gefängnis der schon christlichen Goten.

Mut zum Verzicht

Der Verfasser hatte 1960 die Frage nach einer neuen asketischen Gesellschaft gestellt, in der Lage, die Technik durch Abstand zu bändigen und zugleich der Bedrohung durch die kommunistische Opfergesellschaft standzuhalten unter Absage an Aussteigerflucht oder andere »Ersatz«-Lösungen.

C. F. von Weizsäcker hat sie jüngst neu formuliert als Möglichkeit einer »asketischen Weltkultur« und dabei das Elitäre, Aristokratische des Gedankens nicht verschwiegen. Aber er bleibt vage, läßt die Frage letztlich unbeantwortet. Das mag seinen guten Grund haben. Man steht auf gegen alle Geister dieser Zeit.

Noch einmal so deutlich wie möglich gefragt: Kann man angesichts der Möglichkeit des Unterganges zumindest unserer abendländischen Welt oder einer langen, düsteren Übergangszeit der verurteilten hedonistischen Konsumgesellschaft eine freie Verzichts- und Opfergesellschaft entgegenstellen, die das Überleben der Reste unserer Werte und unserer europäischen Substanz sichern könnte? Eine aktive Minderheit, sagen wir ruhig Elite, die nicht Vorrechte verlangt, sondern sich größere Opfer und Verzichte auferlegt, als von der Masse zu erwarten sind, um Abstand zu gewinnen und vielleicht die verlorene Herrschaft – nicht über Menschen, sondern über die Dinge – wiederzugewinnen? Ein Teil der kritischen Jugend ahnt mit Gespür für die Zeit hier wohl das Richtige. Man muß helfen, daß diese Ahnung nicht im Absoluten, Absurden oder Satanischen – was dasselbe ist – untergeht. Das heißt, man muß mögliche, gangbarere Wege aus der Gefahr zeigen.

Wir haben den anti-technischen Paradigma-Wechsel als Utopie bezeichnet. Aber ist nicht vielleicht ein neues Mönchswesen möglich, wenn schon das alte nicht mehr regeneriert werden kann? »Ich bin für die schwarzen Kutten!« schrieb Benn. Gute Ideen müssen an ihrem Wert für die Praxis gemessen werden. Das Schweigen von Weizsäckers beruht wohl auf der Schwierigkeit, vielleicht Unmöglichkeit, darüber schon konkrete Aussagen zu machen. Das reformatorische Mönchstum des frühen Mittelalters hatte in und hinter sich einen Glauben, der Berge versetzte. Wir haben ihn nicht, auch keinen Ersatz. Weltflucht kann und darf es nicht sein; im Gegenteil: Wirkung durch Beispiel. Es geht um das praktische Wirken in einer immer komplizierter werdenden, undurchschaubaren, manipulierten Welt. Erfordert sie gar eine Art Zölibat, um auch nur einigermaßen verstanden und ohne Verfallensein beherrscht zu werden? Priester der Maschine? Das nicht, das wäre der schon erwähnte »Arbeiter«. Praktisch haben wir den asketischen Typ – geformt durch die Sachzwänge der technischen Welt und die Restbestände des alten Leistungsethos – in den Managern, die sich trotz Reichtums Genuß nicht leisten können, und in jenen pflichtergebenen Politikern, denen noch heute das Gemeinwohl über alles geht (Typ: Adenauer – Schmidt).

Aber hier ist mehr gefordert als nur die Wirkung des individuellen Beispiels, so unverzichtbar es auch ist. Wenn man den verlockenden Weg der »Perfektion der Technik« und den der ebenso verlockenden Glücks- und Heilsutopien wie auch den apokalyptischen Pessimismus und den großen Paradigma-Wechsel ausschließt, stellt sich die Frage: Ist dann überhaupt in einer der Technik und dem Konsum verfallenen hedonistischen Glücksgesellschaft in Freiheit auch nur ein langsamer Übergang – zunächst nur auf Minderheiten als beispielgebende Eliten begrenzt – in eine asketische Entsagungsgesellschaft möglich? Wie verträgt sich der aristokratische Gedanke mit der freiheitlich egalitären Massendemokratie? Nur Beispiel oder vielmehr handelnde Wirkung? Muß der Liberalismus nicht glücksorientiert sein? »The pursuit of happiness«, das größte Glück der größten Menge, der Markt und seine »unsichtbare Hand« als »List der Idee« und Glücksvermittler? Sind hier nicht unüberwindbare Feindschaften? Stellt sich nicht zwangsläufig die Frage der Institutionen?

Konservativ-liberale Erneuerung?

»How to be equal and at the same time excellent?« fragte E. Burke schon vor zweihundert Jahren. Das Recht auf Ungleichheit in einer liberalen Gleichheitsordnung? Die anscheinende Unvereinbarkeit löst sich rasch auf in einem Rückblick auf die Leistungen der liberalen bürgerlichen Gesellschaft und ihres Pendants, des Kapitalismus. Diese waren, es sei hier in Erinnerung gebracht, nur möglich durch die tradierten Entsagungs- und Triebverzichts-Wertordnungen, vor deren Auszehrung wir heute stehen. Liberalismus, Kapitalismus, Demokratie setzen freiheitliche Rahmenbedingungen. Sie schaffen aber aus sich keine Werte, sondern verzehren überbrachte. Die Frage ist also: Wie ist eine neue – oder erneuerte alte – Wertskala in Freiheit durchzusetzen und mit welchen Prioritäten? Ihr liberal-konservativer Charakter ist unverkennbar: Auch der linke Eppler nimmt den Wertkonservatismus für sich in Anspruch. Zeitgemäße Liberale können nur noch Konservative, und Wertkonservative können nur noch Liberale sein nach dem Kriterium E. Burkes: »a tendency to preserve with an inclination to reform«. Es ist deshalb nicht überraschend, daß Neokonservative in Amerika und Europa häufig ehemalige Liberale sind, die mit der Wirklichkeit konfrontiert wurden. Das gilt aber ebenso in umgekehrter Richtung.

Die deutschen Liberalen haben sich in den vergangenen fünfundzwanzig Jahren der Radikalität dieser Fragen nicht gestellt. Ihre Führung fiel in die Hände von Politmanagern mit einem entsprechenden Theorie- und Persönlichkeitsdefizit, dessen Folgen wir heute vor uns haben. Das schmalbrüstige Freiburger Programm reichte gerade zur Legitimation der sozialliberalen Koalition, die – unbeschadet ihrer raschen Entartung – durch die Rehabilitierung der Regierungsfähigkeit der SPD eine geschichtliche Leistung Walter Scheels war. Die Voraussetzung dafür hatte allerdings schon Kiesingers große Koalition geschaffen.

Der »Freiheit-von«-Liberalismus alter Art leidet in der westlichen Demokratie ebenso wie sein Zwillingsbruder Kapitalismus unter seinem Erfolg. Seine Forderungen sind ebenso verwirklicht wie die der Sozialdemokraten, denen Ralf Dahrendorf wohl zu Recht – zur Empörung des angegriffenen »Lehrersozialismus« – das Ende des sozialdemokratischen Jahrhunderts bescheinigt. Das soll nicht heißen, daß nichts mehr zu tun und Wachsamkeit nicht nötig sei! Aufklärung bleibt gefordert, da es immer Verdunkelung gibt. Aber man muß nicht immer erneut die alten Barrikaden stürmen wollen und dabei die neuen übersehen. Die Liberalen müssen sich den Vorwurf gegen die Girondisten der Französischen Revolution mehr denn je zu Herzen nehmen: »Erst dem König Trotz geboten, dann das Haupt vor dem Pförtner gebeugt!«

Melvin Lask hat unter Beteiligung führender europäischer und amerikanischer Autoren 1983 zwei Ausgaben seiner Zeitschrift »Der Monat« den beiden zusammenhängenden Fragen gewidmet: »Wie tot ist der Liberalismus – Nachdenken über ein Grundprinzip« und: »Darf der Kapitalismus pleite gehen?« Dort heißt es kritisch über den Liberalismus alter Art: »Leuchtturm außer Betrieb« und »Im Papierkorb der Geschichte«; letzteres wohl ein vorschnelles Urteil. Mit Recht wird aber das Ausweichen in einen linken jakobinischen Ersatzliberalismus – Gleichheit vor Freiheit – bloßgestellt.

Wir erleben es am linken Flügel der deutschen Liberalen, der das Heil in einem vagabundierenden Humanitarismus, in der Förderung von Randgruppen, der Bekämpfung des Vermummungsverbots und der Dämonisierung von Volkszählungen und Kennkarten sucht; das Recht auf Ungleichheit des selbständigen Individuums – die Basisposition liberalen Denkens – aber verleugnet. Auf der anderen Seite gilt aber ebenso, daß der Liberalismus nicht das Instrument von Wirtschaftsinteressen sein kann, die heute im Ernstfall ohnehin nach dem Staat schielen. Wo sind die Liberalen mit dem aufrechten Gang geblieben, die, ihrer Sache gewiß, nicht ständig das Ohr am Boden haben und jedem modischen Trend nachlaufen?

Der Verfasser steht noch nach fünfundzwanzig Jahren zu seinen liberalen Thesen von 1960. Über einige zu optimistische Fehlurteile – Konvergenztheorie, Ende der Ideologien, Licht aus dem Osten – wurde bereits berichtet. Wo aber wurden seine liberalen Hoffnungen enttäuscht? Eine konstruktive Versöhnung der Liberalen mit »ihrem« Staat fand nicht statt. Dafür halfen sie – über das unverzichtbare Soziale hinaus –, ihren Feind, den

Wohlfahrts- und Anspruchsstaat, ins Untragbare und Unfinanzierbare zu fördern. Der Freiheitsanspruch mußte dem Gleichheitswahn weichen. Der »mündige Bürger« von achtzehn Jahren wurde zur Karikatur einer unmündigen Anspruchsberechtigung. Kant würde sich bei dieser Vorstellung im Grabe umdrehen. Ohnehin wird mit ihm übler Mißbrauch getrieben. Seine Aufklärung, seine Forderung auf Heraustreten aus der selbstverschuldeten Unmündigkeit können nicht ohne den kategorischen Imperativ des Sittengesetzes gesehen werden. Und keiner hat deutlicher gewarnt vor dem »größten denkbaren Despotismus«, der dem Individuum ihm fremde Glücksvorstellungen aufzwingen will. Der richtige Grundsatz der Chancengleichheit wurde durch eine gleichmacherische Zerstörung der Bildungsinstitutionen ins Gegenteil verkehrt. Diese waren noch nie so asozial durch Behinderung der selbständig Tüchtigen, Förderung des Anspruchs- und Berechtigungsdenkens und des Parasitären. Das zentrale Problem, Freizeit in Freiheit umzusetzen, wurde nicht einmal gesehen. Die Grundfragen der Zukunft einer Massenkonsumgesellschaft, bedroht durch ihre eigenen Todeskeime im Innern und eine kommunistisch-asketische Opfergesellschaft von außen, wurden nicht erkannt oder durch Befassung mit modischen Randerscheinungen verdrängt. Dem Verrat der Intellektuellen entsprach der der Liberalen.

Aber noch wichtiger ist die für den Verfasser bittere Erkenntnis, daß seine liberale Grundhoffnung erschüttert wurde: »Der Mensch ist ein plastisches Hohlgefäß; aber nach vorn, nach der Zukunft hin offen; er ist nicht, er wird erst – alles ist immer noch möglich.« Wir wissen heute, daß alles nicht mehr möglich ist, ja sogar nicht mehr möglich sein darf. Und wir haben Zweifel, ob der Mensch und seine Geschichte noch immer nach vorn, nach der Zukunft offen sind, auch wenn wir nicht Endzeitpessimisten sind. Für fatalistischen Optimismus ist ebensowenig Raum wie für schwarzen Pessimismus. Das »kecke Antizipieren der Zukunft«, vor dem Burckhardt warnte, ist uns verboten. Der Raum ist enger, die Mauern sind höher, die Schatten sind länger, es ist kälter geworden. Was bleibt, ist ein »heiterer« Pessimismus der Gelassenheit im Bewußtsein des tragischen Charakters unserer Existenz. Und trotz allem gilt noch das Luther-Wort: »Wenn ich wüßte, daß morgen die Welt untergehen würde, würde ich noch heute einen Baum pflanzen.«

Welche Chance und welche Aufgabe hat ein erneuerter konservativer Liberalismus in einer wahrscheinlich langen, dunklen, ungewissen Übergangszeit? Dahrendorf hat das Verdienst, für die Liberalen die Grundfrage noch einmal neu gestellt zu haben: »Vielleicht müssen wir bei unserem Nachdenken über Gleichheit und Freiheit wieder ganz von vorn beginnen« (»Die Chancen der Krise«, 1983). Dies gilt auch, wenn seine vorläufigen Antworten zu kurz zielen: Mit Ligaturen statt Bindungen und Tätigkeit statt Arbeit geht man noch nicht weit. Um so wichtiger ist sein Satz: »Zwischen dem anarchischen und dem technokratischen Irrtum liegt der Weg der Liberalen.« Liberale Denker aus allen Lagern, bei den Konservativen und den Sozialdemokraten, kommen zu ähnlichen Ergebnissen. Schelsky: »Was ist wichtiger: die Bewahrung der Freiheit der Person oder die Vervollkommnung der sozialen Gerechtigkeit?« Der Amerikaner Spitz: »Die Freiheit ist vielleicht der widersprüchlichste und vielgestaltigste Begriff und das nach wie vor schwierigste Problem.« Bracher spricht von der Rebellion gegen das unaufhebbare Spannungsverhältnis zwischen dem Mehrheits-, Gleichheits- und Freiheitsprinzip und von »der höchsten Frucht menschlicher Kulturentwicklung: sich selbst entfalten und doch beschränken«. C. F. von Weizsäcker warnt: »Dies sind nicht die alten Probleme der Herrschaft, sondern die modernen Probleme des richtigen, erwachsenen und nicht spielerischen Gebrauchs der Technik.« Arnulf Baring, der für das »liberale Salz« in der politischen Kultur eintritt, fordert am Ende einer Rousseau-Betrachtung einen neuen »contrat social«. Guggenberg und Molitor plädieren für eine neue Definition des »Sozialen«. Bundesverfassungsrichter Simon zum Institutionellen: »Es gilt, die ererbten Wohltaten und Strukturen der rechts- und sozialstaatlichen Demokratie unter den veränderten Bedingungen der Gegenwart so fortzuentwickeln, daß sie noch funktionstüchtig bleiben.« Und Lübbe mahnt: »Die Neokonservativen haben in Erinnerung gebracht, daß die liberale politische Ordnung von Voraussetzungen lebt, die durch diese Ordnung selbst nicht garantiert werden können. Dazu gehören Bürgertugend und öffentliche Moral.«

Der unaufhaltsam mächtiger und allgegenwärtiger werdende Staat – durch Verteilungs- und Haftungsansprüche der Bürger (der öffentliche Anteil am Sozialprodukt ist jetzt schon rund 50 Prozent), die Limitierung der Schadenskomponente der Technik (Atom, Verkehr, Umweltschutz), die Technisierung aller Lebensvorgänge und die innere und äußere Verteidigung – kann nur ein liberaler Staat sein, wenn er nicht zum technokratischen Leviathan werden soll. Seine Grenzen bestimmt nicht er selbst – wie einleitend dargestellt wurde –, sondern die Ansprüche und das Verhalten der Bürger. Bei dem in Zukunft noch enger werdenden Freiheitsraum des Individuums wird das, was er nicht tun darf und was man nicht von ihm verlangen darf, noch wichtiger. Die Glücks- und Gleichheitsgesellschaft bringt den Überstaat. Die »asketische« Demokratie des auf sich selbst gestellten, für sich selbst haftenden und einem hohen Moral- und Sozialanspruch verpflichteten Individuums braucht trotz der technischen Sachzwänge weniger Staat. Alles andere ist Selbsttäuschung oder Lüge.

Die im Hinblick auf die Zukunft wichtigste Schlacht auf dem liberalen Felde ging verloren. Freizeit wurde nicht in Freiheit umgesetzt. Sogar die Fragestellung wurde als reaktionär und unzeitgemäß von allen Beteiligten verdrängt und damit die Existenzfrage der Demokratie. Trotzdem, oder deshalb, muß sie gerade im Hinblick auf den im Gang befindlichen Wandel von einer Arbeits- zu einer Teil-Freizeitsgesellschaft radikal neu gestellt werden. Wir sind mitten im Übergang zu einer »gespaltenen« Gesellschaft. Unsere Arbeits-, Dienstleistungs- und Info-Gesellschaft beschäftigt unter Einsatz immer unfehlbarerer technischer Gehilfen mit hoher Produktivität immer weniger Menschen. Hier sei wiederholt: Der Gesellschaft geht dadurch auch in Zukunft die Arbeit nicht aus – sie ist bei den hohen Kosten nicht mehr zu bezahlen! Die hohe Produktivität ermöglicht dem statistisch arbeitslosen Teil ein Existenzminimum – wobei voraussichtlich für Verteidigung, Dritte Welt und Kultur immer weniger übrig bleibt, vor allem, wenn man das Null-Wachstum anstrebt. Auf die fatalen Auswirkungen auf den Generationsvertrag bei rasch zunehmender Überalterung der Bevölkerung und andere Folgen sei nur hingewiesen.

Die neuen Arbeitslosen sind in einem neuen Maße frei zu tun, was sie wollen. Wahrscheinlich werden sie einen vierten, grauen Wirtschaftssektor bilden, der bereits im Entstehen ist, nur nicht statistisch, steuerlich und sozial erfaßt. Die Arbeitslosen, falls sie nicht Tunixe sein wollen (Recht auf Faulheit!), müssen deshalb nicht ärmer sein als vorher – vielleicht sogar reicher. Hier stellt sich die zentrale Frage: Können und werden diese »Teilfreizeitmenschen«, die »tätig« sind statt zu arbeiten, Freizeit in Freiheit umsetzen? Dazu einige »utopische« Gedanken: Die Arbeitslosigkeit und insbesondere die der Jugend, die arbeitsbereit ist, hat, wie alles andere in unserer Zeit, ein Janusgesicht. Wenn die Arbeit, wie man uns erfolgreich eingeredet hat, für den auf Glück und Spiel angelegten Menschen Fron und Entfremdung war, muß frei sein von ihr, das heißt unbegrenzte Freizeit haben, ein Geschenk des Himmels sein, vorausgesetzt, daß die Grundbedürfnisse, zu denen vorläufig noch Fernsehen, Auto, Video-Recorder und Ferienreise gehören, gesichert sind. Dieser neue Mensch kann sich seinen schöpferischen Tätigkeiten widmen, sich selbst verwirklichen, wie Marx das in seiner sozialistischen Paradiesidylle beschrieben hat. Er kann sich bilden, Gratismöglichkeiten sind genug vorhanden. Er kann in Muße nachdenken, künstlerisch schaffen. Kein Zwang, keine Fremdbestimmung, keine Herrschaft! Er kann Basisdemokratie üben, philanthropischen Neigungen nachgehen, seinem Nächsten helfen. Er kann Freizeit in Freiheit umsetzen; kurz: ein ganzer freier Mensch. Wenn er will, ein aktiver mündiger Bürger, nach seinen Bedürfnissen versorgt – glücklich der Fremdbestimmung entronnen. Und wenn er mehr »haben« will, kann er auf Gegenseitigkeit seinem Nachbarn helfen oder schwarzarbeiten, wenn er es gar nicht lassen kann.

Dieses Zukunftsidyll hat vor kurzem der linke französische Publizist und Sartre-Schüler André Gorz in »Wege ins Paradies« mit ganz ähnlichen Worten beschrieben. Nach ihm haben wir »das goldene Zeitalter der Arbeitslosigkeit« in einer dualistischen Gesellschaft vor uns, in der die Arbeit immer mehr zugunsten der Freizeit schrumpft (1990: jährliche Arbeitszeit bei höchster Produktivität 900 Stunden!). In dieser »Schönen Neuen Welt« ist nicht mehr Arbeit der Mittelpunkt des Lebens, sondern Kultur. Jeder bekommt aus einer Produktivitätssteuer einen Soziallohn: »Der Akt des Konsumierens wird einer Arbeit gleichgestellt und honoriert.«

Warum ist das nicht das Glück? Warum sprießen nicht tausend Blumen schöpferischer Tätigkeit und kultureller Höherentwicklung aus Selbstverwirklichung? Das ist doch die Hoffnung der Propheten des Sonnen- oder Wassermannzeitalters. Oder werden im Gegenteil Neid und Langeweile, die beiden Geißeln der Menschheit, unerträglich? (Hans Jonas hat in »Prinzip Verantwortung« auf diese Wahrscheinlichkeit hingewiesen.) Sollte die Arbeit über den Broterwerb, die Reproduktion hinaus doch einen Sinn haben, auch wo sie nicht spielerische Tätigkeit ist? Mehr Freizeit?

Eine Feststellung, so traurig wie ernst, kann man jetzt schon treffen, und alle Zukunftspläne müssen mit ihr rechnen: Die Hoffnung auf die Umsetzung von immer mehr Freizeit in immer mehr Freiheit ist leider eine nicht erfüllbare Utopie.

Wie könnte unter diesen Rahmenbedingungen in einer langen Übergangsperspektive mit Untergangsmöglichkeiten ein neuer »contrat social« aussehen? Wie sein an asketischen Wahrheitskriterien orientierter Tugendkatalog? Soviel kann jetzt schon gesagt werden: Ohne auf die liberalen Errungenschaften der Demokratie, die Gleichheit vor Gesetz und Institutionen und eine richtig verstandene Chancengleichheit, zu verzichten, muß ein solcher Katalog von einem zunehmend differenzierten Menschenbild ausgehen und von der Erkenntnis, daß »Freiheit zu« und Gerechtigkeit nur dort zu verwirklichen sind, wo Ungleichheit möglich ist. (Kant: Die Natur will nun einmal keine Gleichheit!) Er muß sich gleichzeitig vor der Hybris und der Verdammung der Technik hüten, vor grenzenloser Fortschrittsgläubigkeit und hemmungslosem Pessimismus, aber alles tun, damit das »Gehäuse der Hörigkeit« nicht größer, sondern, wo immer möglich, kleiner wird. Es muß ein Vertrag sein, der nicht nur die Menschen in ihrer Ungleichheit, sondern auch die Natur, das »Unverfügbare« und die Zeit (Zukunft) einbezieht und den einzelnen wieder ganz vor seine Verantwortung stellt. Er muß wissen, daß aus der künstlichen Welt unserer Köpfe und Hände uns keine neuen Werte zuwachsen und daß die Hoffnung auf den »neuen Menschen« uns versagt ist. Wir müssen mit den Restbeständen der bisher unsere Kultur tragenden Werte haushälterisch umgehen; sie aufwerten mit dem Ziel einer höheren individuellen und kollektiven Verantwortung für Gegenwart und Zukunft. Die Minderheit, die zunächst nur für eine asketische Haltung in Frage kommen kann, muß sich mit leichtem Gepäck auf eine lange Durststrecke einrichten. Dabei müssen wir ohne Hoffnung auf eine »Weltkultur« auch die andersartigen Anliegen der sogenannten Dritten Welt, die bald zwei Drittel der Menschheit ausmachen wird, je in ihrer Besonderheit berücksichtigen. Ferner müssen wir sobald als möglich Folgerungen aus der Erkenntnis ziehen, daß unsere technische Zivilisation im Fernen Osten neue Träger gefunden hat, deren Wertestruktur ihr zumindest vorläufig besser angepaßt und unserer »entropischen« überlegen zu sein scheint. Versagen wir hier, ist Verarmung unabwendbar, ähnlich der, die in anderer Weise der Marxismus oder die Alternativen uns bescheren würden. Ohnehin kommen wir wieder in eine Knappheitssituation, der wir uns vorübergehend entronnen glaubten. Eine neue Form von Zusammenarbeit zwischen Individuum, Gesellschaft und Staat wird nötig sein. Planung muß heißen: in intelligenter Weise an die Zukunft denken!

Das heißt unter anderem auch, sobald als möglich von dem eurozentristischen Weltbild Abschied nehmen. Europa ist aber trotz allem kein zukunftsloser Erdteil, wenn auch vielleicht eines Tages nur noch ein Randproblem einer anderen Welt. Aber noch ist Europa – dies Hamlet-Europa, unsere Welt. Wir stimmen zwei bedeutenden jüdischen Europäern zu, dem liberalkonservativen Raymond Aron und dem rechten Sozialdemokraten Richard Löwenthal: »Ein Plädoyer für ein dekadentes Europa« und »Von der Einmaligkeit des Westens«.

Mit R. Aron können wir auch die alte Weisheit Goethes vom Aus- und Einatmen der Natur teilen, vom Gang der Geschichte als Wechselbewegung von Systole und Diastole, von Glauben und Skeptizismus. Wir verstehen heute besser die tragische Grunderkenntnis der alten Griechen – nach ihnen wurde kaum etwas Neues über den Menschen gedacht –, daß wir eingespannt sind in das magische Dreieck: Prometheus/Luzifer, Ikarus und Herakles. Aus ihm zeigt auch das tragikomische »Wolkenkuckucksheim« der Intellektuellen des Aristophanes keinen Ausweg. Das muß nicht bedeuten, daß wir zum Sisyphus, zum sinnlos-ewigen Wälzen des Steins verurteilt sind. Es bleibt trotz allem das Urvertrauen, auch wenn es sich noch nicht wieder religiös ausdrücken kann.

Die Zukunft der Christen liegt vielleicht in einer Schrumpfung der Kirchen auf gläubige, aktive Minoritäten, die hier und da schon im stillen tätig sind. Die Trennung von Kirche und Staat – für den, der, wie der Verfasser, aus einer Freikirche kommt, ohnehin naheliegend – wäre nicht mehr: »Écrasez l'infâme«, sondern Möglichkeit der Rettung.

Zum Schluß noch einmal zurück zu den Deutschen und zu Jakob Burckhardt: »Die Deutschen steigen zu hoch, sie fallen zu tief. Sie wollen in einer bedingten Welt das Unbedingte durchsetzen.« Daher die deutsche Daseinsverfehlung. Die Deutschen sind, was die Angelsachsen »singleminded« nennen. Sie können nur in Einbahnstraßen denken, nie gleichzeitig zwei Gedanken verfolgen oder gar, wie Bismarck, mehrere Eisen im Feuer haben. Deshalb sind sie für Außenpolitik wenig begabt – Bismarck war eine große Ausnahme. Die Mittellage in Europa hat sie überfordert; zudem verlangt sie von ihnen mehr als von anderen Völkern. Das soll nicht heißen, daß Deutschland deshalb geteilt bleiben muß, zumal seine Schadenskapazität in der völlig veränderten atomaren Welt geringer geworden ist.

Wir Deutschen sind ein großes, aber gefährliches Volk. Man muß uns gegen uns selbst schützen. Schwarmgeisterei und Berserkertum liegen bei uns nahe beieinander. Wir müssen der romantischen und der dionysischen Versuchung widerstehen! Diese Mahnung muß der idealistische Teil der Jugend beherzigen: In den Händen der Deutschen gerät durch Übertreibung das Richtige zum Bösen. Das ist heute wieder die Sorge unserer Nachbarn. Trotzdem soll und kann man sie nicht aufgeben, nicht aus ihnen austreten – wie man auch an ihnen leiden mag. Die deutsche Aufgabe bleibt, wie die europäische, ein Hamlet-Unternehmen. Aber ohne eine Lösung der deutschen Frage wird es keinen Frieden in Europa geben.

Und der Mensch? Er ist das verwundbarste, lebensunfähigste Tier – aber durch den Geist gleichzeitig das zäheste, härteste, überdauerndste.

Pascal fand das Treffende: »Das denkende Schilfrohr.« Von ihm sagt der Prophet Jesaia: »Das geknickte Rohr wird er nicht zerbrechen, und den glimmenden Docht wird er nicht auslöschen.« Unser alter Seismograph Ernst Jünger schloß seine Goethe-Preis-Ehrung 1982 mit den Worten: »Auf alle Fälle führt uns die Hoffnung weiter als die Furcht.«

Viel Zeit bleibt dennoch nicht: »Die Sonne sinkt, es naht der Abend; bleibt stehen nicht, nein, fördert Eure Schritte, solang der Westen sich noch nicht verdunkelt« (Dante).

Anhang

Anlage 1

Zwei Briefe des französischen Ministerpräsidenten P. Mendès-France an den Verleger und Präsidenten der deutschen Sektion der Liberalen Weltmission, H. A. Kluthe

PRESIDENCE DU CONSEIL   Paris, le 25 juillet 1954

LE PRESIDENT

Monsieur H. A. KLUTHE
Hôtel de Bâle
Rue Papillon
PARIS

Mon cher ami,

J'ai bien reçu votre lettre du 15 juillet et je l'ai lu avec soin. Je ne suis pas surpris de ce que vous me dites concernant des bruits répandus à BONN sur la politique du Gouvernement français. Mais je suis étonné que le Gouvernement allemand paraisse y accorder foi. Si un gouvernement conduit sa politique sur des commérages, cela ne peut aboutir qu'à de graves malentendus internationaux. Je suis surpris également que le Gouvernement de BONN n'ait pas pris au sérieux toutes les marques de sympathie et de volonté de coopération que nous lui avons prodigués. Nous n'avons reçu, en réponse, que des rebuffades très désagréables auxquelles un autre gouvernement aurait sans doute répondu autrement que je ne l'ai fait moi-même c'est-à-dire par le silence.

Je suis peut-être un homme politique d'une variété peu répandue en ce sens que je dis les choses comme je les pense. Je demande aux Allemands de prendre au sérieux les déclarations que j'ai faites.

Dans ma déclaration d'investiture, de juin 1953, figurait une phrase marquant un désir de coopération confiante qu'aucun autre gouvernement avant moi, à ma connaissance, n'avait proposé en de pareils termes.

J'ai aussi parlé des problèmes européens au mois de novembre, puis en février, en mars et en juin, en termes sincères et directs. Enfin, dans ma déclaration d'investiture, j'ai suggéré une méthode pour sortir de l'impasse dans laquelle nous sommes.

J'ai également parlé de toutes ces questions avec M. SPAAK et je suppose qu'il a dû faire part au gouvernement allemand, sous une forme officieuse, de ce que je lui ai dit. Je lui ai nettement confirmé mon désir d'aboutir à une solution avant la fin du mois d'août, ce qui aurait du, me semble-t-il, être accueilli avec plaisir.

Bien entendu, si l'on veut obtenir des français une acceptation pure et simple des traités de BONN et de PARIS, on n'y parviendra pas. Ce n'est pas de ma faute s'il n'y a pas, à l'Assemblée Nationale, une majorité disposée à accepter la ratification ne varietur.

Je sais que le Chancelier ADENAUER est persuadé qu'il existe à l'Assemblée Nationale une majorité en faveur de la ratification. Il se peut que le Chancelier ADENAUER soit mieux renseigné que moi sur la situation parlementaire en France. Mais, dans l'état actuel des choses, j'ai la faiblesse de conduire la politique française sur mes propres jugements et non pas sur ceux qui sont formé à l'étranger.

Je me propose d'ailleurs de faire connaître prochainement aux cinq pays co-signataires des traités de BONN et de Paris les suggestions qui seront discutées lors de la réunion qui doit se tenir à BRUXELLES. Je ferai tout ce qui dépend de moi, comme je l'ai déjà dit souvent, pour trouver une formule acceptable pour la France, mais pour tous les pays européens et pour la Paix.

Je serai très pris toute la semaine par la préparation des projets économiques et financiers que le Gouvernement doit déposer devant le Parlement. D'autre part, il faudra aussi, que je m'occupe de la préparation de nos projets européens que j'ai été obligé de négliger par la force des choses depuis un mois. Je crains donc d'avoir peu de temps ces jours-ci pour vous voir. Pouvez-vous me dire jusqu'à quand vous êtes à Paris. Si cela est possible, je serai malgré tout très heureux de vous rencontrer, ne serait ce que quelques minutes, pour évoquer tant de souvenirs communs.

Bien amicalement à vous
signé
Pierre MENDES-FRANCE

Le Président du Conseil   Paris, le 9 Août 1954
Ministre des Affaires Etrangères

Mon Cher Ami,

Je réponds d'un mot rapide à votre lettre si encourageante du 5 Août.

J'ai bien regretté moi aussi de n'avoir pu vous voir pendant votre dernier passage à Paris; hélas j'ai de lourdes journées si je veux tenir mon emploi du temps et mes échéances – dont la prochaine vous intéresse tout particulièrement. –

La lettre que je vous ai envoyé il ya une quinzaine n'est pas »aigrie«, loin de là, elle exprimait simplement ce qu'il n'est peut-être pas d'usage de dire dans les relations diplomatiques. Je n'avais pas prévu que vous la communiqueriez au Chancelier ADENAUER, mais tout compte fait c'est peut-être mieux ainsi.

Je serais heureux moi aussi de rencontrer le Chancelier. C'est un peu dans cet espoir que j'avais envisagé la conversation avec Guérin de Beaumont. Mais s'il le désire cela pourrait être repris sans aucun doute et peut être, comme vous le suggérez, avant l'ouverture de la Conférence de Bruxelles.

L'essentiel est que nous abordions la conversation de Bruxelles avec la volonté de sortir d'une impasse qui dure maintenant depuis trois ans. Il faut pour cela que chacun y mette du sien. Je le dirai à l'assemblée Nationale en termes très énergiques, n'en doutez pas. *Mais il ne faut pas que l'on me demande de proposer à l'Assemblée quelque chose qui notoirement n'a aucune chance d'être adopté;* sans quoi c'est rendre inévitable une catastrophe diplomatique que je veux coûte que coûte empêcher de se produire.

Veuillez croire à mes sentiments très dévoués et très amicaux.

/s/ P. M. F.

Monsieur A. KLUTHE
Verleger
Eschwege 16

Anlage 2

Memorandum vom 22. 6. 1952 zur Deutschlandfrage

Sowjetrußland ist eine Macht, die aus vielfachen Wurzeln genährte Ideen und Ziele von größter Aggressivität in den Dienst eines die Welt bedrohenden großrussischen Imperialismus gestellt hat bei gleichzeitiger pathologischer Angst vor einer Intervention von außen, die die Sicherheit des Landes und die Existenz des Regimes gefährden könnte.

Amerika versucht, dem russischen Problem mit der Politik der »Eindämmung« (containment) zu begegnen, d. h. ein weiteres Vordringen der russischen Macht über die 1945 abgesteckten Interessengrenzen zu verhindern. Angesichts dieser Politik haben die Erklärungen der Westmächte über die Wiedervereinigung Deutschlands zunächst nur einen platonischen Wert, da Rußland die Faustpfänder in der Hand hat und sie, wenn überhaupt, nur zu einem Preis herausgibt, der heute noch unbekannt ist.

Die erfolgreichen Bemühungen der FDP, eine starre Bindungsklausel im Generalvertrag zu verhindern, gingen von der richtigen Erkenntnis aus, die Tür zu Verhandlungen über diesen Preis nicht endgültig zuzuschlagen. Wenn die Ablehnung einer starren Bindungsklausel den Zweck hatte, die automatische Ausdehnung des militärischen Paktsystems des Westens im Falle einer Wiedervereinigung zu verhindern, so hat diese Haltung nur einen Sinn gehabt, wenn man sich jetzt in konsequenter Fortsetzung darüber klar wird, welche andere Lösung in diesem Falle gefunden werden kann, die für uns Deutsche erträglich und für die Russen tragbar ist.

Verhandlungen mit Rußland können zweifellos mit Erfolg erst geführt werden, wenn der Westen militärisch so stark ist, daß Rußland um der Erhaltung des Friedens willen bereit ist, einer Zurückverlegung der ihm 1945 vom Westen zugestandenen Interessengrenze zuzustimmen. Man muß sich jedoch dabei vor der Illusion hüten, daß allein eine Demonstration der Stärke genügt, um das deutsche Problem zu lösen. Auch dann muß in echten Verhandlungen eine Lösung gefunden werden, die anders aussehen wird, als das jetzt vereinbarte Bündnissystem.

Für Rußland bedeutet der Rückzug auf die Oder, der gleichzeitig das Problem der Oder-Neiße-Linie in aller Schärfe stellt, einen Einbruch in den »Cordon-Sanitaire«, den es nach 1945 zur Beruhigung seines Sicherheitskomplexes aufgebaut hat. Es sollte dabei nie übersehen werden, daß der deutsche Angriff von 1941 bei den Russen ein schweres Trauma hinterlassen hat.

Die Herauslösung des deutschen Ostens aus der russischen Interessensphäre ganz gleich in welcher Form, würde schwerwiegende Folgen für das Verhältnis Rußlands zu den östlichen Satellitenstaaten haben. Während Rußland im Fernen Osten den Nationalismus der farbigen Völker noch für sich hat, hat es im Westen den Nationalismus der Völker gegen sich. Die Schwierigkeiten, die Moskau bereits heute im Balkan hat, könnten im Falle einer Wiedervereinigung das russische Sicherheitssystem bedrohen. Bei einer militärischen Eingliederung des wiedervereinigten Deutschlands in das westliche Paktsystem würde die russische Position in der Tschechoslowakei unhaltbar. Für die Russen ist daher eine Ausdehnung des Geltungsbereiches des EVG-Vertrages bis an die Oder untragbar vor allem auch angesichts der Beistandspflicht in Verbindung mit dem Atlantikpakt; man denke z. B. nur an einen russisch-türkischen Zwischenfall. Die Russen müßten bei Zustimmung zu einer solchen westlichen Forderung eine politische und diplomatische Niederlage hinnehmen, die in ihren Folgen einem verlorenen Krieg gleichkommen würde. Es besteht daher die Gefahr, daß sie in diesem Fall einen solchen vorziehen würden.

Rußland ist eine asiatische Macht, die heute durch ihre enge Verbindung mit einer anderen asiatischen Großmacht mehr denn je »das Gesicht wahren« muß. Es muß ferner gegenüber dem eigenen Lande das Gesicht wahren. Man denke an die Bedeutung, die die Eroberung Berlins im russischen Volk hat, man denke an die Folgen, die ein Fallenlassen der SED bedeuten. Man denke daran, wie sehr Rußland gezwungen ist, sein Gesicht gegenüber seinen westlichen Satellitenstaaten zu wahren. Die Behauptung, man überschätze dabei die Bedeutung Deutschlands für die Russen ist irrig. Deutschland spielt im Denken der Russen seit je her eine hervorragende Rolle in vielfacher Hinsicht. Die Aufgabe Deutschlands bedeutet den Verlust der europäischen Mitte, von der aus sie den ganzen Kontinent beherrschen können, sei es auch nur durch die Bedrohung, die sie von dort ausstrahlen.

Man verspreche sich auch nicht allzuviel von Kompensationsmöglichkeiten, die bei einer Generalbereinigung der internationalen Lage an anderen Stellen der Erde vorhanden sind. Konzessionen in Form von Anleihen und materieller Hilfe sind im Falle einer echten Aussöhnung möglich. Sie ändern aber nicht die strategischen Gegebenheiten, das russische Sicherheitsbedürfnis und die Notwendigkeit, unter allen Umständen das Gesicht zu wahren. Es bleibt also nur eine Lösung, die Mittel- und Ostdeutschland aus der russischen Interessensphäre herausnimmt, ohne Rußland zu bedrohen.

Bei der Beurteilung Rußlands wird vom Westen derselbe Fehler gemacht wie noch heute bei der Beurteilung Hitler-Deutschlands. Eine moderne Massendiktatur bietet zwar nach außen ein völlig geschlossenes und undurchdringliches Bild. Wir wissen jedoch aus eigener Erfahrung, daß die Parteiung im Innern ebenso stark ist wie in parlamentarischen Regimen, nur daß die Machtkämpfe sich unter der Oberfläche abspielen. Es dürfte auch in Rußland eine Friedenspartei und eine Kriegspartei geben. Stalins Rolle hat bisher immer darin bestanden, daß er die Machtkämpfe ausgeglichen hat. Wir wissen jedoch nicht, auf welche Seite er sich in einer kritischen Stunde schlagen würde. Es kommt also darauf an, den vernünftigen Elementen in Moskau Argumente an die Hand zu geben, die im entscheidenden Augenblick vielleicht den Ausschlag geben können für Krieg oder Frieden. Ein Krieg kann auch aus Auswegslosigkeit und Angst ausbrechen.

Bei der Suche nach einer Lösung für das deutsche Problem scheidet die Neutralisierung, wie sie heute von Rußland angeboten wird, aus. Das politische, wirtschaftliche und militärische Risiko ist zu groß. Es wäre zu prüfen, ob die Schaffung eines großen neutralen Blocks mit Finnland, Schweden und der Schweiz dieses Risiko vermindern könnte.

Der Vorschlag Dr. Pfleiderers ist in seiner Zielsetzung richtig, läuft aber im Endergebnis auch auf die Neutralisierung hinaus und dürfte darüber hinaus für die Russen nicht annehmbar sein, da er die stillschweigende Preisgabe der Oder-Neiße-Linie zur Voraussetzung hat.

Der Gedanke, das russische Sicherheitsbedürfnis durch die Entwicklung einer dritten Kraft in Europa zu befriedigen, ist zwar bestechend, aber irreal. Bei den heutigen Machtverhältnissen zwischen Amerika und Europa ist nicht anzunehmen, daß die USA einer Politik zustimmen, die sie ihrer Sicherheitsstützpunkte diesseits des Atlantiks berauben würde. Außerdem fällt die Entscheidung über Deutschland lange bevor Europa eine wirkliche Macht geworden ist.

Bei allen diesen Überlegungen muß von der Tatsache ausgegangen werden, daß die sowjetisch besetzte Zone auf die Wiedervereinigung nicht beliebig lange warten kann, da die Zeit dort nicht für uns, sondern durch das Hereinwachsen der jungen Generationen in das bolschewistische System für die Russen arbeitet. Die Wiedervereinigung wird schwieriger mit jedem Tag, den sie hinausgezögert wird.

Man muß sich ferner vor der Illusion hüten, als ob freie Wahlen das Problem lösen könnten. Man kann die Russen nicht aus Deutschland herauswählen.

Es ist nicht zu erwarten, daß die Westmächte, die teilweise die endgültige Teilung Deutschlands nicht ungern sehen, falls man über sie zu einem tragbaren Kompromiß mit den Russen kommen könnte, eine für uns befriedigende Lösung suchen und finden. Sie muß von uns Deutschen selbst kommen und für uns, den Westen und den Osten gleich tragbar sein. Deutschland muß seine politische, wirtschaftliche und militärische Sicherung durch den Westen behalten, ohne daß von Deutschland aus Rußlands Sicherheit bedroht werden kann. Es muß also eine Lösung in der Mitte zwischen dem gegenwärtigen Paktsystem und dem russischen Neutralisierungsvorschlag gesucht werden. Eine solche Lösung bedeutet natürlich noch immer ein großes Risiko, das nur tragbar ist, wenn das gesamte deutsche Volk für sie gewonnen werden kann. Es darf dabei keine Sekunde übersehen werden, daß die Deutschen erst zu dem Staat wieder ein Verhältnis finden werden, der ihnen ihre Einheit wiedergibt.

Anlage 3

Brief des Botschafters in Pretoria, Dr. G. A. Sonnenhol, an Bundesaußenminister Walter Scheel vom 3. 7. 1970

Sehr verehrter Herr Minister, lieber Herr Scheel!

Es war richtig, den Beweis zu erbringen, daß Deutschland auch von der SPD regiert werden kann, ohne daß eine Katastrophe eintritt. Ein frühzeitiges Abbrechen dieses Experiments hätte nur zu einer Art Dolchstoß-Legende geführt, man sei einem kapitalistischen Komplott zum Opfer gefallen.
  Wie Sie vielleicht gemerkt haben werden, war ich nicht glücklich, daß die Außenpolitik – außer Europa – so schnell und so intensiv in den Vordergrund kam. Ich verhehle nicht, daß ich mir in den letzten Monaten große Sorge gemacht habe. Nachdem nun die Wogen sich etwas geglättet haben, möchte ich sie aussprechen.
  Der Boden der »Realitäten« ist schwankend. Die russischen Realitäten müssen zwangsläufig andere sein als unsere, denn der Kommunismus hat ein anderes Verhältnis zur Wirklichkeit als wir. Deshalb haben wir auch keine gemeinsame Sprache mehr, obgleich wir dieselben Worte benutzen. Die plötzlich ausgebrochene Realitätsbegeisterung nach jahrelanger Realitätsverleugnung kann man deshalb nur mit Sorge sehen.
  Den Höhepunkt fand ich in einem Artikel des Herrn Gaus in der Spiegel-Nummer, in der Guttenberg in so widerwärtiger Weise lebendig beerdigt wurde. Gaus: Man nehme nur widerspruchslos die russischen Maximalforderungen an und alles wird gut! Hier zeigt sich wieder das offenbar angeborene Unvermögen der Deutschen, in außenpolitischen Kategorien zu denken. Deshalb hat es ein Außenminister dieses Landes auch schwerer als irgendeiner seiner Kollegen – der amerikanische ausgenommen. Wir sind nur fähig in Einbahnwegen zu denken. Die Möglichkeit des differenzierten Denkens, d. h. mehrere Gedanken, die vielleicht beide richtig sein können, nebeneinander bestehen zu lassen und zu verfolgen, ist uns verwehrt. Dies ist einer der Gründe, weshalb das Ausland die Deutschen immer als plump und gleichzeitig als gefährlich betrachtet hat. Das Wort de Gaulles: »On doit toujours vivre en accord avec ses arrières pensées«, ist für einen Deutschen nahezu unfaßbar. Trotzdem möchte ich es dem deutschen Außenminister zurufen, obschon ich weiß, daß er zu den wenigen gehört, die so denken können, und deshalb gilt man auch schnell bei den Deutschen als schillernd, undurchsichtig oder charakterschwach.

Da das Pendel bei uns immer zu starke Ausschläge macht, bleibt dem Beamten nur die Möglichkeit, sich an die Rockschöße der Mächtigen zu hängen, damit es nicht zu schlimm wird.

Zurück zu meiner Sorge: Bereits in den »20 Punkten« fand ich Wendungen, die über das hinausgehen, was wir sagen sollten und können. Die Ware, die wir dafür als Gegenleistung erwarten, kann von der anderen Seite nicht geliefert werden, es sei denn unter Aufgabe des Systems. Es ist richtig, bis an den äußersten Rand des Möglichen zu gehen und sogar darüber hinaus, wenn man nur beabsichtigt, dem anderen den »schwarzen Peter« zuzuschieben. Will man aber verhandeln, muß man seine Verhandlungsposition sorgfältig aufbauen.

Die Sorge wurde größer mit dem Bahrbericht. Er ist doch nicht viel mehr als die Aufzählung der maximalen russischen Forderungen, wobei der Hinweis auf die bestehenden Verträge nicht einmal den Wert einer salvatorischen Klausel hat. Daran können einseitige Absichtserklärungen nichts ändern.

Wie Sie wissen, riet ich im September 1950 Franz Blücher, lieber zurückzutreten als der deutschen Aufrüstung zuzustimmen (nicht er trat zurück, sondern Heinemann!). Ich machte 1952 gleichzeitig mit Pfleiderer ein Memorandum zur Ostpolitik, das Blüchers handschriftlichen Vermerk trägt: »Bitte zu den privaten Akten nehmen!«, so gefährlich erschien es ihm. Bei meinem Memorandum 1954 ließ er erklären, ich habe mit der FDP nichts zu tun. Trotzdem habe ich weiter warnend meine Stimme erhoben gegen den Eintritt in die NATO und gegen alle einstimmigen Beschlüsse des Bundestages über freie Wahlen.

Bei Ihnen habe ich immer ein offenes Ohr gefunden und glaube, daß Ihre Rede in München 1963 auch heute noch uneingeschränkt richtig ist. Sie entsinnen sich vielleicht noch, daß ich am Tage der Beisetzung von Döring in der Fraktion ein Exposé über die außenpolitische Lage machte, das auf den Widerspruch von allen Seiten stieß. Ich hatte vorgeschlagen: Anerkennung der DDR als Völkerrechtssubjekt auf Zeit (was die Bundesrepublik nach ihrer eigenen Verfassung ja auch ist!), Aufnahme beider deutscher Teilstaaten in die UNO und als dritter Staat Groß-Berlin. Alles das unter einer Voraussetzung: die Russen müssen einwilligen, daß am Ende einer hinreichend langen Übergangszeit die Deutschen frei entscheiden können, ob sie wieder in einem Staat leben wollen.

Ich zähle das alles nicht auf, um zu zeigen, wie schlau ich war – man ist nach Jahren ohnehin nicht mehr so sicher! –, sondern um meiner Sorge mehr Rechtfertigung zu geben.

Inzwischen sind die Dinge nicht einfacher geworden. Natürlich will niemand in der ganzen Welt die deutsche Wiedervereinigung. Sie kann nur kommen, wenn sie eines Tages als das geringere Übel erkannt wird, und dieser Zeitpunkt wird kommen. Das Verhältnis der Russen zur Wiedervereinigung der Deutschen hat sich nach 1945 gewandelt mit der Veränderung der eigenen Machtposition. Als sie 1953 die Wasserstoffbombe hatten, rückten sie von den Vorschlägen von 1952 ab; mit dem Raketenbesitz verleugneten sie die Genfer Direktive 1955 usw.

Nach meiner unmaßgeblichen Auffassung sind die Russen heute auf dem Höhepunkt ihrer Macht, während der Stern Amerikas sinkt und noch weiter sinken wird. Aber auch die russische Macht wird zwangsläufig abnehmen. Sie würde dies noch schneller, wenn nicht die Amerikaner in ihrem politischen Unverstand in Südostasien versuchten, den Gang der Weltgeschichte anzuhalten. Die russische Macht wird abnehmen durch »overcommitment« – genau wie dies bei den Amerikanern der Fall war – selbst ohne die chinesische Drohung. Die Russen wissen das und möchten deshalb jetzt den europäischen Besitz konsolidieren mit unserer Unterschrift.

Daß sie wahrscheinlich auch kein kommunistisches Deutschland wollen, kann man wohl unterstellen. Das soll nicht heißen, daß sie die Preußen und Sachsen in jedem Fall und immer daran hindern können, dieses Ziel zu betreiben. Und vielleicht eines Tages mit Erfolg, wenn die Zeit ihnen günstig ist.

Man kann deshalb nur den Kopf schütteln über den Jubel in westlichen intellektuellen Kreisen, daß die Deutschen nunmehr endlich darauf verzichten, in einem Staate zu leben. Die Russen wissen, daß von jetzt ab die Zeit nicht für sie, sondern gegen sie arbeitet. Deshalb haben sie es eilig, auch mit der Sicherheitskonferenz.

Das sollte für uns ein Grund sein, deutlich erkennen zu lassen, daß wir Zeit haben, und daß uns der Wind nicht ins Gesicht bläst. Nur so kann man wohl auch mit geborenen Schachspielern verhandeln! Wir sollten immer an den österreichischen Staatsvertrag denken und bereit sein, durch viele hundert Sitzungen hindurch unsere Sache zu betreiben. (Der Gewaltverzichtsvertrag wird wesentliche Elemente einer friedensvertragsähnlichen Regelung vorwegnehmen!)

Es würde genügen, wenn die Russen im Vertrag erklären würden, daß sie zu den Prinzipien der Viermächte-Direktive von 1955 auch heute noch stehen. Sollten sie nicht zu irgendeiner Anerkennung des deutschen Selbstbestimmungsrechts bereit sein, sollte man nach meiner Auffassung nicht mit ihnen abschließen. Und auch nicht mit den Polen, die gerade für das Selbstbestimmungsrecht aus ihrer eigenen traurigen Geschichte Verständnis haben müssen. Bleibt es bei zwei deutschen Staaten, haben wir mit Polen keine gemeinsame Grenze, die wir anerkennen müßten. Ich glaube auch nicht, daß man den Polen durch einseitiges Entgegenkommen größere Handlungsfreiheit verschafft. Die Vorgänge in Prag reden eine zu deutliche Sprache.

Der deutsche Unterhändler sollte ferner hart darauf bestehen, daß eine Berlin-Regelung vor der Paraphierung erfolgt und ich meine, wir sollten die Forderung, Berlin als Ganzes zu behandeln und als Ganzes in die UNO zu bringen, auch noch in diesem späten Stadium erheben.

In dem ganzen lauten Kriegsgeschrei – soweit man es hier bei den Antipoden verfolgen konnte – machte Minister a. D. Schröder eine gute Figur, und wenn ich richtig gelesen habe, gingen seine Ratschläge über die Verhandlungen in eine ähnliche Richtung. Sollten die Russen eines Tages zu den unabdingbaren Konzessionen bereit sein, sollte man dann auch die DDR ruhig völkerrechtlich anerkennen, auch wenn die menschlichen Erleichterungen nicht sofort geliefert werden können. Aber nur unter dieser Voraussetzung. Wir haben viel Zeit!

Sie wissen, Herr Minister, daß ich angesichts unserer Lage immer für eine All-Parteien-Regierung war zumindest für den Zeitabschnitt, in dem mit dem Osten verhandelt wird. Wir müssen unter allen Umständen eine Wiederholung Weimars verhindern und für Dolchstoß-Legenden keine Gelegenheit geben. Der Preis für eine mögliche Regelung im Osten muß von einer großen Mehrheit der Deutschen getragen werden. Politisch kluge Völker haben ohnehin immer versucht, die Außenpolitik und die Innenpolitik zu trennen.

Nun habe ich meinem Herzen Luft gemacht und möchte abschließend nur noch berichten, daß ich mich mit der Absicht trage, für das Europa-Archiv einen Beitrag über das Thema »Der Begriff der Realität in der Außenpolitik« zu schreiben – natürlich unter Bemühung um größte Objektivität. Ich wäre dankbar, wenn Sie mich wissen lassen könnten, ob dieser Gedanke Ihre Zustimmung findet.

Schlußformel G. A. Sonnenhol

Auswahlbibliographie

Teil I

Abetz, Otto: Das offene Problem (1951)
Bloch, Ernst: Der Geist der Utopie (1918)
Bonnet Georges: Fin d'une Europe (1948); Dans la Tourmente 1938–48 (1971)
Broszat, Martin (Hrsg.): Das Dritte Reich (1983)
Brüning, Heinrich: Memoiren (1969)
Burckhardt, Jacob: Weltgeschichtliche Betrachtungen (1868)
Burke, Edmund: Reflections on the Revolution in France (1790)
Canetti, Elias: Die Fackel im Ohr (1980); Die Provinz des Menschen – Aufzeichnungen 1942–44 (1973)
Dahrendorf, Ralf: Deutschland und die Demokratie (1965)
Duroselle, J.-B.: La Décadence 1932–39 (1979)
Fabre-Luce, Alfred: Journal de France 1939–44 (1946)
Fest, Joachim: Hitler (1973)
Haffner, Sebastian: Anmerkungen zu Hitler (1978)
Hassel, Ulrich von: Vom anderen Deutschland (1946)
Heller, Gerhard: Un Allemand à Paris (1981)
Herder, Joh. Gottfried: Ideen zur Philosophie der Geschichte der Menschheit (1784)
Hesse, Hermann: Die Morgenlandfahrt (1932)
Heuss, Alfred: Versagen und Verhängnis (1984)
Heuss, Theodor: Hitlers Weg. Eine historisch-politische Studie über den Nationalsozialismus (1931)
Hildebrand, Klaus: Das Dritte Reich (1979)
Hillgruber, Andreas: Hitlers Strategie, Politik und Kriegführung (1965)
Hitler, Adolf: Reden
Huxley, Aldous: Brave New World (1932)
Jaspers, Karl: Geist der Zeit (1931)
Jung, Edgar: Die Herrschaft der Minderwertigen (1927)
Jünger, Ernst: Gesamtwerk, hier: Das abenteuerliche Herz (1929); Der Arbeiter (1932); Totale Mobilmachung (1930); Auf den Marmorklippen (1939); Strahlungen (1950)
Kaiser, Georg: Gas-Trilogie (1917)
Klages, Ludwig: Der Geist als Widersacher der Seele (1932)
Kleinewefers, Paul: Jahrgang 1905 – Ein Bericht (1977)
Kraus, Karl: Die letzten Tage der Menschlichkeit (1922)
Landauer, Gustav: Aufruf zum Sozialismus (1911)
La Rochelle, Drieu: L'Europe contre les Parties (1931)
Lévy, Bernard Henri: L'Idéologie Française (1980)
Mannheim, Karl: Mensch und Gesellschaft im Zeitalter des Umbaus (1935)
Mann, Thomas: Gedanken zur Politik (1914); Betrachtungen eines Unpolitischen (1917); Von deutscher Republik (1922); Entstehung des Doktor Faustus (1949)
Maser, Werner: Adolf Hitler. Das Ende der Führerlegende (1980)
Moeller van den Bruck, Arthur: Das Dritte Reich (1923)

Niekisch, Ernst: Das Reich der niederen Dämonen (1953)
Nietzsche, Friedrich: Der Wille zur Macht (1888)
Ortega y Gasset, José: Der Aufstand der Massen (1931)
Rathenau, Walter: Von kommenden Dingen (1917)
Rauschning, Hermann: Die Revolution des Nihilismus (1938)
Sartre, Jean Paul: Tagebücher (1939/40)
Schieder, Wolfgang: Faschismus als soziale Bewegung (1976)
Schwinge, Erich: Bilanz der Kriegsgeneration (1979)
Shirer, William: Aufstieg und Fall des Dritten Reiches (1963)
Sohl, Hans-Günther: Skizzen (1983)
Speer, Albert: Erinnerungen (1969)
Spengler, Oswald: Der Untergang des Abendlandes (1920); Jahre der Entscheidung (1933)
Tournoux, Raymond: Pétain et la France – La Seconde Guerre Mondiale (1980)
Toynbee, Arnold J.: Der Gang der Weltgeschichte (Deutsche Kurzfassung 1970)
Weizsäcker, Ernst von: Erinnerungen (1950)
Wells, H. G.: The Time Machine (1931)

Teil II

Adenauer, Konrad: Erinnerungen (1965)
Allardt, Helmut: Moskauer Tagebuch (1973)
Apel, Hans: Die SPD steht fest zum atlantischen Bündnis (»Außenpolitik« 1984)
Aron, Raymond: Gesamtwerk Mémoires (1983)
Augstein, Rudolf: Der Spiegel (1949–1984)
Bahr, Egon: Gemeinsame Sicherheit; Gedanken zur Entschärfung der nuklearen Situation in Europa (Europa-Archiv 14/82)
Baring, Arnulf: Außenpolitik in Adenauers Kanzlerdemokratie (1969); Machtwechsel (1982); Der 17. Juni 1953 (1983)
Becker, Joseph: Die Deutsche Frage als Problem der internationalen Staatensysteme (1982)
Bender, Peter: Das Ende des ideologischen Zeitalters. Die Europäisierung Europas (1981); Geisterkampf um die Nation (Der Spiegel 9/81); Interessen in Mitteleuropa (Merkur 1983)
Bericht der Bundesregierung zur Lage der Nation (23. 6. 1983)
Bericht der europäischen außenpolitischen Forschungsinstitute: Die EG vor der Entscheidung. Fortschritt oder Verfall? (1983)
Biedenkopf, Kurt: Rückzug aus der Grenzsituation (»Die Zeit« 30. 10. 1981)
Billotte, Pierre: Le Temps du Choix (1950)
Blackbourn, David: Mythen deutscher Geschichtsschreibung (1980)
Blankenhorn, Herbert: Verständnis und Verständigung (1980)
Borch, Herbert von: Die unfertige Gesellschaft (1960)
Bracher, Dietrich: Zwei deutsche Vergangenheiten (»Die politische Meinung« 1979)
Brandt, Peter: Die Linke und die nationale Frage (1981)
Brandt, Willy: Friedenspolitik in Europa (1968)
Brandt, Willy: Deutscher Patriotismus (Der Spiegel 5/82)
Christadler, Marie-Luise: Deutschland – Frankreich, alte Klischees – neue Bilder (1981)
Craig, Gordon A.: Über die Deutschen (1982); Die Supermacht und das Gute (FAZ 7. 1. 1984)
Curtius, Ernst Robert: Französischer Geist im 20. Jahrhundert (1952)
Dahrendorf, Ralf: Drei deutsche Möglichkeiten (FAZ 22. 9. 1977)

Dönhoff, Marion Gräfin: Von gestern nach übermorgen (1981)
Eckhardt, Felix von: Ein unordentliches Leben (1976)
Ehmke, Horst: Was ist des Deutschen Vaterland? (1979); Eine Politik zur Selbstbehauptung (EA 7/84)
Eppler, Erhard: Die letzte große Chance (Der Spiegel 4. 7. 1983)
Epting, Karl: Französisches Sendungsbewußtsein (1952)
Fabre-Luce, Alfred: Histoire de la Révolution Européenne (1954)
Fest, Joachim: Von der Unverlorenheit der Deutschen Frage (FAZ 28. 9. 1982)
Fontaine, André: L'Alliance Atlantique à l'Heure du Dégel (1959); Que faire de l'Allemagne (1971)
Frank, Paul: Entschlüsselte Botschaft (1981)
Froment-Meurice: Für uns Franzosen ist die Deutsche Frage nicht gelöst (FAZ 17. 12. 1983); Une Puissance nommée Europe (1984)
Fulbright, J. William: The Arrogance of Power (1966)
Gaulle, Charles de: Mémoires de Guerres – Le Salut – (1959)
Gaus, Günter: Wo Deutschland liegt (1983)
Gerstenmaier, Eugen: Streit und Friede hat seine Zeit (1981)
Grewe, W. G.: Ein zählebiger Mythos – Stalinnote vom März 1952 (FAZ 10. 3. 1982); Wenn der Wille zur Einheit erlahmt (FAZ 2. 4. 1983); Rückblenden (1979)
Grosser, Alfred: Deutschlandbilanz (1970); Frankreichs Trauma – die Niederlage 1940 (Der Spiegel 48/83)
Habermas, Jürgen (Hrsg.): Stichworte zur »Geistigen Situation der Zeit« (1979)
Hassner, Pierre: Zwei deutsche Staaten in Europa. Gibt es gemeinsame Interessen in der internationalen Politik? (1983)
Hillgruber, Andreas: Deutsche Großmacht- und Weltpolitik im 19. und 20. Jahrhundert (1977); Deutsche Geschichte 1945–68 (1974)
Jaspers, Karl: Wohin treibt die Bundesrepublik? (1966)
Kaiser, Karl: Die Sicherheit des Westens (Expertenbericht) (1982)
Kennan, George F.: American Diplomacy 1900–1950 (1952); Realities of American Foreign Policy (1954); Memoirs 1925–50 (1967); Memoirs 1950–65 (1972)
Kissinger, Henry: American Foreign Policy (1969)
Kroll, Hans: Botschafter in Belgrad, Tokio und Moskau (1969)
Lafontaine, Oskar: Den Austritt aus der NATO wagen (Der Spiegel 35/83); Angst vor den Freunden (1983)
Lahr, Rolf: Zeuge von Fall und Aufstieg (1981)
Lamers, Karl: Suche nach Deutschland (1983)
Lippmann, Walter: A Public Philosophy (1948)
Lord Gladwyn: Memoirs (1972)
Lübbe, Hermann: Kritischer Historismus (Merkur 1979)
Lüthy, Herbert: Frankreichs Uhren gehen anders (1954)
Mende, Erich: Die FDP (1972)
Michelet, Jules: Histoire de la Révolution Française (1850)
Moersch, Karl: Kursrevision (1978)
Mohler, Armin: Die fünfte Republik (1961)
Mommsen, Wolfgang J.: Wandlungen der nationalen Identität (1982)
Pesch, Ludwig: Die west-östliche Nation (1965)
Peyrefitte, Alain: Le Mal Français (1976)
Picht, Robert (Hrsg.): Das Bündnis im Bündnis (1982)
Plessner, Helmuth: Die verspätete Nation (1935)
Porth, W.: Die Linke fühlt wieder deutsch (1983)

Rostow, W. W.: The United States in the World Arena (1960)
Rovan, Joseph: Staat und Nation in der deutschen Geschichte (1983)
Schmid, Carlo: Erinnerungen (1965)
Schmidt, Helmut: Abrüstung in Mitteleuropa – Möglichkeit oder Utopie? (Bundestagsrede 14. 11. 1959)
Schulz, Eberhard: Die deutsche Nation in Europa (1982)
Schwann, Gesine: Wohin treibt die SPD? (FAZ 17. 5. 1984)
Seiffert, Wolfgang: Der deutsche Faktor kehrt mehr und mehr in die Politik zurück (FAZ 5. 6. 1984)
Sethe, Paul: Die großen Entscheidungen (1958)
Sieburg, Friedrich: Gott in Frankreich (1929)
Sontheimer, Kurt: Ein deutscher Sonderweg? (1983)
Strauß, Franz Joseph: Wege zu Sicherheit und Frieden (Artikel in »Foreign Affairs« 1959)
Stürmer, Michael: Das ruhelose Reich (1975); Die Deutsche Frage (FAZ 18. 6. 1983); Ewiges Dilemma: Die Deutsche Frage (FAZ 30. 1. 1982); Zerbricht die Nation? (FAZ 27. 11. 76); Gab es 1952 wirklich eine Chance? (4. 4. 1981); Kein Eigentum der Deutschen: die Deutsche Frage (1983); Metternich hätte sich nicht gewundert. Der deutsche Aufstand und Europa (Rede zum 17. 6. 1953) (FAZ 18. 6. 1983)
Taft, Robert: A Foreign Policy for America (1951)
Tatu, Michel: Außenpolitik zwischen Ost und West (1982)
Tocqueville, Alexis de: Erinnerungen (1850/51)
Tournoux, Michel: Le Royaume d'Otto. France 1939–45 (1982)
Venohr, Wolfgang: Die deutsche Einheit kommt bestimmt (1982)
Vogel, Georg: Diplomat unter Hitler und Adenauer (1969)
Voss, Jürgen: Geschichte Frankreichs – Band 2 – (1980)
Walser, Martin: Händedruck mit Gespenstern (1979)
Wehler, Hans-Ulrich: Wir brauchen keinen deutschen Sonderweg (FAZ 4. 2. 1982)
Weidenfeld, Werner (Hrsg.): Die Identität der Deutschen (1983)
Weisenfeld, Ernst: De Gaulle sieht Europa (1966); Frankreichs Geschichte seit dem Krieg (1980)
Wilms, Johannes: Nationalismus ohne Nation (1983)
Windelen, Heinrich: Grundfragen der Deutschlandpolitik der Bundesregierung (Bulletin 8. 2. 1984)
Wirsing, Giselher: Der maßlose Kontinent (1941); »Dokumente« – Sonderheft: Frankreich und die Bundesrepublik Deutschland; Kultur, Politik, Wirtschaft seit 1949 (1984)

Teil III

Adorno, Theodor W.: Minima Moralia (1947)
Alt, Franz: Friede ist möglich (1983)
Amery, Carl: Das Ende der Vorsehung (1972)
Anders, Günther: Die Antiquiertheit des Menschen (1958); Endzeit und Zeitwende (1972)
Bachofen, Johann Jakob: Mutterrecht und Urreligion (1860)
Baring, Arnulf: Vom Gesellschaftsvertrag (»Die Zeit« 19. 8. 1983)
Becker, Jillian: Hitlers Kinder? (1977)
Bell, Daniel: Die Zukunft der westlichen Welt – Kultur und Technik im Widerstreit (1976)
Benda, Julien: Der Verrat der Intellektuellen (1927)
Benn, Gottfried: Provoziertes Leben (1957)
Berger, Peter: Der Zwang zur Häresie (1979)

Bergsdorf, Wolfgang (Hrsg.): Die Intellektuellen – Geist und Macht (1982)
Bloch, Ernst: Der Geist der Utopie (1918)
Boveri, Margret: Der Verrat im 20. Jahrhundert (1956)
Böll, Heinrich: Der Mut zum Widerstand (1983)
Bracher, Karl Dietrich: Das Zeitalter der Ideologien (1982)
Brecht, Bertolt: Die Maßnahme (1930)
Canetti, Elias: Masse und Macht (1960)
Capra, Fridjof: Wendezeit (1982)
Cioran, E. M.: Vom Nachteil geboren zu sein; Die verfehlte Schöpfung (1979)
Dahrendorf, Ralf: Die Chancen der Krise (1983)
Die Grenzen des Wachstums (Bericht des Club of Rome) (1972)
Dostojewski, Fiodor: Die Dämonen (1873)
Ecco, Umberto: Der Name der Rose (1982)
Ende, Michael: Momo (1973) Die endlose Geschichte (1981)
Enzensberger, Hans Magnus: Bemerkungen zum Weltuntergang (Kursbuch 53) (1978)
Eppler, Erhard: Sind die Grünen Kulturpessimisten? (Der Spiegel 4/79); Die tödlichen
    Utopien der Sicherheit (1983)
Forsthoff, Ernst: Der Staat der Industriegesellschaft (1971)
Freud, Sigmund: Das Unbehagen in der Kultur (1939)
Freyer, Hans: Theorie des gegenwärtigen Zeitalters (1955)
Fried, Ferdinand: Der Umsturz der Gesellschaft (1950)
Fromm, Erich: Haben und Sein (1976)
Gehlen, Arnold: Die Seele im technischen Zeitalter (1956); Urmenschen und Spätkultur
    (1956); Die Intellektuellen und der Staat (1964); Moral und Hypermoral (1969)
Global Report 2000 (Zukunftsprognose amerikanischer Experten) (1979)
Glotz, Peter: Die neue Gesellschaft (1984)
Glucksmann, André: La Force du Vertige (Strategie der Abschreckung) (1983)
Gorz, André: Wege ins Paradies (1983)
Gross, Johannes: Unsere letzten Tage (1980)
Guggenberger: Die Wiedergewinnung des Sozialen (FAZ 13. 8. 1983)
Habermas, Jürgen: »Stichworte« (79); Neokonservative Kulturkritik (Merkur 1982); Recht
    und Gewalt (Merkur 1984)
Hayek, F. A.: Der Weg zur Knechtschaft (1943)
Hazard, Paul: Die Krise des europäischen Geistes (1939)
Heidegger, Martin: Holzwege (1950); Gespräch mit Rudolf Augstein »Da kann nur Gott
    helfen« (1965)
Hochhuth, Rolf: Wann brennen wir? (1983)
Holthusen, Hans Egon: Avantgardismus und die Zukunft der modernen Kunst (1964);
    Sartre in Stammheim (1982)
Horkheimer-Adorno: Die Dialektik der Aufklärung (1977)
Illitsch, Iwan: Fortschrittsmythen (1978)
Jonas, Hans: Das Prinzip Verantwortung (1980)
Jünger, Ernst: Der gordische Knoten (1953); An der Zeitmauer (1959); Rede aus Anlaß der
    Verleihung des Goethepreises (1982)
Jünger, Friedrich Georg: Die Perfektion der Technik (1946)
Kaltenbrunner, Gerd (Hrsg.): Die Strategie der Feigheit (1977)
Kielmansegg, Peter Graf: Nachdenken über die Demokratie (1980)
Kolakowski, Leszek: Leben trotz Geschichte
Konrad, Joseph: Der Geheimagent (1907)
Kriele, Martin: Ein Recht auf Widerstand? (FAZ 1. 3. 1983)

Lasky, Melvin (Hrsg.): Wie tot ist der Liberalismus? (1983); Darf der Kapitalismus pleite gehen? (1983); Utopia als Warnung – Orwells 1984 heute (»Der Monat«, 1983)
Litt, Theodor: Das Bildungsideal der deutschen Klassik und die moderne Arbeitswelt (1955)
Löwenthal, Richard A.: Weltpolitische Betrachtungen (1983); Gesellschaftswandel und Kulturkrise (1979)
Lübbe, Hermann (Hrsg.): Spengler heute (1980)
Marcuse, Herbert: Der eindimensionale Mensch (1967)
Michell, John: Vorschlag für eine andere Denkungsart (Scheidewege) (1980)
Mitscherlich, A. u. M.: Die Unfähigkeit zu trauern (1968)
Mohler, Arnim: Vergangenheitsbewältigung (1980)
Molitor, Bruno: Der Mythos des Sozialen (FAZ 24. 9. 1983)
Mommsen, Hans: Vom Versagen der Eliten (Merkur 1984)
Ortlieb, Heinz Dietrich: Die verantwortungslose Gesellschaft (1971)
Orwell, George: »1984« (1949)
Packard, Vance: The Hidden Persuaders (1957)
Pascal, Blaise: Pensées (1652)
Pecci, Aurelio: Die Zukunft in unserer Hand (1981)
Rezler, André: Mythes Politiques Modernes (1977)
Rinsche, Franz-Josef: Nur so ist Friede möglich (1984)
Rousseau, Jean-Jacques: Confessions (1770)
Röpke, Wilhelm: Die Gesellschaftskrise der Gegenwart (1942); Jenseits von Angebot und Nachfrage (1958)
Sartre, Jean Paul: Vorwort zu Fanon: »Die Verdammten der Erde« (1961)
Schabert, Tilo (Hrsg.): Der Mensch als Schöpfer der Welt (1971)
Schelsky, Helmut: Die Arbeit tun die anderen (1975), Die Hoffnung Blochs (1976)
Scheuch, Erwin K.: Die Wiedertäufer der Wohlstandsgesellschaft (1968)
Schmitt, Carl: Der Leviathan (1938)
Schoeck, Helmut: Der Neid in der Gesellschaft (1966); Das Recht auf Ungleichheit (1979)
Schumpeter, Joseph A.: Kapitalismus, Sozialismus und Demokratie (1942)
Schütz, Paul: Widerstand und Wagnis (1982)
Sedlmayer, Hans: Verlust der Mitte (1948); Gefahr und Hoffnung des technischen Zeitalters (1970)
Sontheimer, Kurt: Gefangene der Theorie (1982);
Sontheimer, Kurt: Zeitenwende? (1983);
Sölle, Dorothee: Theologie nach dem Tode Gottes (1965); Wege zum Leben in Frieden (»Die Zeit« 1983);
Spengler, Oswald: Der Mensch und die Technik (1931)
Stürmer, Michael: Die Suche nach dem Daseinszweck (FAZ 16. 6. 1984)
Szesny, Gerhard: Die Zukunft des Unglaubens (1958)
Teilhard de Chardin: Der Mensch im Kosmos (1959)
Theweleit, Klaus: Männerphantasien (1980)
Thiess, Frank: Das Reich der Dämonen (1942)
Tuchman, Barbara: A Distant Mirror (1978)
Weber, Alfred: Abschied von der bisherigen Geschichte (1946); Der dritte oder vierte Mensch (1963)
Weber, Max: Gesamtwerk; hier: Der Beruf zur Politik; Asketischer Protestantismus und kapitalistischer Geist
Weizsäcker, C. F. von: Der Garten des Menschlichen (1977); Wege in der Gefahr (1976); Deutlichkeit (1978); Wahrnehmung der Neuzeit (1983)
Wirsing, Giselher: Der abwendbare Untergang (1976)

Personenregister

Abetz, Otto 43, 72, 77, 80ff., 87f., 90, 115f.
Achenbach, Ernst 81f., 86f., 199
Acheson, Dean 173, 202, 205
Adenauer, Konrad 6, 51, 85, 120f., 123ff., 141, 151, 153, 157, 165, 167, 175ff., 184, 187f., 192ff., 199ff., 206f., 210, 212ff., 225, 236, 242, 254, 270, 278, 293, 340, 351, 361f.
Adorno, Theodor W. 30, 282f., 291, 300, 317, 319
Ahlers, Conrad 116, 185
Albertz, Heinrich 312
Albrecht, Ernst 346
Alexander VI., Papst 259
Allardt, Helmut 204, 226
Alt, Franz 234
Améry, Jean 13
Ammon, Herbert 228
Anders, Günther 11, 261, 270, 282f., 302, 329, 341, 350
Andropow, Jurij 204
Annunzio, Gabriele d' 46
Apel, Hans 162, 215
Aragon, Louis 302, 309
Aristoteles 20, 316
Arndt, Adolf 122, 132, 210
Aron, Raymond 71, 190, 252, 291, 358
Artemis 345
Auer, Theodor 88ff., 106f.
Augstein, Rudolf 127, 159, 207, 228, 235ff., 252f., 271, 302, 308

Bach, Johann Sebastian 315
Bachofen, Johann Jakob 345
Bahr, Egon 205, 222, 224f., 229, 235ff., 248, 366
Bakunin, Michail Alexandrowitsch 279, 316f., 320, 325
Baring, Arnulf 124, 204, 216, 222, 225, 267, 282, 302, 355

Barsikow 113
Barth, Karl 21
Baumbach, Gerd 61
Becker, Carl Heinrich 24
Becker, Helmut 111
Becker, Josef 241
Bell, Daniel 291f.
Benda, Julien 299
Bender, Peter 162, 237ff., 247, 311
Benjamin, Walter 319
Benn, Gottfried 38, 347, 351
Benoit-Méchin, Jacques 106
Berg, Fritz 131
Bergemann 60
Bergmann 106, 109
Bernadotte, Folke, Graf von Wisborg 114
Beuys, Joseph 304
Bidault, Georges 176, 179
Biedenkopf, Kurt 232
Billotte, P. 176f., 179, 181
Bismarck, Otto Fürst von 71, 76, 126, 223, 228, 245f., 249, 359
Blankenhorn, Herbert 124, 167, 178, 201
Blanqui, Louis Auguste 315
Bloch, Ernst 282f., 291, 319
Blücher, Franz 6, 111, 116, 121ff., 127, 129ff., 136f., 140, 176f., 178ff., 183, 199, 201f., 208ff., 366
Blum, Léon 47
Böll, Heinrich 55, 228, 295f.
Börner, Holger 267
Boëthius, Anicius Manlius Severinus 350
Böx, Heinrich 141
Bohle, Ernst Wilhelm 72
Bohlen, Charles 214
Bohrer, Karl Heinz 295f., 298, 309
Bonhoeffer, Dietrich 326
Bonin, Bogislav von 221
Bonn, Gisela 92

Bonnier de la Chapelle 92
Borch, H. von 157, 207
Borm, William 238
Bormann, Martin 61
Born, Nicolas 333
Bosch, Hieronymus 324
Bouhler, Philipp 93, 95
Bovery, Margret 299
Bowie 202
Bracher, Karl Dietrich 28, 237, 319, 355
Brandt, Peter 228
Brandt, Willy 55, 122, 127, 151f., 161, 205, 215, 222f., 228, 237, 255, 260, 311, 346
Brasillach 103
Braun, Otto 114
Brecht, Bertolt 282, 298f., 327, 347
Bredt, Johannes Viktor 40
Brentano, Heinrich von 202, 213f.
Breschnew, Leonid Iljitsch 161, 221, 226, 230, 233, 237, 254
Briand, Aristide 86, 103
Briesen, Kurt von 81
Bruce, David 177
Brüning, Heinrich 28f., 37, 68, 126f., 205
Brusset, Marie 43
Brusset, Max 43f., 86, 176, 180f.
Brzezinski, Zbigniew K. 226
Buback, Siegfried 286f., 308
Bürckel, Josef 73, 82
Bulganin, Nikolai Alexandrowitsch 212
Bullit, William Christian 102f.
Burckhardt, Carl Jakob 57, 114, 319, 354, 359
Burke, Edmund 300, 352
Burns, Arthur F. 236
Byrnes, James F. 200

Cambon, Paul 51
Camus, Albert 84, 325
Canetti, Elias 29, 74f., 323
Canning, George 245f.
Capra, Fritjof 343f.
Carstens, Karl 120, 137, 174, 226, 230, 232, 244, 258
Carter, Jimmy 159, 226, 233, 255
Caulaincourt, Armand Graf von 88, 119, 171
Chaban-Delmas, Jacques 176, 179, 181

Chamberlain, Arthur Neville 49f.
Chambrun, Graf von 86
Chargaff, Erwin 315
Chateaubriand, François René Vicomte de 171
Cheysson, Claude 183f.
Chlodwig I. 170
Choiseul, Étienne François 191
Churchill, Sarah 46
Churchill, Sir Winston 49, 72f., 77, 92, 99, 101, 179, 185, 204
Cioran, Emile M. 326
Clausewitz, Karl von 239, 308
Clémenceau, Georges 102, 189
Cohn-Bendit, Daniel 344
Comte, Auguste 315
Condorcet, Antoine Marquis de 328
Conrad, Josef 292
Coty, René 186
Coutan, Jacques 87
Couve de Murville, Maurice 137, 147, 187, 195, 251
Craig, Gordon 158, 253

Dahrendorf, Ralf 66, 333, 353f.
Daladier, Edouard 50, 72
Damaschke, Adolf 23
Daninos, Pierre 305
Dante Alighieri 360
Danton, Georges 99
Darlan, François 87f., 91f., 97, 101
Darwin, Charles Robert 315f., 318
Déat, Marcel 103
Debré, Michel 176, 179, 181, 190, 195
Dehler, Thomas 6, 27, 123, 126, 130ff., 136, 199, 201f., 212f., 215, 220, 277
Delmer, Sefton 211
Demaison, André 84
Dentz 101
Descartes, René 20, 169, 314, 344
Deschner, Günther 14, 309
Devinat 181
Dibelius, Otto 207
Diehl, Günter 28, 43, 80, 177f.
Diels, Rudolf 41
Dietrich, Otto 50
Diogenes 323
Dirks, Walter 309
Ditfurth, Hoimar von 303
Döblin, Alfred 37

375

Dönhoff, Marion, Gräfin 126, 207
Döring, Wolfgang 131, 134, 366
Dollfuß, Engelbert 92, 104
Doriot, J. 103
Dostojewski, Fjodor Michailowitsch 305, 316, 323
Dreyfus, Alfred 104
Drieu la Rochelle, Pierre 56, 103
Dschingis-Khan 77
Dulles, Allen 113 f.
Dulles, John Foster 151, 157, 179, 186 f., 191, 212, 249, 254
Duroselle, L. B. 71, 81, 98
Dutschke, Rudi 280

Eccles, Sir David 147
Echardt, Felix von 124, 141, 167, 177, 180, 213, 226
Eco, Umberto 324
Eden, Sir Anthony 49, 204, 208, 212, 215 f.
Ehmke, Horst 161, 228
Eick, Jürgen 69
Einstein, Albert 74, 327
Eisenhower, Dwight David 151, 155, 187, 191, 205, 212, 218
Ellersiek, Kurt 52, 112
Emminger, Otmar 142
Ende, Michael 328, 332, 334, 342
Engels, Friedrich 66
Enzensberger, Magnus 304, 337
Epp, Franz Ritter von 72
Eppler, Erhard 204, 231, 234, 237 f., 310 f., 327, 345, 352
Epting 46
Erhard, Ludwig 6, 69, 123, 129, 134 ff., 145 ff., 277, 295
Erler, Fritz 248
Etzdorf, H. von 51
Eucken, Walter 29
Euler, August Martin 130, 215

Fanon, Frantz 283, 287
Feder, Gottfried 23
Feikert, Andreas 41, 62
Feldmayer, Karl 258
Fellgiebel, Erich 80
Fest, Joachim 57, 71, 77
Filbinger, Hans 106, 119
Finckenstein, Ottfried Graf 157

Foch, Ferdinand 76, 98 f.
Fontaine, André 223
Fouchet, Christian 61, 192, 197
Fourier, Charles 315
Franck, Hans 73
François-Poncet, André 43, 130, 132, 171, 181
Frank, Paul 137, 153, 167, 175, 178, 182, 184, 246
Freisler, Roland 34, 109
Freud, Sigmund 30, 330, 349
Freyer, Hans 270, 273
Friedländer, Ernst 180, 242
Friedrich II., der Große 333
Fromm, Erich 282
Fromment-Meurice, H. 251 f., 259
Furtwängler, Wilhelm 114

Galtung, Johan 303
Gamelin, Maurice Gustave 76, 103
Gandhi, Indira 345
Gandhi, Mahatma 24, 289
Gaulle, Charles de 72, 85, 92 f., 95 ff., 119, 137 f., 145, 147 f., 151, 154, 161 f., 167, 169 ff., 178 ff., 185 ff., 196, 208, 213, 218 f., 221, 223 f., 238 f., 248, 281, 365
Gaus, Friedrich 106
Gaus, Günter 133, 222, 228 f., 237 ff., 261, 331, 365
Gehlen, Arnold 270, 291
Genscher, Hans Dietrich 122
George, Lloyd 49
Gerlach, Leopold von 249
Germain, André 46
Gerstenmaier, Eugen 23, 62, 80, 209
Gesell, Silvio 23
Gibbon, Edward 322
Giesler, Hermann 120
Giraud, Henri-Honoré 92
Giscard d'Estaing, Valérie 171
Gisevius, Hans Bernd 113
Globke, Hans 120 f.
Globocnik 112
Glotz, Peter 162, 237
Glucksmann, André 198, 247, 249
Gobineau, Joseph Arthur 64, 316
Goebbels, Joseph 37, 71, 73 f., 83 f.
Goerdeler, Carl Friedrich 109
Göring, Hermann 73

Görres, Joseph von 129
Goethe, Johann Wolfgang von 9, 19f., 29, 37, 57, 137, 159, 171, 309, 316f., 322, 325, 330f., 358, 360
Goldmann, Nahum 74
Gollwitzer, Helmut 302
Gorz, André 171, 357
Gradl, Johann Baptist 258
Grass, Günter 159, 229, 233f., 238, 293, 295, 302, 312
Grewe, Wilhelm G. 152, 157, 199ff., 205, 207
Grey, Sir Edward 50f.
Grimm, Hans 22, 65
Grimme, Adolf 115
Groeben, Hans von der 146
Gross, Johannes 298
Grosz, George 37
Grotewohl, Otto 199, 202, 204, 207
Guérin de Beaumont 362
Guggenberg 355
Guizot, Louis Philippe 135
Guttenberg, Karl Theodor Frhr. zu 365

Habermas, Jürgen 31, 228, 279, 291, 293, 295, 297, 300, 309
Haeckel, Ernst 63
Haeften, Hans von 62, 108f.
Haffner, Sebastian 57f., 68, 71, 198, 243, 248, 260
Haftmann, Werner 304
Hagert, Werner 93
Haig, Alexander 159
Haile Selassie 47
Hallstein, Walter 133, 175ff., 182, 197, 200ff., 209, 213f.
Hamann, Richard 36
Hamsun, Knut 18f.
Harkort, Günter 142
Harriman, Averell 139
Hartmann, Nicolai 38
Hassell, Ulrich von 45, 108f.
Hauptmann, Gerhart 18, 37
Haushofer, Karl 65
Havemann, Robert Hans Günther 230, 235, 242, 256
Hazard, Paul 314
Hebbel, Christian Friedrich 317
Hegel, Georg Wilhelm Friedrich 292, 303, 314f., 319, 321, 348

Heidegger, Martin 30, 38, 270f., 327, 349
Heiden, Konrad 59
Heine, Heinrich 74
Heinemann, Gustav 120, 122, 130, 132, 231, 366
Held, Robert 154
Heller, Gerhard 84, 103
Henke 90
Hentig, Hartmut von 52, 110, 309
Herder, Johann Gottfried von 29, 317
Hermes, Andreas 205, 214
Hermes, Peter 214
Herriot, Édouard 178f.
Herter, Christian 139, 206, 212, 216, 219
Heß, Rudolf 23, 42, 51, 72
Hesse, Hermann 22, 28
Heuss, Alfred 242
Heuss, Theodor 32, 75, 120, 129f., 133, 207
Hewel, Walter 50, 80
Heym, Stefan 230
Hildebrand, Klaus 58, 258
Hillgruber, Andreas 77, 199, 203, 243, 256, 258
Himmler, Heinrich 23, 38, 59, 61, 69, 71, 73, 112f.
Hindenburg, Paul von Beneckendorff und von 71, 99
Hirsch, Bruno 308
Hitler, Adolf 12, 23f., 28f., 32f., 35, 37ff., 44f., 47ff., 53, 56ff., 68ff., 75ff., 79ff., 90, 92, 98f., 102, 104, 106, 109f., 120, 153, 172, 204, 229, 234, 239, 246, 249, 267, 282, 293, 304, 308, 312, 326, 337, 345, 347
Hölderlin, Friedrich 317, 321, 343
Höpker-Aschoff, Hermann 130, 133
Hoffmann, Paul 139f.
Holthusen, Egon 283
Honecker, Erich 226, 233, 238f., 254
Horkheimer, Max 317
Hosea, Prophet 336
Hoßbach, Friedrich 49
Hugenberg, Alfred 35
Huxley, Aldous 30, 57, 329, 341
Huxley, Sir Julius 271

Ibn Saud, Abd Al Asis 45
Ibsen, Henrik 38

Iha 143
Illitsch, Iwan 348
Iphigenie 345

Jaspers, Karl 22, 29ff., 37, 74, 269f., 279, 301
Jeanne d'Arc 102, 169f.
Jellinek, Walter 38
Jens, Walter 286, 309
Jesaia, Prophet 360
Jessup, Philipp 202
Joachim von Fiore 318
Johnson, Lyndon Baines 220, 281
Jonas, Hans 300, 357
Jourdan 43
Jouvenel, Bertrand de 47
Jünger, Ernst 26, 29f., 35, 54, 62, 84, 270, 291, 296, 309, 343, 360
Jünger, Friedrich Georg 270
Jung, Carl Gustav 30

Kaiser, Georg 18, 25f., 291
Kaiser, Jakob 201, 205, 212
Kaiser, Karl 148
Kaltenbrunner, Ernst 107, 113
Kaltenbrunner, Klaus 333
Kant, Immanuel 20, 242, 286, 300, 314, 317, 321, 327, 341, 349, 354, 358
Kappler, Herbert 288
Karl X. von Frankreich 170
Kelly, Petra 345
Kempner, Robert 111, 122
Kennan, George Frost 139, 152, 160, 201, 208, 221, 236
Kennedy, John F. 151, 159, 187, 218, 281
Kessel, Albrecht von 153
Ketteler, Wilhelm Emanuel Frhr. von 23
Keynes, John Maynard 68
Kielmansegg, Graf 312
Kiep, Otto Karl 107
Kierkegaard, Sören 319
Kiesel 108ff.
Kiesinger, Kurt Georg 62, 80, 189, 352
Kinkel, Klaus 122
Kissinger, Henri 152, 155, 163, 224, 232, 255, 259
Klages, Ludwig 22, 30
Klaus, Max 89
Klee, Paul 36

Klein, Fritz 50
Kluthe, Hans A. 180f., 361f.
Köcher 114f.
Koestler, Arthur 308
Kogon, Eugen 59
Kohl, Helmut 153, 197, 214, 216, 229, 239, 247, 258
Kojève, Alexandre 150
Kollwitz, Käthe 37
Konfuzius 27, 299, 301
Kossygin, Alexei Nikolajewitsch 223
Kraus, Karl 319
Kremp, Herbert 295
Kuby, Erich 303
Kuhn, Bela 242

La Fayette, Marie Joseph de Motier, Marquis de 86
Lafontaine, Oskar 237f., 286, 311
Lahr, Rolf 44, 120, 131
Landauer, Gustav 25
Langhans, Rainer 286
Laotse 344
Lasky, Melvin 280, 353
Lassalle, Ferdinand 25
Lattre de Tassigny, Jean de 100
Laux 107
Laval, Pierre 82, 86, 97, 103
Lawrence, Thomas Edward 45
Leahy, William 89
Leber, Georg 215
Leeb, Wilhelm Ritter von 87
Lehndorff, H. Graf 109
Leibniz, Gottfried Wilhelm Frhr. von 314
Lenin, Wladimir Iljitsch 24, 204, 260
Lessing, Gotthold Ephraim 18
Leuschner, Wilhelm 109
Lévy, Bernard Henri 98, 102
Lewis, Sinclair 19, 23
Ley, Robert 84
Lichtenberg, Georg Christoph 14
Lilje, Hanns 115
Lippmann, Walter 152f., 185, 203, 208, 211f., 227
Litt, Theodor 270
Livius, Titus 323, 336
Löwenthal, Richard 162, 204, 358
Lorenz, Konrad 347f.
Lorenz, Werner 62

Luchaire 103
Ludwig XIV. von Frankreich, der Sonnenkönig 170
Ludwig XV. von Frankreich 191, 250
Lübbe, Hermann 291, 355
Lübke, Heinrich 120, 173
Lüthy, H. 168
Lütkens, Gerhard 183, 210, 212
Lukács, Georg von 309, 319
Luther, Martin 354

Machiavelli, Niccoló 125
McMillan, Harold 93, 186
Mahler, Horst 285
Maier, Reinhold 131, 134, 207, 209f., 228
Malewitsch, Kasimir Sewerimowitsch 305
Mandel, Georges 43f., 86
Mangoldt, H. K. von 142
Mann, Thomas 20, 22, 32, 37, 62, 74, 325
Mannheim, Karl 30, 64, 74, 291, 297f.
Mansholt, Sicco Leendert 279
Mao Tse-tung 288
Marcuse, Herbert 26, 270, 272, 279, 282f., 291, 319, 349
Mariaux, Franz 126
Marie-Louise von Österreich 86
Marquardt, D. 329
Marshall, George Catlett 138f.
Marwitz, Friedrich August Ludwig von der 110
Marx, Karl 21f., 66, 97, 168, 279, 315f., 318ff., 322, 347, 356
Marx, Karl (Zeitungsverleger) 122
Massow, von 48
Maurras, Charles 46, 96, 104
Mayer, Jean 187
McCloy, John 139, 141, 202, 205
McGhee, George C. 150
McNamara, Robert S. 236
Meinhoff, Ulrike 309
Mende, Erich 123, 128, 131, 211f., 215, 220
Mendelsohn, Moses 74
Mendès-France, Pierre 130, 178ff., 208, 361f.
Merkatz, Hans-Joachim von 179

Mertes, Alois 240, 256, 258
Mescalero 308f.
Metternich, Klemens W. L. N. Fürst von M.-Winneburg 245
Michelet, Jules 190
Middelhauve, Friedrich 131
Mies, Herbert 233
Mihailowic, Draža 112
Miller, Arthur 334
Miller, Henry 283
Mitterrand, François 47, 104f., 148, 162, 171, 186, 190, 196, 239, 251
Moch, Jules 186, 208, 219
Moeller van den Bruck, Arthur 23
Moersch, Karl 199
Molitor, Erich 355
Molotow, Wjatscheslaw Michailowitsch 139, 200, 300
Moltke, Hans-Adolf von 108
Mommsen, Theodor 36
Mommsen, W. J. 205
Monnet, Jean 142, 173f., 176, 347
Motz, Roger 180
Müller, Heinrich 107
Müller-Armack, Alfred 136, 146, 218
Murphy, Robert 89
Mussolini, Benito 47, 50, 108

Nannen, Henri 119
Napoleon I. 54, 86, 88, 119, 171
Napoleon II., Herzog von Reichstadt 86
Nasser, Gamal Abd el 45
Naumann, Friedrich 23, 65, 240
Neurath, Konstantin Frhr. von 45
Newton, Sir Isaac 317, 344
Niekisch, Ernst 27, 30, 35
Niemöller, Martin 39
Nietzsche, Friedrich 11, 20, 63, 209, 275, 291, 295, 301, 316, 319, 321f., 333, 347
Nixon, Richard Milhous 163, 255, 259
Noguès 89, 91, 101
Novalis 318, 333
Nuschke, Otto 107

Ormesson, Vladimir d' 103
Ortega y Gasset, José 30, 345
Orwell, George 267, 289, 301, 307f., 339, 341

Paasikivi, Juko Kusti 209
Pareto, Vilfredo 23, 30
Pascal, Blaise 20, 169f., 314, 348f., 360
Paul, Jean 321
Péguy, Charles 104
Pestalozzi, Johann Heinrich 317
Pétain, Philippe 44, 77, 81f., 85f., 88, 92f., 97ff., 102ff., 168, 190
Petrie, Sir Charles 50
Peyrefitte, Roger 148, 169
Pfeiffer, Peter 88, 113
Pferdmenges, Robert 182
Pfleiderer, Karl Georg 130, 134, 177, 179, 199, 202, 205, 207ff., 212, 215, 364, 366
Picasso, Pablo 84
Pinay, Antoine 178
Platon 20, 26, 314
Plessner, Helmuth 21
Podeyn, H. 142, 156
Poerzgen, Hermann 92
Pohrt, W. 229
Pompidou, Georges 224
Probst, M. 308
Proudhon, Pierre Joseph 315, 318
Pucheu 93

Radakrishnan 57
Radford, Arthur 179
Ranke, Leopold von 12
Ranke-Heinemann, Uta 345
Rapacki, Adam 208, 212, 219
Rathenau, Walther 241
Rau, Johannes 306
Rauschning, Hermann 59
Reagan, Ronald 153, 155, 159, 233f., 255, 311
Reitz, Heribert 267
Renan, Ernest 167
Renault, Louis 85
Renger, Annemarie 124
Reston, James 153
Reynaud, Paul 77, 98, 102
Rezler, André 319f.
Ribbentrop, Joachim von 45, 49f., 52f., 61, 72f., 79, 81ff., 86, 88, 107ff., 113
Richelieu, Armand-Jean du Plessis, Herzog von 245
Rieth 92
Robespierre, Maximilien de 71

Röhm, Ernst 52
Röpke, Wilhelm 36, 135, 137, 269f.
Romanow, Grigorij W. 233
Rommel, Erwin 90
Roosevelt, Franklin Delano 73, 89, 92, 102, 139, 156
Rosenberg, Alfred 59, 72
Rosselini, Roberto 325
Rotteck, Karl von 244
Rousseau, Jean-Jacques 71, 279, 282, 314, 316f., 320, 333, 355
Rovan, J. 252
Rühle, Günther 62, 79
Rühmkorf, Peter 287
Rust, Bernhard 42
Rutschky, Michael 309

Sadat, Anwar el 45
Sade, D. A. François Marquis de 71
Saint-Simon, Claude Henry de Rouvroy, Graf von 315, 334
Sartre, Jean-Paul 74, 84, 283, 287f., 291, 326, 357
Sauckel, Fritz 73, 91
Schacht, Hjalmar 69
Scharf, Kurt 238, 327
Scheel, Gustav Adolf 38, 42, 51, 62
Scheel, Walter 57, 120, 122f., 128, 131, 134, 136, 218ff., 224ff., 346, 352, 365
Schellenberg 113f.
Schelling, Friedrich Wilhelm Joseph von 321
Schelsky, Helmut 270, 277, 291, 297, 355
Scherpenberg, Albert Hilger von 52, 150
Scheuch, Erwin 280
Scheuner, Ulrich 154
Schiller, Friedrich 11, 19
Schlageter, Albert Leo 18
Schlange-Schöningen, Hans 205
Schmid, Carlo 212, 277
Schmidt, Helmut 109, 153, 157, 214ff., 233, 235f., 278, 286, 295, 306, 351
Schmitt, Carl 30, 124, 285
Schöllgen, G. 243
Schoen, Wilhelm Eduard Frhr. von 21
Scholl, Geschwister 308
Scholl-Latour, Peter 338

Schopenhauer, Arthur 314, 317, 322, 334
Schröder 106, 108, 110f.
Schröder, Gerhard 367
Schubart, Alexander 290
Schütz, Paul 326, 341
Schulenburg, Friedrich Werner Graf von der 108
Schumacher, Kurt 123f., 129, 138, 203, 216
Schuman, Maurice 168
Schuman, Robert 85, 140, 142, 172, 174, 176
Schumpeter, Joseph Alois 346
Schwab-Felisch, Hans 241
Schwarz 307
Schwarzer, Alice 345
Schwarzmann, Hans 88
Sedlmayr, Hans 270, 305
Seiffert, W. 255, 258
Semjonow, Wladimir 205
Semmler, Johannes 134
Sethe, Paul 131, 199, 206f., 209, 211, 240
Sforza, Carlo Graf 138
Shaw, George Bernard 334
Shirer, William 80
Shultz, George P. 153
Sieburg, Friedrich 46, 81, 168
Siedler, W. J. 266
Siegfried 111, 114
Sieyès, Emmanuel Joseph 54, 120
Simon, Helmut 355
Simon, John Viscount 49
Sinclair, Upton 19
Six 62
Smirnow, Andrej 213
Sölle, Dorothee 303, 345
Sommer, Theo 229
Sonnenfeldt, Helmut 255
Sontheimer, Kurt 125, 241, 266, 291, 299
Sorel, Georges 23
Spaak, Paul Henri 43, 180, 182, 361
Spann, Othmar 69, 104
Speer, Albert 54, 60, 70
Spengler, Oswald 17, 19, 21ff., 25f., 30, 32f., 39, 319, 336, 341
Sperber, Manès 74, 234, 312
Spitz 355

Stalin, Josef Wissarionowitsch 61, 63, 73, 108, 198f., 201f., 204, 206f., 210, 239, 254, 260, 311, 364
Steengracht, Baron von 107, 113f.
Steffens, Wilhelm 26
Steimle 113
Stifter, Adalbert 265, 267, 319
Stöcker, Adolf 23
Strasser, Gregor 22, 29, 35, 37, 40, 61
Strauß, Franz Josef 216f., 236
Streicher, Julius 24, 59
Stresemann, Gustav 29, 32, 71, 152
Stucki 100
Stülpnagel, Karl-Heinrich von 82
Stürmer, Michael 241, 243
Syberberg, Hans-Jürgen 312

Tacitus, Cornelius 128
Taft, Robert 155, 205
Talleyrand, Charles Maurice Herzog von 104, 197
Taylor, Maxwell 152
Teilhard de Chardin, Pierre 344, 349
Teufel, Fritz 286
Thatcher, Margaret 345
Thiess, Frank 323f.
Thoreau, Henry David 326
Thyssen, Fritz 68
Tocqueville, Alexis Clérel Graf von 70, 76, 159, 161, 194, 250
Tönnies, Ferdinand 22
Toller, Ernst 18
Tolstoi, Alexei Konstantinowitsch Graf 24
Tournoux, Raymond 97, 100ff.
Toynbee, Arnold Joseph 29, 50, 323
Trott zu Solz, Adam von 62, 108ff.
Trotzki, Leo 316
Truman, Harry S. 138
Tuchman, Barbara 324
Tucholsky, Kurt 37
Tuthill, J. 150
Twardowski, Alexander 312
Twardowski, Fritz von 51

Uri, Pierre 146

Valéry, Paul 168, 251
Valéry-Radot 44
Veil, Simone 252

Verhoeven, Michael 308
Vialon, Friedrich-Karl 128
Vogel, G. 201
Vogel, Rolf 122
Voltaire 314, 317, 333

Waetjen 113 f.
Wagner 107, 109
Wagner, Richard 56, 319, 322
Walesa, Lech 227
Walser, Martin 228 f., 293
Weber, Arnold 270
Weber, Max 291, 300
Wechmar, Rüdiger von 226
Wegener, Paul 38
Wehler, H. U. 241 f.
Wehner, Herbert 310
Weidenfeld 252
Weiß, Peter 302
Weizsäcker, Carl Friedrich von 114, 161, 213, 328, 341 f., 344, 348, 350 f., 355
Weizsäcker, Ernst Frhr. von 83, 110 f., 122
Weizsäcker, Richard von 241
Wells, Herbert George 329, 341
Weyer, Willi 131
Weygand, Maxime 80, 88 f., 99, 101 f.
Wickert, Erwin 272
Wiemann, Mathias 52
Wilhelm I. 77
Wilson, Thomas Woodrow 139, 156
Winnig, August 22
Wirmer, Josef 109
Wirsing, Giselher 153, 336, 348
Wittgenstein, Ludwig 300
Witzleben, Erwin von 82

Zeeland, Paul von 208
Zehrer, Hans 207, 270

Nicholas Wapshott / George Brock

Margaret Thatcher
Eine Frau regiert in Downing Street

Aus dem Englischen von Hermann Kusterer
408 Seiten und 28 Bildseiten
Format 12,5 x 20,5 cm, gebunden DM 38,–
ISBN 3-512-00684-1

Margaret Thatcher – die Karriere einer Frau mit Mut und Stehvermögen. Dieses Buch, verfaßt von zwei TIMES-Redakteuren, offenbart uns Hintergründe und Zusammenhänge ihres stufenweisen Wegs zur Macht, wertet ihre Persönlichkeit und verschafft dem Leser glänzende Einblicke in das britische Regierungssystem.

Erstmals in der britischen Geschichte übernahm eine Frau das Amt des Premierministers und gestaltet britische Politik. Diese erste deutschsprachige Biographie ist ein sehr persönliches Porträt und versucht eine Wertung ihrer zeitgeschichtlichen Leistung als Führerin der Konservativen Partei und Premierministerin. Die Beantwortung einer Fülle von persönlichen Fragen und die Erklärung wesentlicher politischer Zusammenhänge vermitteln dem Leser das Mosaikbild einer Persönlichkeit von staatsmännischen Konturen.

Seewald Verlag · Stuttgart · Herford

Paul Eddy / Magnus Linklater / Peter Gillman

FALKLAND

Der Krieg vor den Toren der Antarktis

Herausgegeben und eingeleitet von Prof. Dr. Jürgen Rohwer.
Aus dem Englischen übertragen von Dr. Friedrich Forstmeier.
Etwa 420 Seiten mit 13 Karten und Graphiken, mit 55 Abbildungen und einem Register.
ISBN 3-512-00685-X

Das Sunday Times Insight Team, Top-Team der Fleet Street, bekannt durch seinen erstklassigen, wissenschaftlich nachforschenden Journalismus, hat mit Unterstützung von acht Spitzenreportern sowie von Spezialkorrespondenten diesen packenden Kriegsbericht geschrieben.
Ausführlich, objektiv, ja kritisch gegenüber dem Verhalten der englischen Diplomatie und Politik schildern die Autoren die historischen Vorspiele des britisch-argentinischen Konflikts, die zu der entscheidenden Zuspitzung um die Falkland-Inseln und schließlich zum Kriegsausbruch führten, und verfolgen dann mit kriminellem Spürsinn die militärischen Operationen.
Mit seinen atemberaubenden, hochinformativen Schilderungen, durchsetzt mit Passagen knallharter Handlung, ist das Buch aufgebaut nach den Methoden moderner Filmdramaturgie, die mit Rückblenden und plötzlichen Schnitten arbeitet und so die vielfältigen Aspekte des Geschehens zur Geltung bringt. Im Gesamtkontext wird auch der wissenschaftlich-strategische Hintergrund nicht vergessen.
Die zahlreichen Abbildungen und Karten tragen zusätzlich zur Veranschaulichung bei.

Seewald Verlag · Stuttgart · Herford